国土空间规划教材系列 | 张京祥　黄贤金　主编

厦 门 大 学 本 科 教 材 资 助 项 目
福建省本科高校教育教学改革研究项目（FBJG20200285）
国 家 自 然 科 学 基 金 面 上 项 目（５２０７８４４５）

国 土 空 间 规 划 实 施 管 理
IMPLEMENTATION MANAGEMENT OF TERRITORIAL SPATIAL PLANNING

文超祥　何　流　主编

东南大学出版社
SOUTHEAST UNIVERSITY PRESS
南京·2022

内容提要

本书阐述了国土空间规划管理的基本知识，全面回顾和总结了我国国土空间规划实施管理的发展历程，深入分析并借鉴了国外规划实施的经验，同时根据依法行政原则对国土空间规划实施管理提出了制度建设的方向。在此基础上，介绍了国土空间规划编制审批管理的机制，系统阐述了国土空间规划全域、全要素、全过程管理的内容与流程，探讨了规划动态监测与实施评估的内容与方法，明确了国土空间规划实施的监督检查要求与法律责任。

本书既可作为高等院校城乡规划、人文地理与城乡规划、土地资源管理、工程管理等相关专业的本科教材，也可为相关专业的研究生以及自然资源主管部门的工作人员提供参考。

图书在版编目(CIP)数据

国土空间规划实施管理 / 文超祥，何流主编. —南京：东南大学出版社，2022.9
（国土空间规划教材系列 / 张京祥，黄贤金主编）
ISBN 978-7-5766-0246-3

Ⅰ. ①国… Ⅱ. ①文… ②何… Ⅲ. ①国土规划-中国-高等学校-教材 Ⅳ. ①F129.9

中国版本图书馆 CIP 数据核字(2022)第 172038 号

责任编辑：孙惠玉 李 倩　　　责任校对：张万莹
封面设计：毕 真 马 元　　　责任印制：周荣虎

国土空间规划实施管理
Guotu Kongjian Guihua Shishi Guanli

主　　编：文超祥　何　流
出版发行：东南大学出版社
社　　址：南京四牌楼 2 号 邮编：210096 电话：025-83793330
网　　址：http://www.seupress.com
经　　销：全国各地新华书店
排　　版：南京布克文化发展有限公司
印　　刷：南京玉河印刷厂
开　　本：787 mm×1092 mm　1/16
印　　张：19.75
字　　数：480 千
版　　次：2022 年 9 月第 1 版
印　　次：2022 年 9 月第 1 次印刷
书　　号：ISBN 978-7-5766-0246-3
定　　价：59.00 元

* 版权所有，侵权必究

* 本社图书如有印装质量问题，请直接与营销部联系（电话：025-83791830）

总序

国土空间是对国家主权管理地域内一切自然资源、社会经济资源所组成的物质实体空间的总称,是一个国家及其居民赖以生存、生活、生产的物质环境基础。对国土空间进行统筹规划,从而实现对其的有效保护、高效利用,使其永续发展,既是满足人们对美好生活的向往与追求高质量发展的目标,也是一个主权政府的重要责任与权力。古往今来,人类社会对于空间规划的探索具有悠久的历史,并由于国情的不同而呈现出丰富多彩的差异,空间规划的具体名称、体系及内容等也各不相同。但是,对于任何一个国家、地区、城市而言,空间规划都是各级人民政府的基本职责与重要行政权力。《欧洲区域/空间规划章程》(1983年)中指出,空间规划既是经济、社会、文化和生态政策的地理表达,也是一门跨学科的综合性科学、管理技术和政策。《欧盟空间规划制度概要》(1997年)中指出,空间规划主要是由公共部门使用的、影响未来活动空间分布的方法,目的是形成一个更合理的土地利用及地域组织,平衡发展与保护环境的需求,促进区域均衡发展,实现社会和经济发展目标,以弥补市场配置资源的缺陷。

从《周礼·考工记》《管子·乘马》等早期的文献记载开始,中国的空间规划发展经历了长期传统与丰厚文化的积淀,为人类的空间规划发展史贡献了绚丽的瑰宝。新中国成立以后,以区域规划、城市规划为主体的空间规划更成为国家经济社会发展的重要支撑。随着市场经济体制的逐步建立和完善,空间规划愈加成为政府调控相关资源以实现自然、经济与社会统筹协调发展的重要手段,也是政府制定的极为重要的公共政策之一。改革开放以后,随着国家行政体制的变革以及对空间规划的不断重视,在传统的城乡规划、区域规划之外,又出现了国土规划、土地利用规划、主体功能区规划等新的规划类型。多种空间规划的出现与发展,一方面是因为有着各种实际的时代背景与工作需求,另一方面也是部门间行政体制分割的结果,由此造成了中国长期缺乏完整统一的空间规划体系。这种局面不仅导致了实践中存在的"多规矛盾""多规冲突"等问题,而且严重影响了规划的科学性、权威性,更是阻碍了国家治理能力的有效提升。

为此,2013年中国共产党第十八届中央委员会第三次全体会议通过的《中共中央关于全面深化改革若干重大问题的决定》中明确指出,要"通过建立空间规划体系,划定生产、生活、生态空间开发管制界限,落实用途管制"。随后,在2013年召开的中央城镇化工作会议上指出,要"建立空间规划体系,推进规划体制改革,加快规划立法工作"。2015年中共中央、国务院颁发《生态文明体制改革总体方案》,进一步要求"构建以空间治理和空间结构优化为主要内容,全国统一、相互衔接、分级管理的空间规划体系,着力解决空间性规划重叠冲突、部门职责交叉重复、地方规划朝令夕改等问题……要整合目前各部门分头编制的各类空间性规划,编制统一的空间规划,实现规划全覆盖"。

2018年中华人民共和国第十三届全国人民代表大会第一次会议批准新组建自然资源部,将城乡规划、土地利用规划、主体功能区规划等相关职能统一划入自然资源部,从而构建统一的国家空间规划体系。2019年《中共中央 国务院关于建立国土空间规划体系并监督实施的若干意见》发布,明确实现"多规合一",并提出国土空间规划体系构建的总体方案与相关要求,标志着我国面向新时代、生态文明建设要求的空间规划体系基本确立。

建立全国统一、责权清晰、科学高效的国土空间规划体系,整体谋划新时代国土空间开发保护格局,综合考虑人口分布、经济布局、国土利用、生态环境保护等因素,科学布局生产空间、生活空间、生态空间,是加快形成绿色生产方式和生活方式、推进生态文明建设、建设美丽中国的关键举措,是坚持以人民为中心、实现高质量发展和高品质生活、建设美好家园的重要手段,是保障国家战略有效实施、促进国家治理体系和治理能力现代化、实现"两个一百年"奋斗目标和中华民族伟大复兴中国梦的必然要求。建构科学合理的国土空间规划编制、监督与实施体系是一个庞大、艰巨的系统工程,并非是将传统的城乡规划、土地利用规划、主体功能区规划等进行简单糅合,而是一个根本性的体系重构,以及相关规划理论、实践与方法的再发展、再创新的过程。但是,目前国内尚缺乏针对国土空间规划的相关教材,为此,我们决定编撰这套面向本科教学的国土空间规划教材系列。

未来的国土空间规划事业将需要由多个相关学科来共同承载,城乡规划学、土地资源管理、生态环境、地理学等学科都是国土空间规划工作的重要支撑,目前这些学科都已经有了比较成熟的教材系列。因此,这套"国土空间规划教材系列"将聚焦国土空间规划的核心主线、关键领域,不与既有的"城乡规划教材系列""土地资源规划与管理教材系列"等相重复,而是努力做到与之相错位、相互补,共同构建国土空间规划的系统性知识体系。本教材系列计划由《国土空间规划原理》等多部教材构成,教材的编写作者代表面覆盖了国土空间规划的主要领域,且均是长期在一线从事教学、科研、规划编制或管理实践的知名学者,具有优秀的学术素养和丰富的实践经验。这套教材系列的立项、编辑出版得到了东南大学出版社的大力支持,尤其是徐步政、孙惠玉两位编辑老师的辛勤工作与鼎力相助,在此特别致以诚挚的感谢。

面向新时代、面向生态文明建构的国土空间规划,在中国尚是新生事物,还有很大的开放、探索、创新空间。而且,在学习、借鉴世界发达国家经验教训的同时,我们更要紧密针对中国的实际,努力编写出具有中国特色的国土空间规划教材。毫无疑问,这是一项非常有难度、有挑战性的工作。尽管我们竭力想奉献出一套高质量的教材,但是由于编写时间、作者的能力水平等因素限制,教材中一定还有一些不当或错误之处,恳请广大读者不吝赐教。这些意见和建议将作为进一步完善这套教材的重要参考,也是激励我们编写好这套教材的持续动力。

张京祥 黄贤金
2020年5月于南京大学

前言

《中共中央 国务院关于建立国土空间规划体系并监督实施的若干意见》提出"教育部门要研究加强国土空间规划相关学科建设"的要求。国土空间规划体系改革特别强调规划实施，这对现有的空间规划相关专业教育提出了新的挑战。国土空间规划的目的在于实施，其难点也在于实施。当前，包括主体功能区规划、城乡规划、土地利用规划等在内的各类国土空间规划，在实践中面向编制审批的特点仍然较为突出。原有教学体系下培养的空间规划专业人才，往往以"技术理性"作为基本立足点，以编制"理想蓝图"为主要目标，所编制的"理想蓝图"往往也主要是为了应对规划审批的需要。至于这些蓝图是否能够得到有效的实施，在实施中将会面临怎样的问题，其关注度还显得不够。

国土空间规划涉及自然资源的保护、分配与使用等核心问题，具有鲜明的公共政策属性。如何培养学生从规划实施的视角进行规划设计和规划研究，这是当前空间规划教育急需改善的薄弱环节。在城乡治理理念下，提升学生对社会的深刻认知，应当加强管理学、法学、社会学等相关知识的学习。国土空间规划是维护公共利益的重要工具，是实现"空间正义"的基本依据。空间正义的价值观、利益衡量的手段、调解矛盾的能力、区域平衡的策略等，都是规划师解决实际问题的重要素质。在观念上，空间规划不仅是一种专业技术问题，而且是社会政治问题。在方法上，应当从"应该怎样"到"为什么这样"，还要到"如何才能够这样"。规划不仅要进行目标预设，而且要对过程进行谋划。同时，目标具有一定的可变性，而过程也具有一定的动态性。

"规划"，作为一门谋划未来的学科，无论其名称如何变化，都具有强大的生命力。实施管理与编制审批之间具有不可分割的关系。作为规划从业人员，需要清晰地认识规划编制与规划实施的联系与区别。在我国空间规划发展的初期，规划编制尚未普及，编制周期较长，编制与实施之间形成了两个相对分离的阶段。规划编制是从规划期限末出发来思考问题，从理想出发来建立最美好的图景，注重从整体上、结构上提出总体性的解决方案。而规划实施往往采取就事论事式的方法，从现在出发，看现在能做什么即决定做什么，也就是从实用的角度来做一些力所能及的工作，或解决一些不得不解决的问题。所以，规划编制工作者是用理想来解决现实问题，而规划实施者则是从现实来判断未来的发展趋势和需求，两者之间存在着一定的矛盾。

经历了数十年的空间规划实践，规划编制、规划修改和动态调整等几种方式之间的界限常常难以清晰界定，在不断的规划实践中，规划编制与规划实施的边界也逐渐模糊，成为具有共同目标的同一个事业。简单地说，规划编制是谋划未来某个目标年的理想状况，是一种静态蓝图，而规划实施是一个不断模拟、实践、反馈、重新模拟的动态过程，并非一个从现状到目标的简单线性过程。可以这样描述，虽然国土空间规划的编制提供了一张"静态蓝图"，但现实中的国土空间是由不同组合的"时空断面"构成的"连续场景"。就这个意义而言，国土空间规划实施管理不再局限于以往的认识，不仅仅是规划公布后通过行政许可、登记确权、行政执法等手段来实现规划蓝图的单一性流程。新的国土空间规划体系将规划对象拓展到所有的自然资源，把管理环节延伸到实施监督、法规政策和技术标准制定，打通了自然资源现状调查、国土空间规划编制、国土空间用途管制、实施监督等自然资源管理的逻辑链，建立了一整套运行体系制度设计，实现了从编制、审批、实施、监督、评估、预警、考核等完整闭环的全流程管理，从而使国土空间开发保护质量更高且更有效率、更加公平、更可持续。

国土空间规划依托传统的主体功能区规划、城乡规划、土地利用规划等相关规划，但并不是将传统的规划类型进行简单的拼凑、叠加，而是一个全面、深刻的体系重构过程。目前，国内业界、学界及高校本科教学中尚缺乏《国土空间规划实施管理》这一重要教材，这也是我们知难而进、勉力编写这部教材的原因。为了使教材对学生更加具有引导作用，我们努力做到以下几点：

（1）关注规划实施中的基本原理、思路、价值观、方法，同时结合总体规划、详细规划、专项规划实施的实际阐述相关内容。

（2）体现规律性、稳定性，对于存在变化的机构、制度以及办事流程等实施管理中的具体事项，仅进行方法论上的阐述，培养学生发现和解决问题的能力。重在讲授普遍性的知识与规律，不拘泥于特定行政部门的职能与做法。

（3）简洁、清晰、准确，图文并茂。充分考虑本科生的阅读习惯和兴趣，深度适宜，不强调过多的学术性，采用图文框的形式，对规划实例、案例分析、观点引介、背景资料、知识链接等丰富内容进行提炼，提升此类教材的实操性和可读性。

本教材由文超祥、何流负责制定编写提纲并参与全书的撰稿、修改、审稿等工作，阙权鸿、沈洁、王亚华负责组织协调、校核以及部分初稿的撰写。全书分为9章，参与各章初稿撰写的人员包括：第1章由朱查松、吕一平、戴磊勐、何彦东、刘希撰写；第2章由王丽芸、刘希、朱查松、王亚华撰写；第3章由阙权鸿、杨倩、陈碧菲、刘健枭撰写；第4章由吕一平、林小如、王丽芸撰写；第5章由汪毅、朱正华、阙权鸿撰写；第6章由王亚华、沈洁、吴绍华、袁源、陈碧菲撰写；第7章由刘洋、林小如、杨倩撰写；第8章由李谦、王亚华、李红波、刘健枭撰写；第9章由陈碧菲、阙权鸿、杨倩撰写。此外，杨壮壮、赵英慧、陈倩兰、闫昊婷、李娜、张玉杰、马骁、林彤、王会影、马元、马程伟、谢嘉琪、倪泽伟、李燕等也为部分章节的编写提供了帮助。

面对国土空间规划这样一个新生事物，我们在教材编写中借鉴或引用了其他的教材、书籍与文章，试图比较全面地阐述相关知识。南京大学张京祥教授进行了全程指导，并给予了鼓励和多方支持。华侨大学边经卫教授热心提供资料，共同探讨了一些疑难问题。此外，这部教材的立项、编辑出版得到了东南大学出版社编辑孙惠玉老师的鼎力支持。在此，一并向参与本教材编写、出版工作的各位同志表示衷心的感谢！国土空间规划体系改革尚在进行之中，实施管理的理论和方法都需要经过实践的不懈探索与改进，才能逐步趋于成熟和稳定，因此，本教材也应当与时俱进、不断完善。由于受编写时间和作者能力水平等因素的限制，本教材中肯定会存在一些疏漏、不当甚至是错误之处，恳请各位读者不吝赐教，我们也将在未来的教材修订过程中不断校正、更新和完善。

文超祥　何流
2021年7月

目录

总序
前言

1 国土空间规划实施管理的时代背景和基础知识 ········ 001
1.1 现代治理体系下的国土空间规划管理 ········ 001
1.1.1 社会治理背景下的国土空间规划实施管理 ········ 002
1.1.2 基于行政计划的国土空间规划实施管理 ········ 003
1.1.3 国土空间规划实施管理中的公正与和谐 ········ 004
1.1.4 国土空间规划中的时空观念 ········ 006
1.2 国土空间规划实施管理概述 ········ 007
1.2.1 国土空间规划实施管理的概念 ········ 007
1.2.2 国土空间规划实施管理的特征 ········ 008
1.2.3 国土空间规划实施管理的意义 ········ 010
1.3 国土空间规划实施管理中的科学决策 ········ 012
1.3.1 决策的概念和要素 ········ 012
1.3.2 决策的类型和特点 ········ 014
1.3.3 决策的程序和方法 ········ 015
1.3.4 决策的素养和组织形式 ········ 020
1.4 国土空间规划实施管理中的制度设计 ········ 023
1.4.1 制度设计的背景分析 ········ 024
1.4.2 制度设计的目标 ········ 025
1.4.3 双向激励与约束的制度设计 ········ 026

2 我国国土空间规划实施管理的发展历程 ········ 029
2.1 古代空间规划管理思想和制度 ········ 029
2.1.1 空间规划管理思想 ········ 029
2.1.2 空间规划管理制度 ········ 031
2.1.3 古代空间规划管理思想和制度的现实意义 ········ 033
2.2 近代空间规划实施管理的变革 ········ 034
2.2.1 近代变革产生的时代背景 ········ 034
2.2.2 空间规划管理制度 ········ 034
2.2.3 近代空间规划制度建设的借鉴 ········ 040
2.3 城乡分离的多元空间规划管理(1949—1985年) ········ 041
2.3.1 空间规划实施管理机构 ········ 041
2.3.2 空间规划实施管理制度 ········ 043

        2.3.3 空间规划法规体系建设⋯⋯⋯⋯⋯⋯⋯⋯⋯⋯⋯⋯⋯⋯⋯⋯⋯ 046
    2.4 双轨并行、相互博弈的空间规划管理(1986—2017年)⋯⋯⋯ 050
        2.4.1 空间规划实施管理机构⋯⋯⋯⋯⋯⋯⋯⋯⋯⋯⋯⋯⋯⋯⋯⋯ 050
        2.4.2 空间规划实施管理制度⋯⋯⋯⋯⋯⋯⋯⋯⋯⋯⋯⋯⋯⋯⋯⋯ 053
        2.4.3 空间规划法规体系建设⋯⋯⋯⋯⋯⋯⋯⋯⋯⋯⋯⋯⋯⋯⋯⋯ 059
    2.5 统一的国土空间规划管理(2018年至今)⋯⋯⋯⋯⋯⋯⋯⋯⋯⋯ 061
        2.5.1 国土空间规划实施管理机构⋯⋯⋯⋯⋯⋯⋯⋯⋯⋯⋯⋯⋯⋯ 062
        2.5.2 国土空间规划实施管理制度⋯⋯⋯⋯⋯⋯⋯⋯⋯⋯⋯⋯⋯⋯ 062
        2.5.3 国土空间规划法规体系建设⋯⋯⋯⋯⋯⋯⋯⋯⋯⋯⋯⋯⋯⋯ 063

3 国土空间规划实施管理的国际经验借鉴⋯⋯⋯⋯⋯⋯⋯⋯⋯⋯⋯⋯ 065
    3.1 大陆法系国家空间规划的实施管理⋯⋯⋯⋯⋯⋯⋯⋯⋯⋯⋯⋯⋯ 065
        3.1.1 大陆法系国家法律制度的发展和特征⋯⋯⋯⋯⋯⋯⋯⋯⋯⋯ 065
        3.1.2 大陆法系国家空间规划实施管理的主要思想和基本制度⋯⋯ 067
        3.1.3 大陆法系国家空间规划实施管理的借鉴⋯⋯⋯⋯⋯⋯⋯⋯⋯ 068
    3.2 英美法系国家空间规划的实施管理⋯⋯⋯⋯⋯⋯⋯⋯⋯⋯⋯⋯⋯ 069
        3.2.1 英美法系国家法律制度的发展和特征⋯⋯⋯⋯⋯⋯⋯⋯⋯⋯ 069
        3.2.2 英美法系国家空间规划实施管理的主要思想和基本制度⋯⋯ 071
        3.2.3 英美法系国家空间规划实施管理的借鉴⋯⋯⋯⋯⋯⋯⋯⋯⋯ 072
    3.3 亚洲新兴国家空间规划的实施管理⋯⋯⋯⋯⋯⋯⋯⋯⋯⋯⋯⋯⋯ 074
        3.3.1 亚洲新兴国家法律制度的发展和特征⋯⋯⋯⋯⋯⋯⋯⋯⋯⋯ 074
        3.3.2 亚洲新兴国家空间规划实施管理的主要思想和基本制度⋯⋯ 077
        3.3.3 亚洲新兴国家空间规划实施管理的借鉴⋯⋯⋯⋯⋯⋯⋯⋯⋯ 080
    3.4 苏联空间规划的实施管理⋯⋯⋯⋯⋯⋯⋯⋯⋯⋯⋯⋯⋯⋯⋯⋯⋯ 080
        3.4.1 苏联法律制度的发展和特征⋯⋯⋯⋯⋯⋯⋯⋯⋯⋯⋯⋯⋯⋯ 080
        3.4.2 苏联空间规划实施管理的主要思想和基本制度⋯⋯⋯⋯⋯⋯ 082
        3.4.3 苏联空间规划实施管理对我国的影响和启示⋯⋯⋯⋯⋯⋯⋯ 083
    3.5 国土空间规划实施管理的国际经验借鉴⋯⋯⋯⋯⋯⋯⋯⋯⋯⋯⋯ 084
        3.5.1 实施管理与编制审批的有效结合⋯⋯⋯⋯⋯⋯⋯⋯⋯⋯⋯⋯ 084
        3.5.2 完善实施管理中的公众参与制度⋯⋯⋯⋯⋯⋯⋯⋯⋯⋯⋯⋯ 087
        3.5.3 通过实施管理发挥规划引领作用⋯⋯⋯⋯⋯⋯⋯⋯⋯⋯⋯⋯ 087

4 国土空间规划实施管理的依法行政⋯⋯⋯⋯⋯⋯⋯⋯⋯⋯⋯⋯⋯⋯ 089
    4.1 行政法学的基础知识⋯⋯⋯⋯⋯⋯⋯⋯⋯⋯⋯⋯⋯⋯⋯⋯⋯⋯⋯ 089
        4.1.1 行政法概述⋯⋯⋯⋯⋯⋯⋯⋯⋯⋯⋯⋯⋯⋯⋯⋯⋯⋯⋯⋯⋯ 089
        4.1.2 行政主体和行政行为⋯⋯⋯⋯⋯⋯⋯⋯⋯⋯⋯⋯⋯⋯⋯⋯⋯ 095
        4.1.3 行政程序和行政效率⋯⋯⋯⋯⋯⋯⋯⋯⋯⋯⋯⋯⋯⋯⋯⋯⋯ 099
        4.1.4 行政责任和行政监督⋯⋯⋯⋯⋯⋯⋯⋯⋯⋯⋯⋯⋯⋯⋯⋯⋯ 100
    4.2 国土空间规划实施管理中的主要行政活动⋯⋯⋯⋯⋯⋯⋯⋯⋯⋯ 102

    4.2.1 行政许可 ·················· 102
    4.2.2 行政处罚 ·················· 104
    4.2.3 行政强制 ·················· 106
    4.2.4 行政救济 ·················· 107
    4.2.5 其他行政活动 ················ 111
  4.3 国土空间规划实施管理中的依法行政制度 ·········· 115
    4.3.1 依法行政的基本要求 ············· 115
    4.3.2 依法行政的主要行为 ············· 117
    4.3.3 依法行政的制度保障 ············· 119
  4.4 国土空间规划实施管理中的主要依据 ············ 121
    4.4.1 法律法规规章 ················ 121
    4.4.2 技术标准 ·················· 123
    4.4.3 规范性文件 ················· 128
    4.4.4 法定规划及相关依据 ············· 130

5 国土空间规划编制审批管理 ················ 131
  5.1 编制审批管理概述 ···················· 131
    5.1.1 国土空间规划编制审批管理的主要内容 ····· 131
    5.1.2 国土空间规划体系与传导 ··········· 132
  5.2 国土空间规划编制工作组织管理 ·············· 140
    5.2.1 国土空间规划编制原则 ············ 140
    5.2.2 国土空间规划编制的组织主体 ········· 141
    5.2.3 国土空间规划编制的工作流程 ········· 142
  5.3 国土空间规划编制的主要内容 ··············· 143
    5.3.1 总体规划主要编制内容 ············ 143
    5.3.2 详细规划主要编制内容 ············ 145
    5.3.3 专项规划主要编制内容 ············ 146
  5.4 国土空间规划审批管理 ·················· 146
    5.4.1 国土空间规划审查要点 ············ 146
    5.4.2 国土空间规划审查与报批程序 ········· 148
    5.4.3 国土空间规划的修改 ············· 152

6 国土空间规划实施的全域全要素管理 ············ 157
  6.1 国土空间规划实施的全域管理 ··············· 157
    6.1.1 既有空间规划的管理范围 ··········· 157
    6.1.2 全域管理的基本内涵 ············· 159
    6.1.3 全域管理的核心理念 ············· 160
    6.1.4 全域管理的空间类型 ············· 162
  6.2 国土空间规划实施的全要素管理 ·············· 164

		6.2.1 机构改革前的要素管理	164
		6.2.2 全要素管理的基本内涵	166
		6.2.3 全要素管理的核心理念	167
		6.2.4 国土空间规划实施的全要素管理体系	168
	6.3	国土空间规划实施的分区与控制线管控	172
		6.3.1 国土空间规划分区	172
		6.3.2 控制线管控	177
	6.4	指标与名录管理	183
		6.4.1 国土空间规划指标管理	184
		6.4.2 国土空间规划名录管理	192

7 国土空间规划实施的全过程管理 …… 198

	7.1	国土空间规划实施的全过程管理体系	198
		7.1.1 全过程管理的基本内涵	198
		7.1.2 全过程管理的主要管理环节	199
		7.1.3 全过程管理闭环体系	202
		7.1.4 管理机构设置	203
	7.2	具体项目实施的全流程管理	204
		7.2.1 建设项目实施的全流程管理	205
		7.2.2 设施农业项目的全流程管理	210
		7.2.3 国土空间综合整治项目的全流程管理	213
		7.2.4 生态修复项目的全流程管理	216
		7.2.5 矿产开发项目的全流程管理	218
		7.2.6 海域使用项目的全流程管理	220
	7.3	具体项目实施的重要管理制度	224
		7.3.1 规划条件管理制度	224
		7.3.2 土地指标管理制度	228

8 国土空间规划实施的动态监测与实施评估 …… 230

	8.1	国土空间规划实施监测预警	231
		8.1.1 规划监测预警的概念	231
		8.1.2 国内外规划监测预警的发展历程	232
		8.1.3 规划监测预警的主要内容	233
		8.1.4 规划监测预警展望	238
	8.2	国土空间规划实施评估	238
		8.2.1 规划实施评估的概念	239
		8.2.2 国内外规划实施评估的发展历程	239
		8.2.3 规划实施评估的主要内容	241
		8.2.4 规划实施评估展望	248

  8.3 国土空间规划督察问责 ·· 249
    8.3.1 规划督察问责的发展历程 ·································· 249
    8.3.2 规划督察问责的主要内容 ·································· 250
    8.3.3 国土空间规划督察展望 ······································ 251
  8.4 国土空间规划"一张图"实施监督信息系统 ···················· 252
    8.4.1 "一张图"实施监督信息系统建设目标 ················ 252
    8.4.2 "一张图"实施监督信息系统架构内容 ················ 253
    8.4.3 "一张图"实施监督信息系统主要功能 ················ 254

9 国土空间规划实施的监督检查和法律责任 ·························· 260
  9.1 监督检查的主要形式 ·· 260
    9.1.1 行政监督 ·· 260
    9.1.2 立法监督 ·· 263
    9.1.3 司法监督 ·· 264
    9.1.4 社会监督 ·· 267
  9.2 监督的内容、程序与要求 ·· 269
    9.2.1 监督的主要内容 ·· 270
    9.2.2 监督的有关程序 ·· 273
    9.2.3 监督的基本要求 ·· 274
  9.3 行政主体的法律责任 ·· 275
    9.3.1 各级人民政府相关违法行为及法律责任 ············ 276
    9.3.2 自然资源主管部门相关违法行为及法律责任 ···· 278
    9.3.3 其他行政主管部门相关违法行为及法律责任 ···· 281
  9.4 行政相对人的法律责任 ·· 283
    9.4.1 规划编制单位相关违法行为及法律责任 ············ 284
    9.4.2 建设单位和个人相关违法行为及法律责任 ········ 285

参考文献 ·· 291
专栏来源 ·· 299
图片来源 ·· 302
表格来源 ·· 303

1 国土空间规划实施管理的时代背景和基础知识

2019年5月,《中共中央 国务院关于建立国土空间规划体系并监督实施的若干意见》(以下简称《意见》)指出,"将主体功能区规划、土地利用规划、城乡规划等空间规划融合为统一的国土空间规划,实现'多规合一'……是党中央、国务院作出的重大部署"。自此,国土空间规划将替代原来的主体功能区规划、土地利用规划、城乡规划等空间规划,并逐步建立统一的国土空间规划体系。

国土空间是自然资源和建设活动的载体,占据一定的国土空间是自然资源存在和开发建设活动的物质基础。国土空间是指国家主权与主权权利管辖下的地域空间,是国民生存的场所和环境,包括陆地、内水、领海、领空等(林坚等,2018)。《意见》对国土空间规划的内容也做了非常明确的界定,即"整体谋划新时代国土空间开发保护格局,综合考虑人口分布、经济布局、国土利用、生态环境保护等因素,科学布局生产空间、生活空间、生态空间"。由此可见,国土空间规划的核心就在于对国土空间的开发利用和保护进行组织,也就是基于国家发展目标和战略对国土空间使用的综合性安排(孙施文,2020)。国土空间规划实施是深化落实国家生态文明体制改革的目标要求,聚焦可持续发展目标,推动全域高质量发展。同时,地方事权将更多地被纳入发展规划体系,国土空间规划作为发展规划的空间落实,规划实施的本质在于聚焦可持续发展目标,落实发展规划的战略意图,从蓝图式规划转向实施型规划(谭迎辉等,2019)。在现代治理体系下,培养科学决策和制度设计两项重要的基本素质,并基于行政计划的基本要求实现公正与和谐两大目标。

1.1 现代治理体系下的国土空间规划管理

2013年中国共产党第十八届中央委员会第三次全体会议提出"推进国家治理体系和治理能力现代化"的改革总目标,首次在国家政治层面明确提出了"治理现代化"的重大命题,标志着中央开始着手对国家治理体系进行全面的重构(胡鞍钢,2014)。国家治理体系与治理能力现代化改革的关键在于针对国情统筹好集权与分权的关系,建立起分层有序、责权清晰、传导有力、活力充盈的治理格局。随着国家治理体系的重大调整,国土空间规划也迎来了一场全面而深刻的变革。从 2014 年的"多规合一"试点到 2018 年的国家机构改革的历程,彰显了重构空间规划体系是提升国家治理能力的必然选择。因此,要深刻理解国土空间规划体系并把握发展趋势,必须基于国家实现治理体系与治理能力现代化这一重大目标需求的背景(张京祥等,2019)。其中,社会治理是国家治理的重要组成部分,创新社会治理体系是推进国家治理体系和治理能力现代化的重要内容。作为一种公共政策,国土空间规划实施管理需要在我国社会主义制度背景下进行,并遵循社会治理的核心要求。

1.1.1 社会治理背景下的国土空间规划实施管理

"社会治理"蕴含着丰富的内涵,包含一系列的价值、政策和制度。《辞海》对社会治理的定义是"政府与民间、公共部门与私人部门合作,进行公共事务管理,实现社会秩序、增进公共利益的过程",强调公共事务管理过程中多元主体参与、相互协作的重要性。从社会治理的本质来看,其关注的重点在于多元参与、互动协作、法治思维、公共利益(袁婷等,2021)。西方国家的社会治理更加强调公民个人本位,以理性经济人为基础的社会自我治理理论是西方国家治理理论的核心内容。我国的社会治理是指在中国共产党的领导下,由政府组织主导,吸纳社会组织等多方面治理主体参与,对社会公共事务进行的治理活动(王浦劬,2014),是"以实现和维护群众权利为核心,发挥多元治理主体作用,针对国家治理中的社会问题,完善社会福利,保障改善民生,化解社会矛盾,推动社会有序和谐发展的过程"(姜晓萍,2014)。

1) 我国的社会治理体系创新

2013 年《中共中央关于全面深化改革若干重大问题的决定》提出从改进社会治理方式、激发社会组织活力、创新有效预防和化解社会矛盾体制、健全公共安全体系四个方面来创新社会治理。自创新社会治理的理念提出以来,我国更加强调社会治理体系中各主体之间的协作治理,突出政府、社会、市场、公众之间的良性互动(袁婷等,2021)。中国共产党第十九次全国人民代表大会报告(以下简称十九大报告)中提出要加强和创新社会治理体系,要求"打造共建共治共享的社会治理格局"。为了贯彻落实党的十九大精神,2019 年中国共产党第十九届中央委员会第四次全体会议审议通过了《中共中央关于坚持和完善中国特色社会主义制度、推进国家治理体系和治理能力现代化若干重大问题的决定》,为我国现代化治理体系搭建了全方位的框架,提出完善正确处理新形势下人民内部矛盾有效机制、完善社会治安防控体系、健全公共安全体制机制、构建基层社会治理新格局、完善国家安全体系五个方面的要求。对于社会治理的方式,该决定提出要坚持和完善共建共治共享的社会治理制度,建设人人有责、人人尽责、人人享有的社会治理共同体,确保人民安居乐业、社会安定有序,建设更高水平的平安中国。总体而言,我国创新社会治理体系的核心内容为"共建共治共享"。

2) 创新社会治理体系下的国土空间规划实施管理

国土空间规划实施管理是社会治理体系的重要组成部分,理应贯彻"共建共治共享"的社会治理理念,推进治理体系和治理能力现代化。就"共建"而言,应厘清政府、市场、社会在国土空间资源中的界限,创新资源配置方式,使市场在资源配置中起决定性作用和更好地发挥政府作用,同时发挥社会监督作用,建立完善的法制监督体系。就"共治"而言,不仅要发挥政府和规划行业主管部门的引导和管理作用,而且要强化规划实施中的公众参与,引导市场、社会共同参与到规划实施中。就"共享"而言,应通过规划实施,合理引导公共资源和公共服务设施的配置,实现基本公共服务均等化,促进城乡均衡发展,实现共同富裕。

1.1.2 基于行政计划的国土空间规划实施管理

行政计划也被称为行政规划,是社会治理的重要手段。在国外,空间规划一般都被纳入行政计划的研究范畴。近年来,我国法学界的相关研究也基本肯定了这一认识。

1) 行政计划的含义和分类

行政计划是指行政机关为达到特定的行政目的和履行行政职能,对有关方法、步骤或措施等所做的设计与规划。行政计划具有选择与设定行政目标、统合行政活动方式、为相对人提供导引等功能。行政计划所具有的引导国民活动、引导国家和地方公共团体的预算、立法的功能,被称为"行政计划的本质"。

根据行政计划所具有的拘束效力的不同,可以将其分为拘束性行政计划和非拘束性行政计划两种类型。拘束性行政计划是指对所涉及的对象具有拘束力的行政计划。非拘束性行政计划包括影响性计划和建议性计划两种类型。影响性计划又称诱导性计划,此类计划本身没有法律上的拘束力,但行政机关通过自身的影响力或采取津贴等辅助手段来达到促使人们的行为符合计划要求的目的。建议性计划又称资讯性计划,主要是提供预测的信息,为公众或社会提供参考的计划。

2) 行政计划对国土空间规划实施管理的要求

行政计划很早就作为一种国家管理手段而存在,随着行政活动范围的不断扩大和内容的多元化,行政计划的作用日益显现。在自然资源、城乡建设、环境保护、文化教育等诸多领域,行政计划都得到了广泛运用,以实现行政的前瞻性和有序性。基于行政计划而展开的计划行政,是现代行政的重要特色之一。德国、日本等国家基本上都将国土空间规划(或相关规划)纳入行政计划的研究范畴(文超祥等,2007)。国土空间规划是原有的城乡规划、土地利用规划、主体功能区规划等相关空间规划的融合,涉及面更为广泛,内容包括拘束性行政计划和非拘束性行政计划。其中,拘束性行政计划主要涉及规划的强制性内容。自2018年推进国土空间规划体系改革以来,国家对空间资源的管控不仅强调自然资源的保护,而且注重资源的合理开发与高效利用,因而国土空间规划的强制性内容也发生了转变。除了关注自然资源、历史文化资源及公共服务设施等已有的管控内容之外,还包括以高质量发展、绿色发展来创新强制性内容的要素构成,将盘活存量用地、保障性住房、高质量发展与绿色发展等相关指标纳入强制性内容(张洪巧等,2019)。非拘束性行政计划的内容更为广泛,包括规划目标定位、发展方向等引导性内容。

行政计划基于本质属性的视角,对规划实施提出了要求。首先,国土空间规划要得到有效实施,就必须能够引导国民的活动。只有公众愿意根据规划的要求来自觉安排或预设各种行为,规划的意图才会得以实现,这就要求政府与公众之间有着充分的信赖。其次,通过制定重大项目计划、年度投资计划、年度建设计划等政府的建设投资计划,引导公共团体财政预算投资的方向,进而促进规划实施。最后,加强相关领域的立法工作,通过国家层面的国土空间规划法和配套法规的制定,以及指导地方层面结合实际制定地方性法规,从而规范国土空间规划的实施管理。

1.1.3 国土空间规划实施管理中的公正与和谐

中华民族创造了灿烂的古代文明,形成了关于国家制度和国家治理的丰富思想。其中,公正与和谐的治理理念是中华优秀传统文化的重要组成部分。

1)公正:规划实施与利益衡量

传统文化强调对公正的追求,公正即公平、正直,含有平等的意义,起源于"天下为公"的理念,是构建社会主义和谐社会的重要条件。

国土空间规划不仅具有科学技术属性,而且具有社会政治属性,在很大程度上是一种公共政策,是社会治理的重要手段。大到区域之间,小到邻里之间,国土空间规划都深刻影响着不同地域、不同群体和个人的切身利益。在国土空间规划实施中,不同群体、不同地区之间往往有不同的利益诉求,如果没有充分地平衡好各方利益关系而一味强调所谓的技术理性,不仅有失公正,而且往往难以实施。国土空间规划是维护公共利益的重要工具,是实现"空间正义"的基本依据。对于公共利益的认识是一个长期的过程,在理论学习和规划实践中不断探索公共利益的本质,寻求实现公共利益的有效途径,是规划师的重要使命。

公共利益的实质内涵和实现途径有不同的解读,作为规划师,有必要不断加深对这一重要概念的理解,可以从以下不同角度进行思考:首先,公共利益具有一定的层次性。例如,位于某个小区旁边的一块空地,对于小区的居民而言,该空地作为社区公园可能是小区普遍认可的公共利益;而如果这一块空地所在的城市片区缺乏大型的商业配套设施,那么城市购物中心就成为该片区的公共利益;再如果这一块空地位于若干个城市之间,需要承担重要的交通职能,则区域性交通枢纽就成为城市群的公共利益。其次,公共利益具有主体差异性。同样是上述的一块空地,对于邻近的小区居民而言,不同主体希望实现的"公共利益"可能是社区公园、商场、停车场等等。再次,公共利益具有动态性。在平常时期,上述空地的公共利益可能是社区公园,而在特殊时期则可能是防灾用地或国防基地。最后,也是最重要的一点,虽然实质公共利益客观存在,但现实中都表现为形式公共利益,至于形式公共利益在多大程度上真正体现实质公共利益,这就取决于制度设计的科学合理性,这也是规划师应当不断思索和追求的过程。

在国土空间规划中,利益衡量是一个重要"法宝",却常常被我们所忽视(专栏1-1)。例如,在规划编制中的功能分区、开发强度、基础设施布局,规划实施中的时序安排、规划变更,乃至规划纠纷解决等过程中,利益衡量都很重要,甚至是决定性的依据。国土空间规划应在公共服务设施的均等化布局、城乡统筹发展中发挥更大的作用,与党的十九大所强调的"共建共治共享"的社会治理理念相衔接,实现均衡平等的发展格局。

专栏1-1　哈丁:公地的悲剧

美国学者哈丁于1968年在《科学》杂志上发表了一篇题为《公地的悲剧》的文章:一群牧民在一块公共草场放牧,而牧场的容量是有限的,超过上限就面临草场退化的风险。每个牧民都想多养羊以增加个人收益,他们明知草场上羊的数量已经太多了,再增加羊的数目将会使牧场的质量下降。然而,牧民如果都从私利出发,肯定会选择多养羊来获取收益,因为草场退化的代价是由大家负担。于是,"公地悲剧"就上演了——草场持续退化,最终导致所有牧民破产(Hardin,1968)。公地悲剧的启示在于,缺乏有效制约的公共资源,最终都倾向于过度使用,从而造成资源的枯竭。过度砍伐的森林、过度捕捞的渔业资源以及污染严重的河流和空气,都是"公地悲剧"的典型例子。之所以叫悲剧,是因为每个当事人都知道资源将由于过度使用而枯竭,但每个人对阻止事态的继续恶化都感到无能为力。在人类生活中,"公地"式思维随处可见,免费景点、免费公园的秩序混乱和道路交通的堵塞都与这种思维有关,这些都是国土空间规划所需要面对的实际问题。

公地不仅仅是物质领域的概念,同时也是精神领域的概念。诚信、规则这类东西其实都是一种公地。之所以说是公地,是因为诚信和规则都可以在其边界范围内为任何人提供便利,它为诚信者提供信用交易,为遵守规则者降低交易成本。但是不守信、不遵守规则的行为会对公地造成致命伤害,当人们互不信任时,经济活动和社会生活的交易成本增大,所有人都将遭受损失。

---

2)和谐:规划实施与社会和谐

传统文化的和谐理念,对于规划实施具有重要的思想价值。儒家的和谐精神主要体现在人与人之间以及人与社会之间,倡导"礼之用,和为贵,先王之道,斯为美,小大由之"。道家的和谐思想主要体现在人与自然的关系方面,认为"人法地,地法天,天法道,道法自然",应当顺应事物的发展而不能干预自然规律。和谐理念还反映在规划实施中的整体思维中,而非就事论事式的"公平正义"。例如,区域之间的协调可以建立在一段较长时间之内、多类事项的"综合平衡"上,而非"事事计较"。因而,跨区域立法、区域性行政协议都将成为规划实施的重要手段,为实现社会和谐创造条件。

国土空间规划实施管理中的和谐理念,反映了在解决矛盾和纠纷时,不仅需要追求"正义",而且要讲究实际社会效果。西方社会崇尚权利本位,认为诉讼是实现权利的基本手段。而我国传统社会受到和谐思想的深刻影响,调解制度成为有效解决纠纷的手段。传统调解主要有官府调解和民间调解两大类型,民间调解包括亲族调解、乡里调解和自行调解等多种形式,不少民间纠纷就是通过调解而平息的。现代社会日趋复杂多元,实现权利和解决冲突的途径也必然多样化。通过妥协和让步而达成的和解,可以使复杂的纠纷得到相对符合情理的解决。

1.1.4　国土空间规划中的时空观念

规划制定是谋划未来某个目标年的理想状况,是一种静态蓝图,而规划实施是一个不断模拟、实践、反馈、重新模拟的动态过程,并非一个从现状到目标的简单线性过程。可以这么描述,虽然国土空间规划提供了一张"静态蓝图",但现实中的国土空间是由不同组合的"时空断面"所构成的"连续场景"。

空间规划的过程性和动态性意味着需要建立空间规划的实施机制,引导短期的项目与长期的空间规划协同,逐步实施空间规划。一般而言,以重大项目计划、年度投资计划为代表的政府投资项目有其自身的发展意图和建设目标,在决策机制、实施中较少考虑与空间规划的协同。将短期项目与长期的空间发展目标协同,不仅使得政府投资项目主动实施规划,而且通过重大项目的建设来奠定基础,形成发展预期,吸引市场投资,从而共同实施规划。深圳在这方面进行了大量的探索,形成了"空间规划—近期建设计划—年度实施计划"的规划实施机制。

空间规划的过程性和动态性意味着长期发展目标和临时发展目标的兼容性,即空间规划所描绘的蓝图在实施前应当允许不损害长期目标或经简单恢复就能避免损害长期目标的临时性功能。例如,沿海某县在空间规划中确定港口布局,从用途管制角度来说,港口及周边一定范围的空间不能作为养殖空间。但若根据经济社会发展推测,港口建设需在10年后才会启动,则在港口实施前就可以允许在港口及周边一定范围的空间进行养殖,只需在颁发养殖许可证时标明附加条件即可,如明确养殖期限或港口建设时养殖功能需退出。

1.2 国土空间规划实施管理概述

国土空间规划实施管理的概念、特征和意义,是深刻理解规划实施制度建设的基础。在规划体系改革背景下,国土空间规划实施管理的内涵发生了转变,有效地实施管理是保障空间治理目标得以落实的关键。

1.2.1 国土空间规划实施管理的概念

国土空间规划实施管理,是建立在管理、行政管理等相关重要概念的基础之上,具有适合国土空间规划改革背景的时代特征和内涵。

1) 管理和行政管理

"管",在我国古代是指锁的钥匙,引申为管辖、管制的意思。"理",本意是治玉,引申为整治或处理。管理表示在权力的范围内,对事物的管束和治理过程。在英语中,管理既可为动词 manage,也可为名词 management,是指驾驭的技术。管理是人类各种组织活动中最普通和最重要的一种活动。近百年来,许多学者从不同角度对管理下过不同的定义。例如,孙永正等(2007)认为,管理是指在特定的环境条件下,以人为中心,通过计划、组织、指挥、协调、控制及创新等手段,对组织所拥有的人力、物力、财力、信息等资源进行有效的决策、计划、组织、领导、控制,以期高效地达到既定组织目标的过程。"科学管理之父"弗雷德里克·温斯洛·泰勒(2017)认为,"管理就是确切地知道你要别人干什么,并使他用最好的方法去干"。在泰勒看来,管理就是指挥他人能用最好的办法去工作。法国管理学者法约尔最早提出把管理的基本职能分为计划、组织、指挥、协调和控制等内容。

"行政"与"管理"是密切相连的,行政管理与行政的含义基本相同。"行政"一词在我国古已有之,例如,《纲鉴易知录》中曾记载"召公、周公行政",其意为执行政令、推行政务。《中国百科大辞典》解释为:"行政"指的是一定的社会组织,在其活动过程中所进行的各种组织、控制、协调、监督等特定手段发生作用的活动的总称。现代行政法学认为,行政是指国家行政机关等行政主体为积极实施公益目的,依法对国家事务和社会事务进行的组织、管理、决策、调控等活动。该定义包括以下含义:第一,行政的主体是行政主体,即以国家行政机关为主体,此外还包括法律法规授权的组织等;第二,行政的目的是实现公共利益;第三,行政必须依法进行,在法律之下,受到法律的控制;第四,行政的内容包括对国家事务和社会事务进行的组织、管理、决策、调控等活动(胡建淼等,2018)。

2) 国土空间规划实施管理

国土空间规划是将主体功能区规划、土地利用规划、城乡规划等融合统一的空间规划,国土空间规划实施管理是建立在这些空间规划实施管理基础之上对空间治理体系的重构。

主体功能区规划是通过统筹考虑生态环境功能和经济社会发展方向，将区域划分为具有特定主体功能定位的不同空间单元，实行差别化的地区管理策略，将发展经济、集聚人口的区域同承担粮食安全、生态保护功能的区域区分开来，实现国土资源开发利用与保护整体效益最大化（李志刚等，2016）。主体功能区规划的实施管理主要包括财政、投资、产业、土地、农业、人口、民族、环境、应对气候变化九个方面的政策落实及差异化绩效考核（黄征学等，2020）。

《土地基本术语》(GB/T 19231—2003)对土地利用规划管理的解释为："为了合理利用和保护土地资源，维护土地利用的社会整体利益，组织编制和审批土地利用规划，并依据规划对城乡各项土地利用进行控制、引导和监督的行政管理活动。"土地利用规划管理包括土地利用规划编制、审批和实施全过程。土地利用规划的实施管理包括土地用途管制制度的实施、土地利用年度计划管理、建设项目用地预审管理、农用地转用和土地征收管理、规划审查管理、土地整理复垦开发项目规划审查管理、基本农田保护区规划管理、城市规划和村镇规划审核、土地利用动态监测，以及土地利用规划实施的监督检查管理等。

《城市规划基本术语标准》(GB/T 50280—98)对城市规划管理解释为："组织编制和审批城市规划，并依法对城市土地的使用和各项建设的安排实施控制、引导和监督的行政管理活动。城市规划管理是城市规划编制、审批和实施等管理工作的统称。"城市规划实施管理主要包括建设用地规划管理、建设工程规划管理和规划实施的监督检查管理等。

国土空间规划体系改革还在进行之中，尽管上述三类主要的空间规划对于实施管理的定义有所差异，尚没有形成统一的认识，还是有必要对国土空间规划实施管理有一个基本的认识。总的来说，本书中的国土空间规划实施管理可以理解为：为了合理利用和保护国土空间资源，构建可持续发展的国土空间格局，维护国土空间资源的整体效益，依据相关法律法规、技术规范和经批准的法定规划对国土空间的保护、开发、利用、修复活动进行控制、引导和监督的管理活动。

1.2.2　国土空间规划实施管理的特征

国土空间规划实施管理既属于行政管理范畴，又具有国土空间规划的专业属性，总体而言，呈现出科学性、法治性、动态性、服务性四个主要特征。

1）科学性

国土空间规划的重要逻辑对象是人类与自然的关系，是一门研究人与自然系统的客观规律以及人与自然的关系伦理的学科。人与自然系统的客观规律是指人类通过劳动及其知识技术不断探索和干预自然环境，自然中的大地空间也逐渐在人的占据下进行再生产和创造。人与自然关系的内核是人地关系,具有系统连锁性,即山水林田湖草与人的生命共同体的本质特征,对于这种关系的认识不足导致产生了资源环境制约和长期积累的人地关系矛盾(左为等,2019)。

在国土空间规划实施管理中,首先,要认识和探索不同国土空间上人类与自然系统演化的客观规律,国土空间规划实施管理的成功与否,取决于规划的行动是否是基于事实的国土空间系统认知,是否是对自然、城市、乡村、人与社会的现实状况的考察和认识,以及是否是对客观规律的揭示和判断(左为等,2019)。其次,国土空间规划涉及多目标、多要素和多种使用方式,规划实施管理必须将生态、地理、经济、管理等多学科对空间变化过程的研究成果贯通运用于规划管理领域中,深入探讨其内在联系,进而对未来发展进行选择和决策(孙施文,2021)。此外,国土空间规划实施管理的科学性还表现为系统性和综合性,这是由国土空间这个有机综合体具有多功能、多层次、多因素和错综复杂、动态关联的本质所决定的。因此,国土空间规划管理是一项需要协同其他行政主管部门,运用系统方法进行科学分析、统筹平衡的综合管理。

2) 法治性

国土空间规划实施管理的法治性,首先是由国土空间规划实施管理是一项行政管理活动所决定的。其次是由国土空间规划的制定和实施必须反映公众利益这一基本要求所决定的。"国家及其他公权力主体的行为,不论是以公法或私法的形式为之,均应维护公共利益,始具有正当性及合法性"(翁岳生,2002)。我国的国家性质决定了践行社会主义民主是国土空间规划法治化的必然要求,"国土的规划"是"人民的规划",因此,应将人民至上、民主理念和民主机理融入国土空间治理之中。只有通过法的形式将国土空间规划中的重要制度予以明确,作为实施管理的准则和依据,才能确保规划的实施。最后是由国土空间规划实施管理综合性的特点决定的。在规划实施中需要综合协调各方面的关系,依法治理是公开透明的规则之治和程序之治,因此,依法治理国土空间具有可预期性、可规范性、可救济性,有利于实现从政策调节主导型的国土空间规划治理向法律主导的规划治理的转变,有利于强化法律对公权力的约束和规范作用(严金明等,2020)。基于此,国土空间规划实施须以法治化为准则,坚持法治精神,用法治思维和法治方式化解国土空间规划治理过程中所遇到的新问题、新矛盾。

当然,我国幅员辽阔,地域差异十分明显。受地方资源禀赋、社会经济发展阶段等影响,区域之间、城乡之间的发展不平衡不充分,不同地区在国土空间规划编制思路、规划内容、管控要素、实施管理方面都会具有一定的特殊性。2015年修订的《中华人民共和国立法法》,进一步明确了地方立法的权限和范围,并赋予设区城市地方立法权。国土空间规划实施管理过程中,在加强上级管控的同时,也要充分发挥地方积极性,探索适应各地不同特点和要求的规划实施制度。

3）动态性

规划工作是在特定的国家制度、社会经济发展目标以及社会意识环境中开展的，因此，国家治理架构、发展战略导向、社会观念和需求的变化都会在不同程度上影响规划的定位、作用、实质性内容和可运用手段，有时甚至是由于某些思想观念或者社会思潮的变动而出现新的方向性的转变（孙施文，2021）。因此，作为一项长期性计划，国土空间规划实施的时间、空间跨度很大，需要适时地制定相关政策对规划进行指导，包括宏观政策、微观政策、保护政策和惩戒政策等（何明俊，2020a）。从规划过程来说，规划的制定是一个综合各项要素的过程，不仅是全域全要素和空间使用的安排，而且是各类未来可能的政策、规制、调控所产生的空间效应的权衡。这就要求在组织安排的过程中，对各类政策、各类调控和规制的方式方法进行回馈与完善；规划的实施则是一项项工作开展的过程，每一项具体的实施都有可能对相关的政策、调控和规制产生边际效应，需要动态地改进和完善（孙施文，2021）。

4）服务性

一切权力属于人民，一切从人民的利益出发，是我国行政管理制度的核心内容，国土空间规划实施管理也应时刻秉持为人民服务的基本原则。首先，国土空间规划实施管理是积极的、主动的行政行为。行政职权对于行政主体而言，既是权利，也是义务，行政主体必须依法行使职权。目前国土空间规划的实施管理中深化"放管服"、简化项目审批手续是构建服务型政府的关键（邓伟骥等，2018）。其次，保护各方的合法利益是国土空间规划实施管理的重要职责。在国土空间规划实施中，良性互动的多元主体协商程序是面向空间治理的必然选择。随着人类活动的多样化和利益关系的复杂化，以政府为唯一主体的单中心管理结构逐渐难以应对国土空间规划实施管理中的问题，国土空间规划实施管理要改变过去以控制和命令手段为主、由政府分配资源的传统管理方式，应关注多元主体的利益，向政府、社会、市场多元主体合作转变，如以尊重市场经济中的产权为基础进行制度设计。建立以人为本的公众参与机制，让公众能参与到国土空间规划的编制、审批与监督的各个环节，借助社交网络、微信和电子政务等多样化的网络平台，拓展公众参与的渠道，同时发挥各类非政府组织促进公众参与的作用等（庄少勤等，2017）。

1.2.3 国土空间规划实施管理的意义

国土空间规划实施管理是国土空间规划体系中的重要组成部分，在建设现代治理体系中具有重要的地位和作用。总体而言，国土空间规划实施管理具有以下三个方面的重要意义：

1）为建设社会主义生态文明提供保障

国土是生态文明建设的空间载体，国土空间规划是推进生态文明建设的关键举措。当前我国面临两大基本国情:一是持续恶化的生态资源环境难以支撑社会经济的持续发展;二是不平衡不充分的空间供给难以满足人民对美好生活的向往(杨保军等,2019)。与传统的城乡规划编制工作相比,国土空间规划为应对长期以来陆海统筹国土空间利用的粗放低效与无序扩张问题,落实"统一行使全民所有自然资源资产所有者职责,统一行使所有国土空间用途管制和生态保护修复职责"的要求,更强调国土空间资源的可持续利用,更倡导在"创新、绿色、协调、开放、共享"新发展理念下的高质量发展、高品质生活,更注重人与自然、人居建成环境和自然生态环境的协调共存。因此,国土空间规划体系超越了传统城乡规划建成环境的范畴,使得建成环境与非建成环境成为一个共同体,对国土空间规划实施管理提出了新任务(石楠,2021)。

《生态文明体制改革总体方案》将国土空间规划作为一项重要的制度建设内容予以明确。在《意见》中提出,国土空间规划"是加快形成绿色生产方式和生活方式、推进生态文明建设、建设美丽中国的关键举措"。可见,国土空间规划为践行生态文明建设提供空间保障,而规划实施管理是实现规划目标的必然途径。

2) 为实现国家治理现代化探索路径

"国家治理体系和治理能力现代化"是中共中央提出全面深化改革的总目标之一,《意见》指出国土空间规划体系"是保障国家战略有效实施、促进国家治理体系和治理能力现代化、实现'两个一百年'奋斗目标和中华民族伟大复兴中国梦的必然要求"。建立国土空间规划体系并监督实施,承载着不断推进全面深化改革目标实现的重大职责,就是要通过改革,让空间规划回归到适应国家治理体系现代化的建设目标。《意见》进一步明确,国土空间规划"是坚持以人民为中心、实现高质量发展和高品质生活、建设美好家园的重要手段"。

改革开放以来,我国的各类空间规划管理工作已经积累了丰富的经验,但多部门交叉管理仍带来了一些问题。从行政主体来看,国土空间规划管理机构的设置还不健全,各责任部门之间还未建立良好的协调机制。从管理制度来看,国土空间规划实施管理的实施监督体系尚未真正形成,从编制、审批到实施、监督、评估、预警、考核等全流程的管理方式还有待深入改革。建立国土空间规划体系是我国规划制度改革的一次重大创新,需转变决策和管理方式,解决原有多规之间的结构性矛盾,并在现行的各类空间规划管理体制、机制和法制基础上进一步完善和健全,以实现从分散治理到综合性治理,从条块分割到系统集成管理,为实现国家治理体系和治理能力现代化提供有力的制度保障。

3) 为统筹国土空间活动和资源配置建立方法

依托国土空间的载体,人们在土地、水域、海洋三类空间中发生各种满足社会经济生活需要的活动。《意见》指出,国土空间规划"是各类开发保护建设活动的基本依据",并已经纳入相关立法中。也就是说,未来国土空间的开发保护建设活动都需要依据国土空间规划进行，国土空间规划的实施管理成为统筹这些活动的关键行政管理行为。因此，国土空间规划实施管理是国土空间开发保护建设活动的客观需要。

国土空间规划实施管理以全域全要素为管控对象，通过统筹规划山水林田湖草生命共同体的全部自然资源要素，实现整体保护、系统修复和综合治理的目标。国土空间规划实施管理本身也是一种生产力。任何社会的生产力是否发达，都取决于它所拥有的各种经济资源和生产要素是否得到有效的利用。优化国土空间规划布局、提高资源配置效益，既是制定和实施国土空间规划的目的，也是国土空间规划实施管理应当发挥的作用。

1.3 国土空间规划实施管理中的科学决策

现代管理科学认为管理是由一连串决策组成的，决策是管理工作的基本要素，也是最重要、最困难、最具风险的工作。在日常管理工作中，有些决策已经标准化和常规化，管理者可以依靠规章制度和经验进行程序化的决策。而大多数情况下，由于系统内外部环境的复杂多变，决策目标、可利用资源的不确定性，管理者除了凭借经验、直觉外，更多地要借助科学决策手段进行周密、细致、全面的分析。例如，发展战略的选择、重大项目的选址等等。可见，管理既需要科学，也需要经验，即管理者既要按照科学的程序和方法，也要凭经验、智慧、判断力采取行动。管理者决策的效果和效率对外部社会和组织机构都会产生极大的影响，同时对自身的专业发展也具有重要的意义。

1.3.1 决策的概念和要素

1）决策的概念

"决策"一词的字面意思是指决定计策，虽然还没有形成一个公认的定义，但基本内涵大致相同。学者从不同学科的角度对决策进行界定和解释，主要有三种不同的理解：第一种认为决策就是决定，这类定义多见于各种汉语词典，将决策定义为决定的策略、方针、办法。第二种认为决策就是选择，这类定义以管理学角度解释居多。美国管理学学者彼得·德鲁克(Peter F. Drucker)认为，一项决策就是一项判断，是在各种不同的可供选择的方案之间进行抉择。第三种认为决策是一个过程，是指人们为实现预期目标对未来进行设计，并做出选择或抉择的过程。这类观点将决策视为决策者决策的行为过程，现代管理科学创始人之一希尔伯特·西蒙(Herbert A. Simon)的著名观点"管理就是决策"就属此类(专栏1-2)。西蒙在其著名的《管理决策新科学》一书中指出，"决策包括四个基本阶段，发现决策的机会、寻找可能的行为方案、在其中做出选择、评估以前的选择"。

综上，可以这样认为，决策是指组织或个人为了实现某种目标而对未来一定时期内有关活动的方向、内容及方式的选择或调整过程。决策的主体既可以是组织，也可以是组织中的个人；决策要解决的问题既可以是组织或个人活动的选择，也可以是对这种活动的调整；决策选择或调整的对象既可以是活动的方向和内容，也可以是特定方向下从事某种活动的方式；决策所涉及的时限既可以是未来较长的时期，也可以是某个较短的时段。

专栏1-2 西蒙的行政决策论

西蒙出生于1916年。1949年以来，他既担任匹兹堡的卡内基梅隆大学行政学和心理学教授，同时还担任美国总统咨询委员会顾问、美国社会科学研究会主席、全美科学研究会行为科学研究分会主席等社会职务。西蒙于1978年获得诺贝尔经济学奖，此外还获得美国心理学会杰出科学贡献奖、美国计算机协会的图灵奖等重要奖项。西蒙的代表作品是《行政行为：对行政组织决策过程的研究》。西蒙行政学说的主要内容包括行政学研究方法理论、行政决策理论、行政组织理论，其核心内容是行政决策论。

西蒙关于决策与行政学的研究主要包括以下论点：传统行政学注重"执行"，忽视行动之前的决策；实现组织目标的实际工作是由组织最基层的操作层的操作人员所执行的，行政人员实现组织目标的作用大小取决于其对下级操作人员的决策影响大小；传统对组织说明限于说明组织的职责分配与组织的正式权力结构，不注意组织中其他影响力量与沟通系统，恰当的描述应该是对组织中每一个人做什么决策以及决策受到何种影响的描述；好的行政行为本质上具有效率，决定效率高低的最简单的办法就是行政组织中每一个决策的理性程度；行政程序是划分组织中每一个人应做哪一部分决策的程序。

西蒙认为，行政理论是关于那些因缺乏寻求最优的才智而转向满意的人类行为的理论。西蒙主张用"行政人"代替"经济人"，"行政人"宁愿"满意"而不愿做最大限度的追求，满意于从眼前可供选择的办法中选择最佳办法。西蒙提出了决策四阶段理论。第一阶段称之为"情报活动"，其任务是探查环境，寻求要求决策的条件；第二阶段称之为"设计活动"，其任务是设计、制定和分析可能采取的备选行动方案；第三阶段称之为"抉择活动"，其任务是选择适用的行动方案；第四阶段称之为"审查活动"，其任务是对已经做出的抉择进行评价。四个阶段虽然有先后，但实际上循环反复，西蒙形象地将其比喻为"大圈套小圈，小圈之中还有圈"(Simon, 1947)。

---

2) 决策的要素

决策要素包含决策者、决策对象、决策信息、决策理论与方法、决策结果五大方面（孙秀君，2000）。

决策者即决策的主体。它是决策中最具有主动性的要素，决策主体的素质如何，其主观能动性发挥得怎样，直接决定决策的质量和水平。决策对象即决策的客体，是决策主体在决策过程中所作用、针对、界定的对象，直接受决策者的影响。决策信息是连接决策主体和客体的中介和桥梁，全面、准确、及时地把握决策信息是进行决策的基础。决策理论与方法是科学决策的指导思想、手段和工具，可以为科学决策提供正确的途径。决策结果是最后选定的决策方案。决策结果包括决策方案的选择、执行和反馈三个方面,是一个动态的过程。所有的决策活动,都是为了取得好的决策结果。

1.3.2 决策的类型和特点

1) 决策的类型

根据不同标准、不同角度,决策有以下分类:

(1) 确定型决策、风险型决策和不确定型决策

根据决策风险程度,可分为确定型决策、风险型决策和不确定型决策。确定型决策是指决策者对决策对象的自然状态和客观条件能够确定,决策目标和实施结果也非常明确。风险型决策是指决策者对决策对象的自然状态和客观条件比较清楚,也有比较明确的决策目标,但是实现决策目标必须冒一定风险。不确定型决策是指决策者对决策对象的自然状态和客观条件都不清楚,决策目标也不够明确,对决策的结果也不能控制和预测。

在动态的经济、社会、文化环境背景下,国土空间是一个复杂的系统,决策主体在面对复杂客体时行动能力是有限的,复杂客体对主体行动所产生的反馈也是不可完全预知的,在规划决策实施过程中势必会存在不确定性,甚至存在一定风险。

(2) 程序性决策和非程序性决策

根据决策对象的结构性程度,可分为程序性决策和非程序性决策。程序性决策也叫常规性决策,是指决策者对有法可依、有章可循、有先例可参考的结构性较强、重复性的日常事务所进行的决策。非程序性决策也叫非常规性决策,是指决策者面对无法可依、无章可循、无先例可供参考的问题时所进行的决策,是非重复性的、非结构性的决策。

程序性决策和非程序性决策并没有明确的界限,大多数决策既不是完全程序性的决策,也不是完全非程序性的决策,而是程序性决策和非程序性决策的结合。在国土空间规划实施管理中,大多是依据法律法规、技术标准、规范性文件、法定规划等做出的程序性决策,而某些试点的决策以及创新性措施属于非程序性决策。

(3) 个人决策和集体决策

根据决策主体的行为方式,可分为个人决策和集体决策。个人决策是指在进行决策时由领导者一个人做出决策,这是在政府系统内常见的一种决策方式和决策类型。集体决策是指在进行行政决策时由领导集体做出决策,集体决策往往采取少数服从多数的原则。在国土空间规划实施管理中,个人决策与集体决策并存。规划委员会制度改变了由政府单方面主导规划编制、审批、实施的传统做法,专家和市民代表可以广泛参与规划制定和实施的全过程,从而尽可能规避决策风险。

(4) 经验决策和科学决策

根据决策主体所采取的方法,可分为经验决策和科学决策。经验决策

是指决策者对决策对象的认识与分析,以及对决策方案的选择,完全是凭借决策者在长期工作中所积累的经验和解决问题的惯性思维方式所进行的决策。这是领导者经常用的决策类型,也是最传统、最常见的决策类型。科学决策是指决策者凭借科学思维,利用科学手段和科学技术所进行的决策。尽管科学决策是建立在现代科学技术基础之上的先进决策方法,但是也不能简单地认为经验决策就是落后、没有价值的方法。科学决策和经验决策各有长短,不能互相取代,只能是取长补短。总体而言,国土空间规划实施管理从模糊的经验决策,越来越走向依靠大数据和现代化技术平台和手段支持下的科学决策。

(5) 危机决策

管理者在自然或人为的突发事件发生后,迅速启动应急机制,大胆预测,做出决定的过程被称为危机决策。新型冠状病毒疫情的爆发,引发了全社会对公共卫生健康话题的讨论和反思,疫情防控工作同样也暴露了现有规划管理在城市群、城市、社区治理中所存在的问题。如何有效应对类似的突发事件,是规划管理者必须提升的专业素养。

2) 决策的特点

决策是一个动态的复杂过程,具有如下特征:

(1) 预测性。决策是面向未来的,是对未来活动的目标确定、方案选择和实施路径所做的决定。

(2) 目标性。决策是为了解决某一问题,或是为了达到某一目标。确定目标是决策过程的第一步。决策所要解决的问题必须十分明确,所要达到的目标也必须十分具体。

(3) 优化性。决策的要求是在既定的目标和条件下寻求优化目标,并最佳地实现目标。

(4) 选择性。决策实质上是选择行动方案的过程,如果只有一个备选方案,那么就不存在决策的问题,因而决策至少要有两个或两个以上的方案,并需要从中选择一个作为行动方案。

(5) 风险性。由于决策环境的不确定性,管理者的决策大多是在不确定条件下所做出的,因而不可避免地存在一定风险。

(6) 实施性。决策不仅是一个认识的过程,而且是一个行动的过程。决策的正确与否,只有通过实践才能得到检验。

(7) 动态性。决策是一个从确定目标到实施反馈的动态过程,包括准备、决断、实施、反馈等多个阶段。

1.3.3 决策的程序和方法

1) 决策程序

决策程序是指决策过程中的逻辑顺序和基本步骤。一般来说,决策程序可分为以下四个阶段(宋光周,2015):

（1）发现问题，确定目标。决策是从提出问题开始的，发现问题是决策的前提。管理者的主要责任就是要不断地发现问题，即找出迫切需要缩小或消灭的现实状态与应有状态之间的差距，并弄清差距产生的原因。当问题和原因都弄清楚之后，就可根据客观需要和现实可能初步确定决策目标。国土空间规划实施管理工作面对的问题是复杂多样的，涉及经济、社会、文化、环境等多个领域，而且这些问题不是孤立存在的，相互之间有着千丝万缕的联系，问题的重要程度、紧迫性有所差异。因此，决策者要弄清楚问题的性质、影响程度和范围，抓住主要矛盾和关键问题，进而分析问题形成的原因。在认清问题的基础上，决策者的一项重要工作就是确定目标。决策目标是决策者预期要达到的结果和目的，也可以说是问题解决的程度。目标必须是具体的；是定性和定量的结合，有量化的标准和指标；有明确的限制和约束条件，如资源、法规、环境、时限等。如果一项决策要达成多个目标，还要注意区分目标之间的主次关系、层次关系。

（2）集思广益，拟订方案。决策目标确定之后，就要从多方面寻找实现决策目标的各种途径和办法，即拟制各种可供选择的行动方案，以供决策者选择。在实践中，现代决策均采用多种方案的选择方法，各种备选方案由常设或委托的参谋系统或设计部门来拟订和设计。在拟订各项决策方案时，对于简单的决策问题可以直接拟订若干备选方案。对于复杂的决策问题，在拟订方案时可分两步完成：第一步是初步设计，即决策者及其团队就所要解决的问题提出大致的设想或轮廓性方案。第二步是精心设计，即在初步设计提出的众多设想中，通过比较分析，淘汰一些明显缺乏可行性的构想，对于保留下来的轮廓性方案进行进一步加工，使之具体化，并成为备选方案。在国土空间规划实施管理工作中，决策的拟订以信息资料为基础，通过广泛调查、收集资料和公众参与，利用国土空间规划信息平台进行综合分析并提出方案。

（3）综合评估，抉择方案。在论证各备选方案的可行性时，主要是分析限制条件或约束条件，如自然条件的限制（包括自然因素、技术条件、人员、资金、原料等）和决策本身目标系统的约束，对各个备选方案的政治、经济、法律、社会等多方面的效益进行分析对比，总体权衡，全面评估，最终选择或者综合成一个最佳方案。在这个过程中，决策者通常要广泛地征求专家、公众的意见，有些时候还要对方案实施中可能遇到的干扰和弊病进行预测，并制定出应变的补充决策。国土空间发展存在较大的不确定性，不同发展阶段所关注的焦点问题也不同，价值观念也在动态变化之中。应根据不同的发展情景提供对应的规划方案，在规划实施管理过程中应结合实际对空间的功能和实施时序进行动态调整。

（4）实施反馈，跟踪决策。在行动方案确定之后，还必须在方案的实施过程中，不断地通过信息反馈来发现方案在执行过程中的问题和偏差，并随时对方案进行修正和完善。有些重要决策还需要通过试点，局部试验成功后才可进入全面实施阶段。决策执行完毕要总结经验教训,为新的决策提供借鉴。影响决策的内在因素和外在因素有很多,一个科学的决策过程并不能保证决策都能达到目的。加之决策实施中客观环境的变化,尤其是环境条件的巨变,是决策者所无法预料和控制的,因而实施反馈和跟踪决策十分必要。在国土空间规划实施管理中,必须建立健全的规划实施反馈系统,建立贯通规划监测评估预警过程的长效机制。

2)决策方法

决策方法包括定量决策方法和定性决策方法两种类型。

(1)定量决策方法

定量决策方法常被用于数量化决策,运用数学工具,建立反映各种因素及其关系的数学模型,并通过计算和求解选择出最佳的决策方案。对决策问题进行定量分析,可以提高常规决策的时效性和决策的准确性。利用定量决策方法进行决策是决策方法科学化的重要标志,主要包括风险型决策、确定型决策和非确定型决策三种类型。

① 风险型决策方法

风险型决策方法是指决策者在对未来可能发生的情况无法做出肯定判断的情况下,通过预测各种情况发生的概率,再根据不同概率来进行决策的方法。风险型决策方法有很多,最常用的是决策树法。

决策树法是把每种决策方案各种状态的相互关系用树形图表示出来,并且注明对应的概率及其报酬值(效果),从而选择出最优决策方案。由于根据这种方法的基本要素可以画出一个树状的图形,管理学将其称为决策树。决策树一般包括决策点、方案枝、自然状态点、概率枝、概率枝末端五个要素。决策树法有很多优点,在定量分析中应用得相当广泛:第一,可以明确地比较各种方案的优劣;第二,可以对某一方案有关的状态一目了然;第三,可以表明每种方案实现目标的概率;第四,可以计算出每种方案预期的收益和损失;第五,可以用于某一个问题的多级决策分析。

在国土空间规划实施管理中,决策树法逐渐被运用于国土空间规划信息化平台的构建中。将城市规划、空间分析、区域经济、产业布局、人口、生态、交通等多个专业方向的规律性知识转化为可量化、可计算的数学模型,并开发为计算机可运行的、能够解决规划中各个专业方向实际问题的模型库。在模型库构建完成后,通过网络服务的方式为规划编制及相关业务系统提供专业的数据分析服务。

② 确定型决策方法

确定型决策问题,即只存在一种确定的自然状态,决策者可依科学的方法做出决策。确定型决策方法有以下几类:一是线性规划、库存论、排队论、网络技术等数学模型法;二是微分极值法,常被用于经营管理中,求解成本最小和恰好满足需求的极大值和极小值,如开发强度的测算;三是盈亏平衡分析法,如被应用于建设项目开发的可行性分析。

③ 非确定型决策方法

非确定型决策方法是指决策者在对决策问题不能确定的情况下,通过对决策问题变化的各种因素进行分析,估计其中可能发生的自然状态,并计算各种方案在各种自然状态下的损益值,然后按照一定的原则进行选择的方法。

由于非确定型决策各种自然状态出现的概率难以被估计出来,因而现代决策理论根据非确定型决策问题的特点总结出一套方便可行的方法,即先假定一些准则,根据这些准则求出方案的期望值,然后再确定每一决策问题的最优值。非确定型决策方法的准则主要有乐观准则、悲观准则、等概率准则、决策系数准则、遗憾准则(专栏1-3)。

专栏1-3　追求最好与回避最差

作为规划师,我们一直接受的是追求最好的思维训练,而在规划实施过程中,我们还需要培养另外一种重要的思维方式,这就是回避最差的思维方式。当然,规划决策中的追求最好和回避最差只是策略选择的两个极端,两者之间可能还存在很宽的"波谱"。如何取得可能实现的最佳结果,是规划师智慧的体现。显然,追求最好只能是理想目标,而不应当是现实中唯一的策略选择。

当前,基于大数据、云计算、深度学习等技术的国土空间规划辅助决策平台得到广泛应用。国土空间规划辅助决策平台的主要内容包括:通过构建自然资源数据库挖掘和预测时空演变规律,开展自然资源分布模式分析;以国土开发适宜性和资源环境承载能力评价为基础,提供定量评价方法;审查国土开发强度、建设用地利用强度、三条基本控制线管控情况;根据用途管制指标体系,定期对规划实施情况进行实时监测、定期评估和及时预警。例如,深圳市整合各业务版块数据,将互联网数据与三维城市空间相结合,建立各数据指标的预估预警算法模型,构建国土空间规划实施监测预估预警系统。厦门市建设的国土空间规划智能管理平台,除基本评估、管控功能之外,还增加了项目生成和并联审批的业务协同功能。地理信息企业也围绕国土空间规划各个工作阶段的需求,提出信息平台建设,研发覆盖数据处理、基础评价、辅助编制、成果检查的国土空间规划辅助决策平台。然而,这些平台的功能尚没有完全覆盖国土空间规划的整个决策过程(亢孟军等,2019)。

(2) 定性决策方法

定性决策方法是指在决策中遵循政治学、经济学、行政学、法学、心理学等学科的基本理论,直接利用决策者本人或有关专家的智慧来进行决策的方法,即决策者根据所掌握的信息,通过对事物运动规律的分析,在把握事物内在本质联系基础上进行决策的方法。定性决策是依据专家的智慧、经验等进行决策的方法,因此又被称为"专家创造力"方法。这种方法适用于受社会经济因素影响较大的、因素错综复杂以及涉及社会心理因素较多的综合性的战略问题。目前常用的方法主要有德尔菲法、头脑风暴法、哥顿法、电子会议法等，其中以德尔菲法和头脑风暴法最为常用。

① 德尔菲法。德尔菲法也称专家调查法，是由美国著名的兰德公司首创并用于预测和决策的方法。该法以匿名方式通过几轮函询征求专家的意见，组织预测小组对每一轮的意见进行汇总整理后作为参考再发给各个专家，供他们分析判断，以提出新的论证。几轮反复后，专家意见渐趋一致，最后供决策者进行决策。德尔菲法有三个明显区别于其他专家调查法的特点，即匿名性、多次反馈、小组的统计回答。按照一般经验，专家至少要有9人，最好能在16人以上，这样结果比较符合实际。如在早期的空间规划分区功能确定中经常用到此类方法。在国土空间用途分区各类资料信息收集整理的基础上，将国土空间中的自然、生态、社会、经济、文化等条件相对一致的图斑组合到一起，结合国土空间开发利用保护现状，划分出多个分区单元。然后，组织专家对各个单元的空间区位和属性进行分析比较，根据国土空间用途分区的要求，结合适宜性和承载力评价结果，专家凭借对国土空间用途分区研究积累的经验，对每个单元的用途提出自己的意见，分区人员对各个专家的建议进行整理、归纳、统计，再匿名反馈给各个专家，再次征求意见，再集中，再反馈，直至得到基本一致的意见，最终得出国土空间用途分区方案。

② 头脑风暴法。头脑风暴法又称思维共振法，即通过有关专家之间的信息交流，引起思维共振，产生组合效应，从而激发创造性思维。头脑风暴法是比较常用的群体决策方法，它利用一种思想的产生过程，鼓励提出任何种类的方案设计思想，同时禁止对各种方案的任何批判。因此，这种方法主要用于收集新设想。在典型的头脑风暴法会议中，群体领导者以一种明确的方式向所有参与者阐明问题，使参与者在完全不受约束的条件下敞开思路，畅所欲言。在一定的时间内"自由"提出尽可能多的方案，不允许有任何批评，并且所有方案都当场记录下来，留待稍后再讨论和分析。在规划改革的过程中，多学科、多领域、多组织的规划专业人员聚集起来对改革后所产生的新问题、新方法进行研讨，多采用此类办法。

③ 哥顿法。哥顿法是美国人哥顿于1964年提出的决策方法。该法与头脑风暴法相类似，先由会议主持人把决策问题向会议成员做笼统的介绍，然后由会议成员（即专家成员）讨论解决方案；当会议进行到适当的时机，决策者将决策的具体问题展示给小组成员，使小组成员的讨论进一步深化，最后由决策者吸收讨论结果进行决策。

④ 电子会议法。最新的定性决策方法是将名义群体法与尖端的计算机技术相结合的电子会议法。会议所需的技术一旦成熟，概念就简单了。多达50人围坐在一张马蹄形的桌子旁，这张桌子上除了一系列的计算机终端外别无他物。将问题显示给决策参与者，他们把自己的回答打在计算机屏幕上。个人评论和票数统计都会投影在会议室内的屏幕上。

⑤ 其他定性决策方法。淘汰法，即先根据一定的条件和标准对全部

的备选方法筛选一遍,把达不到要求的方案淘汰掉,以达到缩小选择范围的目的。环比法,也叫"0—1评分法",即在所有方案中两两比较,优者得1分,劣者得0分,然后以各方案得分多少为标准选择方案(专栏1-4)。

专栏1-4　科学决策中的博弈分析

萨缪尔森曾幽默地说:"你可以将一只鹦鹉训练成为经济学家,因为它所需要学习的只有两个词:供给与需求。"博弈论学者引申道:"要成为现代经济学家,这只鹦鹉必须再学一个词,这个词就是纳什均衡。"而今,博弈论对社会的深刻影响似乎渗透到了每一个角落。传统微观经济学认为,个人决策是在给定的价格参数和收入的条件下追求个体效用最大化。个人的最优选择只是价格和收入的函数,而不是其他人选择的函数,他既不考虑自己的选择对别人的影响,也不考虑别人的选择对自己的影响。而博弈论则认为,个人效用函数不仅依赖自己的选择,而且依赖他人的选择,个人的最优选择是其他人选择的参数。甚至有人认为,研究人对于价值关系的现代经济学完全可以用博弈论来改写,因为博弈论研究人与人之间的关系,更接近社会生活的客观现实(Nash,1951)。

在规划决策过程中,规划部门周围存在种种同类事项的决策者,一方面,他们与规划部门的目标常常发生冲突;另一方面,他们与规划部门之间也包含着基于自身利益的潜在合作因素。他们与规划部门相互影响,并最终决定博弈结果。因此,现代博弈理论为人们理解规则如何影响人的行为提供了非常深刻的洞察力。

1.3.4　决策的素养和组织形式

1) 决策的素养

决策活动的创造性特点根源于人类活动的目的性或自觉能动性。由于现代决策过程的艰巨性和复杂性,已非少数人所能单独胜任,它要求形成一个由领导者、专家智囊团和广大群众有序结合的决策系统。在决策系统中,领导者处于最重要的位置,不仅因为决策的最后形成通常是通过领导者的决断来实现,更重要的是,如何科学地组织和协调决策系统各方面的活动,使之朝着共同的决策方向发展,也是领导者的重要职责。因此,作为决策者的领导者,需要具备以下几个方面的素养(王守良,1997):

第一,政治胆识与智谋。决策者的政治胆识体现在善识全局,有战略眼光,有谋划全局的胆识与能力;善识时势,把握时代方向,顺应时代潮流,立足客观现实;善识利弊,两利相权取其大,两弊相较择其小;善识民意,透过人心所向,把握大势所趋。

第二,批判精神。批判精神的本质是坚信人们通过坚持不懈的努力求索,认识和解决不确定环境所提出的新问题。有了批判精神,决策者才能不因循旧习,不囿于常规,不把任何一种结论和方法绝对化,从客观实际出发,进行科学的独立思考,从而得出创造性的结论。

第三,民主意识。维护公共利益是行政管理的重要目标,决策者要秉持以人为本、为民服务的价值观,才能保证决策的正确性和有效性。在决策的过程中,集思广益、鼓励专家和群众的参与是非常重要的。

第四,敏感性。事物的发展具有不可逆性,思维不敏感往往不能及时把握事态的新发展,从而不能做出相应的决策。对新事物、新事态的敏感认识,预见发展的方向和进程,这种面向未来的预测性思维是决策主体能动性的深刻体现。

2) 决策的组织形式

在国土空间规划实施管理中,需要对各种类型、不同重要程度的事项进行科学高效的决策。因此,规划管理人员也有必要了解国家和地方主要决策形式的组成、规则、程序的基本情况。总的来说,可以将决策组织形式分为自然资源主管部门、地方人民政府、地方人民代表大会、党的地方各级委员会(以下简称地方党委)等几个层面(专栏1-5)。

专栏1-5 某煤矿棚户区改造

G市颁布了《关于全面关闭市辖区范围内小型煤矿的通知》,为解决企业转产和职工安置问题,F煤矿利用原有生活区进行棚户区改造。G市自然资源局副局长主持召开局办公会议,审核通过了规划方案。在申请规划许可的过程中,由于相邻单位提出异议,需对规划方案进行较大的修改,于是由局长主持召开局务会议进行规划修改的专题研究。然而由于修改后的方案虽没有对相邻单位造成影响,但使得棚户区改造项目的住宅面积减少较多,造成煤矿职工不满,纷纷到政府请愿。于是,市人民政府先后通过召开市长办公会议、政府常务会议对这一事项进行了决策。最终决定对规划进行一定的修改,尽量减少对相邻单位的影响,同时也满足了煤矿职工的基本诉求,并对相邻单位少数受影响的业主进行了补偿。该方案得到了各方谅解。

(1) 自然资源主管部门层面

① 主管部门领导办公会议。为了解决具体工作事务,自然资源主管部门的领导召集相关部门负责人及工作人员对具体工作进行探讨,研究解决问题的方案和办法并做出决策。例如,厅长(副厅长)办公会议、局长(副局长)办公会议。

② 行政会议。行政会议是自然资源主管部门业务方面的决策形式,一般由行政正职领导召集,单位领导班子成员和相关业务部门负责人参加,常见的如局务会议。行政会议在对议题进行充分讨论的基础上,由行政正职领导做出最后决定。受行政正职领导委托,副职领导也可以主持行政会议,一般由受委托人做出最后决定,重要事项需事先请示行政正职领导后决定。

③ 党委(组)会。党委(组)是党在中央和地方国家机关、人民团体、经济组织、文化组织和其他非党组织的领导机关中设立的领导机构,在本单位发挥领导作用,是党对组织实施领导的重要组织形式。《中国共产党党组工作条例》(2019年修订)第六条规定:"中央和地方国家机关、人民团

体、经济组织、文化组织和其他非党组织的领导机关中,有党员领导成员3人以上的,经批准可以设立党组。"党委(组)讨论和决定本单位的各种类型重大问题,党委(组)会由党委(组)书记召集,党委(组)成员参加。需要说明的是,自然资源主管部门的党委(组)书记可能是专职,也可能兼任行政正职。行政正职如果由党外人士担任,一般可以列席党委(组)会。

(2) 地方人民政府层面

① 政府领导办公会议。政府领导办公会议,如市长(副市长)办公会、县长(副县长)办公会,是在坚持民主集中制和行政首长负责制的原则下,研究、处理地方人民政府日常工作中重要事项的决策性会议。

② 政府常务会议。在政府层面,常务会议是最常见的重要决策组织形式。常务会议是由政府成员组成,研究政府所负责的重要工作。国务院常务会议是中华人民共和国国务院现行的法定会议之一,由总理、副总理、国务委员、国务院秘书长组成,由总理召集和主持,讨论决定国务院工作中的重大问题。根据需要,政府常务会议可安排有关部门、单位负责人列席会议。《中华人民共和国地方各级人民代表大会和地方各级人民政府组织法》第七十八条规定:"县级以上的地方各级人民政府会议分为全体会议和常务会议。全体会议由本级人民政府全体成员组成。省、自治区、直辖市、自治州、设区的市的人民政府常务会议,分别由省长、副省长,自治区主席、副主席,市长、副市长,州长、副州长和秘书长组成。县、自治县、不设区的市、市辖区的人民政府常务会议,分别由县长、副县长,市长、副市长,区长、副区长组成。省长、自治区主席、市长、州长、县长、区长召集和主持本级人民政府全体会议和常务会议。政府工作中的重大问题,须经政府常务会议或者全体会议讨论决定。"

(3) 地方人民代表大会层面

① 人大常务委员会会议。人民代表大会常务委员会是人民代表大会的常设机关,一般由委员长、副委员长若干人、秘书长、委员若干人组成。常务委员会的组成人员由人民代表大会从代表中选出。《中华人民共和国地方各级人民代表大会和地方各级人民政府组织法》第五十条规定:"县级以上的地方各级人民代表大会常务委员会行使下列职权:(一)在本行政区域内,保证宪法、法律、行政法规和上级人民代表大会及其常务委员会决议的遵守和执行……(四)讨论、决定本行政区域内的政治、经济、教育、科学、文化、卫生、生态环境保护、自然资源、城乡建设、民政、社会保障、民族等工作的重大事项和项目;(五)根据本级人民政府的建议,审查和批准本行政区域内的国民经济和社会发展纲要、计划和本级预算的调整方案……"

② 人民代表大会会议。全国人民代表大会是最高国家权力机关,地方各级人民代表大会是地方国家权力机关。

人民代表大会会议决定各级人民政府的最高级别事务。全国人民代表大会有以下职权:"(一)修改宪法;(二)监督宪法的实施;(三)制定和修改刑事、民事、国家机构的和其他的基本法律……(十)审查和批准国民经济和社会发展计划和计划执行情况的报告;(十一)审查和批准国家的预算和预算执行情况的报告;(十二)改变或者撤销全国人民代表大会常务委员会不适当的决定;(十三)批准省、自治区和直辖市的建置……"县级以上的地方各级人民代表大会职权包括:"(一)在本行政区域内,保证宪法、法律、行政法规和上级人民代表大会及其常务委员会决议的遵守和执行,保证国家计划和国家预算的执行;(二)审查和批准本行政区域内的国民经济和社会发展规划纲要、计划和预算及其执行情况的报告……(三)讨论、决定本行政区域内的政治、经济、教育、科学、文化、卫生、生态环境保护、自然资源、城乡建设、民政、社会保障、民族等工作的重大事项和项目……(十二)保护社会主义的全民所有的财产和劳动群众集体所有的财产,保护公民私人所有的合法财产,维护社会秩序,保障公民的人身权利、民主权利和其他权利……"

(4) 地方党委层面

① 常务委员会(以下简称常委会)。在党委全会闭会期间,由该级党委会选举产生的常务委员会行使党委会的职权,在下届代表大会开会期间主持日常性工作,直到新的常委会产生为止。党委常委会和党委全会不是领导与被领导的关系,而是由党委全会授权常委会负责处理党委的日常工作。各地党委常委的组成情况有所差别,一般为单数。例如,地级市党委常委一般由以下人员组成:市委书记(一般兼任市人民代表大会常务委员会主任)、市委副书记(兼任市长)、市委副书记(专职副书记)、纪委书记、组织部部长、宣传部部长、政法委书记等。一般而言,常务副市长由市委常委兼任,一些重要的县市的区委书记、经济开发区党委书记也可能兼任市委常委。

② 党委会。按照党章规定,在党的各级代表大会闭会期间,由代表大会选举产生的党委会是该级党的领导机关,执行上级党组织的指示和同级党代表大会的决议,领导本地方的工作。党委会制度是中国共产党各级委员会全体委员通过会议研究、决定重大事项的会议制度。

党委会要对决定或贯彻执行党的路线、方针、政策和上级党委的重要指示进行讨论或决定;研究或进行党的思想建设、党的思想政治工作、党的组织建设和制度建设,集中学习马克思主义、毛泽东思想;研究干部的配备和任免;确定本地区、本部门的大政方针和工作规划;研究或确定向上级党委请示重要问题的报告、重要的工作总结;向同级代表大会提出的工作报告以及其他需要由党委讨论决定的问题。党委会是党的领导核心,党委会制度体现了党的领导原则是民主集中制。

1.4 国土空间规划实施管理中的制度设计

在国土空间规划实施管理过程中,科学决策针对的是具体事项。对于管理者而言,如何掌握制定"合理规则"的方法,通过制度实现管理的目标,同样是重要的能力。从一个单位的建章立制，到国家层面的立法，实际上都是在一定的地域范围内，针对不同的群体或者不同的事项制定普遍需遵守的规则。

国土空间规划的重点和难点均在于实施，有效的制度设计对于规划实施具有重要意义。制度设计应当在背景分析的基础上确立恰当的目标，实现行政权与公民权的双向激励和约束。

1.4.1 制度设计的背景分析

制度设计必须与所处的背景环境相适应，否则必然难以得到实施，或者实施效果违背制度设计的目标。国土空间规划实施管理中的制度设计，同样不可能超越其所在的社会现实，当然，也并非完全是社会现实的消极反映，而是在一定程度上反作用于社会现实。因此，制度设计是在现有约束条件与发展趋势之间寻求某种平衡。

1) 社会经济发展条件

不尊重社会经济发展条件的制度设计必然会造成不良后果，这一点在早期的城乡规划、土地利用规划等空间规划的实践中已经得到印证。相同或相似的具体制度对于不同地域而言，往往意味着不同的价值或效用。例如，对违法建设行为处以工程造价10%罚款的规定，对经济发达地区与经济落后地区所产生的实际影响明显不同，因而产生的行为激励就相去甚远。此外，同一罚款标准在不同的历史时期产生的作用也大相径庭。在制度设计中，不仅要因地制宜，有时还要因时制宜，甚至要因人制宜，当然，这并不是"人治"，而是根据管理人员和管理对象的构成选择合适的制度。例如，经济欠发达地区的规划技术审查制度就应当符合本区域的机构设置和技术人员的配备状况，而不能照搬发达地区的做法。

2) 行政法律制度背景

随着《中华人民共和国行政诉讼法》《中华人民共和国行政处罚法》《中华人民共和国行政复议法》《中华人民共和国行政许可法》等行政法律规范相继出台，我国行政法律制度日趋完善。在国土空间规划实施管理中，制度设计也应当适应国家行政法的宏观背景。例如，有的学者极力倡导控制行政自由裁量权，认为"较小的自由裁量权是法律趋于成熟的标志"。这种观点不一定错误，但鉴于国家行政法律制度的约束，公民法治意识的提升还有一个过程，以及我国目前乃至未来相当长的时间内仍将处于快速发展阶段，国土空间规划领域行政自由裁量权的控制只能是一个循序渐进的过程。

3) 国土空间规划现有制度的制约

规划制度设计在很大程度上受制于既有的各类空间规划相关制度。一般而言，成功的制度设计不应当割裂历史，而只能采用局部调整和逐渐修正的方式。制度演化是一个"累积因果"的过程，是对物质环境和约束条件的逐渐适应。宋功德先生曾指出,"设计全新的制度蓝图虽然比设计制度过渡更加吸引人,但未必需要更多的智慧"(刘文昭等,2015)(专栏1-6)。

> 专栏1-6 中国台湾地区的过渡条款
>
> 在保证制度稳定性方面,中国台湾地区的有关规定实践中有值得借鉴的经验,例如存续保障、损失保障、过渡条款等。其中过渡条款是为了平衡制度变更所追求的公共利益以及当事人的信赖利益,对于规划变更时如何保持稳定性具有指导意义。如采取分别对待的方式,通过时间上或类型上的限制,有些事项可以继续适用旧法的范围;通过严苛的排除条款,对个别影响重大的事项进行特殊处理,避免对抗;尽量减轻行政冲击;分阶段适用新法;延后新法生效;渐进落实新制度等(林三钦,2008)。

4) 相关部门的制度约束

国土空间规划的实施,有赖于相关部门的协同。在政府行政系列中,自然资源主管部门是与其他行政部门并列的一个部门。因此,制度设计也必然受制于其他部门的制度,与之相协调才可能得以实施,否则只能不断弱化规划的影响。在不违背国家法治精神的前提下,部门之间相互妥协以达成共识可以说是一种常态。国土空间规划要得到有效实施,最好的选择是"嵌入"现行的行政管理体制之中,而不是试图另起炉灶。例如,如何通过制度设计,在城建计划、地方预算、重点项目、绩效考核等制度中发挥国土空间规划的引领作用。

1.4.2 制度设计的目标

制度的"有效性"远远高于"理想性",不切实际的制度构建犹如空中楼阁。制度设计应当基于对社会现实的深刻认识,通过恰当的制度安排来实现制度目标。

1) 平衡制度的稳定性和灵活性

制度的相对稳定是其得以顺利实施的重要保证。制度的制定和修改要经过复杂的程序,因而不可能频繁地进行,且现实情况往往复杂多变,因此制度设计中应充分体现"层次性"原则。对涉及国土空间规划的重要制度和原则要经过科学论证并在主干法中予以明确,同时应当将一些根本制度上升到行政基本法律,甚至宪法之中。至于操作层面,则完全可以通过下层次的行政法规、部门规章、地方性法规等方式加以解决。通过赋予规划机关适度的、受监督的行政自由裁量权,以确保规划公务人员审时度势、灵活处理规划实施中的各类问题。

2) 平衡地域差异和部门冲突

我国幅员辽阔,区域发展不平衡,制度设计中必须充分尊重地域差异。例如,公众参与制度在社会经济发达地区是推进民主化进程的重要举措,然而在一些地方甚至可能沦为强势群体实现私利的"合法"手段。再如,乡村建设规划许可制度就是一项并没有酝酿成熟而急于出台的制度,相关配套制度缺失,连许可证也是在数年之后才统一印制。《中华人民共和国城乡规划法》(以下简称《城乡规划法》)实施至今,在不少地区仍然是一纸空文。因此,制度设计应当通过提供足够的制约与激励,兼顾自上而下的强制性制度变迁与自下而上的诱导性制度变迁。在快速发展阶段,通过地方实践推进国家层面的制度建设,已经取得了不少成功的经验。

3) 主体利益的尊重和平衡

随着社会主义市场经济的建立和完善,利益主体日趋多元化,政府部门、企业、社会团体、各种集团和个人都在成长为独立或相对独立的利益主体。在特定的规划政策环境下,他们都会以自身利益作为选择的依据。当期望得益远远大于损失之时,选择违法、违章或违背职业道德的行为可能就会成为规划博弈中各类利益主体的"理性选择"。即使不违法,他们仍可能有极大的行动空间。规划强调的是集体理性,而现实中个人理性与集体理性往往相互冲突,忽视主体利益往往难以实现整体最优目标。因此,在制度设计中必须顾及各种利益主体的各种选择。例如,规划机关公务人员的个人目标往往与规划行政目标存在一定差异,可以通过引入行政职位的竞争、设定开放的规划决策过程、建立适合规划行业的绩效考核制度、完善监督和救济制度等途径加以解决。

1.4.3 双向激励与约束的制度设计

在行政权与公民权的权衡中,不少学者认为行政权总是处于优势,因而必须对行政权进行有效控制。这固然有道理,但还应看到问题的另外一面。例如,相对方不论是为了更好地守法,或者更有效地规避法律,或者更隐蔽地违法,其对于相关法律法规的熟悉程度并不一定逊于规划执法人员,有时钻法律空子的方式和违法的手段往往出乎意料。这在某种程度上启示我们,不能只看到如何保护公民权,而对如何发挥行政权的合理作用、防止公民权的滥用等现阶段普遍存在的实际问题视而不见。在制度设计中,既要激励行政机关积极行政,也要制约其滥用职权。同样,在激励相对方维护自身权益的同时,也要有相应的制约,防止以维护公民权之名行谋求不当的个人利益之实。

1) 行政权的激励与约束

有的学者认为,由于当前我国的现实状况是行政权明显优于公民权,因而行政权作用的发挥并不存在问题。但实际情况并非如此,虽然从权力设置的角度来看,行政权较为强大,然而,在规划执法过程中仍然存在执法力度不足、规划管理不到位的情况。这表明,对于行政权作用的充分发挥,也同样应当给予足够的重视。至少在现阶段,行政权的激励与约束应当同步加强,而不是片面地削弱行政权而强化制约。制度建设与一个国家的社会经济发展阶段密切相关,超越实际的目标往往适得其反。当然,在现阶段加强行政权力的同时,有必要大力加强执法监督机制、执法责任制、错案追究制等一系列制度,从而对行政主体加以有效制约,促使其依法行政。

(1)行政强制力的加强。由于现实存在的公民权受到行政权侵害的情况,便认为应当削弱行政权,这与我国规划执法的现实需求并不相符。只要对各地规划执法的实践加以分析,就不难发现,执法力度呈现明显加强的趋势。而且,越是发达地区和发达城市越是如此。2016年3月21日,《法制日报》报道了湖北省首例行政先予执行裁定的案例(专栏1-7),在一定程度上反映了行政机关对于行政执行能力提升的诉求。此外,《城乡规划法》授权县级以上人民政府强制拆除的权力,实际上也是对实践中执法力度不足的补救。

专栏1-7　湖北首例行政先予执行裁定

湖北省武汉市实施地铁6号线一期工程建设,两名被征收人拒签房屋征收补偿协议,所提出的3 000万元补偿未得到满足,便将政府部门告上法庭,请求撤销房屋征收补偿决定。案件审理期间,政府以公共利益为由提出先予执行申请。经审理,法院裁定准许。据了解,这是新修订的《中华人民共和国行政诉讼法》施行以后,湖北省首例行政诉讼"先予执行"裁定(罗智敏,2016)。

因武汉市地铁6号线三眼桥北路站项目建设的需要,2013年10月2日,武汉市江汉区人民政府发布了《房屋征收决定公告》(江汉房征决字〔2013〕第5号),同时公告的还有补偿方案。吴某、李某共同拥有位于江汉区香江新村某楼房1层的房屋,建筑面积为287.51 m²,正好在房屋征收范围红线内。在补偿方案确定的签约期内,吴某、李某二人未能与房屋征收部门就房屋征收补偿达成协议。依房屋征收部门的申请,2015年4月22日,江汉区人民政府做出《房屋征收补偿决定》,提出货币补偿和房屋产权置换两种补偿方式,由吴某、李某选择。但吴某、李某二人对该《房屋征收补偿决定》不服,提出要3 000万元补偿。协商未果,二人又向武汉市人民政府申请行政复议,请求撤销江汉区人民政府的《房屋征收补偿决定》,被驳回。吴某、李某二人对武汉市人民政府的复议决定不服,2015年10月8日向武汉市中级人民法院提起行政诉讼,请求撤销武汉市人民政府的行政复议决定和江汉区人民政府做出的《房屋征收补偿决定》。

案件审理期间,江汉区人民政府以原告被征收房屋未能及时拆迁,致使武汉市人民政府原定于2016年底完工的武汉市地铁6号线工程的实施受到严重影响,且该房屋存在严重的安全隐患,影响市民出行安全等为由,申请武汉市中级人民法院先予执行《房屋征收补偿决定》。在申请先予执行的同时,江汉区人民政府按照法律规定做出书面承诺,并提供了中国银行武汉江汉支行营业部征收专户账户账号,上面有余额为2.28亿元的款项做担保。武汉市中级人民法院查明,地铁6号线一期工程三眼桥北路站位于香港路与三眼桥北路交叉路口,涉案房屋所在的香江新村的楼房正好处于征收红线范围内。早在2013年10月,该房屋的征收工作就已经启动,两年多来,实施单位多次与被征收人协商沟通,但被征收人要价过高导致该房屋征收工作无法完成,该地铁站点的建设严重滞后,周边老百姓的出行受到极大困扰。

---

(2)行政责任制的完善。在对行政机关广泛授权的同时,应当重点完

善行政责任制度。当规划行政机关不履行或不正确履行行政职责时,应当承担相应的法律责任。同时,强化政府各部门之间的监督和约束机制,加强内部监督力量,实行监审分离和监察责任制。

2) 公民权的激励与约束

(1) 公民权制衡能力的引导。在法律制度日益完善的今天,充分发挥行政相对方对滥用行政权的制约作用,已经引起了法学界的广泛注意。在制约行政权方面,不仅仅是行政相对方,广义上的公民权都是制约行政权的重要力量。例如,在与市民生活更密切的层面,公民权对于城乡规划行政权的制衡作用也日益明显,这类事例不胜枚举。早在2002年,兰州市62名法官为维护采光权就将作为行政主管部门的规划局告上了法庭(专栏1-8)。

专栏1-8　法官告官

为了争取采光权,兰州市中级人民法院和兰州市城关区人民法院两级法院62名法官集体将兰州市规划局告上了法庭。法官们是于1999年入住的荣达花园16号楼,2001年5月,兰州市规划局在其南面建设18层住宅,建筑高度为48 m,其间距为40 m,日照间距系数约为0.83。由于法官的特殊身份,本案件引起了社会各界的重视(江一河,2002)。

---

(2) 行政救济制度的完善。有权力必定有相应的救济,才可能实现公民权与行政权的平衡。在目前的规划制度中,对违法行政行为的救济制度相对健全,而关于失当和合法行政行为的救济制度较为欠缺,对行政不作为的行政救济还需要进一步完善。

(3) 公民权的制约。规划实施中行政相对人的违法行为,很多情况是源于预期成本远远低于收益,因此,必须改变行政相对方预期成本与收益的对比关系。例如,建立信誉制度,保护和鼓励信誉良好的相对方,打击信誉不良的相对方,这种方式对于制约开发商的违法行为有较好的效果。再如,激励社会公众或利益相关人对某些相对方的机会主义行为进行监督,从而弱化信息不对称,这种方式对于解决邻里纠纷的作用显著。此外,激励社会公众或相对方举报规划公务人员滥用职权以及采取机会主义的行为。

2 我国国土空间规划实施管理的发展历程

国土空间规划实施管理的指导思想和制度建设,与我国历史文化有着深层次的内在联系。本章从古代空间规划实施管理制度的起源与发展、近代空间规划实施管理的变革以及新中国成立后空间规划实施管理的探索等方面,全面回顾与总结不同时期空间规划实施管理的重要思想和主要制度。

2.1 古代空间规划管理思想和制度

中国古代虽然没有形成明确的"空间规划"概念,其鲜明的"礼法结合"的管理特色也并不适应当代社会发展。然而,古代仍有不少值得借鉴的规划思想和制度。

作为统治者建立空间秩序以实现统治的工具,古代空间规划和实施管理服从于"治国"的大目标。西周时期的封土建邦、体国经野、礼法结合的思想,在《周礼》中有着集中的反映。在春秋战国至汉初时期的空间规划和建设管理中,相土、形胜说将"天人感应"等思想与自然环境相结合,强调人与自然的和谐关系。其中,"象天法地""天人合一"的思想在伍子胥营建阖闾城、范蠡营建会稽城中都得到实践。西汉以来,城市经济繁荣,儒家思想得到强化,尊卑有序的礼制特色鲜明并延续至清末。

2.1.1 空间规划管理思想

1)"礼法结合"的管理思想

古代空间规划受礼法精神的深刻影响,强调君臣、长幼尊卑有序,其中最具代表性的就是《周礼·考工记》中的相关记载。《周礼·考工记》在营国制度中提出严格按照宗法封建的"宗子维城"思想(贺业钜,1985),根据爵位尊卑将城邑按照三个等级进行营建,各级城邑的规模、形制、布局、道路等级都有明确规定,不得任意变更。《管子·度地》中"天子中而处"的思想和"内为之城,城外为之郭,郭外为之土阆"三套城垣的城市形制同样体现了以王为中心的等级空间。在规划布局中则强调"辨方正位",并结合传统文化观念中的对数、方位以明上下尊卑。城市内部中心多被理解为建筑尊位,故多"择国之中而立宫,择宫之中而立庙",其他建筑布局则按礼制各行其位,如"左祖右社,面朝后市",这种体现空间等级制度的城市营建成为礼制的象征,使得中国古代城市具有较为突出的秩序感、整体感、统一性等礼制规划风格。如隋唐长安城的中轴对称形式、"宫殿与民居不相参"的布局以及严格的里坊制度。

2)"天人合一"的生态思维

师法自然、顺天合地是传统文化尊重自然环境,强调城市建设与自然的和谐,而逐渐形成的关于城市选址和布局的哲学理念。《周礼·考工记》记载:"匠人建国,水地以县,置槷以县,眡以景,为规,识日出之景与日入之景,昼参诸日中之景,夜考之极星,以正朝夕。"这表明周朝初期建城以象天法地为理念。"天人合一"的思想与古代城市规划建设的相土、形胜说相关。相土术起于西周,强调营建活动对选址的比选和对周围环境的审视,据《汉书·晁错传》记载:"相其阴阳之和,尝其水泉之味,审其土地之宜,观其草木之饶,然后营邑立城,制里割宅,通田作之道,正阡陌之界……此民所以轻去故乡而劝之新邑也。"这也可以说是自然资源评价思想的早期阶段。形胜思想强调形与意的契合,将城市选址和对城市建设与地理环境的审视进一步扩大到对山川环境的观察,注重形、意、理相互关联的丰富内涵。如《宸垣识略·形胜》中提出,"冀都是正天地中间,山脉从云中发来,前则黄河环绕……以今考之,是邦之地,左环沧海,右拥太行,北枕居庸,南襟河济,形胜甲于天下"。此外,北魏《水经注》还对城邑体系与水系的关联进行了深刻的分析。

古代大多城市的选址都是因地制宜,依山水环境选择自然条件适宜、协调的位置,甚至是"应天命而为"。春秋战国时期管仲就指出,"凡立国都,非于大山之下,必于广川之上,高毋近旱,而水用足,下毋近水,而沟防省。因天材,就地利,故城郭不必中规矩,道路不必中准绳"。伍子胥在建设阖闾城时,"相土尝水,象天法地,造筑大城";越国范蠡营建会稽城时,"乃观天文,拟法于紫宫"。"象天法地"将天地之法应用到城市建制中,体现"天人合一",凸显顺天合地、因地制宜的自然哲学理念(马继武,2007),具有朴素的生态思维。

3)"体国经野"的城乡统筹思想

土地是民生之本,早在夏商时期就推行以地缘为纽带的政治统治(蒲坚,2011)。根据《周礼》记载:"惟王建国,辨方正位,体国经野,设官分职,以为民极。"这表明土地空间是职官体系建立的基础。对"治地"而言,"辨方正位,体国经野"却具有明显的空间规划性质。根据《周礼·地官》可知,"野,谓远郊之外也",而"邦之所居亦曰国"与"野"相对,类似于当今的城与乡,"体国经野"则体现出明显的城乡统筹思想。此外,对于郊外和王城之郊的土地,以社会组织为基本单元进一步细分,自下而上,逐层聚合。在家与乡之间,有比、闾、族、党、州五级,形成土地划分的层级,由此形成多层级、功能复合的社会聚落体系,体现出当时空间规划组织实施的理念。

2.1.2 空间规划管理制度

1) 土地管理制度

（1）土地所有制。商朝时期，土地属于国家所有，天子对土地拥有绝对的支配权力，即"普天之下，莫非王土"，土地管理实行诸侯分封和井田制。西周中后期，私有土地出现，并打破"田里不鬻"的局面。战国时期，商鞅变法"为田开阡陌封疆而赋税平"，重新划分田界范围，向农民颁授土地，正式以法律形式对私有土地所有权予以确认。秦统一六国，颁布"使黔首自实田"的法令，在全国范围内确认了土地私有权。唐玄宗开元天宝以后，土地所有制由过去传统的国有制逐渐转变为私有制为主的土地形式（蒲坚，2011）。元朝则因政治政权原因急剧扩大了官田。至民国时期，我国土地所有制制度基本上呈现公有土地和私有土地并存的特征。

（2）井田制。商周时期较为普及的井田制是我国土地规划的雏形。所谓"井田"，长宽各百步的方田为一"田"，一田面积为百亩，作为一"夫"，九个方田形成"井"字形。据《周礼·地官司徒·小司徒》记载："九夫为井，四井为邑，四邑为丘，四丘为甸，四甸为县，四县为都，以任地事而令贡赋，凡税敛之事。"早期井田制为奴隶社会时期的土地国有制度，土地属周王所有，分配给奴隶主使用。据《孟子·滕文公章句上》记载："方里而井，井九百亩，其中为公田。八家皆私百亩，同养公田。公事毕，然后敢治私事。"直至秦"废井田，开阡陌"土地所有制的改革，"井田制"才逐渐被摒弃。但它在很大程度上影响了我国早期城市的总体形态和管理制度，其方格网的特征被早期城市所采用。城市被视为一大块井田，利用井田阡陌的经纬涂构成道路网；按照井田制，将它分为若干等面积的方形地盘，充当城市营建用地；同时规定以"井田"的单位"夫"作为城市用地的单位。

（3）制土分民。制土分民是治理人民重要的工具，也是古人朴素的人地关系理念（郭璐等，2017）。据《礼记·王制》记载："凡居民，量地以制邑，度地以居民，地邑民居，必参相得也。"秦汉时期，根据户籍制度，按照人口、社会阶层分配土地。至唐代时期，口分田就近授予，如本县田地不足，可在邻县分配土地，分配方法视土地占有、经济状况和赋税徭役等确定。《管子·乘马》记载："地者，政之本也……是故地可以正政也。地不平均和调，则政不可正也。政不正，则事不可理也。"这说明将土地的安排与协调作为统治的基本手段。

（4）土地交易。古代土地交易受到严格限制，自商鞅变法"民得买卖"土地以后，土地交易日益盛行。汉初规定公田不得买卖，宅基地一般只能购买相邻的土地，即"欲益买宅，不比其宅者，勿许……"。而已经分配到宅基地的，如果送人或出售，则国家不再予以分配，即"受田宅，予人若卖宅，不得更受"。魏晋时期，土地买卖逐渐得到法律保障，并开始征收契税（蒲坚，2011），但也明确只能在有余和不足之间调剂，即"盈者得卖其盈，不足者得买所不足"。唐朝时期,土地交易需要经过严格的程序,购买土地要向当地主管机关申报,制作买卖文书,经官府确认办理过户手续,否则得不到政府法律的保护。五代时期,城市土地交易开始活跃,相关法律制度也逐步建立,买卖、典质、倚当(债权人长期占有债务人土地,以土地的收入抵销债务)等土地交易的卖方亲属和邻居都具有同等条件下的优先购买权,订立契约必须有"牙人"(即买卖的居间人)和邻居作证,并经官府验证确实没有欺诈行为后加盖官印,同时还要缴纳交易税。元朝时期,私有土地的买卖和兼并不受限制,土地交易制度得到长足的发展。据《元典章》记载,土地买卖须经过询问亲邻、经官给据、签押文契、过割赋税等固定手续(叶孝信,2002)。

(5) 土地征收。在后唐明宗长兴二年(公元931年)的敕文中就已经出现了政府征收土地的法律。对于土地所有人没有能力建造的空闲土地,国家根据商业价值进行分级,确定相应的征收价格,对于临街土地政府将予以征收,也允许出售。征收中还体现了尊重市场经济和兼顾公平的原则。到两宋时期,战争不断,农民经常迁徙,对于户绝田、抛荒田、籍没田、无主田等均没收为官田,归国家所有。元朝时期,为扩大官田,有偿购买民田,元仁宗时,在大都购买官田,计亩给值(蒲坚,2011)。

2) 城乡建设制度

(1) 居住管理制度。中国古代社会的居住管理制度十分严密,例如,商鞅的什伍连坐法、王安石的保甲法、元代的村社制、明代的里甲制等(文超祥等,2018)。而里坊制是最具代表性的居住管理制度,早在春秋时期,管仲就认为分类居住有利于管理和发展,分类居住思想也成了里坊制的思想基础之一。里坊制的另一基础是严密的户籍制度,从《张家山汉墓竹简》来看,早期的户籍包含"民宅园户籍"等多项内容,并有着严密的管理制度,当发生纠纷时,以"券书"为准。最早关于里坊制的法律规范出现在汉代,《张家山汉墓竹简·户律》对此有详尽规定:"田典更挟里门籥(钥),以时开;伏闭门,止行及作田者,其献酒及乘置乘傅,以节使,救水火,追盗贼,皆得行,不从律,罚金二两(户律)。"自隋代开始,里坊制发展日趋成熟,宋代吕大防在《长安图题记》中曾有精辟的描述,即"隋氏设都……间巷皆中绳墨,坊有墉,墉有门……而朝廷宫、市民居,不复相参,亦一代之精制也,唐人蒙之以为治"(董鉴泓,2004)。

(2) 建设审批制度。从史料记载来看,古代建设工程需要办理一定的审批手续,《汉律》《唐律》中都有关于非法兴造的罪名,如《唐律》卷十六《擅兴》中规定兴建工程必须上报,即"诸有所兴造,应言上而不言上,应待报而不待报,各计庸,坐赃论减一等",说明应当报请批准的工程没有上报的,按照工程量的大小以受赃罪论处(曹漫之等,1989)。

(3) 违法查处制度。有关违法占地的法律规范最早见诸《张家山汉墓竹简·田律》之中,如"盗侵巷术(说文:邑中之道也),谷巷(疑为溪水旁小巷)、树巷及貇(垦)食之,罚金二两"。《唐律·杂律》中也有"侵巷街阡陌"的条款（曹漫之等，1989），如"诸侵巷、街、阡、陌者，杖七十。若种植、垦食者，笞五十。各令复故。虽种植，无所妨废者，不坐"。该制度将重点转移到了城市道路方面，并一直延至清末，除量刑轻重有所差别之外，基本上没有大的变化。中唐以后，里坊制度开始逐步瓦解，出现了占街盖房、掘土建屋，乃至占用规划道路用地以事农桑的现象，对此，国家多次以诏书或敕文的形式予以制止。唐代宗大历十四年（公元779年）六月一日颁布敕文，即"诸坊市邸店，楼屋皆不得起，楼阁临视人家，勒百日内毁拆"，明确拆毁私自扩建的房屋。后唐明宗长兴二年（公元931年）六月八日颁布敕文，对违法占地建设进行了禁止（王溥，1978），即"其诸坊巷道两边，常须通得车牛，如有小小街巷，亦须通得车马来往，此外并不得辄有侵占。应诸街坊通车牛外，即日后或有越众迥然出头，牵盖舍屋棚阁等，并须画时毁折"。宋代真宗时，为防止京师侵占街面的现象蔓延，开封府街道司在每条道路的两边竖立木杆式标记，居民建房不许超越标记所定界线。

2.1.3 古代空间规划管理思想和制度的现实意义

1）生态保护

古代师法自然、天人合一的思想，追求人与自然的和谐，注重自然与环境对城市整体规划的影响。至今，我们保护生态环境、强调人与自然和谐共生的可持续发展理念，将"象天法地、天人合一"的师法自然生态理念进一步延续和提升，在人类繁衍和建设人居环境的过程中不断探索"人"与"自然"的平衡关系，维护山河湖海的自然生态格局和良好的生态环境。

2）和谐理念

在传统社会，"礼"一直扮演着重要角色。从西周到清末，"礼"逐渐入于"法"，但传统社会的礼制思想特别是中庸思想的影响一直根植在管理制度中。在礼制的深刻影响下，和谐理念所产生的调解制度在历史上发挥了重要作用，调解制度通过利益平衡促使各方和解，从而达到维护社会和谐的目的，体现温和、宽容、兼顾各方、不偏不倚等平衡精神。古代城乡建设中的民间纠纷，一般都作为"细故"而采用调解的方式加以解决。周之"调人"、秦之"乡啬夫"、明清之"里老"等，其重要职能之一就是对民间纠纷进行调解。和谐理念对社会生活产生了深刻影响，在法治日益完善的今天仍具有重要的现实意义（文超祥等，2018）。

3）集体主义

古代空间规划管理制度作为国家行政管理的手段，具有明显的"管理模式"色彩。国家政治体系中处于重要基础地位的"家"，汉儒以此为基础并吸收了法家的国家本位思想，成功创设新的家族本位与国家本位相结合的理论，并主宰中国政治法律长达2 000余年。集团本位和国家利益至上已经成为一种本土文化资源,对于公共利益的认可深深地根植于中国人的价值观念中,对当代的空间规划管理制度建设具有积极的意义。

2.2 近代空间规划实施管理的变革

近代中国社会制度发生了根本变化,对城乡发展产生了深刻的影响。自鸦片战争以来,中国传统空间规划制度和管理思想受到西方文化的冲击,大量租界城市、通商口岸城市以及西方列强直接控制的城市,全面输入和移植西方空间规划技术和管理制度。在抗日战争全面爆发后,城乡建设活动也反映了军事要求。在抗日战争后期和战后恢复时期,急需恢复正常的生产与生活,规划制度建设取得了一定的进展。国外规划理论和制度经过了一定的本土化过程,为战后空间规划提供了较好的基础。《中华民国土地法》《都市计划法》等国家层面上的法律陆续颁布,促进了中国近代空间规划的制度建设和制度转型。

2.2.1 近代变革产生的时代背景

晚清时期,国家积贫积弱,西方势力入侵。1840年爆发第一次鸦片战争,清政府被迫签订了《南京条约》,开放广州、厦门、福州、宁波、上海为通商口岸。1845年,英国驻上海领事与清政府签订了《上海租地章程》,划定将洋泾浜以北、李家场以南的土地作为英国人租借居留地,这是外国侵略者在中国占有"租界"的开始。随后,美、法、德、日等国也通过设立租界来建立殖民式的统治。此后100余年,西方列强不断入侵,《北京条约》《马关条约》《辛丑条约》等一系列不平等条约相继签订。上海、天津、汉口、广州等12个城市成为租界城市(庄林德等,2002),被迫开放的港埠、陆埠等商埠城市几乎遍布全国,香港、澳门、青岛、威海等城市则成为割占地或租借地。

租界、通商口岸城市是西方文化入侵的重要切入点,西方规划建设制度首先体现在租界、通商口岸等城市的建设和管理方面,并逐渐对其他地区产生了深刻的影响。因此,中国近代城市的发展不是正常工业化和城市化进程的必然结果,而是在中国近代被迫开放的社会背景下,由殖民主义者输入与移植的产物(李东泉等,2005)。

2.2.2 空间规划管理制度

近代从初期租界市政管理制度的形成,到战时基于备战需求的应急制度建设,再到转型恢复期的制度变革,管理范围从城市扩展到乡镇,管理内容从简单到复杂,管理方法从行政管理到注重法制建设。对西方规划制度的学习与实践,促进了我国规划制度体系建设的进程。

1) 空间规划管理机构

(1) 市制的建立

1909年,清政府颁布《城镇乡地方自治章程》,规定各城镇乡必须设立自治公所。自治范围包括教育、卫生、道路、实业、慈善等,这是我国第一次从行政管理上将城、乡区分开来,建立了"市制"。1914年,北洋政府颁布《地方自治试行条例》,明确凡不属于国家行政事务的,均可实行自治。1921年,北洋政府制定《市自治制》,同年广州设市,隶属于广东省政府,成为我国第一个城市行政区。最初,市分为特别市和普通市两种:特别市的地位相当于县,受省行政长官直接监督;普通市隶属于县,受县知事直接监管。南京国民政府于1928年颁布《特别市组织法》和《普通市组织法》,规定了特别市和普通市的组织形式,标志着近代市制的正式建立。1930年,新的《市组织法》颁布实施,将市分为行政院辖市和省辖市,并对院辖市做了明确规定:① 首都;② 人口在百万以上者;③ 在政治经济上有特殊情形者。符合上述一、二条件而为省政府所在地者应为省辖市。根据这一规定确定南京、上海、天津、青岛、汉口为院辖市。《市组织法》的颁布实施,推动中国城市管理进入了新的阶段,规划组织和管理机构也相继设立。

(2) 市政建设和规划管理机构

早在1845年,英国就通过《上海租地章程》开辟了近代中国第一个租界。次年12月,英租界成立道路码头委员会,专门负责租界内的征税和道路、码头等市政建设事宜,这是中国近代路政机构的萌芽。1854年,英、美、法等国订立《上海英美法租界租地章程》,规定在上海租界设立"工部局",负责市政建设、治安管理、征收赋税等行政管理工作,工部局实质上担任了一种租界市政府的角色。其后,各地开辟的租界都仿照上海设立工部局。

辛亥革命之后,上海于1917年最早建立了地方性的规划管理机构——工务局,下设四科,职能包含总务、市政工程建设、建筑、审查营造图样等。1928年,工务局增设第五科,负责城市规划工作,建立了相对完善的规划管理体系。第五科主要通过核发执照,对房屋新建、改建、违建查处等进行管理,职能范畴包含租界内的城市建设事业及土地管理。之后,北京、南京、广州等地相继设立工务局,使其成为规划管理与建设的独立机构(张仲礼,1990)。

(3) 都市计划委员会

1939年6月,南京国民政府颁布《都市计划法》,提出设立"都市计划委员会"。随后,内政部地政司组织编制《都市计划委员会组织通则草案》,因战时原因,虽已成稿却无法审核备案。直到战后的1946年4月,由内政部营建司制定的《都市计划委员会组织规程》才得以正式颁布,成为地方都市计划委员会的依据。据不完全统计,截至1946年底,15个城市建立了

"都市计划委员会",9个城市建立了"公共工程委员会",负责规划研究和编制工作。

(4) 乡镇营建委员会

1944年11月,内政部公布了《乡镇营建委员会组织规程》,对委员会的性质、任务、人员组成以及议事规则进行了规定,即乡镇营建委员会主要协助镇长办理乡镇营建工作。省政府分派技术人员指导制定营建计划,除中央法令已有的规定外,省级政府可以依地方情形制定技术标准。同年,内政部公布了《营建技术标准审查委员会组织规程》,明确了委员会的主要职责是"审查有关建设技术之法规及制式标准"(内政部,1947)。

2) 规划管理制度

在抗日战争之前,租界城市形成了独特的规划制度。在抗日战争后期和战后恢复期,正常的生产和生活秩序急需恢复,空间规划和建设形成制度化成为迫切要求。在借鉴西方国家经验的基础上,当局制定了大量的空间规划建设和管理方面的法律规范,初步形成了空间规划法律体系,奠定了近代中国空间规划制度转型的基础。可以说,中国空间规划制度从以礼法制度为核心向服务于社会经济发展的转型,是始于这一时期的。尽管在森林、草原、水域等领域也零星出台过一些制度,但当时还没有统一的空间规划意识,社会管理也还不够精细,因而,这些制度往往归并到土地管理或者城乡规划管理之中。

(1) 土地管理制度

① 荒地承垦制度。在北洋政府时期,大量田地遭受破坏而成为荒地。1914年3月,北洋政府颁布《国有荒地承垦条例》(以下简称《条例》),鼓励农民开垦荒地,并对承垦程序做了明确规定。同年7月,农商部公布《国有荒地承垦条例施行细则》(以下简称《细则》)作为条例的具体实施办法。《条例》和《细则》的颁布实施促使大片荒地变成良田,对当时的农业发展起到了一定的促进作用。但由于军阀混战和自然灾害的原因,刚刚开发的良田变成荒地的现象也很普遍。

② 土地所有权制度。1930年11月,在《中华民国民法》的"物权编"中,详细规定了权利人对包括土地等不动产在内的物的直接管理与支配,并且排除他人不法干涉或侵害的民事权利。该编共分为通则、所有权、地上权、永佃权、地役权、抵押权、质权、典权、留置权、占有权10章,涉及土地的所有权、占有权、使用权、收益权、处分权、地上权、典权、佃权等各个方面,是一部比较系统的土地立法。1947年的《中华民国宪法》规定"中华民国领土内之土地属于国民全体。人民依法取得之土地所有权,应受法律之保障与限制。私有土地应照价纳税,政府并得照价收买",明确了对土地所有权的法律保护。

③ 土地征收制度。1915年10月,《土地收用法》颁布,确定土地征收的前提是"因公益而设事业之必要";明确国家是土地收用的主体,如地方自治团体或人民因公益事业而收用土地的,须得到国家认可;同时

还规定了土地收用的种类和程序。1928年7月,南京国民政府公布《中华民国土地征收法》(以下简称《土地征收法》),明确国家对于兴办公共事业、调剂土地分配以发展农业、改良农民生活状况等事业时,可依法进行土地征收,并规定"兴办事业人得于通知地方行政官署及土地所有人或占有人后,进入该土地内测量绘图及调查,但兴办事业人为地方自治团体或人民则应于呈经地方行政官署核准后行之"。该法明确了征收的准备、程序、审查、损失之补偿、监督强制及罚则等,为制定土地法拉开了序幕。

④ 土地开发利用制度。1930年6月,南京国民政府公布《中华民国土地法》(以下简称《土地法》),明确了土地总登记、地块等级、确定地价等内容,对土地的私有权进行了一定的限制,是南京国民政府对土地管理、开发、利用过程中所发生的经济关系进行调整的基本法典。1946年4月,南京国民政府修正《土地法》,包括总则、地籍、土地使用、土地税、土地征收五篇,修正后的《土地法》承认外国人有在中国购买土地的权利,规定外国经营企业,已依有关法令且经南京国民政府特许者,需按实际需要租赁或购买土地。修改后的《土地法》体现了与已出台的《都市计划法》协调的思想。同时,为保障《土地法》的施行,南京国民政府还同时公布了《中华民国土地法施行法》(以下简称《土地法施行法》),作为实施《土地法》的配套法规。

(2) 城乡规划管理制度

在抗日战争后期和战后恢复时期,城乡规划制度建设取得了较大进展,形成了以《都市计划法》《收复区城镇营建规则》《县乡镇营建实施纲要》为主干法,规划编制、组织规程、实施办法等方面的配套法,以及《中华民国建筑法》(以下简称《建筑法》)、《管理营造业规则》等相关法的较为完善的法律体系(表2-1)。

表2-1 近代转型时期空间规划法律规范

类别			法规名称	部门及颁布时间	主要内容及意义
城乡规划和土地规划类	主干法	城乡规划	《都市计划法》	南京国民政府(1939年6月)	中国首部城乡规划主干法律,共32条
			《都市营建计划纲要》	军委会(1940年9月)	为适应战时需要而制定,注重城市防空
			《收复区城镇营建规则》	行政院(1945年11月)	共36条,分为6个部分,是村镇规划方面的基本法规,使得村镇规划及建设工作受到重视
			《县乡镇营建实施纲要》	内政部(1943年4月)	为适应战后重建需要而制定,起到了临时主干法的作用。共67条,分为7章

续表 2-1

类别			法规名称	部门及颁布时间	主要内容及意义
城乡规划和土地规划类	配套法	土地规划	《土地征收法》	南京国民政府（1928年7月）	为制定《土地法》拉开了序幕
			《土地法》	南京国民政府（1930年6月颁布，1946年4月修正）	共247条，分为总则、地籍、土地使用、土地税、土地征收5篇
			《土地法施行法》	南京国民政府（1935年颁布，1946年4月修正）	共61条，分为总则、地籍、土地使用、土地税、土地征收5个部分
		规划编制	《城镇重建规划须知》	内政部（1945年9月）	共7条，分为甲、乙2个部分，对6个级别城市提出了规划编制要求
			《土地重划办法》	行政院（1946年1月）	共30条，部分条款涉及土地控制性规划的内容
		组织规程	《乡镇营建委员会组织规程》	内政部（1944年11月）	共20条，明确了乡镇营建委员会的性质、任务、人员组成和议事规则
			《营建技术标准审查委员会组织规程》	内政部（1944年11月）	共7条，规定了技术规范审查的组织规程
			《都市计划委员会组织规程》	行政院（1946年3月核准备案，内政部同年4月颁布）	共8条，明确了都市计划委员会组成办法，委员有指派、聘任和委任3种形式
		实施办法	《省公共工程队设置办法》	内政部（1945年9月）	共5条，由省级人民政府组织流动型专业队伍来负责指导各地战后重建计划的制订和实施
			《市公共工程委员会组织章程》	行政院（1945年11月）	共10条，审议与公共工程相关事宜的组织规程
			《协助建设示范城市办法》	行政院（1947年3月）	共8条，对建设示范城市进行了规定，并暂定南昌、长沙两市为示范城市
相关法	建筑法类	主干法	《建筑法》	南京国民政府（1938年12月颁布，1944年9月修正）	共50条，分6章，明确建设工程规划许可制度

续表 2-1

类别		法规名称	部门及颁布时间	主要内容及意义
相关法	建筑法类 施工资质	《管理营造业规则》	行政院（1939年2月颁布，1943年修正）	共29条，根据营造单位的实力将其划分为4个等级，并规定了相应的业务范围
	建筑法类 执业纪律	《建筑师管理规则》	内政部（1944年12月）	共42条，分为总则、开业及领证、执业与收费、责任与义务、惩戒、附则6章
	建筑法类 技术规范	《建筑技术规则》	内政部（1945年2月）	共274条，分为5编，是一部关于建筑设计和结构设计的技术规范

① 规划编制审批制度。1939年6月，南京国民政府颁布《都市计划法》，建立了规划编制审批制度。该法对优先编制都市计划的城市、都市计划的编制内容、基本原则、审批以及实施情况的核查都进行了界定，并规定各省制定施行细则报内政部核转备案。1945年9月，为使战后规划编制工作顺利开展，内政部制定了《城镇重建规划须知》，这实际上是一部关于规划编制的技术规范。该须知按照院辖市、省辖市、未设市之省会、县城、五千人口以上之集镇五个级别的城镇划分，从面积与人口分配、结构形式与分区使用、道路系统、上下水道、公有建筑、居室建筑、绿地、公用工程和防护工程九个方面提出具体的规划编制要求。城市等级越高，对编制深度的要求也越高。同年11月，行政院颁布了《收复区城镇营建规则》，扩大了适用范围，并对都市计划的审批备案、土地征收、道路系统、公用工程、住宅建设等进行了详尽的规定，起到了战后恢复期间城市规划主干法的作用，也可以理解为是《都市计划法》的修订案。

1946年1月，行政院公布《土地重划办法》，明确了城市土地利用的规定，即"凡举办土地重划之地区应由地政机关制定土地重划计划书及重划地图"，并要求主管地政机关核定土地利用重划书和重划地图后，应立即通知各土地所有权人，并于重划地区张贴重划地图公告。"在公告期间内有关之土地所有权人半数以上，而其所占土地面积除公有土地外超过重划地区总面积一半者表示反对时，主管地政机关应呈报上级机关核定之"（内政部，1947），这一制度开创了规划公示的先河。

② 规划实施组织制度。1945年9月，内政部颁发《省公共工程队设置办法》，由省级政府组织流动型专业队伍来负责指导各地战后重建计划的制订和实施。工程队是流动型的，有利于充分利用技术力量和积累城市建设的经验（内政部，1947）。同年11月，行政院公布《市公共工程委员会组织章程》，明确设立市公共工程委员会，主要负责审议与公共工程相关事宜的组织规程。1947年3月，行政院公布《协助建设示范城市办法》，从都市计划的资料收集、方案制定、审批程序、规划实施等方面，对建设示范城市进行了规定，并暂定南昌、长沙两市为示范城市，希望借此引导战后全国城

乡规划和建设的方向。

③ 建设许可和行业管理。卢沟桥事变后,由于后方城市恢复建设的迫切需要,1938年南京国民政府公布《建筑法》,明确了建设工程规划许可制度,并对建设工程的主管机关、建筑许可、建筑界限和建筑管理等进行了规范。1939年2月,行政院公布《管理营造业规则》(1943年修正),根据营造单位的经济和技术力量将其划分为甲、乙、丙、丁四个等级,并规定了相应的业务范围。1944年12月,内政部公布《建筑师管理规则》,该规则可以被称为我国第一部建设行业的职业道德和执业纪律的规范,对建筑师的定义、开业及领证、执业与收费、责任与义务,乃至违反规定应当给予的惩戒,都进行了较为详细的规定。

2.2.3 近代空间规划制度建设的借鉴

近代空间规划制度经历了租界市政建设管理制度到规划制度的转型,对于当代具有以下借鉴意义:

一是从单一的市政建设管理转向系统性管理。近代空间规划的发展是一个逐步走向专业化、系统化的过程,由最开始单一的租界城市市政建设过渡到更加综合复杂的地方建设,再到完整都市的综合设计。规划编制和管理从市政建设、马路建设逐渐转向综合的城市管理,业务范围逐步扩大,多领域交叉的属性使其逐渐具备复杂性、长期性、系统性等特征。

二是"地方自治"思想及相关制度。清末开始施行地方自治,并通过一系列的法律法规来推行城镇乡的自治。但由于中国近代社会长期以来的"自上而下"的特征,政府的政策和施政方向成为经济和城市发展的主要推动力之一,各种政策推行中都带有强烈的权力色彩。权力政治对空间规划建设和管理的影响往往超过经济因素,这种"自上而下"的社会特征导致中国的地方自治缺少群众基础。近代"地方自治"思想通过合理的事权划分,充分发挥了地方治理的积极性,对"权责统一"的空间规划管理制度建设具有一定的借鉴意义。

三是从以礼法为核心转向服务于社会经济发展。在近代抗日战争后期及恢复期,城市急需恢复正常的生产和生活秩序,在规划制度化过程中开展了更系统、更长远和更现实的规划建设,并在重建工作中各个领域制定了大量土地利用、建筑管理、规划实施等方面的法律规范。相比于传统以礼法为核心的规划建设管理,城市重建和恢复注重从现实情况出发,服务于城乡社会经济发展。

四是移植域外规划制度中的"本土化"。近代规划思想及相关制度带有"外生型"的特征,在学习西方规划制度的过程中,不顾实际情况而盲目移植域外规划制度的现象较为突出。在制定规划制度的过程中往往拘泥于生搬硬套西方理论,甚至有照搬法律原文的做法。缺乏本土化过程的制度,不仅无法得到实施,而且容易形成许多"潜规则",造成了制度规范与实际操作"两层皮"的弊端。

2.3 城乡分离的多元空间规划管理(1949—1985年)

新中国成立后,先后经历了新中国成立初期的恢复和发展、20世纪60年代初至70年代中期的挫折和停滞、中国共产党第十一届中央委员会第三次全体会议后的复苏以及改革开放后的快速发展等几个阶段。经过3年经济恢复期,1953年开始实施我国的第一个"五年计划"。由于政治和外交原因,我国全面学习、借鉴苏联规划制度。土地管理实行城乡分离的土地制度,管理部门几经变化,建设、农业、林业、水利等涉及空间规划的多个部门,这些部门均具有一定的国土空间管理职能,但并没有形成统一的管理机构。因此,这一时期总体可概括为城乡分离的多元空间规划管理。

2.3.1 空间规划实施管理机构

本时期空间规划建设工作经历了新中国成立初期的学习苏联模式、"大跃进"及"文化大革命"时期的波动、改革开放后重大调整等几个阶段。空间规划管理机构(主要包含土地管理机构和城乡规划管理机构)的设置经历了从初步设立到逐步升格、多部共管再到重大调整等改革。

1) 土地管理机构

新中国成立后,土地管理机构经历了短暂的统一管理之后,逐渐转向多部门分头管理。1949年10月,全国人民政治协商会议制定了《中华人民共和国中央人民政府组织法》,次月在中央人民政府政务院下设内务部。内务部下设地政司,作为全国土地管理机关,负责地籍测量、地籍管理、城市房地产管理、土地征用和土地租税、城市管理规划及考核等工作。1952年,城市管理规划及考核职能移交至新成立的建筑工程部。1954年,因农业合作化的发展和农村地籍的变化,地政司被撤销,在农业部设土地利用总局。1956年,在土地利用总局的基础上成立农垦部,主管全国所有荒地和国营农场建设工作。内务部的土地管理职能逐步向多个部门分散,仅保留土地遗留问题处理和部分征地划拨职能。

20世纪60年代中后期至改革开放前,许多地方的土地管理机构被解散,土地管理工作基本处于瘫痪状态。中国共产党第十一届中央委员会第三次全体会议后,工作重心转移到经济建设。1979年,国务院设立全国农业区划委员会,下设土地资源组,由农业部牵头起草土地利用分类标准和调查规程,并开展土地详查试点。1982年后,实行城乡分管制度,地方农业部门建立土地管理部门,城市内部保留房地产管理机构。此外,林业、水利等部门也承担了一定的国土空间管理职能。

2）城乡规划管理机构

① 迅速发展阶段(1949—1957年)

中央的城乡规划行政主管部门几经变化,先后经历了财政经济委员会计划局基本建设处、建筑工程部、城市建设总局、城市建设部、建设委员会等多个部门(文超祥,2016)。新中国成立之初,国家主管城市建设的工作部门是政务院财政经济委员会计划局下设的基本建设处(庄林德等,2002)。1952年8月,中央人民政府成立建筑工程部,主管全国建筑工程和城市建设等工作,各省市设建筑工程局,归建筑工程部领导。同年9月,中央财政经济委员会召开第一次城市建设座谈会,提出从中央到地方建立和健全城市建设管理机构的要求。1953年11月,中共中央同意国家计划委员会关于有新厂建设的城市设立城乡规划与工业建设委员会的建议。北京、西安、兰州、包头、太原、郑州、武汉、成都等有三个以上新厂建设任务的城市组建了城乡规划与工业建设委员会。1955年,基于中央人民政府对于城市建设和规划工作的重要性认识和建立计划经济体系的要求,城市规划管理机构和人员快速扩张,逐渐由建筑工程部下属的城市建设管理局成为直接隶属政务院的城市建设部,负责城市建设的长远计划和年度建设计划的编制和实施。

② 波动阶段(1958—1965年)

受"大跃进"思想的影响,规划领域脱离实际提出"快速规划"和"城市建设的大跃进",许多地方开始盲目扩张城市。在此期间,组建了城市规划局,建筑材料工业部、建筑工程部和城市建设部于1958年合并成为建筑工程部,同时国家建设委员会被撤销,其部分工作职能交由建筑工程部管理。随着"三年不搞城市规划"口号的提出,规划管理机构职能不断被弱化。

③ 停滞阶段(1966—1977年)

"文化大革命"后,中央人民政府主管城市建设与规划的部门停止工作,规划机构和人员不断被压缩,城市规划局被取消,全局人员下放"五七干校",隶属部门也先后调整至国家基本建设委员会、计划委员会和经济委员会,城市管理处于停滞状态。1970年7月,国家建设委员会、中共基本建设政治部和建筑工程部合并,成立了基本建设革命委员会。

④ 重整阶段(1978—1985年)

中国共产党第十一届中央委员会第三次全体会议后,规划建设得到重视。1979年3月,根据《国务院关于成立国家建工、城建两个总局的通知》的精神,成立国家城市建设总局并设置城市规划局。1982年5月,在城乡建设环境保护部组建方案中,城市规划局成为16个职能局之一,形成了规划、国土、环保和建设"四位一体"的统一管理体制。1982年初,国土局改属国家计划委员会。1984年7月,经国务院同意,城市规划局改由城乡建设环境保护部与国家计划委员会双重领导。

2.3.2 空间规划实施管理制度

改革开放之前,规划实施管理与计划建设项目紧密结合。随着土地改革的推进,城市和乡村发展形成差异化的土地管理制度。改革开放之后,城市土地征用制度、农村土地集体所有制初步形成,项目选址、用地许可以及工程许可等规划许可制度得以初步建立。

1) 土地管理制度

(1) 城市土地管理制度

① 土地征用制度初步形成(1949—1957年)

1950年6月,政务院颁布《铁路留用土地办法》,首次提出因铁路建设需要,可以通过地方人民政府收买或征购土地。随着经济复苏和各项建设的开展,城市用地需求增加,征用城市郊区土地成为城市建设用地增加的主要方式之一。同年11月,政务院颁布《城市郊区土地改革条例》,明确"国家为市政建设及其他需要征用私人所有的农业土地时,须给适当代价,或以相等之国有土地调换之。对耕种该项土地的农民亦应给以适当的安置"。1953年12月,政务院颁布《国家建设征用土地办法》,这是新中国成立以来首部较为完整的土地征用法规。在此期间,土地征用补偿有同等调换、协助转业等多种方式。

② 城镇土地国有制和农村土地集体所有制初步形成(1958—1977年)

1952年后,农业合作化运动逐渐进入高潮期,农村土地使用制度发生重大变化,城市土地使用制度也相应调整。全国各地相继取消了城市土地使用税(费),采用城市土地行政划拨方式(邬艳丽,2017)。1958年,《国家建设征用土地办法》第二次修订,调整了征用土地的补偿标准,初步形成城镇土地国有制和农村土地集体所有制两种土地管理形式。

③ 土地使用制度恢复发展阶段(1978—1985年)

改革开放后,社会经济和城市建设快速发展,促使土地使用制度不断完善。1982年5月,国务院颁布《国家建设征用土地条例》,对土地征用制度做了较大调整和修改,明确征用土地的程序包括申请选址,协商征地数量的补偿、安置方案,核定用地面积,划拨土地四个阶段。同时确立了征地审批权限、土地补偿费、青苗补偿费、农业人口安置补助等相关制度。

(2) 农村土地管理制度

① 农民土地所有制(1949—1955年)

新中国成立后,全国推行土地制度改革。1950年6月,中央人民政府发布《中华人民共和国土地改革法》,废除封建社会以地主阶级占有为主的土地所有制,建立农民土地私有制。土地改革后,大大调动了农民生产的积极性,但由于分散的小农经济缺乏劳动协作和系统管理,出现了不平衡、分化的情况。1953年12月,《中国共产党中央委员会关于发展农业生产合作社的决议》发布,明确以互助组的形式在农民家庭之间进行劳动互助与生产协作(邻艳丽,2017)。

② 人民公社集体所有制(1956—1977年)

1956年后,农业生产合作社的发展进入高潮并在全国推广,农民土地私有制转变为集体所有。1956年3月,国务院发布《农业生产合作社示范章程》,提出社员的土地必须交给农业生产合作社统一使用,标志着农村土地从农民私有转变为集体所有。1962年9月,中国共产党第八届中央委员会第十次全体会议通过《农村人民公社工作条例(修正草案)》,确立了"三级所有、队为基础"的人民公社及其土地制度。

③ 农村土地公有私营(1978—1985年)

改革开放后,允许土地"包产到户""分田单干",家庭联产承包责任制开始实行。1982—1984年,中央关于"三农"问题的"一号文件"提出实行并完善家庭联产承包责任制,承包期一般在15年以上。自此,人民公社集体所有制被集体所有、家庭联产承包责任制的公有私营土地制度所代替。

2) 城乡规划制度

(1) 编制审批制度

① 学习、借鉴苏联模式(1949—1957年)

新中国成立后,由于政治原因,城乡规划编制审批制度全面学习苏联模式。1952年9月,第一次城市建设座谈会提出要参照苏联专家帮助起草的《中华人民共和国编制城市规划设计与修建设计程序(初稿)》进行规划编制。1953年8月,中共中央《关于城市建设中几个问题的指示》促进了城乡规划编制审批制度的迅速普及。1956年,《城市规划编制暂行办法》颁布实施,对城乡规划的任务和要求,规划设计资料、规划设计阶段及其内容、规划设计文件的编订以及规划设计文件的协议等做出了规定。可以说,这是新中国成立以来第一部城乡规划方面的立法。该办法以苏联《城市规划编制办法》为蓝本,内容和结构均大体相同。1957年,根据该办法先后编制并批准了包头、太原、西安、兰州等15个城市的总体规划和部分详细规划。

② 波动停滞阶段(1958—1973年)

自1958年"大跃进"开始,城乡规划制度建设进入波动发展时期,编制审批制度基本沿用新中国成立初期的做法,没有出现重大的制度变革。1963年10月,中共中央、国务院批转《第二次城市工作会议纪要》提出"为有计划地进行市政建设,各大、中城市,应当根据我国的实际情况,结合第三个五年计划的编制工作,编制城市的近期建设规划"。这是首次在重要文件中明确近期建设规划编制的重要性。1966年"文化大革命"之后,编制审批工作基本处于停滞状态。

③ 恢复发展阶段(1974—1985年)

1974年后,城乡规划建设进入恢复期,国家建设委员会下发了《关于城市规划编制和审批意见》和《城市规划居住区用地控制指标(试行)》,使得"文化大革命"后期的城乡规划工作有了一定的依据,但由于当时政治环境的影响,这些文件并没有得到认真执行。《关于城市规划编制和审批的意见(试行)》包括城市规划的基本任务、方针原则、编制方法、参考指标、审批五个部分,对总体规划和详细规划两个阶段的内容进行了具体规定,提出了具体的规划用地指标,并强调"近期建设规划是总体规划的重要内容,应着重做好"。此外,该意见对城市规划的审批权限进行了明确的界定,标志着分级审批制度得以初步确立。在规划实施制度方面,该意见提出如有重大修改,应报原审批机关核准。1978年,《关于加强城市建设工作的意见》中更加明确了分级审批制度,同时强调,城市规划一经批准,必须认真执行,不得随意改变;执行中如有原则性变动,必须报原审批机关批准。

1980年12月,国家建设委员会颁发《城市规划编制审批暂行办法》和《城市规划定额指标暂行规定》两部规章。确定城市规划由所在城市人民政府负责制定,要求先提出城市总体规划纲要,并明确将城市规划划分为总体规划和详细规划两个阶段。城市总体规划在报上级审批前,必须提请同级人民代表大会或其常务委员会审议通过,并由上级城市规划主管部门主持进行技术鉴定。1984年,《城市规划条例》颁布实施,建立了分级审批制度,并对审批程序和审批权限进行了具体的规定。

(2) 规划许可制度

作为规划实施中的重要手段,规划许可制度在这一时期得以逐步确立。

① 紧密结合计划阶段(1949—1957年)

1951年,主管全国基本建设和城市建设工作的中央财政经济委员会发布《基本建设工作程序暂行办法》,对基本建设的范围、组织机构、设计施工以及计划的编制与批准都做了明文规定。1953年12月,政务院公布施行的《国家建设征用土地办法》规定了建设用地征用的权限和程序,核拨土地时送交的征地申请书中要求注明土地权属、位置和经批准的数量,先定量,再由审批机关综合审查后批准。在该阶段,规划许可作为计划实施的重要工具,体现了与计划紧密结合的特征。1955年,国务院发布《关于基本建设工程设计任务书审查批准暂行办法》,明确规定了设计任务书的审查和批准权限。

② 萌芽阶段(1958—1973年)

1963年,《城市建设工作条例(试行)》明确提出一切新建、扩建、改建的工程,必须根据国家计划的安排,遵照城乡规划基本建设程序的要求办事。城市建设部门,应负责审查建筑物的总平面布置、层数、立面、造型、色彩的设计方案和建筑密度、管线的走向、平面高度,以及消防安全措施;符合城市建设要求的,应发给基建单位施工执照,不符合城市建设要求的,城市建设部门有权向基建单位提出修改意见。有关的工程竣工验收,应有城市建设部门参加。此条例直接孕育了用地规划许可、建筑工程规划许可的制度。

③ 初步确立阶段（1974—1985年）

在"文化大革命"后期，城乡规划制度建设逐渐受到重视。1978年3月，《关于加强城市建设工作的意见》提出了严格管理用地和工程建设的要求。同年4月，《国家计划委员会、国家建设委员会、财政部关于基本建设程序的若干规定》中明确了城市辖区内项目的规划选址制度，并对具体建设地点的审批权限进行了规定。1982年5月，国务院公布《国家建设征用土地条例》，以行政法规的形式明确了用地许可制度，并特别指出在城市规划区范围内进行建设，必须符合城市规划的要求，并同改造旧城区结合起来，以减少新占土地。1984年后，《城市规划条例》颁布实施，对城市土地使用的规划管理进行了详细规定，并明确了建设用地许可制度和建设工程许可制度。

2.3.3 空间规划法规体系建设

在新中国成立初期，百业待兴，国土空间规划法律法规没有形成体系，缺少主干法和配套法规等管理依据。针对计划项目的推进，通过颁发部门规章、政策性文件等形式，满足实际管理工作的需要。在制度构建上，重视编制审批的制度建设，对于如何促进空间规划的实施却重视不足。这一时期的空间规划制度在短时间内对建立社会主义工业体系方面做出了贡献。经过"大跃进"的波动和"文化大革命"的影响，在改革开放之后，空间规划法规体系快速推进，各种法律法规和部门规章纷纷出台，促使国土空间规划法规体系基本形成。

1）法律法规

（1）以土地所有制改革为主的土地管理法规体系建设

1950年，《中华人民共和国土地改革法》公布，农村土地所有权、使用权的变革极大地解放了农村生产力。1962年，《农村人民公社工作条例（修正草案）》颁布，明确了农村集体土地的范围和基本适应计划经济需要的土地管理体制，确立了原社员私有、集体统一经营使用的土地制度变为集体所有、统一经营的土地制度。1982年，修订《国家建设征用土地条例》《村镇建房用地管理条例》，同年，开展土地管理制度改革。

（2）以《城市规划条例》为核心的城乡规划法规体系

1984年1月，城乡规划领域第一部真正意义上的主干法规——《城市规划条例》颁布实施，明确了建设项目规划许可证和竣工验收等各项基本制度，"一书两证"制度正式确立。其后，《风景名胜区管理暂行条例》等配套法规和地方性法规相继发布，直接促使建立起我国城市规划的法律体系，可以说《城市规划条例》的颁布是我国城乡规划法制建设的一个里程碑（表2-2）。

表 2-2 城乡分离时期空间规划相关法律法规

类别	名称	部门	时间	备注
主干法规	《城市规划条例》	国务院	1984年1月	第一部真正意义上的主干法规,标志着我国城乡规划步入法制管理的轨道
土地管理	《中华人民共和国土地改革法》	中央人民政府委员会第八次会议	1950年6月	废除了地主阶级封建剥削的土地所有制,实行农民土地所有制
土地管理	《城市郊区土地改革条例》	政务院	1950年11月	明确国家征用私人所有的农业土地时的补偿制度
土地管理	《国家建设征用土地办法》	政务院	1953年12月	新中国成立以来第一部较为完整的土地征用法规,于1957年10月修正
土地管理	《农村人民公社工作条例(修正草案)》	中国共产党第八届中央委员会第十一次全体会议	1962年9月	确立了"三级所有、队为基础"的人民公社及其土地制度
土地管理	《国家建设征用土地条例》	国务院	1982年5月	明确了征用土地补偿方法,以行政法规形式明确了用地许可制度
规划编制	《城市建设工作条例(试行)》	国务院	1963年	孕育了用地规划许可、建筑工程许可制度
村镇规划	《村镇建房用地管理条例》	国务院	1982年2月	提出了规定宅基地面积标准和审批制度
风景名胜区管理	《风景名胜区管理暂行条例》	国务院	1985年6月	我国第一部关于风景名胜区的立法
环境保护	《中华人民共和国环境保护法(试行)》	全国人民代表大会常务委员会	1979年9月	第一部关于保护环境和自然资源等的综合性法律
文物保护	《中华人民共和国文物保护法》	全国人民代表大会常务委员会	1982年11月	奠定了国家文物保护法律制度的基础,标志着我国文物保护制度的正式创立
实施管理	《基本建设工程设计和预算文件审核批准暂行办法》	国务院	1955年7月	对基本建设项目的审批进行了规定

2) 部门规章

在新中国成立初期,《城市规划编制暂行办法》成为当时最主要的部门规章。在1958年"大跃进"至"文化大革命"时期,规划法规体系进度缓慢甚至停滞。1974年后,生产与生活进入恢复期,空间规划制度逐渐受到重视。1980年,国家建设委员会颁发《城市规划编制审批暂行办法》和《城市规划定额指标暂行规定》两部规章,为城市规划的编制和审批提供了新的法律和技术依据。在此时期,部门规章的重点在规划编制审批领域,而实施管理方面的制度建设较为薄弱(表2-3)。

表2-3 城乡分离时期空间规划相关部门规章

类别	名称	部门	时间	备注
编制审批	《城市规划编制暂行办法》	国家建设委员会	1956年7月	新中国成立后首次城乡规划立法,为部门规章性质
	《设计文件的编制和审批办法(试行)》	国家建设委员会	1978年9月	明确了设计文件的深度和内容
	《城市规划编制审批暂行办法》	国家建设委员会	1980年12月	为城市规划的编制和审批提供新的法律和技术依据
	《城市规划定额指标暂行规定》	国家建设委员会	1980年12月	
村镇规划	《城镇个人建造住宅管理办法》	城乡建设环境保护部	1983年6月	为城镇居民自建房提供依据
	《村镇建设管理暂行规定》	城乡建设环境保护部	1985年10月	强化村镇建设用地的管理
编制资质	《城市规划设计单位注册登记管理暂行办法(试行)》	城乡建设环境保护部	1985年6月	明确了编制单位的管理

3) 政策性文件

1958年以前,空间规划受苏联模式和计划经济影响,政策文件发布与计划部门密切相关。经过波动和停滞期后,1973年9月,国家建设委员会城市建设局在合肥召开座谈会,讨论了《关于编制与审批城市规划的暂行规定》和《城市规划居住区用地控制指标》等重要文件。改革开放以后,编制审批、规划选址、土地管理、历史文化和风景名胜区管理等方面的政策性文件相继出台,为下个时期空间规划法规体系的建立奠定了基础(表2-4)。

表 2-4 城乡分离时期空间规划相关政策性文件

分类	名称	部门	时间	备注
编制审批	《关于城市建设中几个问题的指示》	中共中央	1953年9月	提出城乡规划和建设工作的属地化管理等问题
	《关于加强新工业区和新工业城市建设工作几个问题的决定》	国务院常务会议	1956年5月	首次以文件提出加快城乡规划编制工作
	《关于委托各部、会、局和各省、自治区、直辖市人民委员会审批设计任务书的通知》	国务院	1956年6月	将建设项目审批管理的权限下放到省级人民政府部门
	《关于城市规划几项控制指标的通知》	国家建设委员会、城市建设部	1958年1月	第一个有关城市规划定额指标的文件
	《关于城市规划编制和审批意见》	国家建设委员会	1974年5月	为"文化大革命"后期的城乡规划工作提供依据
	《城市规划居住区用地控制指标(试行)》	国家建设委员会	1974年5月	1966年以来被废弛的城市规划有了新的规范性依据
	《关于加强城市建设工作的意见》	中共中央	1978年3月	对城市规划工作经历动乱之后的恢复和发展具有积极作用
	《城市规划定额指标暂行规定》	国家建设委员会	1980年12月	统一城市总体规划和详细规划定额指标
规划选址与实施	《关于试行加强基本建设管理几个规定的通知》	国家计划委员会、国家建设委员会、财政部	1978年4月	明确了大中型建设项目计划任务书的审批主体
	《关于重点项目建设中城市规划和前期工作意见的报告》	国务院	1983年11月	强调重点项目建设与城乡规划工作的衔接
历史文化和风景名胜区管理	《关于加强古建筑和文物古迹保护管理工作的请示报告》	国务院	1980年5月	为古建筑和文物古迹的保护管理工作提供依据
	《关于加强风景名胜保护管理工作的报告的通知》	国务院	1981年3月	为风景名胜区的保护管理工作提供依据
	《关于加强历史文化名城规划工作的通知》	城乡建设环境保护部	1983年3月	公布国家第一批历史文化名城,是相关保护工作的推进依据

续表 2-4

分类	名称	部门	时间	备注
村镇规划	《村镇规划原则》	国家建设委员会、国家农业委员会	1982年1月	对村镇规划的任务、内容做出原则性规定
	《关于加强县镇规划工作的意见》	城乡建设环境保护部	1983年7月	为新中国成立后县城和建制镇规划的编制、审批管理工作提供依据
土地管理	《关于填发土地房产所有证的指示》	内务部	1950年11月	规范土地登记及颁发新中国第一代土地房产所有证
	《关于国家建设征用土地审批权限适当下放的通知》	国务院	1964年7月	严格国家建设征用土地的审批，制止浪费土地的行为
	《关于贯彻执行国务院有关在基本建设中节约用地的指示的通知》	国家计划委员会、国家建设委员会	1973年6月	要求用地要精打细算，控制用地规模
	《关于制止农村建房侵占耕地的紧急通知》	国务院	1981年4月	制止改革开放后农村建房和兴办社队企业乱占滥用耕地行为

2.4 双轨并行、相互博弈的空间规划管理(1986—2017年)

1986年，《中华人民共和国土地管理法》(以下简称《土地管理法》)颁布实施，全国统一的土地管理机构得以逐步建立和完善。《土地管理法》是新中国成立后颁布的第一部关于土地资源管理、全面调整土地关系的法律，标志着土地所有权和使用权的分离，是我国土地管理工作的重大转折和土地管理制度的根本变革。总体而言，经历了前一时期的探索，土地和规划两个部门逐步确立了在空间规划中的主导作用，空间规划管理进入了以土地和规划两个部门为主导的"双轨并行、相互博弈"时期。

2.4.1 空间规划实施管理机构

从国家层面来看，涉及空间规划的管理机构主要包括发展和改革、国土、规划三个部门。地方层面的情况较为复杂，主要由国土、规划两个部门承担空间规划管理职能，管理机构则呈现"形式多样，分分合合"的特征。

1) 国土规划实施管理机构

1998年之前，主要由国家计划委员会负责国土整治工作，包括编制规划、制定政策法规、组织实施等。1998年，国家计划委员会更名为国家发展计划委员会，国土规划职能被划拨给当时新成立的国土资源部，国土资源部主管土地、矿产资源等自然资源的规划、管理、保护与合理利用。2003年，国家发展计划委员会改组为国家发展和改革委员会，国土规划主要由部委指导推动、地方实践(图2-1)。

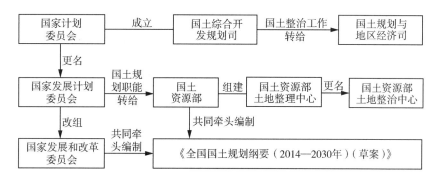

图2-1 国土规划实施管理机构演变图

(1) 国家计划委员会(1987—1997年)

为了加强国土规划工作，1987年，国家计划委员会出台《国土规划编制办法》，对国土规划的性质、作用、任务、内容以及编制原则、审批程序等做出了规定(郭图发，1987)。1988年，新的国家计划委员会三定方案在保留原有国土整治职能的基础上成立国土综合开发规划司，负责组织研究全国和重点地区综合开发整治的方向、目标和重大问题，组织编制全国和区域的国土开发整治规划(王威等，2020)。1990年，国家计划委员会组织编写《全国国土总体规划纲要(草案)》，就国土开发中的水资源、耕地资源、城市化等问题提出了相应对策，并提出资源承载能力、未利用土地开发等有待进一步研究的问题。1991年，国家计划委员会进行机构调整，国土开发整治工作改由国土规划与地区经济司主导(胡序威，2006)。截至1993年，30个省(自治区、直辖市)、223个市及640个县先后编制了国土规划，分别占当时省、市及县总数的100%、67%和30%。

(2) 国土资源部(1998—2002年)

1998年，在国务院机构改革中，由地质矿产部、国家土地管理局、国家海洋局和国家测绘局共同组建国土资源部，明确国土资源部是主管土地、矿产资源等自然资源的规划、管理、保护与合理利用的国土资源部门，国土规划的职能也被划给了国土资源部。同年1月，组建"国土资源部土地整理中心"，负责全国土地开发整理项目的计划编制与实施监督(王威等，2020)。为积极稳妥地推进新形势下的国土规划工作，国土资源部在组织开展各级土地利用总体规划、矿产资源规划的同时，也开展了国土规划工作的总结、理论研究和探索新形势下国土规划工作的目标任务、组织形式和实施手段(郧文聚，2014)。2001年8月，国土资源部下发了《关于国土规划试点工作有关问题的通知》，决定在深圳市和天津市开展国土规划试点工作,促成了天津滨海新区国家综合改革试验区和深圳的空间分区管理制度。但这个阶段由于综合性空间规划的缺位,现行空间规划的空间统筹和综合调控作用不强,导致国土资源开发利用中出现资源短缺与资源浪费、生态破坏与环境恶化、区域和城乡差距拉大、恶性竞争与重复建设等一系列问题(郝庆,2010)。

(3) 部委指导推动,地方实践(2003—2017年)

2003年3月,国家发展计划委员会改组为国家发展和改革委员会。同年,国家发展和改革委员会在《关于规划体制改革若干问题的意见》中提出在苏州、宁波、安溪、宜宾、钦州、庄河6个城市开展"多规合一"的改革试点。2003年6月,国土资源部印发《关于在新疆、辽宁开展国土规划试点工作的通知》,决定在辽宁、新疆开展国土规划试点。2004年9月,广东省被纳入国土规划试点省份,提出了从生活、生产和生态三大空间来协调空间结构(郧文聚,2014)。2009年,国土资源部印发《市县乡级土地利用总体规划编制指导意见》,明确市县乡土地利用总体规划要划定城乡建设用地规模边界、扩展边界、禁止建设边界,形成允许建设区、有条件建设区、限制建设区和禁止建设区,并制定各区的管制规则(黄征学等,2019)。2010年2月,国务院批准《国土资源部关于推进国土规划工作的请示》,成立了由30个部门、单位组成的国土规划前期研究和纲要编制工作领导小组,同年9月召开了第一次领导小组会议,印发了《全国国土规划纲要编制工作方案》,由此全国国土规划纲要编制工作正式全面启动。

2013年,国土资源部、国家发展和改革委员会共同牵头组织编制《全国国土规划纲要(2014—2030年)(草案)》,确定未来国土集聚开发、分类保护、综合整治、支撑保障体系建设及配套政策完善等主要任务,充分体现了国土空间规划的基础性、综合性和战略性特色(郧文聚,2014)。2014年8月,国家发展和改革委员会、国土资源部、环境保护部、住房和城乡建设部四部委联合发文《关于开展市县"多规合一"试点工作的通知》,确定在28个市县开展"多规合一"的试点改革,标志着国土空间规划开始进入顶层设计阶段。2017年,国土资源部印发《自然生态空间用途管制办法(试行)》,提出建立覆盖全部自然生态空间的用途管制制度,并在福建、江西、贵州、河南、海南、青海6省开展试点(黄征学等,2019)。

2) 城乡规划实施管理机构

1979年,国家城市建设总局成立。1982年,国家城市建设总局、国家建筑工程总局、国家测绘总局、国家建设委员会的部分机构和国务院环境保护领导小组办公室合并,成立城乡建设环境保护部,内设城市规划局、环境保护局等机构,城乡建设和环境保护的职能并未分开。1988年,国家设立建设部,环保工作从中分离出来,建设部和国家环境保护局开始了各自的改革历程(图2-2)。

1982年,城乡建设环境保护部成立,是国务院主管城乡建设、环境保护、建筑业和测绘工作的职能部门,内设环境保护局、城市规划局、乡村建

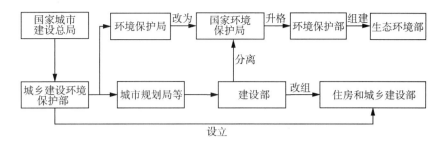

图 2-2 城乡规划实施管理机构演变图

设局等 16 个局、司(厅)和 1 个总局。城乡建设环境保护部的主要职能包括管理城市规划和城市建设,审查需由国务院审批的城市总体规划,指导城市房产住宅、市政公用事业和市容园林绿化的管理工作,保护风景区、历史文化名城、古建筑和古建筑遗址,指导乡村居民点、村庄、集镇的规划和建设等,同时承担测绘、环境保护等职能。

1988 年 5 月,"城乡建设环境保护部"被撤销,设立"建设部",由国家计划委员会主管的勘察设计、建筑施工、标准定额工作及其机构划归"建设部",内设城乡规划司、城市建设司等 12 个职能司(厅)。其中,空间规划的相关职能主要由城乡规划司和城市建设司承担。2008 年 3 月,"建设部"改为"住房和城乡建设部",内设城乡规划司、城市建设司、村镇建设司等空间规划相关机构。

3) 地方规划实施管理机构的改革

鉴于各类空间规划实施中出现的矛盾和冲突,为推进"多规合一",地方层面也进行了规划管理机构的改革探索。2007 年,重庆市被批准为全国统筹城乡综合配套改革试验区,进行多规叠合尝试。2008 年,上海市组建规划和国土资源管理局,在试点基础上开展土地利用规划与城乡规划"两规合一"的工作,建立全市城乡建设用地"一张图"、划定"三条控制线"。2009 年,武汉市组建国土资源和规划局,开展"两规合一"专题研究及"两规合一"乡镇总体规划,提出城乡规划的"总—分—控"三级法定规划与土地利用规划的"市—区—乡"三级法定规划的对应关系以及对接要点。2009 年,深圳市组建规划和国土资源委员会,将原深圳市规划局、深圳市国土资源和房产管理局的有关职责整合,旨在解决城市总体规划与土地利用规划编制脱节、衔接不畅,日常管理中的职能交叉、扯皮现象严重等问题,促进城市总体规划与土地利用规划的有机衔接,以提高规划编制的科学性、前瞻性和实施有效性。

2.4.2 空间规划实施管理制度

《土地管理法》颁布实施后,土地管理和城乡规划管理成为空间规划实施管理的两大主要类型,形成了各成体系、相互博弈的两套制度。

1) 国土系统规划实施管理制度

（1）编制审批制度

国土系统规划包括国土规划和土地利用总体规划，二者都是土地方面的规划，但其范围与重点有所不同。国土规划是国土方面总的规划，是土地利用总体规划的上位规划，范围较大，包括土地、矿产、测绘、地质环境等方面，主要是对国土资源的开发、利用、整治和保护所进行的综合性战略部署，也是对国土重大建设活动的综合空间布局。土地利用总体规划则局限于土地利用范围内，属于国土规划的一部分，主要从全局和长远利益出发，以区域内的全部土地为对象，对土地利用、开发、整治、保护等方面做出统筹安排。

① 国土规划

国土规划按地域层次一般分为四级，即全国的，跨省、自治区、直辖市的，全省、自治区、直辖市的和省、自治区、直辖市范围内一定地域的。1987年8月，国家计划委员会发布的《国土规划编制办法》明确了国土规划的编制审批制度（表2-5）。

表2-5 国土规划编制审批

规划阶段	规划期限	编制单位	审批单位
全国的国土规划	≥15年	由国家计划委员会组织有关部门、地区和单位编制	国务院
跨省、自治区、直辖市的国土规划	≥15年	由国务院所属的规划机构或国家计划委员会牵头，有关省、自治区、直辖市和有关部门共同组织协调委员会或联席会议编制	国务院
省、自治区、直辖市的及其范围内一定地域的国土规划（国家指定的重点地区）	≥15年	由省、自治区、直辖市计划委员会（或计划经济委员会）组织有关部门、地区和单位编制	国务院
地、市范围内的国土规划	≥15年	由地、市计划委员会编制；计划机构与国土机构分别设置的，由国土机构会同计划机构组织编制	同级人民政府

注：(1)计划单列省辖市的国土规划，其所在的省人民政府认为必要时，可经国家计划委员会综合平衡后，报国务院批准。(2)上述报国务院批准的国土规划，经国务院授权，可由国家计划委员会批准。

② 土地利用总体规划

1986—2019年，我国先后颁布了四部关于土地利用总体规划编制审批的部门规章，它们分别在不同时期对我国土地利用总体规划的编制审批做出了相应的详细规定（表2-6）。

（2）监督检查制度

在1986年《土地管理法》颁布之初，国家对于国土系统规划的监督检查制度并没有建立,对于监督检查的对象、内容、方式、措施和程序以及监督检查结果等都缺乏相应的规定。1998年修正的《土地管理法》开始重视土地利用总体规划的编制审批与监督实施,但还不够全面。2017年《土地利用总体规划管理办法》的颁布实施,才对我国土地利用总体规划的监督检查做出了详细说明,土地利用总体规划的监督检查机制才得以逐步建立。

表2-6 1986—2019年关于土地利用总体规划编制审批的部门规章

部门规章	实施时间	规划分级	规划年限	规划层级	组织编制主体	审批单位
《土地利用总体规划编制审批暂行办法》	1993-03至1997-10	五级	10年以上	国家级	国家土地管理局	国务院
				省级、市级、县级、乡(镇)级	各级人民政府	上级人民政府
《土地利用总体规划编制审批规定》	1997-10至2009-02	五级	10—15年	国家级	国家土地管理局	国务院
				省级、市级(省人民政府所在地、人口大于100万人、国务院指定)	省、市人民政府	国务院
				其他市级、县级、乡(镇)级	各级人民政府	有批准权的人民政府
《土地利用总体规划编制审查办法》	2009-02至2017-05	五级	—	国家级	国土资源部	国务院
				省级、市级(省人民政府所在地、人口大于100万人、国务院指定)	省、市人民政府	国务院
				其他市级、县级、乡(镇)级	各级人民政府	上级人民政府
《土地利用总体规划管理办法》	2017-05至2019-07	五级	—	国家级	国土资源部	国务院
				省级、市级(省人民政府所在地、人口大于100万人、国务院指定)	省、市人民政府	国务院
				其他市级、县级、乡(镇)级	各级人民政府	上级人民政府
				跨行政区域级	共同上级人民政府国土资源主管部门会同发展和改革等有关部门	上级人民政府

注:规划分级中的五级是指国家、省、市、县和乡(镇)五级。

① 国土规划

在国土空间规划体系构建之前,"多规合一"多为技术层面的融合,制度机制上的突破较少。国土规划仅在国家和省两级开展,缺乏相应的监督检查制度。

② 土地利用总体规划

1986—1998年,我国对于土地利用总体规划的监督制度基本处于空白阶段,1998年修正的《土地管理法》明确提出土地利用总体规划是实施土地用途管制的重要依据,规划划定的城乡建设用地管制边界和管制区域必须严格执行。国家建立土地调查、土地统计等基本制度和全国土地管理信息系统,对土地利用状况进行动态监测。2017年颁布的《土地利用总体规划管理办法》提出,国土资源主管部门应加强对土地利用总体规划编制和实施情况的监督,健全完善随机抽查机制;派驻地方的国家土地督察机构应监督检查土地利用总体规划的编制和实施情况;国土资源主管部门应建立数据库,建立健全数据库动态更新机制,纳入国土资源综合信息监管平台统一管理。

（3）实施评估制度

① 国土规划

在国土空间规划概念被提出前,我国对于国土规划的实施评估并没有明确的条文规定。1987年8月,国家计划委员会发布的《国土规划编制办法》提出,国土规划的内容应当包括国土规划的实施措施,但没有对措施做出详细的解释说明。

② 土地利用总体规划

在第三轮土地利用总体规划启动之前,只是在一些政策文件中提出要注重规划的实施,拟定相关政策与保障措施,但对于实施评估措施、手段、程序等都没有具体说明。2013年5月,国土资源部布置第三轮土地利用总体规划中期评估工作,随后一些省份相应出台了土地利用总体规划的评估修改技术指南。2017年5月,《土地利用总体规划管理办法》颁布实施,对土地利用总体规划实施评估的措施、手段和程序等做了具体规定,并明确要求县级以上国土资源主管部门应当定期对规划实施情况进行全面评估,国家级、省级、市级和县级土地利用总体规划可以每年开展一次评估,乡(镇)级土地利用总体规划可以根据需要适时开展评估。

2) 城乡规划实施管理制度

（1）编制审批制度

① 以"城市"为核心阶段（1990—2007年）

1990年《中华人民共和国城市规划法》(以下简称《城市规划法》)颁布实施,它将城市规划分为城镇体系规划、总体规划和详细规划三大类型,国务院城市规划行政主管部门主管全国的城市规划工作,县级以上地方人民政府城市规划行政主管部门主管本行政区域内的城市规划工作,并实行分级审批制度(表2-7)。

表2-7 《城市规划法》关于城市规划编制审批的规定

	规划阶段	编制单位	审批单位
城镇体系规划	全国城镇体系规划	国务院城乡规划主管部门	国务院
	省域城镇体系规划	省、自治区人民政府	国务院
	直辖市城镇体系规划	直辖市人民政府	国务院

续表 2-7

规划阶段		编制单位	审批单位
总体规划	直辖市总体规划	直辖市人民政府	国务院
	省、自治区人民政府所在地城市、城市人口在100万人以上的城市以及国务院确定的城市总体规划	市人民政府	国务院
	其他城市的总体规划	市人民政府	省、自治区、直辖市人民政府
总体规划	分区规划	市人民政府城市规划行政主管部门	市人民政府
	县人民政府所在地镇的总体规划	县人民政府	省、自治区、直辖市人民政府
	市管辖的县人民政府所在地镇的总体规划	县人民政府	市人民政府
	其他建制镇的总体规划	镇人民政府	县人民政府
详细规划	—	本级人民政府	市人民政府

注：编制分区规划的城市，除重要的详细规划由城市人民政府审批外，其他均由城市人民政府城市规划行政主管部门审批。

② "城乡统筹"阶段（2008—2017年）

2008年1月《中华人民共和国城乡规划法》（以下简称《城乡规划法》）颁布实施，在延续《城市规划法》编制审批内容的基础上，更加重视城乡统筹，新增了乡规划与村庄规划的内容，城市规划体系分类也更加完善，同时对详细规划和乡规划、村庄规划的编制和审批单位都做出了明确规定（表2-8）。

表 2-8 《城乡规划法》关于城乡规划编制审批的规定

规划阶段		编制单位	审批单位
城镇体系规划	全国城镇体系规划	国务院城乡规划主管部门会同国务院有关部门	国务院
	省域城镇体系规划	省、自治区人民政府	国务院
总体规划	直辖市总体规划	直辖市人民政府	国务院
	省、自治区人民政府所在地城市，以及国务院确定的城市总体规划	市人民政府	国务院
	其他城市的总体规划	市人民政府	省、自治区人民政府
	县人民政府所在地镇的总体规划	县人民政府	市人民政府
	其他镇的总体规划	镇人民政府	县人民政府
	近期建设规划	市、县、镇人民政府	上级人民政府

续表 2-8

	规划阶段	编制单位	审批单位
控制性详细规划	城市控制性详细规划	市人民政府城乡规划主管部门	本级人民政府
	县人民政府所在地镇的控制性详细规划	县人民政府城乡规划主管部门	县人民政府
	其他镇的控制性详细规划	镇人民政府	县人民政府
修建性详细规划	重要地块的修建性详细规划	市、县城乡规划主管部门和镇人民政府	市、县人民政府城乡规划主管部门
	一般地块的修建性详细规划	建设单位	市、县人民政府城乡规划主管部门
乡规划、村庄规划		乡、镇人民政府	县人民政府

(2) 规划许可制度

规划许可制度是城乡规划实施管理的核心，在城乡建设中发挥了重要作用。随着经济社会的转型，城乡规划管理面临的问题日趋复杂，原计划经济背景下的城乡二元规划制定与实施模式已不再适应现实需求。土地使用制度和投资体制的改革，城乡建设违法行为的日益增加，都迫切要求城乡规划管理做出相应调整。《城乡规划法》的颁布实施，进一步强化了规划许可制度。

① 选址意见书。选址意见书是对建设项目实施引导、控制的第一道程序，主要审核建设项目的选址和布局。《城市规划法》规定："城市规划区内的建设工程的选址和布局必须符合城市规划。设计任务书报请批准时，必须附有城市规划行政主管部门的选址意见书。"随着我国土地制度的改革，尤其是土地二级市场的形成，土地使用权可以通过"行政划拨"和"土地出让"获得，后者为市场主体的自主行为，只需满足建设项目规划许可即可，不需要申请"选址意见书"。《城乡规划法》实施后，明确了选址规划管理的范围从原来所有建设工程到针对通过行政划拨方式取得土地使用权的建设工程。

② 建设用地规划许可。建设用地规划管理的主要内容是核定建设用地的位置和界限，以及提供建设用地规划设计条件。《城市规划法》规定："在城市规划区内进行建设需要申请用地的，必须持国家批准建设项目的有关文件，向城市规划行政主管部门申请定点，由城市规划行政主管部门核定其用地位置和界限，提供规划设计条件，核发建设用地规划许可证。"《城乡规划法》为满足市场经济发展的要求，对于获得土地的两种不同方式（行政划拨和土地出让）做出不同的管理规定。以出让方式取得国有土地使用权的建设项目，在签订国有土地使用权出让合同后，建设单位应当持建设项目的批准、核准、备案文件和国有土地使用权出让合同，向城市、县人民政府城乡规划主管部门申请建设用地规划许可证。

③ 建设工程规划许可。建设工程规划管理包括建筑工程、市政交通工程和市政管线工程三类。《城市规划法》规定,审定建设项目的建筑施工图后,才能发放"建设工程规划许可证"。《城乡规划法》简化了办理手续,规定只要审查建设工程设计方案后,即可核发"建设工程规划许可证"。

④ 乡村建设规划许可。《城乡规划法》增加了乡村建设规划许可制度,旨在扭转乡村建设缺乏规划指导与监督约束的状况。然而,由于机构和管理人员不到位,加之配套制度的缺失,该制度实际上并没有得到很好的执行。

(3) 城乡规划监督管理制度

城乡规划监督管理制度主要分三个层级。建设部会同监察部门负责全国城市规划实施的监督工作,主要对国务院审批的城市总体规划、国家重点风景名胜区总体规划、省域城镇体系规划、国家历史文化名城保护规划的实施进行监督。省、自治区人民政府城市规划行政主管部门会同同级监察部门对省、自治区人民政府批准的城市总体规划、省级重点风景名胜区总体规划、省级历史文化名城保护规划的实施进行监督。市、县人民政府城市规划行政主管部门对经本级人民政府审批的城市总体规划、详细规划的实施进行监督,对本行政区域内建设单位和个人的建设活动是否符合城市规划进行监督。城乡规划行政主管部门会同监察部门实施监督,可以要求被监督的部门和人员提供与监督事项有关的文件、资料以及其他有关材料,而后对其进行查阅或者予以复制,对被监督的部门和人员就监督事项所涉及的问题做出解释说明,责令被监督的部门和人员停止违反法律法规的行为。

2.4.3 空间规划法规体系建设

国土空间资源合理的开发利用作为实现经济社会稳定发展的重要基础,国土、规划两个部门分别形成了各自相对完善的法规体系。

1) 土地法规体系

1986年,《土地管理法》颁布实施后,一系列有关土地的法律法规和规章制度相继出台,土地管理法规体系的建设也逐步走向成熟。《土地管理法》实施以来,先后经过四次较大的修正(表2-9)。

表2-9 《土地管理法》的颁布与修正历程

类别	时间	背景	主要内容	重要意义
颁布	1986年	改革开放后经济高速发展,出现大量占用耕地、滥用土地的情况	对土地的所有权和使用权、土地利用总体规划、耕地保护、建设用地、监督检查、法律责任等方面做出了明确规定	我国土地管理工作的重大转折和管理体制的根本性改革,推动了我国土地管理进入法制化管理的轨道

续表 2-9

类别	时间	背景	主要内容	重要意义
第一次修正	1988年	土地管理、社会背景和社会经济条件发生变化，计划经济正向市场经济转型	删除"禁止土地出租"规定的同时，增加"土地使用权可以依照法律的规定转让；国有土地和集体所有土地使用权可以依法转让；国家依法实行国有土地有偿使用制度"	确立以耕地保护为核心的土地用途管制制度，为国有土地进入市场奠定了法律基础，对促进社会主义市场经济发展起到重要作用
		耕地面积锐减，乱占用耕地的现象严重，耕地保护面临的形势十分严峻，人地矛盾日益尖锐	严格保护耕地，以及解决"如何编制土地利用总体规划""如何处理土地利用总体规划与其他法定规划之间的关系"两个方面的问题	破解我国经济快速发展、城镇化快速推进过程中土地粗放和耕地被大量占用的问题。建立严格的耕地保护制度，建立土地用途管制制度，促进社会经济可持续发展
第二次修正	2004年	用地需求再次盲目扩张；耕地数量迅速减少，耕地被大量征用	把"国家为了公共利益的需要，可以对土地实行征用"修改为"国家为了公共利益的需要，可以依法对土地实行征收或者征用并给予补偿"，把"征用"全部改为"征收"，对二者概念进行了区分	成为新时期我国加强土地管理工作的纲领性文件，为今后《土地管理法》的修改提出了许多指导性原则
第三次修正	2019年	将农村土地制度改革的决策和试点的成功经验上升为法律	破除农村集体建设用地进入市场法律障碍，改革土地征收制度，完善农村宅基地制度，为"多规合一"改革预留法律空间，合理划分中央和省级人民政府的土地审批权限，基本农田变为永久基本农田，国家土地督察制度上升为法律制度	有利于农村土地优化配置和产业结构升级，对促进乡村振兴和城乡融合发展、推动国土空间有序开发利用、落实最严格土地用途管制等具有重大意义

以《土地管理法》为核心，土地管理方面的行政法规和部门规章也在不断健全。其中，《中华人民共和国土地管理法实施条例》（1991年）、《中华人民共和国农业法基本农田保护条例》（1998年）、《土地调查条例》（2008年）、《土地复垦条例》（2011年）、《不动产登记暂行条例》（2014年）等行政法规，对于空间规划实施具有重要的制度保障作用。《建设用地计划管理办法》（1996年）、《土地利用年度计划管理办法》（2004年）、《耕地占补平衡考核办法》（2006年）、《闲置土地处置办法》（2012年）等部门规章，对于空

间规划实施提供了有效的手段。此外,《土地违法案件查处办法》(1996年)、《国土资源行政处罚办法》(2014年)、《国土资源行政应诉规定》(2017年)等部门规章,对于依法行政、加大查处违法行为的力度具有重要作用。虽然土地法规体系对于空间规划的编制审批也较为重视,但更为注重规划实施和监督检查的制度建设。

2) 城乡规划法规体系

1987年以来,城乡规划法规体系也在不断完善。随着城市在国民经济、社会中的地位及作用日益增强,城市的结构与功能日益多样化,行政管理与经济管理也日益复杂化,城市土地开发和各项建设活动日趋频繁。依靠过去的行政手段已不能适应发展的需要,因而有必要进一步强化城市规划的综合、协调职能,城市的土地利用和各项建设活动都必须纳入统一的规划,实行统一的管理,遵循统一的规范。《城市规划法》初步建立了城市规划管理体制和制度。此后,《城市规划编制办法》《城镇体系规划编制审批办法》《开发区规划管理规定》《村庄和集镇规划建设管理条例》等与之配套的规章文件相继颁布实施。法规体系主要集中在加强编制及实施过程中的监督、管理和乡村建设等方面。2000年以后,随着城镇化进程的加快,规划法规体系不断完善,《村镇规划编制办法》《城市规划强制性内容暂行规定》《县域村镇体系规划编制暂行办法》等一系列部门规章也相继颁布实施。

《城乡规划法》对于提高城乡规划的科学性、严肃性、权威性,加强城乡规划监管,协调城乡科学合理布局,保护自然资源和历史文化遗产,改善人居环境,促进我国经济社会全面协调可持续发展具有深远意义。围绕《城乡规划法》相继颁布了大量的地方性法规和部门规章,主要集中在规划编制审批制度方面,如《省域城镇体系规划编制审批办法》《城市、镇控制性详细规划编制审批办法》《国家级风景名胜区规划编制审批办法》《历史文化名城名镇名村街区保护规划编制审批办法》等。

总体而言,城乡规划领域较为重视规划的编制审批制度建设,对于规划实施和监督检查的关注度还不够。一般情况下,在主干法出台后,都会制定相应的实施条例作为行政法规,然而无论是《城市规划法》,还是《城乡规划法》,这项工作都长期缺失,涉及规划实施和监督检查的配套法规和部门规章也不多见。

2.5 统一的国土空间规划管理(2018年至今)

随着《中共中央 国务院关于建立国土空间规划体系并监督实施的若干意见》的发布和自然资源部的组建,主体功能区规划、土地利用规划、城乡规划等相关规划逐渐有机融合,这是国土空间规划的重大变革。从此,国土空间规划进入"城乡统一的全域全要素全过程"的规划管理时期。

2.5.1 国土空间规划实施管理机构

2018年2月，中国共产党第十九届中央委员会第三次全体会议通过《中共中央关于深化党和国家机构改革的决定》，决定自然资源部"统一行使全民所有自然资源资产所有者职责，统一行使所有国土空间用途管制和生态保护修复职责"，并"强化国土空间规划对各专项规划的指导约束作用，推进'多规合一'，实现土地利用规划、城乡规划等有机融合"。同年4月，自然资源部正式成立，内设自然资源调查监测司、自然资源确权登记局、自然资源所有者权益司、自然资源开发利用司、国土空间规划局、国土空间用途管制司、国土空间生态修复司、耕地保护监督司等25个机构。其中国土空间规划局承担报国务院所审批的地方国土空间规划的审核、批报工作，指导和审核涉及国土空间开发利用的国家重大专项规划的职责。随后，各省（直辖市、自治区）的自然资源主管部门相继成立，地市级、县级自然资源主管部门也基本成立。

2.5.2 国土空间规划实施管理制度

《中共中央 国务院关于建立国土空间规划体系并监督实施的若干意见》中确定了国土空间规划体系的总体要求、总体框架、编制要求、实施与监管、法规政策与技术保障以及工作要求，其中的总体框架对编制审批的主要内容和流程做出了明确性规定，包括分级分类建立国土空间规划、明确各级国土空间总体规划编制重点、强化对专项规划的指导约束作用以及在市县及以下编制详细规划的主要要求，具体是通过"五级三类"的国土空间规划体系对全域的国土空间实施管控，同时对各级国土空间规划的编制单位、审批部门进行限定以及提出成果编制的原则性要求。对于国土空间规划实施过程中的修改、审查、监督等同样做出了原则性要求，具体体现为已批复规划，任何部门和个人不得随意修改、违规变更；按照"谁审批、谁监管"的原则，分级建立国土空间规划审查备案制度；在城镇开发边界内的建设实行"详细规划＋规划许可"的管制方式，在城镇开发边界外的建设按照主导用途分区，实行"详细规划＋规划许可"和"约束指标＋分区准入"的管制方式；建设国土空间基础信息平台，建立健全国土空间规划动态监测评估预警和实施监管机制。

1）编制审批制度

依法编制和审批国土空间规划，不在国土空间规划体系之外另行编制审批新的土地利用总体规划、城市（镇）总体规划等空间规划，不再出台不符合新发展理念和"多规合一"要求的空间规划类标准规范。建立健全国土空间规划编制和审批分离机制。实行规划编制单位终身负责制，充分发挥规划委员会作用，实行参编单位专家回避制度，推动开展第三方独立技术审查。下级国土空间规划不得突破上级国土空间规划所确定的约束性指标，不得违背上级国土空间规划的刚性管控要求。各地不得违反国土空间规划的约束性指标和刚性管控要求来审批其他各类规划,不得以其他规划替代国土空间规划作为各类开发保护建设活动的规划审批依据。规划修改须严格按照法定程序,深入调查研究,征求利害关系人的意见,组织专家论证,实行集体决策。不得以城市设计、工程设计或建设方案等非法定方式来擅自修改规划、违规变更规划条件。

自然资源部发布《省级国土空间规划编制指南(试行)》和《市级国土空间总体规划编制指南(试行)》,用于指导省级和市县级国土空间规划的编制工作。同时各地区因地制宜地发布乡镇国土空间规划编制导则,如《北京市乡镇国土空间规划编制导则(试行)》《湖南省乡镇国土空间规划编制技术指南(讨论稿)》等,为新时期国土空间规划的编制审批、实施监督制度奠定了良好的基础。

2) 全域全要素管理制度

全域体现在城乡接合、区域协调、陆海统筹等方面,实现城镇空间、生态空间、农业空间、海洋空间的协调,是国土空间全覆盖、不留空白的管理。全要素体现在对山水林田湖草等各类自然资源要素以及社会物质要素、文化资源要素的综合平衡。对于全域全要素的管理,应建立全国统一、部门协同的空间规划管理制度。

3) 全过程管理制度

2019年7月,《自然资源部办公厅关于开展国土空间规划"一张图"建设和现状评估工作的通知》提出,全面开展国土空间规划"一张图"建设和实现国土空间开发保护现状评估工作,有效支撑空间规划编制、审批、实施、监测评估预警全过程。2020年5月,自然资源部办公厅发布《关于加强国土空间规划监督管理的通知》,要求实行规划全周期管理,建立规划编制、审批、修改和实施监督全程留痕制度,纳入自然资源执法督察内容。加快建立完善国土空间基础信息平台,形成国土空间规划"一张图",作为统一国土空间用途管制、实施建设项目规划许可、强化规划实施监督的依据和支撑,确保规划管理行为全过程可回溯、可查询。加强规划实施监测评估预警,按照"一年一体检、五年一评估"的要求开展城市体检评估并提出改进规划管理意见,市县自然资源主管部门要适时向社会公开城市体检评估报告,省级自然资源主管部门要严格履行监督检查责任。将国土空间规划执行情况纳入自然资源执法督察内容,加强日常巡查和台账检查,做好批后监管。随后,《国土空间规划"一张图"实施监督信息系统技术规范》(GB/T 39972—2021)、《国土空间规划城市体检评估规程》(TD/T 1063—2021)等国家及行业标准先后出台,确保国土空间规划实施管理工作的规范性和可操作性。

2.5.3 国土空间规划法规体系建设

1) 现行的法律法规的修订

在国土空间规划改革的背景下,现行的空间规划法律法规的部分内容与改革的要求存在冲突。鉴于制定新的法律法规程序复杂、周期长,因此,采取了及时对现行法规进行修订的方式,以满足过渡期间规划管理的迫切需要。其中,最主要的修订反映在《土地管理法》和《城乡规划法》之中。

2018年以后,现行的土地制度与社会主义市场经济体制不相适应的问题日益显现。例如,土地征收制度不完善,因征地引发的社会矛盾积累较多;农村集体土地权益保障不充分,农村集体经营性建设用地不能与国有建设用地同等入市、同权同价;宅基地的取得、使用和退出制度不完整,用益物权难落实;土地增值收益分配机制不健全,兼顾国家、集体、个人之间的利益不够等。2019年8月,中华人民共和国第十三届全国人民代表大会常务委员会第十二次会议审议通过了《土地管理法》修正案。修正案中坚持最严格的耕地保护制度和最严格的节约集约用地制度,在充分总结农村土地制度改革试点成功经验的基础上,做出了多项重大突破,包括破除集体经营性建设用地进入市场的法律障碍;改革土地征收制度;完善农村宅基地制度;为"多规合一"改革预留法律空间;将基本农田提升为永久基本农田;合理划分中央和地方土地审批权限;土地督察制度正式入法。其中,《土地管理法》第十八条对国土空间规划进行了明确的规定:"国家建立国土空间规划体系。编制国土空间规划应当坚持生态优先,绿色、可持续发展,科学有序统筹安排生态、农业、城镇等功能空间,优化国土空间结构和布局,提升国土空间开发、保护的质量和效率。经依法批准的国土空间规划是各类开发、保护、建设活动的基本依据。已经编制国土空间规划的,不再编制土地利用总体规划和城乡规划。"同时在附则中增加规定:"在根据本法第十八条的规定编制国土空间规划前,经依法批准的土地利用总体规划和城乡规划继续执行。"这意味着随着国土空间规划体系的建立和实施,土地利用总体规划和城乡规划将不再单独编制和审批,最终将被国土空间规划所取代。因此,新的《土地管理法》为"多规合一"改革预留了法律空间,并提供了制度基础。

2019年4月,中华人民共和国第十三届全国人民代表大会常务委员会第十次会议通过了《城乡规划法》的修正案,根据"多审合一、多证合一"的改革要求,对以出让方式取得国有土地使用权的建设项目的建设用地规划许可事项简化办理流程。

2)推进法律法规制定

至2020年7月,由自然资源部或其协助参与而修改颁布的法律法规、部门规章共36部,其中22部为修订后出台,主要为原国土资源部颁布的矿产资源管理、地质环境管理、土地管理、海洋管理、测绘地理信息管理五个方面的法律法规,新制定的法律法规主要为综合管理方面。其中,涉及国土空间规划的两部最为重要的法律是《国土空间开发保护法》和《国土空间规划法》。目前,这两部法律都已经被列入全国人民代表大会的立法计划。

3 国土空间规划实施管理的国际经验借鉴

国外空间规划实施管理的有益经验,对于完善我国的制度建设具有重要的借鉴意义。以德、法等国为代表的大陆法系和以英、美等国为代表的英美法系,是西方最有代表性的两大法律体系,对其空间规划实施管理的研究不可或缺。以日本、新加坡、韩国等国为代表的亚洲新兴国家,在地缘、文化、制度等多方面与我国有一定的相通之处,其空间规划实施管理的制度探索对我国具有重要启示。此外,新中国成立后的空间规划是在全面学习苏联模式下所产生的,因而也有必要了解苏联空间规划实施管理的基本情况。在上一章系统阐述我国国土空间规划实施管理发展历程的基础上,本章通过对上述国家空间规划的主要管理思想和基本制度的回顾与辨析,总结具有借鉴意义的国际经验,从而更好地促进我国空间规划体系的改革。

3.1 大陆法系国家空间规划的实施管理

3.1.1 大陆法系国家法律制度的发展和特征

大陆法系(Civil Law System)又称民法法系、成文法系、罗马—德意志法系。大陆法系最先产生于欧洲大陆,以罗马法为历史渊源,以法典化的成文法为主要形式。法国和德国是最典型的大陆法系国家,《法国民法典》和《德国民法典》也是大陆法系发展历程中具有里程碑意义的产物。

1) 大陆法系国家法律制度的发展

全盛时期的罗马具有发达的法律制度。公元 6 世纪,罗马皇帝查士丁尼亲自主持制定了《民法大全》,形成了法律法典化的特色。随着罗马帝国的扩张,罗马法也因体系完备和结构严谨而被广泛认可。13 世纪后,罗马法复兴运动兴起,成了西欧大陆国家最具权威的法律。经过进一步发展的罗马法作为欧洲的普通法,奠定了大陆法系的基础。

18 世纪资产阶级革命胜利后,西欧许多国家的法律制度相互借鉴,形成了共同的法律特征。在古典自然法学和理性主义思潮的影响下,法国于 1804 年制定了《法国民法典》,标志着近代意义上大陆法系的确立。1896年,德国在继承罗马法和吸收法国的经验后,制定了一部逻辑严谨且系统性强的《德国民法典》,并于1900年正式生效施行。法国与德国的民法典,分别代表了自由资本主义时期和垄断资本主义时期的法律。由于成文法的形式易于传播与学习,法典又适应了资本主义社会发展的需求,因此法国和德国的民法典得以迅速传播。

在大陆法系不断完善的过程中,也颁布了一些空间规划方面的法律。法国在第一次世界大战后为适应人口回流,于1919年通过了首部《城市规划法典》。第二次世界大战后为满足战后重建的需要,法国行政法院直接认可了1943年编制的城市规划相关法律。1967年,法国颁布《土地指导法》,首次提出编制"城市规划整治指导纲要"和"土地利用规划"两级规划,形成了以中央集权为特点的法国国土空间规划体系。进入21世纪后,针对社会冲突和资源环境恶化等问题,法国政府颁布了《社会团结与城市更新法》,标志着法国空间规划进入新的时期(王文革,2020),并进一步加强了国家和地方的一致性,对交通、住宅、商业等不同领域的规划和公共政策进行了统筹。

1794年,德国《普鲁士邦法》赋予了土地所有者在其土地上进行建设、变更的权利(Pahl-Weber et al.,2008),这些条例是早期"建设管理"相关立法的直接体现。1868年,南德的巴登大公国颁布的《道路红线法》,成为德国第一个物质形态规划的法律文件。1891年,《分级建筑法令》的制定出台,是德国区划思想的起源,具有特殊的意义(殷成志等,2007)。1920年,"鲁尔煤矿居民协会"的成立,标志着德国州以下地区的区域规划正式开始。第二次世界大战后,德国被划分为东德和西德,两德都十分重视战后城市重建,西德于1950年通过了《联邦德国国土规划法》。1990年,东西两德统一,针对这一划时代的新局面,德国编制了《联邦德国国土规划报告》,该报告明确了德国国土空间规划的基本法律制度(蔡玉梅等,2005)。1998年,《联邦空间规划法》的修订,成为德国空间规划历史上的又一个重要里程碑。

2)大陆法系国家法律制度的特征

(1)以制定法为主要法律渊源

从法律渊源传统来看,大陆法系是在罗马法的影响下发展起来的,吸收了许多罗马私法的原则、制度、概念和术语,制定法为其主要法律渊源。在大陆法系国家中,立法与司法严格区分,并要求法典必须包括完整的框架和内容、清晰的语言表达和严谨的逻辑。法典一经颁布,法官必须严格执行。大陆法系要求法官遵从法律对案件进行审判,不赋予其创设法律的权力,这与英美法系中法官地位高、权限大,且可通过判例创设法律规则的情况不同。

大陆法系国家强调制定法的权威性,制定法的效率优先于其他法律,并将法律划分为公法和私法两种类型。公法主要是调整国家及国家与个人之间的关系,而私法主要是调整公民个人之间的关系。公法所规定的权利与义务是通过国家强制力量来保证实施的,公法领域中法律主体的双方(国家及国家与个人)在地位上是不平等的;私法从本质上来说完全是民事性的,因此法律主体的双方(公民与公民或公民与法人)处于平等地位。

(2) 采取演绎法进行法律推理

大陆法系国家一般会对重要的部门制定法典,以单行法规为补充,构成较为完整的成文法体系。大陆法系的法律条文具有抽象性、概括性、整体性及精确性等特点,这与英美法系缺乏体系化的特征形成鲜明对比。尽管大陆法系国家也在不断吸取英美法系国家的有益经验,但判例法毕竟不占主导地位。由于司法权受限,法律只能由立法机关制定,法官运用成文法做出审判,也就是从已有的法律条文中找到适用的条款,利用演绎法进行推理而得出结论。

3.1.2 大陆法系国家空间规划实施管理的主要思想和基本制度

1) 主要思想

(1) 利益协调思想

利益协调思想是指在空间规划的过程中,应当均衡考虑发展所涉及的各项利益,统筹协调经济、社会和环境三大利益的关系。德国空间规划注重空间统筹,既包括实体性物质设施和环境空间的适宜性安排,也包括不同利益主体之间冲突和关系的协调,具体表现为缩小不同区域之间的经济社会差距、代际的协调和国家核心竞争力的构建,通过土地开发与利用,权衡用地需求,实现多样化国土空间功能的塑造(强海洋等,2020)。在德国的规划编制工作中,只有20%的工作量用于编制规划本身,其余的工作量产生在编制时与其他部门及各方利益主体协调的过程中(王文革,2020)。法国的《城市规划法典》明确提出要平衡和合理利用自然空间、城市空间以及郊区乡村的土地,保持生态系统平衡,缓和社会经济发展与生态环境保护之间的利益冲突。

(2) 地区平衡思想

地区平衡思想是指在经济发达和经济欠发达地区之间,通过因地制宜的政策平衡,使其能在空间上取得相对均衡的发展。地区平衡思想在德国空间规划中主要表现为"城乡等值化"。为解决第二次世界大战后城乡差距较显著的问题,在德国巴伐利亚州1965年制定的《城乡空间发展规划》中明确了"城乡等值化"理念,并在城乡空间布局均衡化、土地发展规模合作化、城乡产业结构合理化调整等方面开始了积极实践(易鑫,2010)。1999年,法国制定《地域规划可持续发展指导法》,尝试以"联盟"的方式促进各区域之间的平衡发展,通过鼓励地区之间的合作来加强城镇群间的联系。此后,法国还颁布了《有关加强及简化市镇合作法》,明确以地区平衡发展为目标,建立城乡共同决策平台,联合各地政府为地区发展制定互惠政策(王文革,2020)。

2) 基本制度

(1) 环境评价制度

1976年,法国颁布的《自然保护法》确立了空间规划环境评价制度的法律地位。经过长时间的发展与实践,空间规划环境评价制度的内容日益完善,主要包括环境跟踪监测评估、项目实施后的影响分析、预防或改善策略的提出等内容。德国的战略环境评价是指针对公共政策、计划和规划进行的环境评估,旨在确保环境、经济、社会等因素能在早期的规划决策中被充分考虑到。根据2001年欧盟《关于特定规划和计划的环境影响评价指令》的要求,德国分别修订了《联邦建筑法令》(Federal Building Act)、《联邦空间规划法》(Federal Spatial Planning Act)和《环境影响评价法》(EIA Act,环境评价法令),完成了环境评价在德国联邦层面的转化(李志林等,2018)。此外,德国战略环境评价的联动机制,能依靠法律和制度的结合,联动多部门合作,保障空间规划环境评价的高效实施。

(2) 规划补偿制度

大陆法系国家认为,如果规划的变更是发生在"正常的社会风险"范畴内,且处于公众"风险承受"外的规划损失,都应当得到相应补偿。德国的《联邦建筑法令》规定,行政相对人若因规划的修改或废止而产生直接经济损失,可以要求政府给予适当补偿。因此,对于一些因空间规划的修改或废止而遭受经济损失的企业和个人来说,可以在原有规划享有的有利地位基础上,得到政府财政上的过渡帮助及规划补偿。通过这种信赖利益的保护手段,一方面,确有必要变更的规划可以得到有效的执行;另一方面,行政相对人的合法利益也得到了充分的保护(赵婷婷,2011)。

(3) 协议开发区制度

根据法国《城市规划法典》,协议开发区是指地方政府根据城市建设发展需求,通过与相关土地所有者进行协商,在达成共识并签署协议的基础上建立的城市开发区,其用地范围不受行政边界的约束,可根据城市建设的实际需求或开发项目灵活确定(万勇等,2018)。协议开发区为政府主导型,地方政府可依据城市发展需要开展空间规划工作。运营模式以市场化为基础,一般由政府委托公共机构进行开发,这些公共机构享有开发区的规划权和土地征用权,可以进行商业运作。协议开发区关注各方利益的平衡,包括政府与公众的利益、城市与地方的利益、公共利益与个人利益的协调,最终实现合作共赢目标。

3.1.3 大陆法系国家空间规划实施管理的借鉴

1) 构建完备的法律体系

大陆法系国家的法律制度具有高度成文化和体系化的特点,概念明确且条理清晰。大陆法系十分注重成文法典的编撰,包括空间规划在内的各领域几乎都制定了系统完整的法典,并辅之以单行法规保障实施。英美法系零散且繁多的判例,普通民众甚至法律专业人员要充分掌握都较为困难。大陆法系完备健全的法律体系,对于构建逻辑缜密的法律规范制度,推动空间规划的实施管理,促进公民法律意识的普及,均具有积极的意义。

2) 利益衡量指导的制度设计

大陆法系国家的利益平衡观念较强,法官在审理案件时,综合把握本案的实质,结合社会环境、经济状况、价值观念等,对双方当事人的利害关系做衡量。德国空间规划在利益衡量理念的指导下,为有效化解区域发展中的各种空间矛盾,在平等合作的基础上建立了跨行政区的联合协调机构和监督机构。它能更有力地管辖跨区域事务,沟通和平衡多方利益,以协调解决对区域发展有重大影响的问题,并通过市场化、社会化的手段更好地进行资源配置,促进区域的发展(孙加凤等,2007)。

3) 重视空间规划的协调发展

以行政区划为基础的国土空间规划体系,往往会在地方利益的驱动下各自为政,从而制约了资源、资金、劳动力等要素的高效配置调控。德国的空间规划理念常常超越行政区划,在更大范围内实现空间规划的协调和可持续发展,并运用跨区域对话的手段来实现区域的资源共享和协调发展。《联邦空间规划法》以及其他法律法规中对跨区域规划的各项职责分工进行了完善和制度设计。借鉴德国空间规划体系,在建立国—省—市—县垂直性空间规划体系的基础上,明确各级政府事权、协调发展过程中的行政分隔等问题,实现资源共享,消除区域矛盾,促进空间治理。如德国的战略环境评价联动制度,通过多方位的交流以倡导双向性的评价联动,综合考虑各规划的重点内容及评价方法,确保关键资源和生态环境在不同规划层次的环境评价中得到合理评价。

3.2 英美法系国家空间规划的实施管理

3.2.1 英美法系国家法律制度的发展和特征

英美法系(Common Law System)亦称普通法系、判例法系、盎格鲁—撒克逊法系。英美法系产生于英国,注重法典的延续性,以传统、判例和习惯为判案依据(孙国华,1997),仿效该制度的国家和地区的法律制度构成了英美法系范畴。英美法系后来被扩大至英国多个殖民地和附属地区,是西方国家中与大陆法系并列的历史悠久和影响较大的法律体系。

1) 英美法系国家法律制度的发展

英美法系起源于盎格鲁—撒克逊时期的日耳曼法。英国被诺曼征服以后,为了缓和与当地居民的矛盾,加强中央集权统治,诺曼王朝在原有地方习惯法的基础上形成了普通法,并通行全国。从14世纪起,为了弥补普通法的不足,英国统治者授予那些对普通法院判决不服者向国王提出请愿的权利,请愿委托于大法官处理。到15世纪后半叶,在处理请愿的过程中,逐渐分化形成大法官法院和衡平法院。英国通过大法官的审判活动逐步形成了一套新的衡平法制度,从而进入了普通法与衡平法并行发展的时期。

17世纪,英国爆发了资产阶级革命。一方面,英国继续保持封建传统法制,将普通法与衡平法的形式全盘继承;另一方面,资产阶级通过制定新法和创新判例法删去了封建法制的基本内容,在封建法制形式中注入了资产阶级法的内容,使其逐渐演变为资本主义的法律制度。18世纪起,英国的领土扩张及殖民地发展,使英国法律逐步影响和植根于欧洲及其以外的其他国家和地区。美国曾是英国殖民体系中的一个国家,在18世纪美国开始建立独立国家并发展本国法律制度。由于相近的文化传统,美国的新法依然以英国法律为基础。英美两国的法律制度在历史渊源、法律用语、概念、形式等方面有诸多相似之处,因此统称为英美法系。

20世纪初,英国和美国均开始启动了空间规划的编制及其法律体系的构建。1909年,英国颁布了世界上第一部城市规划法——《住房与城市规划法案》,标志着城市规划开始作为地方政府职能对土地利用进行行政干涉(王伟等,2020)。1932年,英国《城乡规划法案》的出台,使得地方政府由单一的城市规划转向多维的城乡规划。1968年修订的《城乡规划法案》对规划体系进行了改革,明确提出负责宏观层面的"结构规划"和具体到实施层面的"地方规划"。其中,结构规划包括区域规划和次区域规划,地方规划则仍然以土地利用为核心。2004年,英国通过《规划与强制购买法案》取消了1968年所形成的结构规划和地方规划,取而代之的是由地方议会制定的"区域空间战略"和由地方政府制定的"地方发展框架"。2005年,在可持续发展的思想指引下,英国将土地利用开发政策和对空间资源配置有关联的部门政策整合起来,形成了由25个方面所组成的规划政策文件。至此,英国正式形成了包括规划政策文件、区域空间战略和地方发展框架的国家—区域—地方三级空间规划体系(王文革,2020)。

1909年是美国城市规划转折之年,当年美国制定了全国第一个综合性的城市规划——《芝加哥计划》,是美国局部空间规划的实践。1916年,纽约完成了美国的第一个分区规划,之后1928年由商业部推动出台的《州分区规划授权法案标准》及《城市规划授权法案标准》,使城市规划和分区规划在美国全面开展(Meck,2002)。至今,美国还没有一部统一的空间规划法典,其空间规划法律制度仍然以州级层面为核心。

2)英美法系国家法律制度的特征

(1)以判例法为主要法律渊源

英美法系以判例法为主要法律渊源,这根源于英国以判例法为基础的传统,即以"遵循先例为原则",上级法院的判例对下级法院审判类似案件时具有法律上的约束力。法官一旦做出判决,不仅对该案具有法律效力,而且对以后的案件也具有约束力。在没有先例的情况下,法官的判决就是先例,法官可以对先例进行扩大或限制解释,根据实际情况发展其中的规则。即使是制定法的使用,也一样离不开法官的解释。判例法具有稳定性和灵活性的特点,在实践中易形成一套丰富的法律原则体系。

公法与私法的分类一般按照法律规范所保护的是公共利益还是私人利益为标准,将各部门划分为公法和私法,而英美法系受罗马法的影响较小,故主要分为普通法和衡平法。英美法系的普通法和衡平法都是判例法,制定法虽然数量逐渐增多,但由于英美法系侧重判例,对抽象的概括和理论探讨有所忽视,因而制定法缺乏系统性和逻辑性,只是作为判例的补充。

(2) 强调程序正义的传统观念

程序正义即在裁判过程中的公平和在法律程序上的正义。在程序法和实体法的关系上,英美法系国家普遍奉行"程序优于权利"的原则。法官、律师和法学家对解决争议的方法和技巧的注重超过对实体法权利的关注。尽管实体法日益受到重视,但是由于诉讼中心主义在英国经历了数百年的发展,"正当程序"原则早已深入人心,并深刻影响了英美法律制度的方方面面。

3.2.2 英美法系国家空间规划实施管理的主要思想和基本制度

1) 主要思想
(1) 公众参与思想

自下而上的公众参与,已经充分融入英美法系国家空间规划实施管理的全过程中。1947年,英国的《城乡规划法案》中明确规定允许公众对城市规划发表意见和看法,这是"公众参与"首次被引入英国的空间规划体系当中。自此,公众参与的思想在英国的地方发展规划、邻里规划、环境影响评价等多方面都起到了重要的作用。美国规划工作者与公众通过听证会、座谈会、发布公告等形式对空间规划的内容进行商讨,根据听证意见对规划进行反复修改,努力达成各方均能接受的方案。在空间规划实施后,社会公众依然可以在规划的实施阶段向相关部门提出修改意见。

(2) 生态保护思想

20世纪以来,在经历人口剧增、环境恶化、土地紧张等问题后,生态保护思想在英美法系国家空间规划的实施管理中得到了高度重视。1944年,英国大伦敦规划确定了内圈、近郊圈、绿带圈和外圈四个圈层,其中绿带圈对建设项目严格控制,并作为防止城市向外无序扩张的生态屏障。美国在建设项目获得建设许可之前,需对土地利用规划进行审查,并重点考虑是否突破了城市增长边界、城市服务边界、山坡绿带、农业保护区和海湾保护区五条控制线或控制区域的刚性约束。

2) 基本制度
(1) 规划监督制度

从行政程序法和监督行政法的角度来看,英美法系的程序正义和尊重个人权利的精神内核促使了规划执法主体的依法行政。英国上级行政机构对空间规划的实施有着较大的监督权限,根据《城乡规划法案》,环境与交通事务大臣有权"抽查"任何规划申请,并且做出开发控制的决策,还可任命监察员对地方的规划事务进行督察。如果地方规划部门要批准的开发项目与地方发展存在出入,那么必须先将规划申请予以公示,同时上报环境与交通事务大臣审批。在美国,参与空间规划的任何一方,若认为规划有不合理之处,均可以提出申诉,这是规划编制方与监督方之间相互监督的过程。提出的申诉将由州巡视法庭授权的土地利用诉讼理事会执行司法监督,处理相关诉讼案件。

(2) 预算参与制度

英美法系国家在空间规划实施管理上,能够通过影响城市预算进而更好地实施空间规划。美国通过资本改进计划(Capital Improvement Program,CIP),对道路、建筑、公园等规划建设项目制定长期财务计划,许多州还协同编制行政管理方面和基础设施改进方面的城市预算,或直接将CIP纳入城市总体规划中。一些没有制定CIP的地区,无法对私人开发项目征收建设费。从美国经验来看,只有预算得到资本计划部门、人事部门、社保部门等多部门的参与和支持,才能真正落实并强化空间规划的实施(王淑杰,2017)。

(3) 综合评估制度

美国在空间规划的实施管理中,会定期对通过审批的规划进行综合评估与检查,并依据定期评估结果对所出现的问题提出修改要求。此外,由英国审计委员会制定的"综合绩效评估"也具有特色,这是对英国地方政府进行绩效评估的政策工具。自"综合绩效评估"投入使用后,英国政府机构的服务得到了明显的改善。1990年以前,除了少量的审计以外,对于地方性的公共服务,英国很少进行大规模的外部检查,因而诸如住房等公共领域的绩效问题没有引起足够的重视。随着城市空间的不断拓展及公共建设的持续投入,英国政府决定引入更为广泛的审查制度,以确保政府部门所设立的公共服务目标能够得以实现。1999年,英国颁布了新的《地方政府法》,在其中规定了"最佳评价制度"。该制度明确了公共部门实现"最佳评价"的责任,并赋予审计委员会对英国政府部门进行监督检查的权力(郭俊华,2007)。

3.2.3 英美法系国家空间规划实施管理的借鉴

1) 强调地方性立法的作用

英美法系国家的空间规划作为地方性事务,地方享有高度的自治权。空间规划的内容若要顺利实施,其核心是必须得到地方性立法的支持,同时理顺上层规划和下层规划的衔接关系。城市总体规划经审批后,一般具有法律效力,并由城市政府或相应的规划机构在立法机构的监督下实施,它同时也成为编制和审批下层规划的法律依据。下层规划或具体的城市开发项目如果违背了总体规划,就无法获得批准或是规划建设许可。一般来说,对下层规划和开发项目的审批和违法的判定都是由城乡规划部门执行,但是最终裁决权是在司法机关或其他独立机构(文超祥,2016)。为了保证空间规划成果的权威性和可实施性,国土空间立法工作至关重要,特别是如何引导和发挥地方性立法在规划实施中的积极作用,可以借鉴美国区划法规的立法经验,将法定规划中的关键性内容纳入地方性法规。而对于如何排除地方政府对规划监督工作的干扰,可以借鉴英国的城乡规划督察制度,由上级政府委派的专业人员担任规划督察,发挥技术决策与一般行政决策之间的制衡作用。

2)制定全域全要素的管控

当前,国土空间规划管制的范围已经扩展为全域全要素,对国土空间进行分区管制已成为国内外的共识,各国相应制定了用途分区的管制规则。美国区划的管控方式是对城镇开发边界内外进行全域全要素管控,科学整合城市以及其他非建设用地的空间范围,在确定主导功能的基础上明确用途管制分区和地类约束,实现差别化管理。例如,在城镇开发边界内明确"正面清单"和"负面清单",落实允许、限制、禁止项目的类型及相应用地的规模、强度、布局和环境保护等管控要求,并进行重点管控。在城镇开发边界外,对生态保护红线和永久基本农田进行严格管控。此外,对于"负面清单"外的开发建设项目,可相应放宽土地用途管制,以增强规划的弹性和适应性。逐步探索以全域全要素为管制对象的综合化、精细化、弹性化的分区管制模式。

3)重视公众参与式的协作

英美法系国家在空间规划的实施过程中,不断加强各部门之间的协作机制,以求打破行政区划的壁垒。针对跨区域的部门协作,可通过机构整合或建立协调机制,提出切实可行的行动计划。美国在解决区域发展问题时,通过建立大都市区政府或者地方联合组织,以法律、经济或技术交流的方式来协调各政府部门间的利益问题(邻艳丽等,2019)。国土空间规划并不仅仅是自然资源主管部门的责任,而是需要多个部门的协同治理。此外,英美法系国家在规划编制和实施的各个环节中,均具有强烈的公众参与意识和理念。正是因为公众参与的广泛性,规划公布后更容易获得全社会的广泛支持。我国的公众参与制度如何进一步完善,是规划实施制度建设的一项重要议题。

4)判例对空间规划的影响

英美法系国家在法律的推理上,实行从判例到制定而构思出一般规则的归纳法。判例是英美法系国家重要的法律渊源,具有稳定性和灵活性的实践特点。在空间规划的实施管理过程中,通过判例可以较好地平衡刚性与弹性,这使得联邦最高法院的判决对空间规划管理制度具有一定的塑造作用(专栏3-1)。

> **专栏 3-1　欧几里得村与安布勒物业公司案**
>
> 　　欧几里得村是美国俄亥俄州克利夫兰市郊区的一个村，村内现状土地大多为农用地和未利用地。为了调控工业、住宅等用地的布局及建筑物的规模，1922年欧几里得村务委员会通过条例决定建立综合分区规划。根据分区规划，整个村庄被划分为六类用途分区，各使用区的界限、用途以及建筑物的高度、密度等都有明确规定。安布勒物业公司在该村有68 acre（1 acre≈4 046.856 m²）的土地，该公司所有的部分土地被划为了住宅用地，因而不能进行工业开发。该村位于城市郊区，而城市扩张需要大量工业的发展，使得当时用于工业开发的土地售价远高于住宅用地的售价。安布勒物业公司在诉状中称："其所有的大片土地多年来一直用于工业用途，市场价值约为每英亩1万美元。但是如果仅限于住宅用途，市场价值将不超过每英亩0.25万美元。"安布勒物业公司认为与其他土地相比，其所有的部分土地价值产生了减损，认为该村的土地用途分区的条例违反了《美国联邦宪法》第十四条修正案，即"未经正当法律程序剥夺自由、财产，拒绝法律上的平等保护"，即其违反宪法。因此，安布勒物业公司将欧几里得村诉至法院，地方法院支持了安布勒物业公司的主张。欧几里得村向联邦最高法院提出上诉，联邦最高法院终审判决推翻了地方法院的判决。
>
> 　　欧几里得村与安布勒物业公司案是一个典型的合宪性与否的判断案例，在此案中，法官确认了欧几里得村的土地利用分区管制的合宪性。正是通过这样的判例，从而确立了州等地方政府对土地利用进行管制的宪法基础。可以说，法院的不同判决会在一定程度上影响土地利用管制的方向，更有学者认为，正是联邦最高法院对欧几里得村与安布勒物业公司案的裁决，促成了现在美国土地分区制度的现状（董景山，2018）。

3.3　亚洲新兴国家空间规划的实施管理

3.3.1　亚洲新兴国家法律制度的发展和特征

　　日本、新加坡、韩国作为亚洲新兴国家的代表，其法律制度在"多元融合"的总体特征下又各具特殊性。日本早期以大陆法系为基础构建了法律体系，第二次世界大战后又全面学习了英美法系的积极成分。新加坡则是以英美法系为骨干，吸收了大陆法系的相关内容。韩国的法律体系同样是大陆法系和英美法系共同影响下的混合产物。分析日本、新加坡、韩国三个国家法律制度的发展及其特征，可以基本厘清亚洲新兴国家的法律发展脉络，并能从中理解空间规划制度建设的历程。

　　1）亚洲新兴国家法律制度的发展
　　（1）日本法律制度
　　古代日本法律制度受到中华法系的深刻影响，其基本法典《大宝律令》是以唐律为基础编撰的，该法典奠定了日本中央集权国家的地位。19世纪70年代起，日本明治政府先后以法、德两国法律为蓝本，开始以大陆法系为基本模式进行了立法探索。1888年,日本发布了《东京市区改造条例》,这是日本近代最早的法律条文。1889年,日本政府颁布了《大日本帝国宪法》(即《明治宪法》),在此之后迅速编纂并实施了一系列法典,如1898年的《民法典》、1899年的《商法典》、1907年的《刑法典》等(何勤华等,1999)。与此同时,日本开始不断向西方国家学习空间规划制度,并启动了本国的空间规划立法工作。1919年,日本颁布了第一部规划法律——《都市计划法》,在全面继承《东京市区改造条例》的基础上增加了规划适用范围、土地使用性质等相关内容,还相应配套出台了《市区建筑法》(刘武君等,1993)。

第二次世界大战结束后,由于美方的进驻以及国际社会的变革,日本在保留原有法律传统的基础上,开始对英美法系的部分要点进行了吸收,如在成文法的范式下融入判例在事实上的先例约束力,使得日本的法律体系更加多元。为应对战后城市重建和人口增长的需求,1950年日本出台了《国土综合开发法》,从社会、经济等多个方面提出了全域国土的保护与利用计划,该法成为日本国土空间规划的第一部基本法。为配合《国土综合开发法》的实施与管理,日本于1974年制定了《国土利用规划法》,规定了全国、都道府县、市町村三级政府可分别编制三个层次的国土利用规划,并同期配套出台了《农业振兴地区整治法》等多部法规。1989年,日本制定了《土地基本法》。2005年,日本政府充分考虑自然资源的综合保护以及国土空间的合理利用,将《国土综合开发法》修订为《国土形成规划法》,更加注重全国生态环境的建设和国土的可持续发展(田亦尧等,2021)。至此,以国土综合开发规划、国土利用规划和土地利用基本规划三大规划为核心的日本国土空间规划体系趋于成熟,《土地基本法》《国土利用规划法》《国土形成规划法》三大主干法也共同构成了日本空间规划的基本法律。

(2)新加坡法律制度

新加坡自1824年沦为英国的殖民地后,就在不断被动地接受英美法系的法律思想和制度。新加坡的规划体系与法律制度一样,长期受到英国文化的影响。1880年《国有土地法》的出台,确立了新加坡土地管理的基本法律制度。1927年《新加坡改善法令》的颁布,标志着城市规划正式成为新加坡政府行政管理的法定职能,也标志着新加坡政府掌握了空间规划的全部职能(唐子来等,1998)。

在第二次世界大战期间,当地人民争取独立的呼声日益高涨。1958年,新加坡颁布《新加坡自治宪法》,次年成立了由人民行动党执政的新加坡自治邦政府。1959年,《规划法令》及其各项修正案正式发布,为新加坡的规划体系奠定了基础,并成立新加坡规划局。1963年,新加坡经过全民公决加入马来西亚,为适应政治变化颁布《新加坡州宪法》。然而1965年新加坡又脱离马来西亚联邦,同年颁布《新加坡共和国独立法》,一个具有独立主权的新加坡共和国宣告成立。

新加坡独立后,仍继承了英国的法律制度,同时把东方文化的儒法理念和西方法律的民主价值进行了交融,再根据国情进行调整,形成了具有自身特色且高度复合的现代法律制度(陈兴华,2015)。新加坡的法律渊源虽采用的是英国法律模式,但在许多方面已完全不同于英美法系,如废除了陪审团制度这一英美法系最具代表性的制度。此外,新加坡虽不像大陆法系国家一样有着完整的法律体系,但也有自己的宪法典。1979年,新加坡议会修改了宪法,将《新加坡州宪法》与《新加坡共和国独立法》正式合并为《新加坡共和国宪法》(葛丽霞,2009)。1989年,原新加坡规划局并入市区重建局。1990年,新加坡新的《规划法令》颁布,标志着新加坡空间规划开始走向了系统性的管理模式。

(3)韩国法律制度

中国传统儒家思想对韩国的影响深远,这也成为韩国传统法律文化中的一大特色。韩国在高丽时代就以唐朝法律制度为模式确立了中央集权和君主专制统治秩序,并模仿唐律颁布了《高丽律》,形成了以律令格式为主体的封建法律体系。近代日本对朝鲜半岛的殖民统治,使得原有的法律制度受到了冲击。1910年,日本宣布了所谓的《韩日合并条约》,迫使韩国进入殖民法治时代。同期,日本殖民当局还制定了《朝鲜民事令》和《朝鲜刑事令》在朝鲜半岛推广使用,这使得日后韩国法形成了日本民法、商法、民事诉讼法、刑法以及刑事诉讼法等主要法律的骨架(唐清霞,2009)。1934年,日本为把朝鲜半岛建设成侵略中国的兵站基地而颁布了《朝鲜市区规划令》,作为城市开发的法定依据。

第二次世界大战后,美国对朝鲜半岛南部实行了控制,韩国也进入了美军侵占时期,英美法系开始渗透进韩国原有的法律体系中。但韩国受到日本影响的时间更长,具有更为倾向大陆法系的特征。例如,韩国的行政法在形式上是高度成文化,而不采用判例形式。韩国于1962年颁布了《城市规划法》,于1963年颁布了《国土建设综合计划法》,以期通过空间规划来均衡调控城市两极化的发展。1972年,为了更有效地利用国土资源,韩国制定了《国土利用计划法》。2002年,《国土基本法》的出台,真正使韩国空间规划范畴扩大到了全域,并有效解决了曾经多部门分散管理的不利局面(王文革,2020)。

2)亚洲新兴国家法律制度的特征

(1)中国传统文化的深刻影响

在亚洲新兴国家的法律制度中,都能找到儒家、法家等中国传统文化的深刻印记。在历史上,日本、韩国的基本法典均是以唐律作为蓝本而编撰的,两国对中国传统文化的立法精神充分吸收,中华法系所反映出来的儒法思想也深入人心。新加坡在法律实施的过程中,对于人性善恶的判断、民众智慧的认同、法律价值观的塑造等,都与中国传统的儒法思想有着高度的契合(刘启,2013)。

(2)多元法律文化的兼收并蓄

近代以来,随着西方文化的不断输入,日、新、韩等国原有的法律体系受到强烈冲击。第二次世界大战后,亚洲新兴国家汲取了不同的法律文化,呈现出"多元融合"的特征。在大陆法系和英美法系的优秀基础上,亚洲新兴国家结合国情与实际情况,求同存异,兼收并蓄,形成了独立的复合法律体系。

3.3.2 亚洲新兴国家空间规划实施管理的主要思想和基本制度

1)主要思想
(1)可持续发展思想

在亚洲新兴国家的空间规划实施管理中,可持续发展的思想一以贯之。由于地理条件的制约,日本的国土空间和自然资源十分珍贵。2008年,日本国土空间可持续发展规划提出了未来10年的国土发展目标和基本措施。该规划鼓励形成可持续发展的广域地区,提高国土可持续利用效率,同时重视人与自然的和谐共生,形成合理的国土管理体制,构建循环可持续的社会模式。新加坡的可持续发展一直走在世界的前列,早在20世纪60年代提出的"花园城市"理念,就是在可持续发展的思想下所产生的。它能很好地处理生态空间与城市空间的有机融合,实现自然资源与经济发展的共同协调。韩国在第五次国土综合规划编制中提出健康国土的发展方向,确保社会、经济、环境的健康性,重视可持续国土空间的综合保护与利用。

(2)跨区域统筹思想

缺乏跨区域统筹协调的城市或地区规划,往往会导致其与周边城市或地区的发展产生冲突。日本制定了一系列跨区域的开发法律,如《北海道开发法》《东北开发促进法》《新产业城市建设促进法》等,为都市圈建设、城乡边界管理等区域型的统筹提供了指导依据。在新加坡空间规划的编制过程中,市区重建局会同国家公园局、陆路交通管理局等有关部门对跨区域的基础设施和公用设施进行统筹安排。韩国提出对外构建面向亚欧大陆和环太平洋的开放型国土发展轴,对内形成促进区域协调共同发展的多核联系型国土结构,尤其是要统筹国土—海洋—山地的跨区域空间网络,并将全国划分为十大广域圈,各广域圈分别按照全国国土空间规划的要求编制相应规划以落实发展战略。

2)基本制度
(1)规划申报制度

规划申报制度是指相关责任人对土地资源的流转按照有关程序进行申报,并将各阶段与土地资源流转相关处理的结果予以公示的制度。规划申报制度的目的是对土地利用进行严格审批,防止因土地紧张产生土地投机等问题。将该制度贯彻到空间规划管理法律中,可衍生出地价公示、土地交易登记、土地征收等具体制度(王文革,2020)。以闲置用地规划为例,日本在2017年修订的《国土利用规划法》中,对于闲置用地规划的申报进行了阐释。在接到申请人申报的六周时间内,根据国土交通省的规定,需将该土地的现状和规划方案经由所在地的市町村长上报都道府县知事,都道府县知事可对申请人就促进闲置土地的有效利用提出必要建议。如都道府县知事认定该申报规划不能有效利用闲置土地,则应听取土地利用审查会的有关意见,同时要求申请人在一定期限内对规划进行修改。

(2) 规划审议会制度

规划审议会制度是指具有规划权的行政主体对有关空间规划的行政事项,经过法定的审议会进行咨询与审查,并在有必要时进行公示的制度。日本的规划审议会制度是在第二次世界大战后设立的,对日本政府战后的规划决策与高效管理起到了很大的作用。日本原《国土综合开发法》根据规划内容的不同,将规划审议会制度细分为国土审议会、都道府县综合开发审议会、地方综合开发审议会。国土审议会是对综合开发计划及实施的必要事项进行调查审议,并将结果报给内阁总理大臣或向其提出建议。国土审议会调查的事项包括制定综合开发计划的标准、特定区域的标准、对工业合理选址的标准以及与综合开发计划有关的资金问题的调查等。国土审议会在认为有必要时,可以通过内阁总理大臣向相关行政机构长官申诉意见。都道府县综合开发审议会是由都道府县根据条例设置的,对都道府县综合开发计划和实施的必要事项进行调查审议。相关都道府县缔结的协议也要经都道府县综合开发审议会通过。地方综合开发审议会是由都道府县通过协商并出台规章来设置的,以此对地方综合开发计划和实施计划的必要事项进行调查审议(姜贵善,2000)。而后整合的《国土形成规划法》又对审议会调查审议的内容、程序、公示等情况进行了说明,并提出组建广域地方规划审议会,以协调广域地方规划的编制与实施管理过程中的相关事宜。《国土利用规划法》中还提出在都道府县层面设立土地利用审议会,完善国土空间规划的审议会制度。

(3) 规划委员会制度

规划委员会是由相关部门、技术专员、公众代表等所组成的各级政府常设机构,重点负责推进各类空间规划的编制及各专项规划之间的协调衔接工作。新加坡政府为确保空间规划能更好地实施与管理,设立了概念规划委员会、总体规划委员会和发展管理委员会三个综合协调机构,以统筹各类规划的编制。其中,概念规划委员会由发展部部长任主席,需要所有参与概念规划编制的政府部门及法定机构参与,下设交通、商业、居住、环境、工业等小组委员会,以协调在概念规划编制期间所涉及的多部门统筹工作,以期能更好地达成规划共识。总体规划委员会由市区重建局总规划师任主席,成员包含各个政府部门以及相关方面的权威专家,并在委员会的主持下,以市区重建局、土地局、国家公园局、陆路交通管理局等专业人员为主体,组建高水平的总体规划设计团队。此外,新加坡的总体规划委员会还承担着保证国土空间高效利用的任务,依据概念规划的要求提供规划沟通的平台,是新加坡城市发展战略科学管理的中坚保障(梁梦茵等,

2015)。发展管理委员会则是在规划实施层面提供咨询意见,并可直接参与规划政策和建设标准的制定中。

（4）白地管理制度

白地管理制度是一种增加空间规划弹性和提高土地使用兼容性的管理制度,能使国土空间的规划与利用更加灵活。新加坡的白地管理制度最早是由市区重建局于1995年提出的,具有以下三个特征：一是土地预留的前瞻性。新加坡在区位条件较好且开发潜力较大的区域中,将短期无法明确最优发展用途的用地划定为留白用地,待条件成熟后再将用地性质向高价值的用途进行转换。这类白地主要位于新城开发地段、商业中心地段、交通枢纽地段以及历史文化保护地段(黄经南等,2014)。二是功能混合的高效性。白地规定了其主导功能与附属功能,对各类功能空间的复合利用提出了指引。三是用途转换的便利性。在白地的使用管理前,政府会就白地的地段位置、用地面积、建设发展用地性质、许可的最大总建筑面积和总容积率、最大建筑高度、租赁期限六项指标提出要求,并写入合同。开发商可以在合同规定的范围内,根据市场需求进行用地使用性质和功能比例的变更,且无须缴纳土地溢价(范华,2015)。新加坡的白地管理制度实现了刚性管制与弹性调控并举,发挥了市场调节资源配置的作用,对国土空间规划的集约高效和可持续发展具有重要的借鉴意义。

（5）规划评估制度

规划评估制度是指在空间规划实施期间,每隔一定期限以规划目标为主要参照,采用有关评价方法对规划的实施情况进行定期跟踪、监测,评估现行规划的合理性,并就规划的修改或修编提出评估结论与相应的解决对策。作为韩国空间规划修编的必备环节,规划评估的工作以现行规划实施评价为基础,覆盖了国家、道、市与郡三级土地利用总体规划体系,形成了自上而下的规划实施评估成果。国土相关主管部门通过立法等手段对现行规划实施情况进行评价,促进空间规划与地籍、耕地保护等内容的高效对接,有利于解决规划修编中的重大问题(王文革,2020)。此外,韩国还设立了专门的国土空间规划编制研究机构,即国土研究院,其最主要的任务除了负责编制国土空间规划外,就是对国土空间规划的实施情况进行全面评估。

（6）农用地流转制度

韩国的规划用地分类中,在农村地区特别设立了计划管理区,这项用地作为农村的建设用地,等同于城市建设用地。在满足法定要求的基础上,该用地可根据市场需求进行自由流转,而且流转的对象不分城市居民或农村居民。农村的计划管理区用地主要包括农村的宅基地、工矿用地、基础设施用地、公共服务设施用地、休闲娱乐用地等。这项措施不仅满足了韩国城市用地扩张的需要,促进了农村用地的有效开发,而且保障了市场经济体制下农村建设用地作为农民的资产,农民享受土地升值收益的权利。农村建设用地的自由流转,既保障了农民的合法权益,满足了农转非、非转农的需求,又对韩国快速实现农村现代化和城市化具有积极意义

（元东日等，2012）。

3.3.3 亚洲新兴国家空间规划实施管理的借鉴

1）统筹推进国土空间规划立法

日本、韩国等亚洲新兴国家都已出台了与空间规划相关的基本法，对于国土空间及自然资源的综合开发起到了引导作用。但我国目前仍未出台具有空间规划统筹性质的国土空间规划基本法来作为国土空间规划的总体依据与法律支撑，导致各部门在规划管理中事权模糊、相互脱节。在现行的法律制度框架下，应对《城乡规划法》《土地管理法》《中华人民共和国海域使用管理法》等空间规划法律进行全面的梳理与整合，结合国情及早制定统一的国土空间规划法。同时，我国在空间规划实施管理的过程中，应重点协调好空间规划立法与现行的《中华人民共和国森林法》《中华人民共和国水法》《中华人民共和国文物保护法》等相关部门的法律关系，做到各专项法律能为国土空间规划的具体领域提供补充与支撑，形成丰富协调的空间规划法律体系，统筹推进国土空间规划的立法工作。

2）结合国情完善空间规划体系

亚洲新兴国家在借鉴西方法律制度的同时，并没有完全照搬大陆法系和英美法系的内容，而是兼收并蓄，注重与本国国情、社会环境、传统文化的有机结合。通过对国家发展形势的研判，综合考量在城乡规划、土地开发、海域利用等方面的制度建设，日、新、韩等亚洲新兴国家的空间规划法律体系得到了不断完善。

3）重视乡村地区空间规划管理

国土空间规划是覆盖全域的规划，不能只关注城市地区，也应统筹考虑广大乡村地区。在日本的空间规划体系中，对乡村地区的发展相当重视。如日本在区域规划和城市规划层面都涉及乡村的开发与保护（翟国方等，2019），并出台了《农业振兴地区整治法》和《村落地区整治法》等乡村规划管理法律制度。韩国则在乡村地区设立计划管理区，以实现农村建设用地的自由流转。我国自2008年用《城乡规划法》取代《城市规划法》后，对乡村地区规划的重视程度有所增强，然而乡村规划管理机构的力量薄弱，实际作用甚微。

3.4 苏联空间规划的实施管理

3.4.1 苏联法律制度的发展和特征

我国从1953年第一个"五年计划"执行开始，就进入了全盘借鉴苏联模式的时期。苏联的法律体系对我国空间规划实施管理的制度及方法产生了巨大影响。

1) 苏联法律制度的发展

十月革命后,在马克思主义理论的指导下,苏联的立法过程渗透着社会主义的思想。1918年,世界上第一部社会主义宪法《俄罗斯苏维埃联邦社会主义共和国宪法》的出台,确定了苏俄社会主义政治制度的基本运行方式,并在宪法中明确规定了土地、森林、矿产等自然资源均为国家所有。而后相继颁布了《俄罗斯苏维埃联邦社会主义共和国民法典》《俄罗斯苏维埃联邦社会主义共和国劳动法典》《俄罗斯苏维埃联邦社会主义共和国土地法典》等重要法典,奠定了社会主义法律体系的基础。1922年苏维埃社会主义共和国联盟正式成立,1924年为适应社会变化修订了宪法。1932年《关于俄罗斯苏维埃联邦社会主义共和国居民区的组织》的决议和1933年《关于苏联各城市和其他居民区的规划设计和社会主义改建设计的制定与批准》的决议两份文件,推动了苏联在城市规划方面的法律制度建设,堪称苏联最早的"城市规划法"。1935年,《关于改建莫斯科的总体规划的决议》提出了莫斯科城市总体规划和莫斯科市政建设改造计划,该决议成为根据社会主义原则建设苏联首都的具体行动纲领(李浩,2018)。1936年,《苏维埃社会主义共和国联盟宪法》正式宣布苏联已经建立了社会主义制度,并开始建设共产主义社会。1958年开始的赫鲁晓夫执政时期,苏联对经济、政治体制进行全方位改革,相应出台了《苏联和各加盟共和国刑事诉讼立法纲要》《苏联和各加盟共和国刑事立法纲要》《苏联和各加盟共和国民事立法纲要》等一系列法律文件。1977年,苏联根据国内外形势的变化重新制定了宪法。由于西方实施的和平演变政策和国内政权的斗争,1991年苏联解体,标志着完整意义上的苏联社会主义法律体系的终结。

2) 苏联法律制度的特征

(1) 管理模式特征

苏联的法律制度具有突出的"管理模式"特征,认为法是政府有效推行社会政策、实现社会管制或提供公共服务的工具,提倡法律在提高行政效率和促进公共利益时所具有的管理和便捷功能(文超祥,2016)。苏联总检察长维辛斯基曾提出过法的一般定义:"法是经过立法程序制定的体现统治阶级意思的行为规则以及国家政权认可的生活习惯和规则的总称,这些规则的运用以国家的强制力量为保证,其目的在于保护、巩固和发展有利于和适合于统治阶级的社会关系和秩序。""管理模式"下的苏联法律强调对公民的严格管理,而对行政权力的制约和监督则相对较少,导致公民权和行政权之间的失衡。

(2) 社会主义特征

与西方资本主义国家不同,苏联的法律制度以马克思列宁主义为指导思想,具有明显的社会主义特征。1918年颁布的《俄罗斯苏维埃联邦社会主义共和国宪法》,开创了社会主义法律制度的先河,成为苏联依法治国的有效工具,为包括中国在内的社会主义国家立法提供了样本。苏联宪法取消了多党制,并高度重视共产党的领导作用,以保障社会主义制度下个人和社会利益的平衡。

3.4.2　苏联空间规划实施管理的主要思想和基本制度

1) 主要思想

(1) 计划性思想

苏联的空间规划作为计划实施的手段,其目的在于快速实现城市的工业化和经济发展目标,强调对于国民经济和社会发展计划的延续和细化。因此,空间规划的实施管理体现出高度的计划性。例如,在城市规划的工作框架中,结合国家经济发展计划对规划项目建设时序进行安排,设置一期、二期等近期建设计划,以确保总体规划和详细规划之间的衔接。从土地利用规划体系来看,在土地利用规划的基础上,根据需要和可能条件,分期分批地编制实施设计(王万茂,1990),从而更好地指导规划实施。

(2) 科学性思想

苏联十分强调空间规划的"科学理性",通过一系列定额指标和技术标准来指导规划的编制和实施,如配置公共服务设施的千人指标、人均绿地面积、人均居住面积等。在这种"科学理性"的指标模式下,确实能够较科学地控制城市的发展,但也会带来一些问题。例如,仅在城市基本建设方面,苏联各部门就已累计发布相关文件3 000余种,其中的定额指标来源各异,既有空白,也有重复,相互之间未能协调。这使得许多刚性的指标未能被执行,且违反规划法律也成了常有之事(列·弗·姆德罗夫等,1989)。

2) 基本制度

(1) 规划编制制度

在苏联的空间规划运作中,"国家本位"是不容置疑的指导思想。自1928年施行"五年计划"以来,苏联的城市规划设计机构均由中央直接进行管理,下设在莫斯科与列宁格勒的两个国家级城市设计院,编制完成了苏联工业化时期近千个城市的规划工作。小城市则不具备规划编制的资格,其城市规划由加盟共和国的国家城市设计院负责编制,规划编制成为一种上级政府下派的专业技术行为(许皓,2018)。

(2) 规划修改制度

在苏联的空间规划体系中,城市规划强调对于城市发展静态式、终极蓝图式的安排,因而对规划实施中的修改制度考虑不足。而在土地利用规划中,对规划修改有所重视。例如,在州(边疆区、自治共和国)和行政区土地利用规划草图中指出,"规划期限不少于15年,每隔5年,在制定下一个'五年计划'前2年对已制定的规划草图根据变化情况和条件加以修改、补充"。

(3) 协议文件制度

在规划协调方面,由于苏联的行政运作体制是以自上而下的垂直管理为主,中央政府部门与地方政府的同一职能部门之间在纵向上的联系更加密切,而地方政府的部门与部门之间在横向上的协作则相对较少。因此,苏联通过协议文件制度来加强规划施行部门之间的联系,增强规划的实施性和落地性。协议文件制度要求在规划编制和规划实施时,地方规划部门要与其他有关部门进行协商沟通并签订协议,如对城市卫生设施进行规划建设时,应当与卫生部门取得协议;对城市文化遗址、历史古迹的有关问题进行处理时,要与文化部取得联系等。苏联基于协议文件制度的规划协调机制,对规划实施管理起到了重要的保障作用。

3.4.3 苏联空间规划实施管理对我国的影响和启示

1) 苏联空间规划实施管理对我国的影响

在规划编制审批中,参考苏联城市设计院的组织模式,我国在城市规划与工业建设委员会下设规划设计机构,负责城市规划设计工作,并且要求委员会的工作事项以规划编制为主,少做事务性工作(唐相龙,2016)。这也在一定程度上导致了"编制审批"的过程范式,忽视了规划中具体实施的问题。另外,参照苏联《城市规划编制办法》制定的《城市规划编制暂行办法》,其内容、框架等都与苏联的文件大致相同。在规划编制的技术标准上,《苏联城市规划中的几项定额汇集》以及苏联专家的相关发言,都成为我国当时规划编制的重要指导。此外,苏联的协议文件制度也在我国的规划实施管理中得到了一定应用,并要求规划部门在进行规划编制或规划建设时要与相关部门进行衔接和协调。

随着社会政治环境的变化和中国社会主义的发展,我国开始由"以苏为师"转向"以苏为鉴"。1957年陆续发布的《在基本建设中节约用地》《关于视察太原等地城市建设工作的报告》等文件以及《人民日报》社论中所刊登的《城市规划"四过"》一文,都体现了我国对过去全盘学习苏联规划建设模式的反思。

2) 苏联空间规划实施管理对我国的启示

(1) 高度协调的规划衔接

苏联的空间规划强调对国民经济计划的具体化,与国家计划体制及权力政治的关联紧密,这种恪守虽然在当时束缚了城市发展的活力与积极性,但却是保障国家生产运行的必然选择(赵晨等,2013)。结合当前国情来看,国民经济和社会发展五年规划对于我国社会经济的影响深远,因而空间规划也应当尽可能与其衔接,一方面确保发展规划的内容可以在空间上得到落实,另一方面弥补发展规划对城市建设长远安排上的不足。在规划实施过程中,还应当加强不同层级规划之间的衔接,苏联在空间规划实施中强调对建设时序和不同层次规划建设内容的安排,从而增强了规划的实施性。在我国现行的空间规划中,规划实施协同性不高,因此制定明确的近期建设计划、完善规划传导机制和提高规划的操作性十分重要。此外,各地结合实际明确区域规划中的强制性内容,将其作为规划传导的关键内容和规划实施监督的重要依据。

（2）定额指标的规划管控

将空间规划的目标和管控要求定额细化为指标性内容，是苏联空间规划带给中国规划界最为重要的技术手段，且至今广泛使用。苏联规划模式带有突出的刚性保障传统，通过一系列定额指标、设施配套、技术标准的制定，将城市空间资源的配给限定在了一定合理性的经验范围之内。在总体规模的确定上，也力求通过综合性的资源评估，来合理界定城市发展的门槛性规模，这些内容在一定意义上是当时规划公平正义的重要体现。我国的空间规划仍需继续把守这条重要底线，在规划实施管理中突出刚性控制的内容传承。苏联还通过建设项目指标公示的方式，增强定额指标在规划实施管控中的监督作用，但其中尚存在公示内容有限、公示指标含糊等问题。以住宅民用建筑布局规划为例，除了住宅竣工总面积指标之外，文件的其他指标一般不进行通报，这使得人们无法监督它们的实施，因此也难以对其进行有效管理（列·弗·姆德罗夫等，1989）。

（3）因地制宜的规划选择

在苏联的空间规划中，城市规划建设和发展决策的依据是基于各类标准和准则，而它们大多建立在一个普适性技术标准之上，忽视了与所在区域和城镇以及人民的联系（申明锐等，2020）。我国幅员辽阔，各地的自然条件和社会发展情况相去悬殊，难以通过一套普适性的标准来对规划实践进行全面指导。因此，在空间规划的实践中，应当因地制宜地探索符合地方实际的规划管理制度（专栏3-2）。

专栏3-2　苏联专家指导下的北京和上海城市规划

新中国建设初期，围绕北京的城市规划建设，苏联专家提出要以莫斯科经验为例，在"旧城"内建设行政中心，而梁思成、陈占祥则认为应当将行政区布局在"旧城"以外，保留其历史文化价值，但规划并未采纳二人的建议，使得北京的城市空间格局表现得更为"莫斯科化"。而在同一批专家前往上海指导城市规划建设且对其规划方案进行批判后，上海城市规划工作者并未辩驳。在苏联专家组离开以后，上海规划工作者结合实际情况，重新审视苏联专家的意见，在规划落地过程中摒弃了古典主义的轴线和其他纪念性的特征（许皓，2018）。

3.5　国土空间规划实施管理的国际经验借鉴

3.5.1　实施管理与编制审批的有效结合

规划实施管理与编制审批的有效结合是一个动态化和综合化的过程，需要在规划的各个阶段进行统筹。在规划编制审批阶段，应当确保规划的有效衔接和传导；在规划实施阶段，应当完善规划实施评估机制，并建立弹性的规划变更机制。

1）规划的有效衔接和传导

原有的各类空间规划类似于一个技术文件。在编制上位规划时,管理要求及传导要素并不明确,也很少去考虑规划内容如何通过下级规划得以实施。在编制下位规划时,也不能够有效衔接和落实上位规划的核心内容,导致在规划审批时难以判断下级规划的成果与上级规划的衔接程度。实现规划的有效衔接与传导,应当明晰规划事权,建立跨层级跨部门的协调机制,并完善规划衔接与传导的法律保障。

（1）明晰规划事权

发达国家对于不同层级和不同行政部门的规划事权都有着较为清晰的界定,强调"一级政府、一级事权、一级规划"。如日本在土地发展权方面有明确的职能分工,国家层面的主要规划职责是通过编制全国国土利用规划和国土形成规划来制定规划的战略性目标。而对于地方性的规划事务,国家并不会过多干涉。相应地,都道府县的规划职责主要是通过土地利用基本规划进一步细化国土划分,以此作为衔接上下级空间规划的主要手段。市町村的主要规划任务则是通过具体的地方实施性规划,制定执行方案,以此安排土地空间资源的保护和建设活动(李亚洲等,2020)。

（2）建立跨层级跨部门的协调机制

除了相对明晰的规划事权划分之外,发达国家一般也会建立一套跨部门、跨层级的规划利益协调机制。例如,日本形成了以国土政策局牵头,学者、公众、团体等多方参与的横向利益协商制度(董子卉等,2020)。德国则通过战略环境评价的多部门联动机制,确保空间规划环境评价的高效实施。美国的预算参与制度也表明,规划预算只有得到跨部门的利益协调,才能实现空间规划的统一决策和高效执行。

（3）完善规划衔接与传导的法律保障

早在苏联的规划工作框架中就设置了近期建设计划,以此作为总体规划和详细规划之间的衔接。发达国家通过完善法律制度,确保不同层级、不同类型规划的有效衔接和顺利传导。例如,日本各类空间规划的编制主体、编制程序、编制内容均被《国土利用规划法》《国土形成规划法》等相关法律予以明确。对于不同地域设立有专项法,作为专项管理和规划编制的法律依据。在推进我国国土空间规划立法工作时,也应对规划衔接和传导的重要内容予以明晰。

2）完善规划实施评估机制

（1）提升规划实施评估主体的多元性

我国的规划评估一般在各自的规划体系下进行,往往局限于规划行业内部,实施评估结果难以发挥综合统筹作用(詹美旭等,2020)。按照我国规划的运作模式,大部分规划评估的主体都由政府与规划编制单位组成,社会团体或者公众只能在座谈会等环节参与到规划的评估中,参与程度、地位、权利均较为有限。美国在规划实施评估的主体上则具有相对多元化的参与主体,主要包括三种参与类型:一是维护公共利益的传达。此类评估会邀请社会团体和公众参加,评估的目的在于协调与缓和不同主体间的利益冲突。二是确保评估的公正性。此类评估工作通常由独立的第三方机构进行。三是确保评估的全面性。此类评估的参与主体类型多样,包括市民、社会团体、政府部门、学术机构等(高王磊等,2014)。

(2) 加强规划评估内容的逐级分解

英国各层级的空间规划都是先确立总体目标,然后层层分解,最终以不同的策略完成总体目标。借鉴英国"愿景—目标—政策—指标"的实施路线分解机制,将国土空间总体规划实施评估内容分解到各层级、各专项规划中,以提高实施评估的可监测性,并将评估结果作为一种过程性反思。我国的规划实施评估工作由省、市、县人民政府组织,自然资源主管部门会同相关部门具体落实,一般每五年开展一次全面的规划评估,并且尽可能与国民经济和社会发展规划同周期进行。在实施评估过程中,应当合理地将评估内容进行逐级分解。

(3) 完善规划实施评估的反馈机制

我国当前的规划实施评估仍以宏观层面的静态空间绩效评估为主,关注的重点在于规划实施与规划目标的一致性程度,缺少对实施过程中指标变化规律的分析与评价(张吉康等,2019),还没有形成连续的动态反馈机制。

英国"国家—地方"垂直衔接的规划体系提供了一种较好的示范。具体来说,在地方发展层面,评估贯穿了规划编制、规划实施中和规划实施后三个重要阶段,对应了可持续性评价、年度监测报告和规划检讨。地方发展框架在制定阶段就要明确发展目标与监测评估指标之间的联系,构建目标导向的指标体系,按照"愿景—目标—政策—指标"的路线分解,规划目标和指标体系与规划实施有良好的衔接关系。此外,英国还建立了年度监测与实施计划,明确了各项监测指标、责任主体、监测完成时间等内容,确保了规划的落实及年度监测评估工作的开展(周艳妮等,2016)。

3) 建立弹性的规划变更机制

《城乡规划法》第四十七条、第四十八条规定了修改城市总体规划和控制性详细规划的程序,其复杂的审批程序和漫长的修改周期使得规划修改效率十分低下。城市总体规划强制性内容的修改,必须按原程序进行报批,往往耗费数年时间。控制性详细规划的修改必须经过论证、征求意见、报告、修改、上报、备案、审批等环节,不论何种类型的变更都需要经过这一套完整的报批程序。在实际操作中,规划修改的类型、涉及范围、修改程度等内容均存在明显的差异性。国土空间规划的修改条件和程序,应有赖于对规划内容进行"强制性内容"和"非强制性内容"的合理界定,并据此调控规划的刚性和弹性。新加坡的"白地"规划则是一种创新方式,这种方式充分发挥了市场在土地配置中的作用,提高了规划修改的弹性。

3.5.2 完善实施管理中的公众参与制度

在发达国家的空间规划实施管理中,"公众参与"被摆在了重要的位置,我国应当不断提高公众实质性参与规划实施的程度,并维护公众参与规划的基本权益,逐步完善公众参与制度。

1) 提高公众实质性参与规划实施的程度

在我国的空间规划实施中,公众实质性参与规划实施的程度还比较低,往往停留在征询意见的低层次阶段。在公众参与的程序保护方面,如何征求利害关系人的意见以及如何处理利害关系人的意见等重要事项,还缺乏有力的法律保障。为此,要不断完善公众参与制度,应当明确公众参与形式的具体使用情景,提高规划决策的效率。广泛借鉴发达国家的有益经验,如美国等英美法系国家从基层社区、城市地区开始进行公众参与,法国等大陆法系国家推行公众协商制度,使得公众在真正需要参与的议题上发挥积极作用。

2) 维护公众参与规划的基本权益

《城乡规划法》规定,依法修改城乡规划给被许可人和利害关系人的合法权益造成损失的,应当依法给予补偿。然而《城乡规划法》中所体现的救济制度并没有具体的制度保障,补偿的启动方式、补偿标准、补偿范围、补偿争议解决机制等一系列问题都缺乏有效的制度保障。为了更好地保障公众权益,在规划的制定和实施过程中,都应当建立健全规划损失的补偿制度。

我国规划实施过程中的公众参与制度仍需要逐步完善。公众参与主体的地位、相关权利、参与程序、义务与责任都没有明确规定。如何让公众感知自身利益与空间规划之间的联系从而更好地参与规划决策,如何避免公众参与制度被一些强势集团利用从而损害公众利益,这些都是在完善公众参与制度时需要进一步借鉴与探讨的问题。

3.5.3 通过实施管理发挥规划引领作用

空间规划作为行政计划的一种形式,通过有效的规划实施,可以发挥空间规划在引导国民活动、引导公共预算、引导地方立法三个方面的重要引领作用。

1) 引导国民活动

在国土空间规划的实施管理中,政府与公众之间的信赖关系需要进一步提升。如果公众对于规划不关心、不参与、不配合,那么规划引导国民活动的本质目的就无法得以实现。因此,国土空间规划实施是建立在公众的信赖基础上的,公众只有信任公布的规划是可以按预期实现的,才可能根据规划预设自己的行为,从而促进规划的实施。对于信赖保护的手段,德国的规划补偿制度具有一定的参考价值。2004年,国务院出台《全面推进依法行政实施纲要》,其中明确将"诚实守信"作为政府依法行政的基本要求之一:"非因法定事由并经法定程序,行政机关不得撤销、变更已经生效的行政决定;因国家利益、公共利益或者其他法定事由需要撤回或者变更行政决定的,应当依照法定权限和程序进行,并对行政管理相对人因此而受到的财产损失依法予以补偿。"这为保护公众的信赖利益提供了依据。

2) 引导公共预算

公共预算对于规划实施具有重要意义。如果一个地区的公共预算与规划意图相左,那么实际上规划蓝图也就落空了。因此如何通过制度设计,充分发挥规划对于公共预算的引领作用,是规划实施管理的重要任务。国外的参与式预算制度为普通公民直接参与和自身利益相关的预算决策中提供了一定的启示。例如,美国通过资本改进计划对各类建设项目制定长期财务计划,或直接将CIP纳入城市总体规划,通过引导城市预算进而更好地实施空间规划。

3) 引导地方立法

《中华人民共和国立法法》赋予了设区城市地方立法权,而且地方立法的重要领域都与国土空间规划密切相关。在空间规划的实施中,既要有上级的有效监管,又要充分发挥地方人民政府积极作为的能动性。一方面,通过地方立法可以提高强制性内容的制定和变更门槛,切实加强规划的严肃性和上级监管的有效性。另一方面,通过地方立法能有效解决区域差异性问题,以及法律的严密性与社会发展的动态性之间的矛盾。因此,因地制宜地进行国土空间规划的地方性立法,是提升治理能力的有效手段。

地方各级行政区域结合本地区实际,积极制定国土空间规划的地方性法规,以落实上位法律法规,实施法定规划。国土空间规划中对于本区域具有深远影响的重大事项,需要增加法律效力的强制性内容,应当都纳入地方性法规之中。德国较早就通过行政分区制度来着手地方性立法工作,以实施国土空间的开发,城镇自治和地方立法趋于完善。美国在区划法规的立法过程中,将法定规划中的关键性内容纳入地方性法规,充分发挥地方性立法在规划实施中的积极作用,保障规划的顺利实施。

4 国土空间规划实施管理的依法行政

"全面推进依法治国"是党的十八大报告中提出的明确要求,是建设社会主义法治国家的基本方略。依法行政是依法治国基本方略的重要内容,国土空间规划实施管理的依法行政是依法治国的必然要求。

4.1 行政法学的基础知识

行政法学是以行政法以及与行政相关的社会关系为研究对象的一门法律学科,主要研究行政法产生和发展的规律,行政法的本质、内容和形式,行政法的地位和作用,国家行政管理关系以及在这种关系中当事人的地位,由此确立行政法的原则、原理和理论体系(胡建淼等,2018)。现代行政的基本特征就是依法行政,国土空间规划实施管理是行政法律法规的执行活动,与行政法学这一学科密切相关。

4.1.1 行政法概述

1) 行政法的概念

行政法是调整行政关系以及在此基础上产生的监督行政关系的法律规范的总称。行政法的调整对象是行政过程中的行政关系以及监督行政关系,具有以下特征:第一,行政法的调整对象是行政过程中所发生的各种关系,与行政活动直接相关;第二,行政法并非调整行政过程中所有的关系,而是其中的行政关系与监督行政关系;第三,行政法调整的各种关系中必然有行政主体的参与;第四,在行政法调整的各种关系中,各方主体的地位并非是平等的,而是由一方主体行使公权力对另一方主体进行行政管理、行政救济或行政监督,体现了行政法调整对象的权力性特点。

(1) 行政关系

行政关系是指行政主体代表国家依法行使行政管理权限过程中与相对人、行政主体内部的组织或其工作人员之间发生的社会关系。根据行政关系主体的不同,可以将行政关系分为外部行政关系与内部行政关系。

外部行政关系是行政法最主要的调整对象,是指行政主体代表国家依法行使行政管理权限过程中与相对人之间发生的管理与被管理关系,因此又被称为"行政管理关系"。在该关系中,行政主体为实现行政管理的目的,行使行政管理权限,针对相对人做出各种行为,直接或间接地影响相对人的权利、义务。

内部行政关系是指行政主体在其内部与各行政机关、其他组织及其工作人员之间发生的组织关系。国家行政权作为统一的权力在现实中必须分配给各级行政机关行使,而行政机关中必须配备工作人员具体行使行政权,因此,在各行政机关之间以及行政机关与其工作人员之间就形成了各种组织关系。在行政实践中为了行使行政权的便利,有时还进行行政授权或行政委托,授权机关与被授权组织、委托机关与受委托者之间的关系也属于内部行政关系。

(2) 监督行政关系

监督行政关系是指国家立法机关、司法机关、上级行政机关、专门行政监督机关以及公民、法人和其他组织依法对行政主体的行政活动进行监督而发生的各种社会关系。例如,在行政救济关系中,相对人认为其合法权益受到行政主体做出的行政行为的侵犯,向行政救济主体申请救济,由行政救济主体对其申请予以审查并做出决定,由此发生的各种关系也受行政法的调整。

2) 行政法的渊源

法律渊源即法律的来源,是指国家机关、公民和社会组织为寻求行为的根据而获得具体法律的来源,有时简称"法源"。

(1) 成文法

我国是一个成文法国家,行政法一般来源于成文法,包括宪法、法律、行政法规、地方性法规、自治条例和单行条例、部门规章和地方政府规章、法律解释、国际条约与协定等。关于成文法的相关知识,本书不做详细介绍。

(2) 不成文法

不成文法渊源是指法律习惯、法律原理或原则、法院判例、行政先例等法的表现形式。不成文法的抽象性、不明确性使得人们历来对其抱有怀疑的态度。严格来说,不成文法并非我国行政法的法源。但近年来,在法学发展、判例累积以及借鉴外国不成文法经验的基础上,逐渐开始重视不成文法的作用,并将其作为行政执法与行政审判的参考依据之一。

① 行政惯例。行政惯例是指在有关行政法领域的社会生活或行政运营上,持续多年的习惯得到了人们的法律确信,作为法律规范而被承认,又被称为"习惯法"。但惯例或习惯法与习惯不同,惯例是一定区域的人们长期形成的习惯,已经得到人们的信任。例如,我国少数民族地区存在着很多独特的风俗习惯,其中与行政相关的部分属于行政法的存在形式。特定习惯形成行政惯例必须具备以下条件:第一,该习惯必须长期存在,并得到民众的认可、信任;第二,该习惯不得违反成文法的规定或行政法的基本原则,惯例作为行政法的存在形式仅起到补充成文法不足的功能,而不能替

代或推翻成文法;第三,惯例的适用范围往往具有一定的民族或地域等限定,适用于较大范围的惯例应当及时被转化为成文法形式。

② 行政判例。判例是指法院对特定案件的判决构成的先例,在该法院或下级法院以后遇到相同的案件时均按照该先例进行判决。与法院对法律进行解释的司法解释不同,被称为"判例法"。判例法强调"遵循先例原则",我国虽然没有采用英美法系这种判例的先例拘束主义,但判例对于法院审理案件具有一定的参照意义。

③ 行政法律原则。"Principle of Law"一词在日本经常被翻译为法理、条理或事理,在我国一般称之为"法律原则"。行政法律原则是指在行政法律体系中作为法律规则的指导思想、基础或本源的、综合的、稳定的法律原理和准则,是行政法律解释的基本原理,在缺少行政法律规范时具有补充作用。行政法律原则包括两种类型:其一是指一般法律原则,例如平等原则、比例原则、信赖保护原则、正当程序原则、行政责任原则等;其二是指从成文法中推导出的法律原则,例如各行政法律规范所规定的法律目的、法律原则等。

3) 行政法的分类

根据不同标准,行政法可进行以下分类:

(1) 以行政法的作用为标准将行政法分为行政组织法、行政行为法、监督行为法。

(2) 以行政法调整对象的范围为标准将行政法分为一般行政法和特别行政法。一般行政法是对一般行政关系和监督关系加以调整的法律规范和原则的总称,如《中华人民共和国地方各级人民代表大会和地方各级人民政府组织法》《中华人民共和国公务员法》《中华人民共和国行政处罚法》等。特别行政法也称部门行政法,是对特别行政关系和监督行政关系调整的法律规范和原则的总称,如《中华人民共和国城乡规划法》《中华人民共和国教育法》《中华人民共和国土地管理法》等。

(3) 以行政规范的性质为标准,行政法可分为实体法和程序法。实体法是规范实体权利和义务,如《中华人民共和国城乡规划法》《中华人民共和国矿产资源法》等。程序法则是保证实体权利和义务如何实现的程序规范,如行政诉讼法、行政复议法等。在实践中,实体法和程序法往往是相互交织的。

4) 行政法的基本原则

法学界一般将依法行政原则或者从依法行政原则中推导出的行政合法性原则与行政合理性原则作为行政法的基本原则。

(1) 行政合法性原则

行政合法性原则是指行政主体必须依据法律进行行政活动,不得违反法律,否则行政主体对其违法行为必须承担相应的法律后果。

行政合法性原则具体包括以下内容:第一,行政主体必须合法,即进行行政活动的主体必须是依法具有行政职权的行政主体,能够以自己的名义做出行使职权的行为,并由自己承担相应的法律后果;第二,行政主体必须依据法律进行行政活动,依据的法律包括实体性法律与程序性法律;第三,行政主体在违法进行行政活动时必须承担相应的法律责任,体现行政法的权责一致原则。

行政合法性原则要求行政主体必须严格地按照法律规定做出行政行为。对于行政主体做出的行政行为,要求必须主体合法、内容合法、形式合法与程序合法。对于违法的行政行为,规定不发生法律效力或者可以由有关机关予以撤销,并要求行政主体必须承担相应的法律责任。

(2) 行政合理性原则

2004年国务院发布的《全面推进依法行政实施纲要》中将"合理行政"作为依法行政的基本要求之一,即要求行政除必须合法外,还要求行政机关实施行政管理时应当遵循公平、公正的原则,平等对待相对人,行使自由裁量权时应当符合法律目的,并排除不相关因素的干扰,采取的措施和手段应当必要、适当,避免采用损害当事人权益的方式进行行政管理等。可见,现代的依法行政观念不仅要求行政活动具有合法性,而且要求行政活动具有合理性。行政合理性原则要求行政主体不仅应当依据法律进行行政活动,而且要求行政主体的行政活动必须符合公平、正义等客观理性。如果将行政合法性中的"法"视为制定法,那么可以将行政合理性中的"理"视为自然法,自然法是指超越实在法的、客观存在的公平正义等永恒的价值观念或规则。

行政合理性原则的内容是指其中的"理"的内容,主要包括行政目的、法律精神、法律价值、客观规律等内容。行政的目的是实现公共利益,因此,行政活动必须与行政目的相一致。法律精神是体现在法律规范之中的宗旨或希望通过法律规范达到的目标等,是法律规范所产生的更深层次的渊源。法律价值是指体现在、蕴藏在法律中的价值要素和价值需求,主要包括自由、正义、公平、公正、效率、秩序、安全等行政法律价值。客观规律是指客观事物发展过程中的本质联系,其特点在于客观规律的存在和发生作用都不以人的意志为转移。因此,行政活动除合法外,还必须遵守"理"的要求。

(3) 行政法一般原则

行政法的法律原则并非仅限于行政合法性原则与行政合理性原则,但其他法律原则都是在这两种基本原则之下的法律原则。因此,相对于基本原则被称为"一般原则",可以被视为行政法基本原则进一步具体化的法律原则主要包括以下原则:

① 比例原则

比例原则是指行政机关采取行政行为时,应当全面衡量有关公共利益和个人权益,采取对公民权益造成限制或者损害最小的行政行为,并且使行政行为所造成的损害与所追求的行政目的相适应(马怀德,2000)。比例原则源于对正义价值的理解,其意义在于保护与平衡个人利益与公共利益的冲突,防止过分偏离正义价值的立法与行政决定,特别是要在具体的个案中具体地平衡国家利益与公民利益的冲突。

在运用比例原则时,要符合妥当性、必要性、均衡性等基本要求。妥当性要求行政主体在做出行政行为时,必须考虑手段与目的是否相冲突。必要性要求行政主体在做出行政行为时,为了达到法定的行政目的,如果有多种措施可供选择,那么应采取给人民造成最小伤害的措施。均衡性要求行政主体在行使行政权力时,所采取的措施与其所达到的目的之间必须合比例或相对称。

② 信赖保护原则

信赖保护原则是指行政主体应当确保行政管理活动的稳定性与连贯性,保护相对人对行政权力正当、合理的信赖,即行政主体不得随意变更或撤销已经生效的行政行为,如果因公共利益确需改变或撤销原行政行为的,对于由此给相对人造成的损失应当给予相应的补偿。

信赖保护原则于第二次世界大战后在德国首先被提出,现已发展成为现代行政法的一项重要原则。我国于2003年颁布的《中华人民共和国行政许可法》(以下简称《行政许可法》)第八条规定:"公民、法人或者其他组织依法取得的行政许可受法律保护,行政机关不得擅自改变已经生效的行政许可。行政许可所依据的法律法规、规章修改或者废止,或者准予行政许可所依据的客观情况发生重大变化的,为了公共利益的需要,行政机关可以依法变更或者撤回已经生效的行政许可。由此给公民、法人或者其他组织造成财产损失的,行政机关应当依法给予补偿。"《全面推进依法行政实施纲要》将"诚实守信"作为依法行政的基本要求之一,要求"行政机关公布的信息应当全面、准确、真实。非因法定事由并经法定程序,行政机关不得撤销、变更已经生效的行政决定;因国家利益、公共利益或者其他法定事由需要撤回或者变更行政决定的,应当依照法定权限和程序进行,并对行政管理相对人因此而受到的财产损失依法予以补偿"。由此可见,信赖保护原则在我国行政法中已经初步确立。《城乡规划法》第五十条关于"因依法修改城乡规划给被许可人合法权益造成损失的,应当依法给予补偿"的规定,是信赖保护原则的具体表现(专栏4-1)。

专栏4-1 救济金裁定案

1956年11月联邦德国的一个判例(BerwGE9.S.251救济金裁定案)成为信赖保护原则的重要里程碑。该判例改变了长期以来政府所享有的对违法授益行政决定的"自由撤销原则",修正了由"绝对依法行政原则"所带来的对私权的损害。其后,联邦德国于1976年颁布了《联邦行政程序法》,正式以成文法的形式建立了信赖保护制度。

20世纪50年代,联邦德国的柏林民政局局长误认为,居住在民主德国的寡妇如果迁居西柏林就可以享受抚恤年金,并向该妇人传递了相应的信息。该妇人于是迁居西柏林,西柏林政府给了相应的抚恤年金。事后,西柏林政府调查发现该妇人不符合获得年金的法定条件，停止向她发放抚恤年金，并要求缴回已经领取的全部金额，于是引发了诉讼。柏林高等行政法院于 1956 年 11 月 4 日做出裁判，认为该案中两个重要的法律原则发生了冲突，即行政合法性原则与法律安定性原则需要一个权衡排序，以决定行政合法性原则中所确立的基于公共利益而优先的行政权是否在实践中真正优越于保护公民对行政行为持续有效的信赖，并明确提出政府应当从信赖保护的角度限制授益行政决定的撤销（曾坚，2010）。

③ 公开、公平、公正原则

在我国各类行政法律规范中，一般都将公开、公平、公正作为基本原则。例如，《中华人民共和国行政处罚法》（以下简称《行政处罚法》）第五条规定："行政处罚遵循公正、公开的原则。"《行政许可法》第五条规定："设定和实施行政许可，应当遵循公开、公平、公正、非歧视的原则。"

公开原则要求行政主体对于自己的行为及所掌握的信息，除依法应当保密外，必须向相对人或社会公布。公开的内容包括：行政法规、规章等规范性文件；行政会议、决议、决定；行政决定以及行政决定所依据的法律、事实、理由；行政机关在履行职责过程中制作或者获取的，以一定形式记录、保存的信息等。

公平原则包括相对人之间的公平原则以及相对人与行政主体之间的公平原则（专栏 4-2）。首先，公平原则要求行政主体在对待各方相对人时，应当"同等情况同等对待，不同情况区别对待"。例如，《行政许可法》第五条第三款规定："符合法定条件、标准的，申请人有依法取得行政许可的平等权利，行政机关不得歧视任何人。"其次，公平原则还要求行政法必须体现行政主体与相对人之间的公平，具体要求行政法适当限制行政权力，加强对行政权的监督机制，在行政活动中充分保障公民的权利，包括听取相对人的意见，为相对人提供充分的参与机会和完善的救济途径等。

公正原则是指行政主体在行政过程中不得存在偏见、专横武断，必须客观、公正地进行行政活动，具体要求有：行政主体在做出行政决定前必须听取相对人以及利害关系人的意见，具有利害关系的行政主体工作人员必须回避，行政决定必须根据案件事实客观、公正地做出等。例如，《行政处罚法》第五条第二款规定："设定和实施行政处罚必须以事实为依据，与违法行为的事实、性质、情节以及社会危害程度相当。"

专栏 4-2　公平的法文化渊源

法字的繁体字是"灋"，说明法的本质是追求"公平"，因为水无论怎样运动，最终总是趋向于"平"。廌，又名獬豸（xiè zhì），根据《异物志》记载："东北荒中有兽名獬豸，一角，性忠，见人斗，则触不直者；闻人论，则咋不正者。"去，根据许慎《说文解字》，是去除坏人的含义。

5）行政法律关系

行政法律关系是指行政过程中的行政关系经过行政法的调整，在行政过程中的各种主体之间所形成的权利与义务的关系。行政法律关系中存在三个构成要素,即行政法律关系的主体、内容和客体。

(1) 行政法律关系的主体

行政法律关系的主体即行政法律关系当事人,是指在具体的行政法律关系中享受权利、承担义务的当事人,又被称为行政法主体,主要包括行政主体、行政相对人、行政法制监督主体。其中,行政主体是指在行政法律关系中依法以自己名义实施国家行政管理权并独立承担法律责任的组织,包括国家行政机关以及法律法规授权的组织。与行政主体相对应的当事人即行政相对人,是指在行政法律关系中被国家行政机关或法律法规授权组织依法实施行政管理的被管理方及相关的利害关系方,包括自然人、法人和其他组织。行政法制监督主体是指在行政法律关系中依法对行政主体及其工作人员是否遵纪守法、履行行政职责实施监督的组织和公民,包括国家权力机关、国家司法机关、上级或专门行政机关以及国家机关体系以外的组织和公民。

(2) 行政法律关系的内容

行政法律关系的内容是指行政法律关系当事人在该关系中所享有的权利和所承担的义务。这种权利和义务对于行政主体而言,也可以表述为行政职权与行政职责,当然,这并非行政组织法上一般意义的行政职权与行政职责,而是在各行政法律关系中行政主体具体的行政职权与行政职责。行政相对人在行政法律关系中的权利主要包括参与权、知情权、个人隐私保护权、行政监督权、行政救济权等权利,所承担的相应义务主要包括遵守法律法规、服从行政命令、协助行政管理等义务。行政法制监督主体享有对行政主体及其工作人员是否遵纪守法、履行行政职责的监督权,承担接受被监督主体申诉意见、依法实施监督的义务。

(3) 行政法律关系的客体

行政法律关系的客体是指行政法律关系的内容,即当事人的权利和义务所共同指向的对象,包括人身、行为和财物。其中,人身是指人的身体以及与人的身体密不可分的人格与身份,在行政管理过程中有时可以直接以行政相对人的人身为对象,如行政拘留;行为是指行政法律关系主体的作为和不作为,既包括行政主体的行为,也包括行政相对人的行为;财物是指具有使用价值和价值的物质资料,包括有形的物质财物(如土地、房屋、水)与无形的精神财物(如专利权、商标权和著作权等)。

4.1.2 行政主体和行政行为

行政主体和行政行为是行政法学中的基础概念。

1) 行政主体

一般认为,行政主体是指依法享有行政职权,能够以自己的名义行使行政职权并独立承担责任的组织。该定义包括以下含义:第一,行政主体依法享有独立的行政职权,行政职权是行政主体的核心内容;第二,行政主体能够以自己的名义对外行使行政职权,并对相对人做出特定行政行为;第三,行政主体对于自己行使行政职权而做出的行政行为独立地承担法律责任,依法享有、承担行政法律关系中的权利、义务;第四,行政主体是组织而非个人。行政主体主要包括国家行政机关与法律法规授权的组织。国家行政机关和法律法规授权的组织,也不是在任何情况下都能以行政主体的资格出现。能否成为行政主体,不仅要看其是否享有行政权,而且要看其从事某种活动时是否运用行政权,即其以何种身份从事活动。当行政机关行使国家行政权时,其为行政主体;当行政机关以本机关的名义从事民事活动时,或以被管理者的身份参加行政法律关系时,其身份是民事法律关系主体或行政相对人。

行政机关是指国家根据其统治意志设立的,依法享有并运用国家行政权,负责组织、管理、监督和指挥国家行政事务的国家机关。行政机关是最主要的行政主体,但行政主体不以行政机关为限。除行政机关外,依照法律法规授权而取得行政权的组织,也可以成为行政主体。不是所有的行政机关都是行政主体,如行政机关内部的或临时性的工作机构以及其他行政性的组织有时也被称为行政机关,由于不对外行使国家行政权,或不能独立对外承担法律责任,因此不能被视为行政主体。公务员是指依法履行公职、纳入国家行政编制、由国家财政负担工资福利的工作人员,是依法享有以行政主体名义行使行政权的自然人。公务员是行政机关的构成人员,不能以自己的名义,只能以行政机关的名义行使行政机关的职权,并由行政机关承担法律后果。这就是说,公务员并不是行政主体,但行政活动是由行政主体内部的工作人员即公务员代表行政主体具体实施的,行政主体与公务员是联系紧密、不可分割但又性质不同的概念。

2) 行政行为

(1) 行政行为的概念

行政行为,是指行政主体在实施行政管理活动、行使行政职权过程中所做出的具有法律意义的行为(罗豪才等,2012)。

① 行政行为是行政主体做出的行为。这是行政行为的主体要素,行政行为只能由行政主体做出。不管是行政主体直接做出,还是行政主体通过公务员或其他工作人员或依法委托其他社会组织做出,都不影响行政行为的性质。但是,如果是行政主体以外的其他国家机关或其他社会组织在没有行政主体依法委托下所做出的行为,不能认为是行政行为。

② 行政行为是行政主体行使行政职权、履行行政职责的行为。这是行政行为的职权、职责要素。行政主体的任务不是为了从事民事等活动,而是为了实现国家行政管理的职能才从事的活动。能够成为行政主体的社会组织,并非在任何情况下都是行政主体,其所从事的活动也不都是行政行为。行政机关为了维护自身机构的正常运转,还要实施很多民事行为和内部管理行为,这些都不是行政行为。

③ 行政行为是具有法律意义的行为。这是行政行为作为法律概念的要素，是指行政行为具有行政法律意义和产生行政法律效果，强调行政主体要为自己的行为承担法律责任。在行政主体所从事的行政活动中，有些具有行政法律意义，如行政许可、行政处罚；有些不具有行政法律意义，不直接产生法律效果，如气象预报、发布统计数字等行为。

(2) 行政行为的分类

① 内部行政行为和外部行政行为。行政行为以其适用与效力作用的对象的范围为标准，可分为内部行政行为与外部行政行为。内部行政行为，是指行政主体在内部行政组织管理过程中所做的只对行政组织内部产生法律效力的行政行为，如行政处分及上级机关对下级机关所下达的命令等。外部行政行为，是指行政主体在对社会实施行政管理过程中针对公民、法人或其他组织所做出的行政行为，如行政许可、行政处罚等。在国土空间规划实施管理中，国家自然资源督察机构根据授权，承担对自然资源主管部门执行国土空间规划法律法规情况的监督检查工作，是一种内部行政行为。核发规划许可证、责令停止违法建设、行政罚款等行为属于行政机关对行政相对人的外部行政行为。

② 抽象行政行为和具体行政行为。行政行为以其对象是否特定可分为抽象行政行为与具体行政行为。抽象行政行为，是指以不特定的人或事为管理对象，制定具有普遍约束力的规范性文件的行为，如制定行政法规、行政规章和规范性文件的行为。抽象行政行为的核心特征在于行为对象的不特定性或普遍性，即具有对不确定的某一类人或某一类事项反复适用的效力。具体行政行为，是指在行政管理过程中针对特定的人或事所采取具体措施的行为，其行为的内容和结果将直接影响某一个人或组织的权益，其核心特征在于行为对象的特定性和具体化，即属于某个个人或组织，或者某一具体的社会事项。具体行政行为一般包括行政许可与确认行为、行政奖励与行政给付行为、行政征收行为、行政处罚行为、行政强制行为、行政监督行为、行政裁决行为等。一般而言，具体行政行为可以提起复议或诉讼，而抽象行政行为一般不属于复议或诉讼的受理范围。不过，随着对公民权利保护意识的加强，部分抽象行政行为已经被纳入行政诉讼和行政复议的受理范围。制定国土空间规划是一种抽象行政行为还是具体行政行为，学界始终存在争论。一般认为制定规划的行为属于抽象行政行为，因为在编制规划时并不针对具体的建设主体(何明俊，2016)。

③ 羁束行政行为和自由裁量行政行为。行政行为以受法律规范拘束的程度为标准，可分为羁束行政行为与自由裁量行政行为。羁束行政行为，是指法律规范对其范围、条件、标准、形式、程序等做了比较详细、具体、明确规定的行政行为。行政主体实施羁束行政行为时必须严格依法定范围、条件、标准、形式、程序等进行，没有自行斟酌、选择、裁量的余地。行政主体违法羁束约定就构成违法行为，须承担违法后果。如承担国土空间规划编制工作单位的资质、取得建设用地和建设项目许可证都必须严格依法

进行。自由裁量行政行为,是指法律规范仅对行为目的、行为范围等做了原则性规定,而将行为的具体条件、标准、幅度、方式等留给行政机关自行选择、决定的行政行为。如国土空间规划实施管理中对违法建设的行政处罚便有一定的自由裁量权限。

羁束行政行为和自由裁量行政行为的划分并不是绝对的。羁束行政行为通常也存在一定的自由裁量成分,法律法规不可能对行政行为在所有情况下的所有处置方法都做出详细、具体、明确的规定。行政主体实施自由裁量也存在一定的羁束因素。法律授权行政主体实施某种行为,即使未为之规定任何一种具体方式、程序、限度,在法律授权时也有着明确的授权目的,并通常为之规定了自由裁量的范围。行政主体在实施自由裁量行政行为时,不能违反授权法的目的和超越法律所规定的自由裁量范围。

④ 依职权的行政行为和依申请的行政行为。以行政机关是否可以主动做出行政行为为标准,行政行为可分为依职权的行政行为和依申请的行政行为。依职权的行政行为,是指行政机关依据法律赋予的职权,无须相对方的请求而主动实施的行政行为。例如,组织编制国土空间规划、制定规划管理的规范性文件、对规划实施进行监督检查和做出处罚等。依申请的行政行为,是指行政机关必须有相对方的申请才能实施的行政行为。此时,相对方的申请是行政行为开始的先行程序和必要条件,非经相对方的请求,行政机关不能主动做出行政行为。例如,根据建设单位的申请,规划管理部门依法核发建设工程规划许可证。

⑤ 单方行政行为和双方行政行为。以决定行政行为成立时参与意思表示的当事人的数目为标准,将行政行为分为单方行政行为与双方行政行为。单方行政行为,是指依行政机关单方意思表示,无须征得相对方同意即可成立的行政行为,如行政处罚行为、行政监督等。行政机关所实施的行政行为大多数是单方行政行为。有些行政行为,如颁发许可证,虽需相对方的申请,但颁发与否则由行政机关单方决定,仍属单方行政行为。双方行政行为,是指行政机关为实现公务目的,与相对方协商达成一致而成立的行政行为,如行政合同行为。这种行为的基本特征在于行政行为必须经相对方同意才能成立,即相对方的最后同意是行政行为有效成立的必备条件。例如,地方人民政府与法人或其他组织签订国有土地有偿转让合同。

⑥ 要式行政行为和非要式行政行为。以行政行为是否应当具备一定的法定形式为标准,行政行为可分为要式行政行为与非要式行政行为。要式行政行为,是指必须具备某种法定的形式或遵守法定的程序才能成立生效的行政行为。例如,违法建设行政处罚必须以书面形式并加盖公章才能有效。非要式行政行为,是指不需要一定的方式和程序,无论采取何种形式都可以成立的行政行为。例如,城管执法人员对占道经营的商贩予以口头警告。

4.1.3 行政程序和行政效率

行政程序是指行政活动的步骤、方式、时限、顺序，提高行政效率是行政程序的重要原则和目标之一。

1) 行政程序

（1）行政程序的概念

行政程序是指行政主体按照一定的步骤、方式、时限和顺序行使行政职权进行行政活动的过程，包括以下含义：第一，行政程序是行政主体行使行政职权进行行政活动的过程，但其中也涉及相对人的参与等相对人的行为。第二，行政程序是行政活动的过程，不仅包括行政主体做出行政行为的过程，而且包括行政主体进行行政行为之外的其他活动的过程，即行政主体行使行政职权的过程。第三，行政程序的要素包括步骤、方式、时限、顺序等，步骤是指行政活动的若干阶段，方式是指行政活动的形式，时限是指行政活动的时间限制，顺序是指行政活动的若干步骤之间的先后关系。第四，行政程序在整体上表现为一个过程，可以分解为各个步骤、阶段等，但在整体上行政程序就表现为行政主体运用行政职权进行行政活动的过程。例如，行政许可的程序具体又可划分为申请程序、受理程序、审查程序、决定程序，各程序具有连续性，在整体上表现为行政主体做出行政许可的过程。

（2）行政程序的法律意义

行政程序包括三个方面的法律意义：一是程序合法是行政行为合法性的要件之一。行政程序是行政主体实施行政行为所必须遵循的程序规则，一种有效的行政行为在程序上必须合法适当。二是行政程序违法、失当可以构成相对人申请复议、提起诉讼的理由之一。三是行政程序违法、失当可以构成权力机关和上级行政机关撤销其行为的理由之一。

2) 行政效率

行政机关的设置、行政委托、行政行为效力推定有效、自由裁量行政行为等制度都体现了行政管理的效率价值。效率原则对行政程序的具体要求体现为：一是既要求行政机关充分听取公民的意见并为公民提供参与的机会，又强调程序的协调、紧凑和便利，重视行政程序的可操作性，并根据不同情况实施简易程序和紧急程序。二是设计合理的时效制度，时效是指一定的法律事实经过一定的法定期间将产生一定的法律后果，时效制度是对行政法律关系主体双方的行为给予时间上的限制，以保证行政效率和有效保障当事人合法权益的程序制度。可见，合理的时效制度不仅能够提高行政效率，而且具有保障公民权利的公正价值。三是适当控制行政自由裁量权的范围，法律赋予行政主体自由裁量权的目的是为了提高行政效率，但行政效率的提高并不能必然地带来行政相对人行为效率的提高，因此，对行政自由裁量权的适当限制体现了行政管理所追求的行政效率与行政相对人行为效率的平衡（王成栋，2006）。

4.1.4 行政责任和行政监督

行政责任是行政违法行为以及部分行政不当行为所引起的法律后果，也是监督行政法制的功能目标和构成要素。加强对行政管理过程的监督和控制，对保证行政管理的公正、稳定、高效具有重要意义。

1）行政责任

（1）行政违法行为与行政不当行为

行政违法行为，是指行政法律关系主体违反行政法律规范，侵害受法律保护的行政关系，对社会造成一定程度的危害，尚未构成犯罪的行为。行政违法可以表现为作为违法和不作为违法。行政作为违法，是指行政机关或公务人员不履行行政规范所规定的不作为义务的行为，即行政机关或公务人员主动实施的行政违法行为，包括行政主体不具有合法性，行政主体的权限范围（事务、地域、时间、手段、程度、条件、委托权限等）不合法，行政行为的内容和程序不合法，这类行政违法实际又包括具体行政行为违法和抽象行政行为违法两种情况。行政不作为违法，是指负有法定作为义务的行政机关及工作人员依行政相对人的合法申请或者依照法律法规、规章的规定，应当履行或也有可能履行相应的行政管理职责，但在程序上逾期不履行的行为方式。行政违法的法律后果是承担法律责任，行政违法一经确认，一般可溯及行政行为发生时即无效。行政违法侵犯公民、法人或其他组织合法权益的，应追究行政主体的行政侵权责任。

行政不当行为，或称行政失当行为，是指行政机关及其工作人员的行为，虽不在形式上违法，但不合情理。如行政处罚虽在法定幅度内，但过轻或过重。行政失当多发生在自由裁量行政行为中，明显失当的行政行为也可以视同违法。

（2）行政责任的概念

行政责任即行政法律责任，是指行政法律关系主体由于违反行政法律规范或不履行法律义务而依法承担的法律后果。行政责任是一种法律责任，具有强制性，由国家机关来追究。行政责任的构成要件主要包括以下几个方面：

① 行政责任主体一般为国家行政机关及其公务人员。一般情况下，只有代表国家或政府实施行政行为的主体才有可能成为行政责任的主体，而公民、法人和其他组织则不会成为行政责任的主体。此外，得到国家法律法规授权的非国家行政机关的社会组织以及接受国家行政机关委托的组织或个人在执行公务时也能产生行政责任，从而成为行政责任的主体，即行政责任主体不是以国家行政机关及其公务人员为限，任何行为主体，只要获得合法从事国家行政行为的资格并实际实施行政行为，就有可能产生行政责任，成为行政责任主体。因此，行政责任主体不是以是否是国家行政机关及其公务人员为绝对界限，而是以所实施的是否是行政行为为

界限。

② 行政行为违法。行政责任必须是由国家行政机关或其公务人员的违法行政行为所产生。行政责任的这一要件实际上包括两个内容：第一，承担行政责任的行政行为必须是执行职务的行为。行政责任是一种国家责任，只有行政机关及其公务人员以国家的名义实施行政管理、执行公务的行为才有可能产生行政责任，而行政机关及其公务人员以私法意义上的法人名义所从事的普通民事行为则不产生行政责任。第二，承担行政责任的行政行为必须是违法的执行职务的行为。

③ 有法律法规的规定。行政责任是一种法定的责任，必须经由国家法律法规的确认才有可能产生。没有法律法规的规定，行政机关及其公务人员的行政行为即使发生损害性后果，也不能产生行政责任。此外，由法律法规所规定的例外情况不产生行政责任，这是国家豁免说的一种有条件的沿用。在通常情况下，不承担行政责任的行政行为的范围多局限于政治、军事、外交活动等特定领域。

④ 损害事实的存在。行政责任必须有特定的行为后果存在，只有当行政机关及其公务人员的行政行为造成特定的损害后果时，才会产生实际承担行政责任的问题。第一，行政机关或其公务人员的行政行为造成了特定的可引起行政责任的损害后果。第二，损害性后果与行政机关或其公务人员的行政行为存在直接的因果关系，即行政行为涉及的对象所受到的损害必须是行政机关或其公务人员的行政行为直接造成或引起的。第三者的行为或自然力的原因所产生的损害不产生行政责任，如战争、自然灾害等原因引起的损害不产生行政责任。

（3）行政责任的追究

行政责任的追究，是在行政责任确定的条件下，依据法律法规的规定，对造成行政责任的行为主体给予一定的行政或法律惩处的制度。这种制度是整个行政责任制度的基本和重要的环节之一。

由于行政主体是代表国家参与行政法律关系的，行政主体承担行政责任的形式受到一定限制，主要包括停止、撤销或者纠正违法的行政行为，恢复原状，返还权益，通报批评，赔礼道歉，承认错误，恢复名誉，消除影响，行政赔偿等。

根据我国的政治体制，追究行政机关行政责任的主体可以是权力机关，也可以是上级行政机关，在法定范围内，还可以是人民法院。由于追究行政责任的主体不同，其所追究的行政责任的范围、方式和程序也有所不同。人民代表大会常务委员会可以按法定程序撤销行政机关的违法和不适当的抽象行政行为，可以通过直接干预，要求行政机关自行纠正或者撤销其违法或不适当的决定。行政机关可以通过行政命令责令（下级）行政机关自行纠正错误，追究有关机构或人员的行政责任；或者通过行政复议的方式，撤销、变更负有行政责任的行政机关的行政行为。人民法院在审理行政诉讼案件中，可以通过撤销、责令履行职责、赔偿损失等方式，追究行政机关的行政责任；

对于行政机关显失公正的行政处罚行为,人民法院还可以直接予以变更。

公务员的行政责任是职务行为,一般不直接对行政相对方承担行政责任,其行政责任一般是惩戒性的。公务员承担行政责任的方式是通报批评、行政处分和赔偿损失等形式。公务员承担的行政责任即通常所说的政纪责任,行政处分是这种责任的主要形式,是指行政机关对违反行政纪律的公务员所实施的制裁措施。

2)行政监督

行政监督是指国家监督主体(包括国家机关、社会团体、政党、公民等)依法对国家行政机关及其工作人员的行政活动所进行的监察与督促活动,是依法行政的具体形式。行政监督主体的监督地位和监督权力要有明确的法律赋予,监督行为须符合法律规定的程序和方式(宋光周,2015)。关于行政监督将在本书第9章进行详细阐述。

4.2 国土空间规划实施管理中的主要行政活动

行政机关为了实现行政目的必须针对相对人实施各种活动,随着现代行政的发展,在行政领域扩大的同时,行政活动的方式也在不断增多。在国土空间规划实施管理中,行政许可、行政处罚、行政强制、行政救济是主要的行政活动方式,除此之外,还有行政指导、行政合同、行政调解等(胡建淼等,2018)。

4.2.1 行政许可

1)行政许可的概念

行政许可,是指行政机关根据公民、法人或者其他组织的申请,经依法审查,准予其从事特定活动的行为。该定义的含义包括:第一,行政许可的主体是行政主体,现实中行业组织或自治协会等社会团体许可其成员进行特定事项的行为不属于行政许可;第二,行政许可是根据相对人的申请而做出的行为,不得依职权而主动做出;第三,行政许可的内容是准予相对人从事特定活动,这种特定活动原本禁止相对人从事,经过行政许可,相对人获得从事该特定活动的资格,可见,行政许可是一种授益性行政行为。《行政许可法》规定了法律、行政法规、国务院决定、地方性法规、省级地方人民政府规章的行政许可设立权,并规定其他规范性文件一律不得设定行政许可。行政许可一般包括申请与受理、审查、决定、核发证件等程序。

2)行政许可的设定范围

行政许可的设定范围是指行政主体可以设定行政许可项目的事项的范围,《行政许可法》第十二条规定了六种"可以设定"行政许可的事项。

(1)普通许可事项。普通许可是指对申请人并无特殊限制的一般许可,适用于"直接涉及国家安全、公共安全、经济宏观调控、生态环境保护以及直接关系人身健康、生命财产安全等特定活动,需要按照法定条件予以批准的事项"。普通许可涉及的事项与国家安全、公共安全、经济安全、生命财产安全相关,设定许可的目的是防止危险和保障安全。在许可事项范围内,相对人从事特定的活动并没有被禁止,但需要按照法定条件申请批准。许可获得者的数量一般没有限制,只要符合条件即可获得许可。例如,游行示威的许可、烟花爆竹的生产与销售的许可等。

(2) 特许事项。特许是指除要求符合一般条件外,对申请人还有数量等特殊限制的许可,适用于"有限自然资源开发利用、公共资源配置以及直接关系公共利益的特定行业的市场准入等,需要赋予特定权利的事项"。特许事项的申请者希望通过许可获得自然资源或公共资源的利用权,而设定许可的目的是合理配置、利用有限的资源,防止资源利用的无序或浪费。由于资源的有限性,对获得许可者的数量有一定的限制,且需要对其进行更为严格的监督,一般需要通过招标、拍卖等公开、公平的方式做出许可决定。国土空间规划实施管理中的行政许可大都属于特许事项,例如,核发海域使用权证、土地承包经营权证、建设工程规划许可证。

(3) 认可事项。认可是指由行政机关对申请人是否具备特定技术和能力的认定,适用于"提供公众服务并且直接关系公共利益的职业、行业,需要确定具备特殊信誉、特殊条件或者特殊技能等资格、资质的事项"。由于从事的职业直接关系公共利益,需要确定具备特殊信誉、特殊条件或者特殊技能等资格、资质。资格、资质的授予一般必须通过培训或考试,并与相对人的身份相联系,不得转让。例如,通过全国统一考试,由人力资源和社会保障部颁发国土空间规划师专业能力等级证书,并允许从事国土空间规划业务工作。

(4) 核准事项。核准是指由行政机关对申请人是否达到规定的技术标准、技术规范等进行的审核,适用于"直接关系公共安全、人身健康、生命财产安全的重要设备、设施、产品、物品,需要按照技术标准、技术规范,通过检验、检测、检疫等方式进行审定的事项"。由于直接涉及公共安全、人身健康、生命财产安全,核准的目的是保障这些安全。危害公共安全的重要设备、设施、产品、物品等,必须符合一定的安全技术标准才可以存在或销售。核准是按照一定的技术标准,通过检验、检测、检疫等方式进行审定,如电梯安装的核准,食用油的检验,特种设备的设计、制造、安装、改造、维修等。

(5) 登记事项。登记是指行政机关对个人、企业或者其他组织符合法定条件的确认,适用于"企业或者其他组织的设立等,需要确定主体资格的事项"。这类许可是为了便于对企业或其他组织的管理,通过许可确立该企业或其他组织的主体资格。按照国家生态文明体系建设的总体要求,自然资源部在不动产登记的基础上,构建自然资源统一确权登记体系,逐步实现对水流、森林、山岭、草原、荒地、滩涂等所有自然生态空间统一进行确权登记。《最高人民法院行政审判庭关于行政机关颁发自然资源所有权或者使用权证的行为是否属于确认行政行为问题的答复》(〔2005〕行他字第4号)进一步明确:"有关土地等自然资源所有权或者使用权的初始登记,属于行政许可性质,不应包括在行政确认范畴之内。"也就是说,土地、林地等自然资源的初始登记是行政许可,但在获得自然资源权属后发生纠纷的,主管机关的再次确权行为不属于许可。同样的,企业设立和社会团体成立的初始登记属于行政许可,但之后的抵押登记、转移登记、注销登记不属于行政许可,而是属于行政确认。

(6) 其他事项。《行政许可法》还规定,"法律、行政法规规定可以设定行政许可的其他事项",作为授权设定行政许可的例外条款。

4.2.2 行政处罚

1) 行政处罚的概念

行政处罚是指行政机关或者其他行政主体依照法定职权和程序对违反行政法但尚未构成犯罪的行政相对人实施制裁的具体行政行为。《行政处罚法》对法律、行政法规、地方性法规、部门规章、地方性规章的行政处罚设定权做出了明确的规定,并规定除上述立法可以设定行政处罚外,其他规范性文件不得设定行政处罚。行政处罚的一般程序包括调查取证、审查决定、制作行政处罚决定书、交付或者送达行政处罚书。

2) 行政处罚的类型

《行政处罚法》第九条规定,行政处罚的类型包括"警告、通报批评;罚款、没收违法所得、没收非法财物;暂扣许可证件、降低资质等级、吊销许可证件;限制开展生产经营活动、责令停产停业、责令关闭、限制从业;行政拘留;法律、行政法规规定的其他行政处罚"。

(1) 警告,是指行政主体对轻微违法的行为人的谴责和告诫,是最轻微、对违法当事人影响最小的处罚形式,一般适用于违法情节轻微、未造成实际危害后果的相对人。例如,《中华人民共和国治安管理处罚法》(以下简称《治安管理处罚法》)中规定,违反关于社会生活噪声污染防治的法律规定,制造噪声干扰他人正常生活的,处以警告。

(2) 通报批评,是指行政主体在一定范围内,对轻微违法行为人的违法事实予以公布,使其声誉或名誉受到一定影响,希望行为人能够引以为戒的一种措施,同时具有警示他人的作用。

(3) 罚款,是指行政机关对违法行为人可处一定数额的金钱给付义务的处罚形式,是剥夺相对人财产权的处罚,是现实中运用最为广泛的一种行政处罚。《土地管理法》对"破坏种植条件的,或者因开发土地造成土地荒漠化、盐渍化的""拒不履行土地复垦义务的"等行为,相关部门责令限期改正或者治理,可以并处罚款。

(4) 没收违法所得、没收非法财物,是指将相对人的违法所得或非法财物收归国有的一种行政处罚。违法所得是指违法相对人通过非法经营或违法行为所获得的利益,采取如走私物品销售所得、赌博所得等;非法财物是指违法相对人用于从事违法活动的工具、物品或违禁品,是违法活动所涉及的物品,如走私的物品、赌博的赌具等。没收违法所得或非法财物后,必须收归国有,由国家依法进行收归国库、拍卖、销毁或采取其他依法处理方式。《城乡规划法》对于违法建设,无法采取改正措施消除影响的,限期拆除,不能拆除的,没收实物或者违法收入。

(5) 暂扣许可证件、降低资质等级、吊销许可证件,是指行政机关暂时扣押或撤销违反行政法律规范的相对人已经获得的从事某项活动或业务的许可或资格证书,限制或剥夺其从事某项特许活动的权利的处罚。其中,暂扣是暂时性地使行政许可中止,如果相对人纠正违法行为或经过一定期限后可以发还许可证或执照,允许其继续行使行政许可所赋予的权利或资格,而无须相对人再次申请许可。而吊销是对原行政许可的完全撤销,使相对人丧失从事某种活动的权利或资格,相对人如果希望再次行使行政许可所赋予的权利或资格,必须再次申请许可。例如,《城乡规划法》对城乡规划编制单位有超越资质等级许可的范围承揽城乡规划编制工作、违反国家有关标准编制城乡规划的行为,情节严重的,可以责令停业整顿,由原发证机关降低资质等级或者吊销资质证书。

(6) 限制开展生产经营活动、责令停产停业、责令关闭、限制从业,是指行政主体对于违法从事生产经营活动的相对人做出的要求其限制或停止生产、营业的处罚行为。其中,责令停产停业并不等于关闭企业,一般附有期限,要求生产经营者限期整顿治理,如果能在限期内纠正违法行为,还可以恢复生产经营活动。《环境保护法》第六十条规定:"企业事业单位和其他生产经营者超过污染物排放标准或者超过重点污染物排放总量控制指标排放污染物的,县级以上人民政府环境保护主管部门可以责令其采取限制生产、停产整治等措施;情节严重的,报经有批准权的人民政府批准,责令停业、关闭。"

(7) 行政拘留,是指行政机关对违反行政管理秩序的相对人在短期内限制或剥夺其人身自由的处罚形式,是最为严厉的一种行政处罚。因此,法律对于行政拘留的行使机关、适用范围和对象都严格限制:拘留一般适用于严重违反治安管理的行为人;只有县级以上公安机关才具有行政拘留的决定权与执行权;拘留的期限必须在一日以上十五日以下;在适用程序上,拘留必须经过传唤、询问、取证、裁决、执行等程序。《环境保护法》第六十三条规定了对较严重违反环境保护的行为采取拘留行政处罚:"企业事业单位和其他生产经营者有下列行为之一,尚不构成犯罪的,除依照有关法律法规规定予以处罚外,由县级以上人民政府环境保护主管部门或者其他有关部门将案件移送公安机关,对其直接负责的主管人员和其他直接责任人员,处十日以上十五日以下拘留;情节较轻的,处五日以上十日以下拘留。"

(8) 法律、行政法规规定的其他行政处罚,是指除上述主要行政处罚种类外,法律、行政法规还可规定其他的行政处罚形式,如公告、限期出境或者驱逐出境等。

4.2.3 行政强制

行政强制,包括行政强制措施和行政强制执行。行政强制措施是指行政机关在行政管理过程中,为制止违法行为、防止证据损毁、避免危害发生、控制危险扩大等情形,依法对公民的人身自由实施暂时性限制,或者对公民、法人或者其他组织的财物实施暂时性控制的行为。行政强制执行是指行政机关或者行政机关申请人民法院,对不履行行政决定的公民、法人或者其他组织,依法强制履行的行为。

《中华人民共和国行政强制法》(以下简称《行政强制法》)规定了法律、行政法规、地方性法规的行政强制措施设定权,除上述法律规范外,其他规范性文件一律不得设定行政强制措施,行政强制执行则只能由法律设定。在法律没有规定的情况下,做出行政决定的行政机关应当申请人民法院强制执行。

1) 行政强制措施

根据行政强制措施所针对的对象的不同,可以将行政强制措施划分为限制人身自由的行政强制措施和限制财产的行政强制措施两种类型。《行政强制法》列举了行政强制措施的种类,包括限制公民人身自由,查封场所、设施或者财物,扣押财物,冻结存款、汇款,其他行政强制措施。

2) 行政强制执行

《行政强制法》第十二条列举了六种类型的行政强制执行方式:加处罚款或者滞纳金;划拨存款、汇款;拍卖或者依法处理查封、扣押的场所、设施或者财物;排除妨碍、恢复原状;代履行;其他强制执行方式。行政强制执行的目的是保障行政法上的义务履行以及使行政决定得到有效实施。

(1) 间接强制执行。间接强制执行是指行政强制执行机关通过间接手段迫使负有义务的相对人履行义务或达到与履行义务相同状态的强制方式。根据相对人所负义务的履行是否可以替代,间接强制执行具体又可分为代履行和执行罚。执行罚是指行政强制执行机关对拒不履行不作为义务或不可替代的作为义务的相对人可处一定的金钱给付义务,以促使其履行义务的强制执行方式,主要包括加处罚款或者滞纳金等方式。例如,《环境保护法》第五十九条规定:"企业事业单位和其他生产经营者违法排放污染物,受到罚款处罚,被责令改正,拒不改正的,依法作出处罚决定的行政机关可以自责令改正之日的次日起,按照原处罚数额按日连续处罚。"

代履行是指行政强制执行机关自行或请第三人代替相对人履行法定义务,并向相对人征收必要费用的强制执行措施。对于相对人而言,作为义务被转化为金钱给付义务(支付费用)。对于行政机关而言,通过代履行这种间接方式,避免了直接强制手段的使用,实现了行政管理的目的。

(2）直接强制执行。直接强制执行是指针对相对人不履行行政法上的义务，行政强制执行机关直接对相对人的身体、财产加以强制力，以实现与履行义务相同状态的强制执行方式，主要包括三种方式：划拨存款、汇款；拍卖或者依法处理查封、扣押的场所、设施或者财物；排除妨碍、恢复原状三种方式。例如，《城乡规划法》第六十八条规定："城乡规划主管部门作出责令停止建设或者限期拆除的决定后，当事人不停止建设或者逾期不拆除的，建设工程所在地县级以上地方人民政府可以责成有关部门采取查封施工现场、强制拆除等措施。"《土地管理法》第八十三条规定："依照本法规定，责令限期拆除在非法占用的土地上新建的建筑物和其他设施的，建设单位或者个人必须立即停止施工，自行拆除；对继续施工的，作出处罚决定的机关有权制止。建设单位或者个人对责令限期拆除的行政处罚决定不服的，可以在接到责令限期拆除决定之日起十五日内，向人民法院起诉；期满不起诉又不自行拆除的，由作出处罚决定的机关依法申请人民法院强制执行，费用由违法者承担。"

4.2.4 行政救济

行政救济，是指相对人认为行政主体违法行使职权侵害或将要侵害自己的合法权益而向有权国家机关提出申请时，有权国家机关通过制止或纠正该违法或不当的行政行为，排除侵害并填补行政行为造成的损害或损失，而对相对人的合法权益进行救济的行为。根据行政救济机关行政的不同，行政救济的途径可分为权力机关的救济、行政机关的内部救济、司法机关的救济。

1）权力机关的救济

国家权力机关对行政过程中的相对人进行救济的方式包括两种：其一是在行政活动之前制定相关的法律，规范行政职权的行使，从而确保相对人的合法权益；其二是在相对人的合法权益受到违法的行政行为侵犯后，权力机关通过对行政活动的监督，达到救济相对人合法权益的目的。

权力机关对行政机关的监督仅仅是在结果上间接地救济相对人的合法权益，相对人并不能直接要求权力机关对自己的合法权益进行救济。从这种意义上来说，权力机关对行政机关的监督并非严格意义上的行政救济。《中华人民共和国宪法》（以下简称《宪法》）第四十一条规定："对于任何国家机关和国家工作人员的违法失职行为，有向有关国家机关提出申诉、控告或者检举的权利。"也即对于行政机关违法发布的决定、命令，相对人可以向权力机关提出申诉、控告或者检举，建议权力机关对行政机关的违法行为进行监督，权力机关接受相对人的建议后，经审查认为行政机关发布的决定、命令超越法定权限，同法律法规的规定相抵触或有其他不适当的情形时予以撤销。此时，对于相对人来说就是对其权利或利益的救济，在这种意义上，权力机关的救济也可以理解为行政救济的一种方式。

2）行政机关的内部救济

行政机关的内部救济是指相对人在受到行政机关违法行为的侵害时请求特定行政机关给予救济的方式。由于侵犯相对人权益的主体与对相对人的权益进行救济的主体都属于行政系统，所以行政机关的救济具有内部救济的性质。行政机关救济的方式比较多，包括行政复议、审计监督、信访等方式。其中，审计监督是行政机关内部进行监督的主要方式。但对于相对人来说，行政机关救济的主要方式是行政复议与信访。

(1) 行政复议

行政复议是指行政相对人认为行政主体违法或不当行使职权侵犯其合法权益，依法向复议机关提出撤销、变更违法行为或停止侵害、恢复原状等请求，复议机关依法受理申请，经审查做出复议决定的一种行政救济制度。行政复议是由属于行政机关的复议机关对相对人遭受行政行为侵害的权益进行救济，是一种介于行政行为与司法行为之间的行政司法活动。从复议目的、复议机关、复议行为、复议程序等几个方面来看，行政复议兼具行政性与司法性。行政复议决定是行政复议机关通过对行政复议案件中具体行政行为的合法性和适当性进行审查，最终做出的具有结论性质的法律文书。行政复议决定主要包括维持决定、履行决定、撤销或确认违法决定、变更决定、重做决定、行政赔偿决定、驳回行政复议申请决定。

① 行政复议的范围

行政复议的范围是指相对人可以提出行政复议申请的行政活动的范围。《中华人民共和国行政复议法》（以下简称《行政复议法》）采用了"概括＋列举""肯定＋排除"的立法方式，详细地规定了行政复议的范围。其中概况式包括：行政处罚；行政强制措施；变更、中止、撤销行政许可的行为；行政确权行为；侵犯经营自主权的行为；变更或者废止农业承包合同的行为；集资、征收财物、摊派费用等要求相对人履行义务的行为；拒绝许可或许可不作为；行政不作为；行政救助不作为；其他条款。在《行政复议法》的基础上，国务院相关主管部门根据行业特点制定了行政复议的规范性文件，各省、自治区、直辖市也相应制定了行政复议办法，对本行业、本地区的行政复议范围进行了更为明确的规定。

《行政复议法》将部分抽象行政行为纳入了复议范围，即"公民、法人或者其他组织认为行政机关的具体行政行为所依据的下列规定不合法，在对具体行政行为申请行政复议时，可以一并向行政复议机关提出对该规定的审查申请：（一）国务院部门的规定；（二）县级以上地方各级人民政府及其工作部门的规定；（三）乡、镇人民政府的规定"。除了对可以申请行政复议的范围做出明确规定外，《行政复议法》还规定了行政复议的排除事项，包括行政处分或者其他人事处理决定；以及行政机关对民事纠纷做出的调解或者其他处理。

② 行政复议的机关

行政复议机关包括各级人民政府、派出机关、主管部门三种类型。

各级人民政府是最主要的行政复议机关，包括县级以上地方各级人民政府与国务院。国务院一般不直接作为行政复议机关，但在特殊情况下可以作为二级复议的行政复议机关。此时，国务院的行政复议裁决具有终局性。

派出机关是指县级以上地方人民政府派出的行政机关，包括省、自治区人民政府经国务院批准设立的行政公署；县、自治县人民政府经省、自治区、直辖市人民政府批准设立的区公所；市辖区、不设区的市人民政府经上一级人民政府批准设立的街道办事处。派出机关虽然是由地方人民政府派出的机关，但与派出机构不同，具有行政主体的资格，因此可以作为行政复议机关。

针对县级以上地方各级人民政府工作部门的具体行政行为在申请行政复议时，除了同级人民政府可以作为行政复议机关外，上一级行业主管部门也可以作为行政复议机关。

（2）信访

信访是指公民、法人或者其他组织采用书信、电子邮件、传真、电话、走访等形式，向各级人民政府、县级以上人民政府的工作部门反映情况，提出建议、意见或者投诉请求，依法由有关行政机关处理的活动。在信访中，信访人向行政机关提出意见、建议和投诉请求，通常由行政机关自己、上级部门或者专门机构负责处理，属于一种补充性的行政救济制度。我国的信访制度与日本的苦情处理制度等类似，属于非正式的行政救济制度。

3）司法机关的救济

司法机关的救济是指相对人在自己合法权益受到行政机关违法行为的侵害时请求人民法院给予救济的方式，主要是指行政诉讼和行政赔偿诉讼。

（1）司法救济的特性

司法机关的救济具有两个典型特性。

① 司法救济的有限性。从与行政权的关系来看，司法权与行政权之间存在诸多不同之处。因此，司法权原则上不得侵犯行政机关的首次判断权，司法审查不涉及自由裁量事项。司法救济的有限性在行政法上表现为行政诉讼受案范围的限制。例如，欠缺"具体案件性""诉讼利益"，以及具有高度政治性的案件，均不能作为司法审查的对象。

② 司法救济的最终性。司法救济的最终性是指在相对人的合法权益受到行政机关违法行政行为的侵害时，应当为其提供司法救济的途径，而且，在众多的行政救济途径中，司法救济具有终局性的法律效力。司法救济的最终性在行政法上体现为行政复议与行政诉讼的关系，即相对人在一般情况下可以自由选择提出行政复议申请还是提起行政诉讼，在对行政复议决定不服时，还可以向人民法院提起行政诉讼。当然，也有例外性的复

议前置与终局复议决定的情况。

(2) 行政诉讼

行政诉讼是指公民、法人或其他组织认为行政机关和行政机关工作人员做出的行政行为侵犯其合法权益而向法院提起诉讼的司法救济制度。行政诉讼所要审理的是行政案件,即行政机关或法律法规授权的组织与公民、法人或者其他组织在行政管理过程中发生的争议。行政诉讼是人民法院通过开庭审判方式进行的一种司法活动。行政诉讼中的当事人具有恒定性,原告只能是行政管理中的相对方(即公民、法人或者其他组织),被告只能是行政管理中的管理方(即作为行政主体的行政机关和法律法规授权的组织)。行政诉讼一般以维持决定、重做决定、履行决定和变更决定为主要判决方式。

① 行政诉讼的受案范围

《中华人民共和国行政诉讼法》(以下简称《行政诉讼法》)中对诉讼范围进行了规定,可以诉讼的包括:行政处罚;行政强制措施和行政强制执行;拒绝许可或许可不作为;自然资源确权;征收、征用决定及其补偿决定;行政不作为;侵犯经营自主权或者农村土地承包经营权、农村土地经营权;滥用行政权力排除或者限制竞争;解除违法集资、摊派费用或者违法要求履行其他义务;行政救助不作为;政府特许经营协议、土地房屋征收补偿协议等协议不作为或违法变更、解除;侵犯其他人身权、财产权等合法权益;其他条款。不可以诉讼的包括:国防、外交等国家行为;行政法规、规章或者行政机关制定、发布的具有普遍约束力的决定、命令;行政机关对行政机关工作人员的奖惩、任免等决定;法律规定由行政机关最终裁决的行政行为。

在国土空间规划实施管理中,行政诉讼案件包括因采光、通行、邻避设施等相邻问题对规划部门提起的行政诉讼案件,未取得规划许可或违反规划许可规定进行建设被罚款或强制拆除引发的行政诉讼,规划部门变更规划致使行政相对人受到损失等多种情形。

② 行政诉讼法院

根据《行政诉讼法》,基层人民法院管辖第一审行政案件。中级人民法院管辖的第一审行政案件包括:对国务院部门或者县级以上地方人民政府所做的行政行为提起诉讼的案件;海关处理的案件;本辖区内重大、复杂的案件;其他法律规定由中级人民法院管辖的案件。高级人民法院管辖本辖区内重大、复杂的第一审行政案件。最高人民法院管辖全国范围内重大、复杂的第一审行政案件。

行政案件由最初做出行政行为的行政机关所在地人民法院管辖。经复议的案件,也可以由复议机关所在地人民法院管辖。经最高人民法院批准,高级人民法院可以根据审判工作的实际情况,确定若干人民法院跨行政区域管辖的行政案件。对限制人身自由的行政强制措施不服提起的诉讼,由被告所在地或者原告所在地人民法院管辖。因不动产提起的行政诉讼,由不动产所在地人民法院管辖。

4.2.5 其他行政活动

1) 行政命令

行政命令首先有形式意义上的行政命令和实质意义上的行政命令之分。前者是指一切使用"令"作为形式或名称的命令,如授权令、委任令、执行令、禁止令等;后者则是指行政主体依法要求行政相对方为或不为一定行为的意思表示。

实质意义上的行政命令,其内容涉及行政相对方的义务,而不涉及行政相对方的权利。行政命令所规定的义务内容,就其性质而言,包括作为义务和不作为义务。行政命令是行政主体依法要求相对人进行一定的作为或不作为的意思表示。作为的命令,如命令纳税、命令外国人出境;不作为的命令又称之为禁(止)令,如因修建马路禁止通行,禁止携带危险品的旅客上车等。

在国土空间规划实施管理中,责令当事人改正或限期改正的违法行为就是一项行政命令。《行政处罚法》第二十八条规定:"行政机关实施行政处罚时,应当责令当事人改正或者限期改正违法行为。"改正违法行为,包括停止违法行为,积极主动地协助行政处罚实施机关调查取证,消除违法行为造成的不良后果;造成损害的,则要依法承担民事责任,依法予以赔偿。有些违法行为可以在受到处罚后立即改正,而有些违法行为的改正则需要一定的时间,如拆除违法建筑、治理已经被污染的环境、补种被毁坏的树林等,故责令限期改正。

2) 行政征收

行政征收是指行政主体凭借国家行政权,根据国家和社会公共利益的需要,依法向行政相对人强制性征收一定数额的金钱和实物的行政行为。《宪法》第十三条第三款规定:"国家为了公共利益的需要,可以依照法律规定对公民的私有财产实行征收或者征用并给予补偿。"

目前,在对土地等不动产进行征收时,主要依据《土地管理法》《国有土地上房屋征收与补偿条例》,对征收农民集体所有的土地或房屋的情形进行了具体规定,主要包括:军事和外交需要用地的;由政府组织实施的能源、交通、水利、通信、邮政等基础设施建设需要用地的;由政府组织实施的科技、教育、文化、卫生、体育、生态环境和资源保护、防灾减灾、文物保护、社区综合服务、社会福利、市政公用、优抚安置、英烈保护等公共事业需要用地的;由政府组织实施的扶贫搬迁、保障性安居工程建设需要用地的;在土地利用总体规划确定的城镇建设用地范围内,经省级以上人民政府批准由县级以上地方人民政府组织实施的成片开发建设需要用地的;由政府依照《城乡规划法》有关规定组织实施的对危房集中、基础设施落后等地段进行旧城区改建需要用地的;法律、行政法规规定的其他公共利益需要用地的。

3) 行政指导

行政指导是国家行政机关在职权范围内,基于国家的法律法规和政策,在行政相对方的同意或协助下,为实现所期待的行政状态,以建议、劝告等非强制措施要求有关当事人作为或不作为的活动。行政指导具有积极行政、适用范围广泛、不具有法律强制力、不直接产生法律后果的特征。

现代社会是多元、复杂的利益博弈过程的集合体,特别是当下我国正处于深化改革、社会转型之际,利益矛盾与冲突迭起,这对行政监管、行政执法能力提出了更高的要求。行政执法中的行政指导做法,是对原来行政执法中零星、不全面的教育和指导工作进行总结归纳,逐步探索出的规范化、制度化、高效化的柔性执法方式。在执法工作中,通过具体化的行政指导措施来实现柔性管理理念,积极、规范地采用行政指导这种柔性执法方式,有利于统筹协调各方利益关系,化解社会矛盾,实现以人为本、执法为民的现代行政法治理念,符合构建和谐社会的要求。例如,行政机关依据国土空间规划发布的关于重点发展某产业的决策就是一种行政指导。

同时,尝试运用行政指导并不是要完全取代刚性执法手段,行政指导是与行政处罚、行政许可、行政强制等刚性方式相结合共同发挥作用的一种行政执法方式,在行政执法实务中既不能为了追求行政处罚而忽视行政指导,也不能因推行行政指导而抛弃行政处罚。

4) 行政给付

行政给付一般是指行政主体依照有关法律法规,向符合条件的申请人提供物质利益或者赋予其与物质利益有关的权益的具体行政行为。行政给付体现了国家对于社会特殊群体、弱势群体的关心和帮助。行政给付的对象是具有特定情形的行政相对人;行政给付是行政机关通过行政给付行为赋予给付对象一定的物质上的权益或与物质相关的权益。物质上的权益表现为给付相对人一定数量的金钱或实物;与物质相关的权益主要表现为让相对人免费入学受教育、享受公费医疗待遇等。行政给付的形式散见于法律法规、规章、政策之中,主要有以下四种:抚恤金、特定人员离退休金、社会救济福利金、自然灾害救济金及救济物资。

5) 行政奖励

行政奖励,是指行政主体为了表彰先进、激励后进,充分调动和激发人们的积极性和创造性,依照法定条件和程序,对为国家、人民和社会做出突出贡献或者遵纪守法的行政相对人模范给予物质上的或精神上的奖励的具体行政行为。根据不同的法律法规和规章的规定,行政奖励的内容和形式主要包括三种:一是精神方面的权益,如授予荣誉称号,通报表扬,通令嘉奖,记功,发给奖状、荣誉证书、奖章等;二是物质方面的权益,即发给奖金或者各种奖品;三是职务方面的权益,即予以晋级或者晋职。

在实际的国土空间规划实施管理中,行政奖励事项主要包括对保护和开发土地资源、合理利用土地和进行科学技术研究的奖励;对勘查、开发、保护矿产资源和进行科学技术研究的奖励;对地质灾害防治的奖励;对基本农田保护的奖励;对古生物化石保护的奖励等。《中华人民共和国农业法基本农田保护条例》(以下简称《基本农田保护条例》)第七条规定:"国家对在基本农田保护工作中取得显著成绩的单位和个人,给予奖励。"行政奖励手段的合理运用,无疑能够激励人们做出更多地有益于社会、有益于国家、有益于人民的事情。不过,为确保行政奖励发挥其应有的作用,就必须保证其合法性、合理性、公正性,因而需要建立一系列必要的原则和制约机制,使行政奖励实现制度化、法律化和科学化。

6) 行政裁决

行政裁决是指行政主体依照法律授权和法定程序,对当事人之间发生的与行政管理活动密切相关的、与合同无关的特定民事、经济纠纷进行裁决的具体行政行为。行政裁决的主体是法律授权的特定行政机关,行政裁决的对象是特定的民事、经济纠纷。行政裁决在形式上具有准司法性,在效果上具有强制性。

根据我国现行法律的规定,行政裁决主要有以下几类:

(1) 损害赔偿裁决。这是指行政机关对平等主体之间发生的、因涉及与行政管理相关的合法权益受到侵害而引起的赔偿争议所做的裁决。《环境保护法》第四十一条规定:"造成环境污染危害的,有责任排除危害,并对直接受到损害的单位或者个人赔偿损失。赔偿责任和赔偿金额的纠纷,可以根据当事人的请求,由环境保护行政主管部门或者其他依照法律规定行使环境监督管理权的部门处理。"

此外,类似的还有涉及补偿纠纷的裁决。《城市房屋拆迁管理条例》第十四条规定:"拆迁人与被拆迁人对补偿形式和补偿金额、安置用房面积和安置地点、搬迁过渡方式和过渡期限,经协商达不成协议的,由批准拆迁的房屋拆迁主管部门裁决。"涉及补偿的还有草原、水面、滩涂、土地征用的补偿等。

(2) 权属纠纷裁决。这是指行政主体对平等主体之间,因涉及与行政管理相关的某一财产、资源的所有权、使用权的归属发生争议所做出的裁决。《土地管理法》第十四条规定:"土地所有权和使用权争议,由当事人协商解决;协商不成的,由人民政府处理。单位之间的争议,由县级以上人民政府处理;个人之间、个人与单位之间的争议,由乡级人民政府或者县级以上人民政府处理。"人民政府对土地权属争议所做的处理,就是行政裁决。

(3) 侵权纠纷裁决。这是指在平等主体之间,一方当事人认为其行政法上的合法权益受到了另一方侵犯时,依法请求行政机关制止侵害,并责令侵权方对其侵害行为已造成的损失予以赔偿。《中华人民共和国水污染防治法》第九十七条规定:"因水污染引起的损害赔偿责任和赔偿金额的纠纷,可以根据当事人的请求,由环境保护部门或者海事管理机构、渔业主管部门按照职责分工调解处理;调解不成的,当事人可以向人民法院提起诉讼。当事人也可以直接向人民法院提起诉讼。"

7）行政合同

行政合同也叫行政契约，是指行政机关为达到维护与增进公共利益，实现行政管理目标之目的，与相对人之间经过协商一致达成的协议。在行政合同之中，行政主体并非以民事法人的身份而是以行政主体的身份与行政相对人订立关于民事权利与义务的协议，以合同的方式来达到维护与增进公共利益的目的。其间，行政主体享有行政优益权，具体体现为对合同履行的监督权、指挥权、单方变更权和解除权。当然，行政主体只有在合同订立后出现了由于公共利益的需要或法律政策的重大调整，必须变更或解除时，才能行使单方变更权、解除权。由此造成相对人合法权益损害的，要予以补偿。

目前，我国的行政合同主要包括国有土地使用权出让合同、国有企业承包合同、公用征收补偿合同、国家科研合同、农村土地承包合同、国家订购合同、公共工程承包合同等。

8）行政调解

行政调解，是指由我国行政机关主持，通过说服教育的方式，民事纠纷或轻微刑事案件当事人自愿达成协议，从而解决纠纷的一种调解制度。行政调解协议虽然不具有强制执行的法律效力，但它的性质是合同，应当按照法律对合同的规定来处理相关问题。行政调解与法院调解相比，同人民调解一样，属于诉讼外调解，所达成的协议均不具有法律上的强制执行的效力，但对当事人均具有约束力。

中国行政机关依法可以调解的种类很多。可以说，行政机关在行使行政管理职能过程中所遇到的纠纷基本上都可以进行调解，但常指的行政调解主要有以下几类：

（1）基层人民政府的调解。调解民事纠纷和轻微刑事案件一直是中国基层人民政府的一项职责，这项工作主要是由乡镇人民政府和街道办事处的司法助理员负责进行。

（2）国家合同管理机关的调解。原《中华人民共和国合同法》规定，当事人对合同发生争议时，可以约定仲裁，也可以向人民法院提起诉讼。国家规定的合同管理机关，是国家工商行政管理局和地方各级工商行政管理局。法人之间和个体工商户、公民和法人之间的经济纠纷，都可以向工商行政管理机关申请调解。

（3）公安机关的调解。《治安管理处罚法》第九条规定："对于因民间纠纷引起的打架斗殴或者损毁他人财物等违反治安管理行为，情节较轻的，公安机关可以调解处理。"这是法律法规授予公安机关调解的权利，有利于妥善解决纠纷，增进当事人之间的团结。

（4）婚姻登记机关的调解。《中华人民共和国民法典》第一千零七十九条规定："夫妻一方要求离婚的，可以由有关组织进行调解或者直接向人民法院提起离婚诉讼。"

9）行政赔偿

行政赔偿，是指国家行政机关及其工作人员在行使职权的过程中侵犯公民、法人或其他组织的合法权益并造成损害,由国家承担赔偿责任的制度。行政赔偿的范围包括对侵犯公民人身自由的违法行为、侵犯公民人身权的违法行为及侵犯公民、法人和其他组织财产权的违法行政行为。其中,侵犯财产权的违法行为包括以下方面:

(1) 违法实施罚款、吊销许可证和执照、责令停产停业、没收财物等行政处罚的。

(2) 违法对财产采取查封、扣押、冻结等行政强制措施的。

(3) 违反国家规定征收财物、摊派费用的。

(4) 造成财产损害的其他违法行为,其赔偿方式有三种:① 返还财产;② 恢复原状;③ 支付赔偿金。

4.3 国土空间规划实施管理中的依法行政制度

建立国土空间规划体系并监督实施是党中央、国务院做出的重大决策部署,各级自然资源主管部门肩负国土空间规划监督管理的重大责任。要依法依规编制规划、监督实施规划,防止出现违规编制、擅自调整、违规许可、未批先建、监管薄弱以及服务意识不强、作风不实等问题。可以说,依法行政是国土空间规划实施管理中需要始终贯彻的基本要求。

4.3.1 依法行政的基本要求

依法行政,是指行政主体必须依法行使行政职权,违反法律规定时必须承担相应的法律责任。2004年国务院发布的《全面推进依法行政实施纲要》中提出了依法行政的六项基本要求,即合法行政、合理行政、程序正当、高效便民、诚实守信、权责统一。这六项基本要求是对我国依法行政实践经验的总结,集中体现了依法行政重治官、治权的内在精髓,高度浓缩了依法行政追求公正与效率的价值目标,有力地支撑了法治政府的基本骨架,对于指导和规范行政机关和公务员依法行政具有重要作用(边经卫,2015)。

(1) 合法行政。行政机关实施行政管理应当依照法律法规、规章的规定进行,没有法律法规、规章的规定,行政机关不得做出影响公民、法人和其他组织合法权益或者增加公民、法人和其他组织义务的决定,合法行政是行政合法性原则的必然要求。行政主体不仅要具有合法的行政职权,而且这种行政职权必须基于法律的授予才能存在,即"法无授权不得行、法有授权必须行"。行政主体在行使行政职权时的内容、程序、时限和形式所适用的法律依据必须合法。

(2) 合理行政。行政机关实施行政管理应当遵循公平、公正的原则。行使自由裁量权应当符合法律目的,所采取的措施和手段应当必要、适当,行政机关实施行政管理可以采用多种方式实现行政目的,应当避免采用损害当事人权益的方式。

合理行政是行政合理性原则的必然要求。行政主体的行政行为在合法的范围之内还必须做到合理。不合理的行政行为属于不适当的行为,做出不合理行政行为的行政机关同样应当承担相应的法律责任。国土空间规划具有较强的专业性和技术性,涉及不同地域、不同群体和个人的利益关系也十分复杂,并非所有的行政行为都有明确的、详尽的、周密的法律规范作为依据。因此,行政机关都拥有一定的自由裁量权,可以根据具体情况处理实际问题。在这种情况下,行政机关应当在法律规定的幅度、范围内,运用自由裁量权,采取适当的措施或做出合适的决定,以便使普遍性的法律法规适用于具体的、个别的管理事务。

（3）程序正当。行政机关实施行政管理时,除涉及国家秘密和依法受到保护的商业秘密、个人隐私外,应当公开,注意听取公民、法人和其他组织的意见;要严格遵循法定程序,依法保障行政相对人、利害关系人的知情权、参与权和救济权。

（4）高效便民。行政机关实施行政管理应当遵守法定时限,积极履行法定职责,提高办事效率,提供优质服务,方便公民、法人和其他组织。

廉洁、高效是人民群众对政府的要求,提高行政效率既是现代行政的标志之一,也是许多国家行政改革的基本目标。效率是针对违反客观实际,反对用烦琐、不必要的设置和官僚主义态度对待人民的事业而提出的政治要求。讲究行政效率并不是意味着可以不按照客观规律办事,也并非不顾管理效能的简单化处理。符合客观规律、遵循必要的审批程序、实现管理目标是提高行政效率的前提。

（5）诚实守信。行政机关必须对自己的"言""行"负责,公布的信息应当全面、准确、真实。制定的法规、规章、政策要保持相对稳定,不能朝令夕改。非因法定事由并经法定程序,行政机关不得撤销、变更已经生效的行政决定。因违法行政造成行政相对人人身、财产损失的,应当依法予以赔偿。因国家利益、公共利益或者其他法定事由需要撤回或者变更行政决定的,应当依照法定权限和程序进行,并对行政相对人受到的损失依法予以补偿。

诚实守信是行政公开原则和信赖保护原则的体现。一方面,通过行政公开,让公众理解和支持行政机关的管理活动,从而更好地实现国土空间规划的目标。另一方面,通过信赖利益的保护,增强公众对行政行为的信任。

（6）权责统一。行政机关依法履行经济、社会和文化事务管理职责,要由法律法规赋予相应的执法手段,行政机关违法或者不当行使职权,应当依法承担法律责任,实现权力和责任的统一,依法做到执法有保障、有权必有责、用权受监督、违法受追究、侵权须赔偿。

行政主体及其公务人员对其所实施的行政活动应当承担法律责任,不允许出现只行使行政权力而无相应法律责任的现象。如果行政主体随意而为,不管行政行为是否合法、合理和公正,行政主体不承担相应责任,那么行政合法性原则、行政合理性原则也都难以实现。

4.3.2　依法行政的主要行为

国土空间规划依法行政的主要行为包括行政立法和行政执法,包括依法对国土空间规划的编制审批、实施监督行使行政权,综合指导和安排国土空间规划开发利用和保护的活动,并对全过程实施监督检查,对违法行为依法处罚等。

1) 行政立法

行政立法是指各级人民政府及国土空间规划行政主管部门依法制定具有法律效力的规范性文件的活动,包括健全法律法规体系,进行法律法规的协调以及法律法规的清理和解释。

(1) 健全法律法规体系

在国土空间规划体系改革的背景下,国家层面的《国土空间开发保护法》《国土空间规划法》的立法工作正在组织推进。以主干法律为核心,健全包括行政法规、部门规章、地方性法规、地方规章在内的国土空间规划法律法规体系,实现国土空间规划与专项法规的配套,国家立法与地方立法的配套,法律法规与行政规章的配套,是行政立法的重要任务。

(2) 法律法规的协调

法律法规的协调是国土空间规划行政主管部门的重要职责。国务院国土空间规划行政主管部门对各项需要制定和修改的法律、行政法规和部门规章提出协调意见,以免各项法律、行政法规和部门规章与国土空间规划方面的法律、行政法规和部门规章相抵触。省、自治区、直辖市国土空间规划行政主管部门对本辖区各项需要制定和修改的地方法规和地方规章提出协调意见。各市国土空间规划行政主管部门对本地区各项需要制定和修改的地方法规、地方规章提出协调意见。

(3) 法律法规的清理和解释

对于已有的国土空间规划法律法规按照立法程序进行清理和解释,是国土空间规划行政立法必不可少的内容。法律法规的清理是指国家立法机关或授权机关,根据国家的统一安排或法律的规定,在其职责范围内,按照一定程序对一定时期和范围内的规范性文件进行审查,确定它们是否继续适用或是否需要加以变动(修订或废止)的专门活动。由此,法律法规的清理活动可能产生三种法律效力上的结果:一是明令废止;二是进行修订;三是继续有效。对于废止的法律法规,要通过法定程序,逐步进行公告。

法律解释,是指一定的解释主体根据法定权限和程序,按照一定的标准和原则对法律的含义以及法律所使用的概念、术语等进行进一步说明的活动。我国的法律解释体制包括立法解释、司法解释、行政解释。法律解释对于实现法律对社会关系的调整起着极其重要的作用,尤其在法律适用的过程中,是一个必不可少的环节。统一的国土空间规划体系意味着现行的各类规划制度的重构,需要对相关的法律法规进行系统的解释。

2) 行政执法

国土空间规划行政执法是行政主管部门在规划管理权限范围内,按照法定的规划管理程序,核发行政许可、行政监督检查、行政处罚、行政处分、行政强制执行等方面具体的行政行为。

(1) 核发行政许可。核发行政许可是国土空间规划实施管理的重要方式,现有的《土地管理法》《城乡规划法》《中华人民共和国海域使用管理法》《中华人民共和国森林法》《中华人民共和国草原法》《中华人民共和国矿产资源法》《中华人民共和国水法》等法律规定了不同类型的行政许可,如建设用地规划许可证、建设工程规划许可证、农村土地承包经营权证、林权证、探矿权证、海域使用权许可证、水域滩涂养殖证、渔业捕捞许可证、采矿许可证等。

(2) 行政监督检查。行政监督检查的目的是强化国土空间规划对国土空间建设的引导和调控作用,促进国土空间建设健康有序发展。行政监督检查包括上一级国土空间规划行政主管部门对下一级国土空间规划行政主管部门国土空间规划工作的考察、了解、催办、纠正、指令、检查、评比等内容,也包括国土空间规划行政主管部门对国土空间开发利用单位和个人申请行政许可的审查及执行过程中的行政监督检查。

(3) 行政处罚。行政处罚是国土空间规划行政主管部门依法对违反国土空间规划相关法律法规规定的单位和个人所进行的惩戒行为。例如,《城乡规划法》中对未取得建设工程规划许可证或者违反建设工程规划许可证的规定进行建设的行政处罚;《土地管理法》中对非法转让土地、非法占用土地的行政处罚;《中华人民共和国矿产资源法》中对超越批准的矿区范围采矿的、违反规定开山取石行为的行政处罚;《海域使用管理法》中对非法占用海域、无权批准使用海域、擅自改变海域用途的行政处罚等。

(4) 行政处分。对于县级以上人民政府国土空间规划行政主管部门的违法行政或行政不作为,应当给予直接负责的主管人员和其他直接责任人员行政处分。例如,《城乡规划法》规定,未依法在国有土地使用权出让合同中确定规划条件或者改变国有土地使用权出让合同中依法确定的规划条件等行为,由本级人民政府或者上级人民政府有关部门责令改正,对有关部门通报批评,对直接负责的主管人员和其他直接责任人员依法给予处分;《土地管理法》中对工作人员玩忽职守、滥用职权、徇私舞弊,尚不构成犯罪的,依法给予处分;《中华人民共和国海域使用法》中对违反规定颁发海域使用权证书的,或者颁发海域使用权证书后不进行监督管理的,或者发现违法行为不予查处的,对直接负责的主管人员和其他直接责任人员依法给予行政处分等。

(5) 行政强制执行。行政强制执行是指公民、法人或者其他组织不履行行政机关依法所做的行政处理决定中规定的义务,有关行政机关依法强制其履行义务。例如,《城乡规划法》规定:"城乡规划主管部门作出责令停止建设或者限期拆除的决定后,当事人不停止建设或者逾期不拆除的,建设工程所在地县级以上地方人民政府可以责成有关部门采取查封施工现场、强制拆除等措施。"《土地管理法》规定:"责令限期拆除在非法占用的土地上新建的建筑物和其他设施的,建设单位或者个人必须立即停止施工,自行拆除;对继续施工的,作出处罚决定的机关有权制止。建设单位或者个人对责令限期拆除的行政处罚决定不服的,可以在接到责令限期拆除决定之日起十五日内,向人民法院起诉;期满不起诉又不自行拆除的,由作出处罚决定的机关依法申请人民法院强制执行,费用由违法者承担。"

4.3.3 依法行政的制度保障

依法行政的制度保障,主要包括国土空间编制审批制度和实施监督制度两个方面。根据《中共中央 国务院关于建立国土空间规划体系并监督实施的若干意见》的基本要求,结合国土空间规划体系改革的背景环境,完善制度建设,保障国土空间规划在国土空间开发保护中的战略引领和管控作用,提升国土空间治理体系和治理能力现代化水平,促进经济社会全面协调可持续发展。

1) 强化规划的权威性

严格监管是树立规划权威的保障。在增强规划实施监管的严肃性方面,首先要明确国土空间规划的法定性。国土空间规划一经批准,任何单位和个人不得随意修改和违规变更,各项开发建设活动要符合规划,坚持先规划、后实施,不得违规进行建设。其次要严格把控规划的调整和修改。因国家重大战略调整、重大项目建设或行政区划调整等确需修改规划的,须先经规划审批机关同意后,方可按法定程序进行修改。再次要严格监督规划实施。依托国土空间基础信息平台,建立健全国土空间规划动态监测评估预警和实施监管机制,对管控边界和约束性指标落实情况进行监督检查。最后要严格查处违反规划的行为。对国土空间规划编制和实施过程中的违规违纪违法行为,要严肃查处并追究责任。

2) 改进规划审批制度

明确"一级政府、一级规划、一级事权""谁审批、谁监管",分级建立国土空间规划审查备案制度;以"管什么就批什么"为原则,明确上级人民政府审查要点,精简规划审批内容。相关专项规划在编制和审查过程中除了要与国土空间规划"一张图"核对外,在规划批复后还要再叠加到国土空间规划"一张图"上实施监管。在空间用途管制层面,通过国土空间规划对所有国土空间进行分区分类,落实用途管制。在实施项目的规划审批中,也要体现"放管服",统筹规划、建设、管理三大环节,推动"多审合一""多证合一"。优化建设项目用地（海）预审、规划选址以及建设用地规划许可、建设工程规划许可等审批流程，提高审批效能和监管服务水平。

3）强化底线管控机制

强化空间底线管控。明确各类空间分区、管控边界划定和用途管制的一般要求，突出强调"空间管制"和"三线划定"，科学划定生态、农业、城镇空间及生态保护红线、永久基本农田红线、城镇开发边界，注重开发强度管控和主要控制线落地，协调解决各类冲突，将三条控制线作为调整经济结构、发展规划产业、推进城镇化不可逾越的红线，并将红线管理纳入国土空间规划"一张图"和监管平台。实现国家优先推进生态保护、保障粮食安全、促进建设用地节约集约的战略目标。

4）健全用途管制制度

以国土空间规划为依据，对所有的国土空间分区分类实施用途管制。在城镇开发边界内的建设，实行"详细规划＋规划许可"的管制方式；在城镇开发边界外的建设，按照主导用途分区，实行"详细规划＋规划许可"和"约束指标＋分区准入"的管制方式。对于以国家公园为主体的自然保护地、重要海域和海岛、重要水源地、文物等，实行特殊保护制度。应因地制宜地制定用途管制制度，为地方管理和创新活动留有空间。

健全用途管制制度，首先要依托国家自然资源主管部门统一自然生态空间分类标准，利用森林、草原、湿地等自然资源确权登记摸清自然资源本底，为划定自然生态空间打下坚实基础。其次要创新用途管制方式，将国土空间用途管制目标扩展为自然生态空间，包括水域、森林、草原等，在此基础上划定生态保护红线，并为保护资源而划定城镇开发边界，以引导建设区域活动。

5）监督规划实施

依托国土空间基础信息平台，建立健全国土空间规划动态监测评估预警和实施监管机制。上级自然资源主管部门会同有关部门组织对下级国土空间规划中各类管控边界、约束性指标等管控要求的落实情况进行监督检查，将国土空间规划执行情况纳入自然资源执法督察内容。健全资源环境承载能力监测预警长效机制，建立国土空间规划定期评估制度，结合国民经济和社会发展实际和规划定期评估结果，对国土空间规划进行动态调整与完善。

完善国土空间基础信息平台，为监督规划实施提供技术支持。随着数字化、大数据时代的来临，各级自然资源主管部门在实施监督的过程中，将逐步利用大数据体系、信息新技术标准形成覆盖全域全要素的全国"一张图"底板，作为相关部门实施城市管理的基础性、信息化底板。以自然资源调查监测数据为基础，采用国家统一的测绘基准和测绘系统，整合各类空间关联数据，建立全国统一的国土空间基础信息平台，推进政府部门之间的数据共享以及政府与社会之间的信息交互。

4.4 国土空间规划实施管理中的主要依据

国土空间规划依法行政的依据主要包括法律法规规章、技术标准、规范性文件、法定规划四个方面,这也是进行空间规划编制、审批、实施和监督的基础。此外,国土空间规划行政主管部门制定的制度和规程,依法核发的各类行政许可等审批文件以及行政处罚等执法文件、公文等,都是实施管理中的依据。

4.4.1 法律法规规章

目前,我国现行的主要空间规划法律法规有多种类型,其关注重点、规划期限、编制主体、审批机关以及规划逻辑均存在较大差异(表4-1)。随着国土空间规划体系的建立,《国土空间开发保护法》《国土空间规划法》的立法工作也在推进之中。今后,各种配套法规和地方性法规也会随之出台或修改完善,从而形成以《国土空间开发保护法》《国土空间规划法》为核心、配套法和相关法为支撑的国土空间规划法律法规体系,为建立统筹协调的国土空间保护、开发、利用、修复、治理等提供法律保障。

表4-1 我国现行的主要空间规划法律法规规章汇总

类型	覆盖法律法规	效力级别	主要规定事项(有关规划内容)
城乡规划	《城乡规划法》	法律	城乡规划的制定、实施、修改和监督检查
	《村庄和集镇规划建设管理条例》	行政法规	村庄和集镇规划的制定、实施
	《省域城镇体系规划编制审批办法》	部门规章	省域城镇体系规划的制定、修改、内容和成果要求
土地利用规划	《土地管理法》	法律	土地利用总体规划与年度计划的编制、审批和修改
	《中华人民共和国土地管理法实施条例》	行政法规	国土空间规划和年度计划的编制、审批和修改
	《土地利用总体规划管理办法》	部门规章	土地利用总体规划的编制、审查、实施、修改和监督检查
资源保护规划	《中华人民共和国水法》	法律	国家级区域规划的编制、审批实施、评估修订
	《中华人民共和国森林法》	法律	林业长远规划与植树造林规划的制定
	《中华人民共和国草原法》	法律	草原保护、建设、利用规划的制定

续表 4-1

类型	覆盖法律法规	效力级别	主要规定事项(有关规划内容)
资源保护规划	《中华人民共和国海域使用管理法》	法律	海洋功能区划的制定
	《中华人民共和国水土保持法》	法律	水土保持规划的制定
	《中华人民共和国防震减灾法》	法律	防震减灾规划、地质灾害防治规划的制定
	《中华人民共和国水污染防治法》	法律	水污染防治规划的制定
	《中华人民共和国防沙治沙法》	法律	防沙治沙规划的制定
	《中华人民共和国防洪法》	法律	防洪规划的制定
	《中华人民共和国环境保护法》	法律	环境保护规划的制定
	《中华人民共和国海洋环境保护法》	法律	海洋环境保护规划的制定
	《中华人民共和国海岛保护法》	法律	海岛保护规划的制定
	《风景名胜区条例》	行政法规	风景名胜区总体规划和详细规划的制定
	《历史文化名城名镇名村保护条例》	行政法规	历史文化名城保护规划、历史文化名镇/名村保护规划的规定
基础设施规划	《中华人民共和国公路法》	法律	公路规划和专用公路规划的制定
	《中华人民共和国港口法》	法律	港口布局规划与港口总体规划的制定和实施
	《中华人民共和国铁路法》	法律	铁路发展规划的制定
	《中华人民共和国电力法》	法律	电力发展规划的制定
	《中华人民共和国石油天然气管道保护法》	法律	管道规划的制定
	《中华人民共和国民用航空法》	法律	民用机场建设规划的制定
	《中华人民共和国航道管理条例》	行政法规	航道发展规划的制定

1) 法律法规体系的概况

(1) 法律。当前,涉及国土空间规划的主要法律包括《城乡规划法》《土地管理法》《中华人民共和国海域使用管理法》《中华人民共和国环境保护法》《中华人民共和国森林法》《中华人民共和国草原法》《中华人民共和国矿产资源法》等。除专业性法律外,行政法方面的法律也是依法行政的重要依据。当《国土空间规划法》出台后,部分法律将会被废止或进行修改。

(2) 行政法规。国务院根据《宪法》和法律制定行政法规,也是地方性法规、部门规章和地方性政府规章制定的依据。《中华人民共和国土地管理法实施条例》《历史文化名城名镇名村保护条例》《风景名胜区条例》《中华人民共和国农业法基本农田保护条例》等,是空间规划法规体系中的行政法规。

(3) 部门规章。国务院各部、委员会等根据法律和国务院的行政法规、决定、命令,在本部门权限范围内制定部门规章。目前,自然资源部所公布的《节约集约利用土地规定》《矿产资源规划编制实施办法》《地图审核管理规定》,住房和城乡建设部所公布的《城市规划编制办法》《城市、镇控制性详细规划编制审批办法》,原国土资源部公布的《建设项目用地预审管理办法》《建设用地审查报批管理办法》等,均属于部门规章范畴,是国土空间规划法规体系的重要组成部分。

2) 完善法律法规体系

(1) 从实体到程序的立法框架。从节省立法成本和提高立法效率角度考虑,新的空间规划立法可借鉴现行规划立法多数从规划体系构建、规划编制,到规划实施(包括修改)的总体立法框架。同时,增加现行规划法律体系下没有深入讨论的涉及规划权法律性质、受规划影响的私主体空间权益保护等实体内容,适时制定有关城市地下空间、三区三线、国家公园、城市更新等方面的法律制度,重点突破和解决涉及空间的总体和专项规划领域的重点问题,以提高立法的质量(李林林等,2019)。

(2) 完善法规衔接,指导地方立法。《国土空间规划法》不仅需要与《土地管理法》等法律法规相协调,而且需要有配套法规保障其实施,从而使整个国土空间规划法律制度体系完整、层次分明、结构严谨、体例科学。配套法规包括两个层次:首先是国家层次,针对规划编制、实施和管理的全生命周期,在实施手段、管理程序、政策载体等方面配套《用途管制规则》《项目预审办法》《国土综合整治条例》等法律规章;其次是地方层次,各地应在立法权力和行政权限范围内制定实用、管用、好用的地方性法规,以保证各级国土空间规划的有效实施(严金明等,2019)。

4.4.2 技术标准

国土空间规划技术标准体系是国土空间规划体系的重要组成部分,是空间规划行为合法化的重要标准。它的内容涵盖了空间规划过程中所有一般化的技术行为,既是各类空间性规划编制、审批、实施、管理有力的技术依据,也是提高国土空间规划体系运行效率的重要抓手。与国土空间规划体系改革的要求相适应,国土空间规划技术标准体系是一项重构工作。

1) 技术标准体系的概况

构建国土空间规划技术标准体系是国土空间规划改革的重要工作,自2018年以来,国土空间规划领域的国家标准、行业标准相继发布(表4-2)。2020年7月全国自然资源与国土空间规划标准化技术委员会成立,覆盖了自然资源调查、监测、评价评估、确权登记、保护、资产管理和合理开发利用全流程,涉及国土空间规划、用途管制、生态修复全链条,涵盖地灾防治、勘查技术与实验测试等多个专业领域,应用于管理、技术和服务各个方面。

表 4-2 国土空间规划主要技术标准规范汇总

层次	名称	颁发部门及编号
基础标准	《第三次全国国土调查技术规程》	自然资源部（TD/T 1055—2019）
	《国土空间调查、规划、用途管制用地用海分类指南（试行）》	自然资源部
	《都市圈国土空间规划编制规程（征求意见稿）》	自然资源部
	《省级国土空间规划编制指南（试行）》	自然资源部
	《市级国土空间总体规划编制指南（试行）》	自然资源部
	《国土空间规划制图规范》	自然资源部
	《国土空间规划"一张图"建设指南（试行）》	自然资源部
	《资源环境承载能力和国土空间开发适宜性评价技术指南（试行）》	自然资源部
	《国土空间规划"一张图"实施监督信息系统技术规范》	自然资源部（GB/T 39972—2021）
	《自然资源分等定级通则》	自然资源部（TD/T 1060—2021）
	《自然资源价格评估通则》	自然资源部（TD/T 1061—2021）
	《国土调查数据库标准》	自然资源部（TD/T 1057—2020）
通用标准	《城市地下空间规划标准》	住房和城乡建设部（GB/T 51358—2019）
	《历史文化名城保护规划标准》	住房和城乡建设部（GB/T 50357—2018）
	《村庄整治技术标准》	住房和城乡建设部（GB/T 50445—2019）
	《土地征收"成片开发"标准（试行）》	自然资源部
	《国土空间规划城市体检评估规程》	自然资源部（TD/T 1063—2021）
	《国土空间规划城市设计指南》	自然资源部（TD/T 1065—2021）
	《社区生活圈规划技术指南》	自然资源部（TD/T 1062—2021）
专用标准	《城镇开发边界划定指南（试行）》	自然资源部
	《生态保护红线划定指南》	环境保护部、国家发展和改革委员会
	《基本农田划定技术规程》	原国土资源部（TD/T 1032—2011）
	《小城镇空间特色塑造指南》	中国城市规划学会（T/UPSC 0001—2018）
	《城市居住区规划设计标准》	住房和城乡建设部（GB 50180—2018）
	《城市绿地规划标准》	住房和城乡建设部（GB/T 51346—2019）

续表 4-2

层次	名称	颁发部门及编号
专用标准	《城市环境卫生设施规划标准》	住房和城乡建设部(GB/T 50337—2018)
	《风景名胜区总体规划标准》	住房和城乡建设部(GB/T 50298—2018)
	《城市综合交通体系规划标准》	住房和城乡建设部(GB/T 51328—2018)
	《防洪标准》	水利部(GB 50201—2014)
	《城市消防站建设标准》	住房和城乡建设部、国家发展和改革委员会(建标 152—2017)
	《风景名胜区详细规划标准》	住房和城乡建设部(GB/T 51294—2018)
	《城市轨道交通线网规划标准》	住房和城乡建设部(GB/T 50546—2018)
	《城市环境规划标准》	住房和城乡建设部(GB/T 51329—2018)

(1) 技术标准的分类

国土空间规划技术标准体系延续工程建设标准体系中的城乡规划技术标准体系的分类(王国恩,2009),分为基础标准、通用标准和专用标准三个层次(图 4-1)。

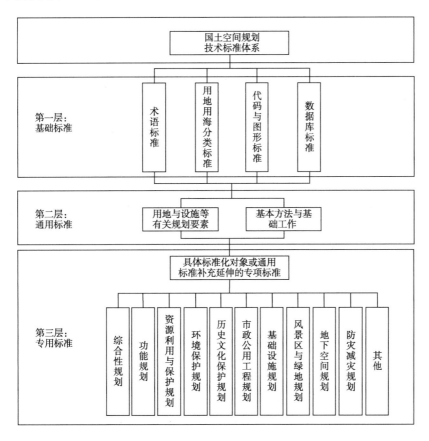

图 4-1 技术标准三级分类示意图

4 国土空间规划实施管理的依法行政 | 125

① 基础标准,是指作为其他标准的基础并普遍被使用,具有广泛指导意义的术语、符号、基本分类、基本原则等的标准。如自然资源部发布的《第三次全国国土调查技术规程》《国土空间调查、规划、用途管制用地用海分类指南(试行)》,住房和城乡建设部发布的《风景园林基本术语标准》(CJJ/T 91—2017)等属于基础标准。

② 通用标准,是针对某一类标准化对象制定的覆盖面较大的公共标准,体现通用的安全、卫生、环保要求和通用的质量、规划设计要求以及管理技术等。如住房和城乡建设部发布的《城市地下空间规划标准》(GB/T 51358—2019)、《村庄整治技术标准》(GB/T 50445—2019),自然资源部发布的《国土空间规划城市设计指南》(TD/T 1065—2021)、《国土空间规划城市体检评估规程》(TD/T 1063—2021)等属于通用标准。

③ 专用标准,是针对某一具体标准化对象或作为通用标准的补充、延伸制定的专项标准,覆盖面较小,如给水、排水、电信等某种工程的规划、设计、施工等要求和方法。原国土资源部发布的《基本农田划定技术规程》(TD/T 1032—2011),自然资源部发布的《社区生活圈规划技术指南》(TD/T 1062—2021)、《城区范围确定规范》(TD/T 1064—2021),住房和城乡建设部发布的《城市绿地规划标准》(GB/T 51346—2019)、《风景名胜区详细规划标准》(GB/T 51294—2018)等属于专用标准。

(2) 技术标准的分级

国土空间规划技术标准体系可分为国家标准、行业标准、地方标准三类。此外,在空间规划改革的过程中,有学者提出国土空间规划技术标准应逐渐探索与国际标准接轨,以提高国土空间规划在国际竞争中的位置。

① 国家标准,是指对全国经济技术发展有重大意义,需要在全国范围内统一技术要求而制定的标准。国家标准在全国范围内适用,其他各级标准不得与之相抵触。2019年申请报批的《国土空间规划制图规范》《县级国土空间总体规划编制技术规程》等,均属于国家标准。

② 行业标准,是对国家标准的补充,是专业性、技术性较强的标准,行业标准的制定不得与国家标准相抵触。2019年申请报批的《都市圈国土空间规划编制规程(征求意见稿)》《城市公共服务设施规划规范》《城区范围确定标准》《国土空间规划城市体检评估规程》(TD/T 1063—2021)、《国土空间规划城市设计指南》(TD/T 1065—2021)、《社区生活圈规划技术指南》(TD/T 1062—2021)等属于行业标准。

③ 地方标准,是指对没有国家标准和行业标准但又需要在省、自治区、直辖市范围内统一规划编制技术规程而制定的标准,地方标准在本行政区域内适用,不得与国家标准和行业标准相抵触。目前,各地在国家标准和行业标准的基础上,结合自身推进国土空间规划工作要求和地方特色,相应推进地方国土空间规划技术标准的制定。例如,浙江、河北、山东等省份公布了市级、县级国土空间规划编制技术规程;北京、山东、湖南等省(市)公布了乡镇级国土空间规划编制技术规程;广东、湖南、江西等地公

布了村庄规划编制技术大纲。

2) 完善技术标准体系

技术标准体系是国土空间规划编制审批的重要依据。自然资源部会同相关部门负责构建统一的国土空间规划技术标准体系，修订与完善国土资源现状调查和国土空间规划用地分类标准，制定各级各类国土空间规划编制办法和技术规程。同时，规划工作需要有延续性，需要结合新体系的建构，梳理现有的各类标准规范，并进行必要的调整、合并、优化和扩展。

(1) 从分散趋向整合统一。长期以来，各类空间性规划重叠冲突，重要原因之一是基础技术标准的不统一、不衔接。如关于用地用海的基础分类，城乡规划管理部门有《城市用地分类与规划建设用地标准》(GB 50137—2011)，土地管理部门有《土地利用现状分类》(GB/T 21010—2017)，海洋管理部门有《海域使用分类》(HY/T 123—2009)等国家标准或行业标准，彼此之间管理不同、标准内涵不一、术语名词不一致，标准的行政内容和技术内容相互掺杂，界限模糊不清。国土空间技术标准体系应当统一底图、统一标准、统一规划、统一平台，把全生命周期管理理念贯穿规划、建设、管理全过程的各个环节。如《国土空间调查、规划、用途管制用地用海分类指南（试行）》，整合了原城乡规划、土地规划、海洋规划的分类标准，建立了统一的国土空间用地用海分类。

(2) 多学科融合的内容体系。国土空间规划改革处于生态文明建设、资源集约节约利用、高品质人居环境等背景理念和发展要求下，知识结构呈现出从偏重工程技术的传统城乡规划转向与制度建设相结合、自然科学与社会科学内涵并重、多学科交叉融合的空间规划体系转变的趋势。相应地，技术标准体系的更新和完善也呈现出多学科知识交叉融合的技术体系的方向。

(3) 强化信息化技术的支持。为提高国土空间治理的智能化水平，国土空间规划的技术标准强化了信息化技术的支持。重视利用大数据、地理信息系统(GIS)、云计算等技术，综合考虑信息化条件下的数据分析、规划决策、评估监测技术，由规划编制信息化逐渐转向覆盖国土空间规划编制、实施、评估、监测的信息化技术支持。如自然资源部发布的《国土空间规划"一张图"实施监督信息系统技术规范》(GB/T 39972—2021)、《省级国土空间规划数据库标准（试行）》《市级国土空间总体规划数据库规范（试行）》等，为更好地规划编制信息化、规划实施监管信息化，提高国土空间治理提供了有效保障。

(4) 分级分类，明确重点。国土空间规划技术标准趋向层级明确、重点清晰。国家标准适用于全国最基本、最普遍性的技术规定，注重基础引导、关注重点，并留有弹性，如《市级国土空间总体规划编制指南（试行）》。各省(自治区、直辖市)根据当地实际制定适合本行政区域的技术标准，如《湖南省城镇开发边界划定技术指南（试行）》《江西省村庄规划编制工作指南（试行）》等。行业标准条目分类更具体、取值范围更精细、针对性更强，如关于永久基本农田、城镇开发边界、生态保护红线划定等均有明确的技术标准。

4.4.3 规范性文件

《最高人民法院关于适用〈中华人民共和国行政诉讼法〉的解释》中明确指出,"行政诉讼法第十三条第二项规定的'具有普遍约束力的决定、命令',是指行政机关针对不特定对象发布的能反复适用的规范性文件"。国土空间规划改革工作推进以来,国务院、自然资源部、农业农村部、生态环境部等部门发布了一系列规范性文件。在国土空间规划相关法律法规未完善出台前,这些规范性文件是国土空间规划工作的重要保障和支撑(表4-3)。此外,各级地方人民政府也会制定与国土空间规划实施管理相关的规范性文件。

(1)规划编制审批。《自然资源部关于全面开展国土空间规划工作的通知》全面启动了国土空间规划审批和实施管理工作,推进了规划审查报批制度的改革,明确了"按照管什么就批什么的原则",减少了报国务院审批城市数量,除直辖市、计划单列市、省会城市及国务院指定城市的规划由国务院审批外,其他城市均由省级人民政府审批。

(2)"三区三线"划定。2019年11月,中共中央办公厅、国务院办公厅印发了《关于在国土空间规划中统筹划定落实三条控制线的指导意见》,明确了生态保护红线、永久基本农田、城镇开发边界三条控制线的基本内涵、划定原则以及管控要求等,强调了三条控制线是统一国土空间用途管制和推进"多规合一"的基础。

(3)村庄规划建设。《中央农办 农业农村部 自然资源部 国家发展改革委 财政部关于统筹推进村庄规划工作的意见》将村庄规划定位为城镇开发边界外乡村地区的详细规划,是乡村地区开展国土空间开发保护活动、实施国土空间用途管制、核发城乡建设项目规划许可、进行各项建设等的法定依据。此后,《自然资源部办公厅关于加强村庄规划促进乡村振兴的通知》和《自然资源部办公厅关于进一步做好村庄规划工作的意见》先后发布,指导各地有序推进实用性村庄规划编制。

(4)规划许可制度。2019年9月,《自然资源部关于以"多规合一"为基础推进规划用地"多审合一、多证合一"改革的通知》通过合并规划选址和用地预审,合并建设用地规划许可和用地批准,提高行政审批效率。

(5)规划实施管理。2020年5月,《自然资源部办公厅关于加强国土空间规划监督管理的通知》明确不在国土空间规划体系之外另行编制审批新的土地利用总体规划、城市(镇)总体规划等空间规划,要求加快建立完善的国土空间基础信息平台,形成国土空间规划"一张图",实行规划全周期管理,统筹规划—建设—管理三大环节,提升国土空间规划治理水平。

表 4-3 国家层面国土空间规划重要的规范性文件汇总

类型	名称	部门/文号	时间
编制审批	《中共中央 国务院关于建立国土空间规划体系并监督实施的若干意见》	中发〔2019〕18号	2019-05
	《自然资源部关于全面开展国土空间规划工作的通知》	自然资发〔2019〕87号	2019-05
	《自然资源部关于做好近期国土空间规划有关工作的通知》	自然资发〔2020〕183号	2020-11
三区三线划定	《关于在国土空间规划中统筹划定落实三条控制线的指导意见》	中共中央办公厅、国务院办公厅	2019-11
	《自然资源部 农业农村部关于加强和改进永久基本农田保护工作的通知》	自然资规〔2019〕1号	2019-01
	《自然资源部办公厅关于划定永久基本农田储备区有关问题的通知》	自然资办函〔2019〕343号	2019-03
	《关于建立以国家公园为主体的自然保护地体系的指导意见》	中共中央办公厅、国务院办公厅	2019-06
村庄规划建设	《自然资源部办公厅关于进一步做好村庄规划工作的意见》	自然资办发〔2020〕57号	2020-12
	《中央农办 农业农村部 自然资源部 国家发展改革委 财政部关于统筹推进村庄规划工作的意见》	农规发〔2019〕1号	2019-01
	《自然资源部办公厅关于加强村庄规划促进乡村振兴的通知》	自然资办发〔2019〕35号	2019-05
	《自然资源部办公厅 农业农村部关于保障农村村民住宅建设合理用地的通知》	自然资发〔2020〕128号	2020-07
	《自然资源部办公厅 农业农村部关于农村乱占耕地建房"八不准"的通知》	自然资发〔2020〕127号	2020-07
	《关于调整完善土地出让收入使用范围优先支持乡村振兴的意见》	中共中央办公厅、国务院办公厅	2020-09
规划许可	《自然资源部关于以"多规合一"为基础推进规划用地"多审合一、多证合一"改革的通知》	自然资规〔2019〕2号	2019-09
规划实施与管理	《自然资源部办公厅关于加强国土空间规划监督管理的通知》	自然资办发〔2020〕27号	2020-05
	《国务院关于授权和委托用地审批权的决定》	国发〔2020〕4号	2020-03

续表 4-3

类型	名称	部门/文号	时间
其他文件	《自然资源部办公厅关于开展国土空间规划"一张图"建设和现状评估工作的通知》	自然资办发〔2019〕38号	2019-07
	《国务院办公厅关于坚决制止耕地"非农化"行为的通知》	国办发明电〔2020〕24号	2020-09
	《自然资源部办公厅关于国土空间规划编制资质有关问题的函》	自然资办函〔2019〕2375号	2019-12

4.4.4 法定规划及相关依据

法定规划是指依法批准公布的各类规划，包括国土空间总体规划、国土空间详细规划、国土空间专项规划。法定规划包括文本、附表、图件、说明书、专题研究报告、国土空间规划"一张图"等相关成果；经国土空间规划行政主管部门提出的规划条件，审批同意的用地红线图、总平面布置图、市政道路设计图、建筑设计图和工程管线设计图等；国土空间规划行政主管部门发出的规划设计变更通知文件。此外，依法批准的国民经济和社会发展规划、城市经济和社会发展中长期计划、城市建设年度计划、建设项目设计任务书或可行性研究报告、批准的计划投资文件等，也是依法行政的重要依据。

5 国土空间规划编制审批管理

组织编制和审批国土空间规划,是建立"多规合一"国土空间规划体系并监督实施的基础前提。按照"自上而下、上下联动"的原则,在明确各级事权的基础上,由各级人民政府及其自然资源主管部门组织编制全国、省级、市县和乡镇国土空间规划。按照"管什么就批什么"的原则,在明确各层级国土空间规划审查要点、审批流程、审批时限的基础上,根据相应审批权限组织规划报批审查。

5.1 编制审批管理概述

依法公布的国土空间规划是实施管理的基本依据,依法编制审批国土空间规划是强化规划权威性的必然要求。国土空间规划编制审批管理,是国土空间规划法定化过程中对编制主体和流程、审批主体和流程、编制要求和内容、承担编制任务的单位资质和专业人员资格进行的管理活动。编制审批管理包括工作组织、方案编制、方案审批与规划修改等。

5.1.1 国土空间规划编制审批管理的主要内容

1) 工作组织与方案编制管理

国土空间规划是国民经济和社会发展规划在国土空间上的落实,是指导国土空间保护和开发利用的基本依据。不同层级和类别的国土空间规划必须依法由相应部门组织编制,其规划方案的内容必须依据法律法规以及相关技术规范。在编制国土空间规划时,应当严格遵循国家颁布的国土空间规划体系和技术标准,准确掌握自然资源、经济文化资源、生态资源等的分布状况及权益状况。国土空间规划的编制应当与不同阶段的国民经济和社会发展规划的编制周期相衔接。

可以将国土空间规划编制的组织管理理解成编制工作的推进组织。国土空间规划编制的组织管理主要包括根据实际需要确定具体的规划工作及工作开展的时机,依法明确编制的组织主体,确定牵头部门、参与部门及其工作职责,制订工作方案和计划,选定合适的编制技术单位,按时间计划的安排提交规划方案。

可以将国土空间规划方案编制的管理理解成国土空间规划方案形成的技术线路的组织。国土空间规划方案编制的管理主要包括如何开展各种调研和资料的收集以准确、快捷地获取现状情况,分析、研判需求和问题,厘清工作思路,确定规划目标,制定国土空间保护、开发和利用的具体方案,提出实施管控的策略,完成相应的文本和图件供审批发布。

2) 审批与修改管理

国土空间规划实行分级分类规划审批和修改制度。"五级三类"国土空间规划根据不同事权,按照相关法律规定进行不同层级的审批。国土空间规划作为国土空间开发、利用、保护、修复、治理以及实施所有国土空间用途管制和规划管理的依据,需要按照法定的程序进行审批。编制完成后的规划方案一经批准后便具有法律效力,在实施过程中必须严格执行,只有这样才能保证国土空间的有序、协调和可持续发展。同时,为了切实加强国土空间规划的严肃性和科学性,防止随意更改规划从而造成资源环境的破坏和公众合法权益的侵害,国土空间规划的修改应该严格依法办理。

5.1.2 国土空间规划体系与传导

1) 既有空间规划体系

长期以来,主体功能区规划、城乡规划、土地利用规划等既有空间规划,对指导构建国土空间开发利用保护格局起到了重要作用。其中,主体功能区规划侧重于特定的主体功能(如提供工业品和服务产品的城市化地区、提供农产品的农业地区、提供生态产品的生态地区等),是全域覆盖的战略性空间安排;城乡规划侧重于发展建设,综合考虑城市政治、经济、社会、文化和环境等多要素,整体谋划城市长远发展;土地利用规划侧重于刚性管控,自上而下,实行用地指标的目标控制。

由于长期受计划经济和条块分割行政架构等因素的影响,既有空间规划自成体系、互不衔接,其规划的科学性、严肃性和空间约束性不够,导致空间规划的传导面临着诸多问题。首先,各类规划数量繁多,体系庞杂,不同规划之间的冲突普遍存在。其次,各类非法定空间规划试图突破法定规划,规划的地位效力面临挑战,缺乏总体统筹。最后,缺乏规划的纵向传导与横向协调机制,纵横失调问题较为突出。此外,传导方式侧重于自上而下的单向性传导(表5-1),缺少动态实施反馈机制。

表5-1 三大类空间规划传导内容比较

主体功能区规划		城乡规划		土地利用规划	
规划层次	向下传导内容	规划层次	向下传导内容	规划层次	向下传导内容
全国主体功能区规划	主体功能定位、开发方向、开发强度	全国城镇体系规划	政策分区、城镇空间组织、重点发展地区、城镇发展指引	全国土地利用规划	全国土地利用的战略导向与宏观政策要求、规划控制指标

续表 5-1

主体功能区规划		城乡规划		土地利用规划	
规划层次	向下传导内容	规划层次	向下传导内容	规划层次	向下传导内容
省级主体功能区规划	省域主体功能区结构、主体功能分区	省级城镇体系规划	省级城镇等级、重点发展地区、发展指引	省级土地利用规划	省域统筹、土地利用重大策略、重大工程、规划控制指标
市级主体功能区规划	市域主体功能分区	城市规划	城市性质、发展目标与规模、用地功能、空间布局及区域设施	地(市)级土地利用规划	市域土地利用结构布局安排、重点工程、规划控制指标
说明：主体功能区规划的基本单元为县级行政区域		县规划	发展目标、用地功能、空间布局以及县级主要设施	县(区)级土地利用规划	土地用途管制分区、重点项目、规划控制指标
		乡(镇)规划	用地功能、空间布局以及主要设施	乡(镇)级土地利用规划	土地用途、具体项目落实、规划控制指标
		村庄规划	—	村级土地利用规划	统筹布局"三生空间"、安排各项用地、落实永久基本农田地块

因此，要推进规划体制改革，建立新的统一衔接、功能互补、相互协调的国土空间规划体系，探索主体功能区规划、城乡规划、土地利用规划"三规合一"或者"多规合一"，形成一个县(市)一本规划、一张蓝图，从而构建"四个统一"的国土空间规划体系，即统一的规划目标和发展理念、统一的空间结构和用地布局、统一的发展规模和核心指标、统一的基础底版和用地分类。

2) 国土空间规划体系的构建

国家建立"五级三类"空间规划体系，即"国家、省、市、县、乡镇"五级规划，以及"总体规划、详细规划、专项规划"三类规划(图 5-1)。

"五级"是纵向视角上的层级规划，对应国家级、省级、市级、县级、乡镇级五个行政层级。其中，国家级规划侧重战略性，省级规划侧重协调性，市级、县级和乡镇级规划侧重实施性。一般而言，上级规划应当对下级规划提供指导依据，下级规划必须符合上级规划的要求，特别是空间规划的控制指标体系。当然，国土空间规划并非严格地按照五级划分，一些较小的区域可以将市级、县级规划与乡镇级规划合并编制，有的也可以以几个乡镇为单元进行统一编制。

"三类"是指规划的类型，分为总体规划、详细规划和专项规划。

① 总体规划强调综合性，是对一定区域，如行政区全域范围所涉及的

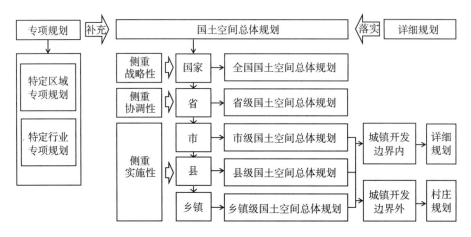

图 5-1　全国"五级三类"空间规划体系示意图

国土空间保护、开发、利用、修复等做出的全局性安排。

② 详细规划强调实施性，一般在市县及以下层级组织编制，是对具体地块用途和开发强度等做出的实施性安排。详细规划是开展国土空间开发保护活动、实施国土空间用途管制、核发城乡建设项目规划许可、进行各项建设的直接依据。在城镇开发边界外的乡村地区，以一个或几个行政村为单元，由乡镇人民政府组织编制"多规合一"的实用性村庄规划作为详细规划。

③ 专项规划强调专门性，是针对特定的区域、流域（如长江经济带、城市群、都市圈等特定区域），或者特定的专业领域（如交通、水利、林业、海洋等），为体现特定功能对空间开发保护利用做出的专门性安排。专项规划一般由自然资源主管部门或者相关主管部门组织，在国家级、省级和市县级层面编制。

一些城市根据自身的国土空间特点、行政体系构架以及城市精细化管理需求，在国家"五级三类"的空间规划体系框架下，积极探索构建符合当地实际的国土空间规划体系。例如，北京市明确建立"三级三类"国土空间规划体系，上海市提出在空间序列构建"总体规划—单元规划—详细规划"三个层级规划，广州市建立了"市域—片区—单元"三层规划，南京市建立了"市域—分区（区级）—街镇级"三级规划，深圳市建立了"市级—分区"两级国土空间规划体系，等等。

（1）责权对等、层级分明的总体规划

国土空间规划体系强调"一级政府、一级事权、一级规划"（专栏 5-1）。"五级三类"的国土空间规划体系体现了国家对国土空间进行"分层级"治理的思路。总体规划是政府对其行政区域内的国土空间开发保护利用进行总体安排的综合性规划。总体规划贯穿各行政层级，是上级人民政府约束和引导下级人民政府的空间政策工具。

全国国土空间总体规划是对全国国土空间做出的全局安排，是全国国土空间保护、开发、利用、修复的政策和总纲，侧重战略性。

> 专栏 5-1　日本的"一级政府、一级事权、一级规划"
>
> 在日本，国家层面的主要职责是定战略，即编制国土形成规划和国土利用规划（全国），两项规划相互协调、互为补充；制定国土保护利用的战略方向和基本方针。国家并不过多插手地方规划管理，仅适当提出意见或劝告，给予地方较大的自主权（李亚洲等，2020）。
>
> 都道府县的主要职责是划分区，通过土地利用基本规划将国土划分为五类地域，以此作为衔接上层级宏观战略和下层级具体实施的抓手。市町村的主要职责是定方案，以城市规划等实施性规划为手段，主导各类国土资源的开发建设和保护利用。跨行政层级编制的规划能体现出国家和地方的差异性、传导性，例如，国土利用规划在指标和内容深度上呈现出逐层递进、逐步深化的特点；城市规划作为操作性、实施性的规划，以市町村为主开展编制，都道府县仅编制跨区域或重点地区的城市规划。
>
> 总体上，日本已基本形成"一级政府、一级事权、一级规划"的空间规划体系，三级政府权责明晰，各自负责其职权范围内的规划编制和实施。

省级国土空间总体规划是对全国国土空间总体规划的落实和深化，是一定时期内省域国土空间保护、开发、利用、修复的政策和总纲，是编制省级专项规划、市县等下位国土空间规划的基本依据，在国土空间规划体系中发挥着承上启下、统筹协调的作用，具有战略性、协调性、约束性和综合性。

市级国土空间总体规划是城市落实新发展理念、实施高效能空间治理、促进高质量发展和高品质生活的空间政策，是市域国土空间保护、开发、利用、修复和指导各类建设的行动纲领。市级国土空间总体规划要体现综合性、战略性、协调性、基础性和约束性，落实和深化上位规划要求，为编制下位国土空间总体规划、详细规划、专项规划和开展各类开发保护建设活动、实施国土空间用途管制提供基本依据。

县级国土空间总体规划侧重底线管控的落实以及地方发展与国家战略和政策框架的协同。县级国土空间总体规划是指在县（市、区）行政辖区范围内对国土空间保护、开发、利用、修复的总体安排和综合部署，是对省级、市级国土空间总体规划和专项规划的细化落实，侧重实施性和操作性，是编制乡（镇、片区）国土空间总体规划、专项规划、详细规划以及实施国土空间规划用途分区管制的重要依据。

乡镇级国土空间总体规划是对省级、市级、县级国土空间总体规划和专项规划的深化落实，是编制详细规划以及实施国土空间规划用途管制的重要依据。

（2）全域覆盖、分区分类的详细规划

详细规划分为两类：在城镇开发边界内的详细规划，由市县自然资源主管部门组织编制，报同级人民政府审批；在城镇开发边界外的乡村地区，以一个或几个行政村为单元,由乡镇人民政府组织编制"多规合一"的实用性村庄规划作为详细规划,报上一级人民政府审批。这两类详细规划是国家层面的一般性的规定与区分,对于一些特大城市,尤其是高度城镇化的城市而言,不仅要体现全域全要素精细化的管理需求,而且要关注和补足非建设用地空间管控的短板,因此诸多城市开展了在市域范围内全域全覆盖的单元详细规划管控的探索(图 5-2)。

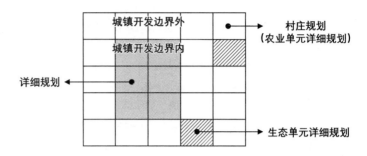

图 5-2　全域单元管控模式示意图

其中,城镇开发边界内的详细规划是在城镇开发边界内开展国土空间开发保护活动、实施国土空间用途管制、核发城市建设项目规划许可、进行各项建设等的法定依据。结合主次干道、自然要素与行政管辖边界,以 15 min 生活圈等为空间功能基础,结合总体规划层面的居住生活区、综合服务区、商业商务区、工业发展区、物流仓储区、绿地休闲区、交通枢纽区等主导功能分区划定详细规划编制单元。编制单元是市县级国土空间总体规划向详细规划传导约束性指标和刚性管控要求的基础单元,市县级国土空间总体规划将规划主导功能、开发增量、配套设施等内容,通过指标、名录、分区等方式落实到详细规规编制单元中。同时按照国土空间规划"一张图"实施监督信息系统的管理要求,将详细规划的法定成果纳入"一张图"管理系统中,建立详细规划的实时监测、定期评估与动态反馈机制,提高规划编制的时效性。

城镇开发边界外的村庄规划(农业单元详细规划)与生态单元详细规划是在城镇开发边界外编制的以农业、生态为主导功能的单元规划,同时也是作为非城市集中建设区域内项目建设与国土空间综合整治的法定依据。

第一,村庄规划。村庄规划是国土空间规划体系中乡村地区的详细规划,是整合原村庄规划、村庄建设规划、村庄土地利用规划、村庄土地整治规划等形成的"多规合一"的法定规划,是乡村地区开展国土空间开发保护活动、实施国土空间用途管制、核发乡村建设项目规划许可、进行各项建设等的法定依据。

第二,生态单元详细规划。生态单元详细规划以生态综合评估结果为底版,结合行政管辖边界、一级水源保护区、各类自然保护地和城市公园等管理范围线,分类划定水源安全保护、物种安全保护、水土保持、重要生态廊道等单元。从土地使用控制、生态建设控制、生态环境质量、生态修复和生态服务等维度，构建生态单元规划指标管控体系。其中主导功能、生态保护红线面积、永久基本农田保护面积、耕地保有量、森林覆盖率、林地保有量、湿地面积、新增生态修复面积等指标，要从上位的总体规划中由单元规划具体落实。

村庄规划（农业单元详细规划）与生态单元详细规划都是在全市统一的"三条控制线"管控基础上，实行"农业/生态单元图则＋规划许可"和"约束指标＋分区准入"的管控方式。单元图则明确地块功能、控制性指标、配套设施布局等内容。对于规划期内有意向但位置不明确的重大公共服务设施或基础设施建设项目，可在图则中采用部分落图或用地指标预留的形式进行预控，实现图则的弹性管理。待设施线位确定后，以增补单元图则或修编单元图则的形式，作为建设项目审批的依据。

（3）全面支撑、相互衔接的专项规划

专项规划按照内容分为特定区域（流域）的专项规划，如海岸带、自然保护地等跨行政区域或流域的国土空间规划，以及涉及特定行业的专项规划，如交通、能源、水利、农业、信息、市政等基础设施，公共服务设施，军事设施，以及生态环境保护、文物保护、林业草原等专项规划。

以往的专项规划涉及领域广、门类多，在统一的国土空间规划体系下，应进一步规范专项规划的编制与审批，加强与国土空间规划的有效传导与衔接。一是研究制定国土空间规划编制目录清单与规划编制计划，对现有的各类规划进行归并与清理。在清单内的专项规划应遵循上级与同级国土空间规划的战略引领性和强制性管控要求，并对国土空间规划中的专项内容进行细化与支撑。二是研究确定专项规划需要被纳入国土空间规划的核心空间要素，并制定被纳入国土空间总体规划和详细规划的技术标准。三是加快建立国土空间规划"一张图"监督实施系统。专项规划在编制和审查过程中应加强与规划"一张图"的核对，待规划批复后纳入同级国土空间基础信息平台，再叠加到国土空间规划"一张图"中（专栏5-2）。

专栏5-2 吉林省专项规划编制的"一张图"管理

在《吉林省国土空间专项规划编制目录清单管理暂行办法》（2019年）中，对于专项规划的审核便明确要求，需使用国土空间规划"一张图"和空间关联现状数据信息作为阶段性规划成果专家论证时的重点审查内容；在将规划成果向审批机关报批前，应送同级自然资源主管部门进行全省国土空间基础信息平台的"一张图"合规性审查，自然资源主管部门应出具"一张图"合规性审查意见。

由此可见，基于"一张图"，管理主体可以更全面地了解和掌握国土空间的"家底"，可以更好地避免规划之间的冲突和矛盾，为支撑新一轮国土空间规划编制和实现全域全要素国土空间治理奠定基础。

3）国土空间规划传导

下位规划有效地传导与落实上位规划的内容和任务,是各类规划能否有效实施的重要保障。传统空间规划传导的方式不尽相同,如主体功能区规划大多采用政策传导的方式;城乡规划采用定位传导、规模传导、结构传导、功能传导等方式;土地利用规划主要采用指标传导、管制分区传导等方式;海洋功能区划采用用途分区传导的方式;等等。

国土空间规划改革的主要目的是建立全国统一、责权清晰、科学高效的空间规划体系,规划内容的传导是各层级规划、各类规划的要义之一。国土空间规划的传导目的包括落实上位、指导下位、统筹专项、面向实施。其中,落实上位是指分解与落实上位规划所确定的内容和任务;指导下位是指指导与约束下级规划落实上位规划的内容和任务;统筹专项是指统筹好国土空间规划与各专项规划之间的指导与约束关系;面向实施是指国土空间规划必须可传导、可监管、定量化、坐标化,保证国家意志的有效落实(图5-3)。

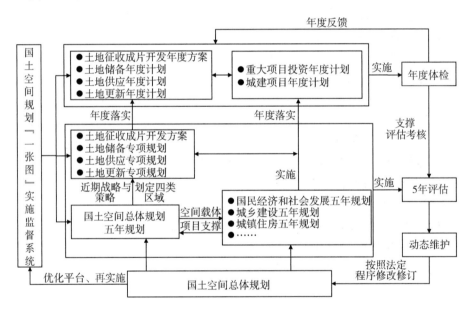

图5-3 实施层面传导机制

按照权责对应原则,国土空间规划传导分为横向传导、纵向传导和实施层面传导。其中,横向传导是统筹协调好自然资源与发展和改革、交通、水利、城乡建设、能源、军事等多部门关系,处理好空间资源唯一性和空间管理多样性之间的矛盾;纵向传导是按照"一级政府一级事权"的行政管理体制,处理好中央人民政府约束性和地方人民政府灵活性之间的矛盾;实施层面传导是将国土空间规划传导至分区规划、详细规划、近期规划、实施计划,以及用途管制、土地利用、耕地保护、生态修复等方面(李莉等,2021)。

按照传导方式(专栏5-3),国土空间规划传导分为目标定位传导、指标传导、布局传导、名录传导、政策传导五大方式,这五种传导方式之间相互配合、相互补充、紧密支撑。

(1) 目标定位传导

目标定位传导既是体现规划战略性的重要内容,也是落实上层级战略目标的重要途径。目标定位传导既要体现自上而下的管控意图,也要符合本单元的发展需求与实际,重点是在落实上层级规划的使命要求与本单元发展目标之间寻找最大公约数。

(2) 指标传导

指标传导,对上是落实上位规划下达的关键性指标,尤其是各类约束性指标;对下是将传导的指标分解与落实到下层级的规划中,指标的分解与落实要充分体现下级各单元的目标要求与客观实际,分解的内容可包括总量、结构、效益等。

(3) 布局传导

空间布局与管制分区既是国土空间规划的核心内容,也是规划目标在空间上的直接投影和具体体现。在管控传导方式方面,布局传导可以采用边界传导、点位传导等方式,同时要赋予下层级规划弹性空间,下层级规划应结合相应的事权对布局内容进行落实、深化、细化、优化、调整。

(4) 名录传导

名录传导是国土空间规划统筹各类涉及空间使用需求的专项规划的有效手段,通过对重点区域、重点项目、空间准入清单等的系统梳理,逐级下达,可以保证各类名录在相应层级的规划中得到统筹落实,辅以指标传导、布局传导,实现指标有预留、布局有预控、实施有弹性。

(5) 政策传导

政策传导是主体功能区规划的核心要义。不同地区因资源禀赋存在差异,所以应该确定不同的主体功能定位。在国土空间规划中,应充分吸纳主体功能区规划的理念,针对差异化的主体功能定位实施差异化的指标调控和功能布局调控。

专栏5-3 德国《空间秩序法》的"双向反馈原则"

德国规划体系中的"纵向传导"并非单纯以"自上而下"为唯一路径,而是包含对地方发展诉求与专项领域规定进行回应的"双向反馈"。《空间秩序法》以实现"可持续的空间发展"为根本任务,将各类主体横向与纵向合作的"双向反馈原则"在法条中进行了明文规定。它强调各子空间的发展、秩序与保护均需要满足整体空间的情况与要求,整体空间的发展、秩序和保护也应考虑到其子空间的实际与诉求。各类城市规划和专项规划遵循空间秩序规划的"目标"内容,以此强化了自上而下政策性要素传导的法律依据。同样,《建设法典》与各类专项法也对相应要求进行了完善与修订。在法定协商合作机制的引导下,各级各类主体在空间秩序规划中的参与实际上是相互共享信息的重要过程,为各方意图的"双向传导"以及地区性利益的共识构建提供了重要依托(周宜笑,2021)。

4）强制性内容

强制性内容是规划传导的关键内容，各级各类国土空间规划中应当明确强制性内容。按照"谁组织编制、谁负责实施"的原则，明确各级各类国土空间规划编制和管理的要点，明确规划约束性指标和刚性管控要求。例如，根据《市级国土空间总体规划编制指南（试行）》的要求，其强制性内容应包括：(1)约束性指标落实及分解情况，如生态保护红线面积、用水总量、永久基本农田保护面积等；(2)生态屏障、生态廊道和生态系统保护格局，自然保护地体系；(3)生态保护红线、永久基本农田和城镇开发边界三条控制线；(4)涵盖各类历史文化遗存的历史文化保护体系，历史文化保护线及空间管控要求；(5)中心城区范围内结构性绿地、水体等开敞空间的控制范围和均衡分布要求；(6)城乡公共服务设施配置标准，城镇政策性住房和教育、卫生、养老、文化体育等城乡公共服务设施布局原则和标准；(7)重大交通枢纽、重要线性工程网络、城市安全与综合防灾体系、地下空间、邻避设施等设施布局。

强制性内容本质上是上级人民政府监督下级人民政府、行政主管部门约束其他部门的工具。其中，国土空间总体规划层面的强制性内容的主要作用方式是在规划体系中确保规划衔接的连贯性，以及用于上级人民政府、人民代表大会等对本级人民政府总体规划编制和修改行为的监督。国土空间详细规划层面的强制性内容的主要作用方式是衔接总体规划、专项规划的强制性内容并细化落实，作为地方人民政府监督规划实施的重点内容，对违反强制性内容的行为予以处罚。

5.2 国土空间规划编制工作组织管理

5.2.1 国土空间规划编制原则

1）坚持生态优先、推动绿色转型

坚持生态优先，要有底线思维，在生态文明思想和总体国家安全观的指导下编制规划，践行绿水青山就是金山银山的理念，坚持节约资源和保护环境的基本国策，落实最严格的生态环境保护制度、耕地保护制度和节约用地制度，严守生态、粮食、能源资源等安全底线。将城市作为生命有机体，探索内涵式、集约型、绿色化的高质量发展路子，坚持人与自然和谐共生，积极协调人、地、产、城、乡的关系，通过优化国土空间开发保护格局促进加快形成绿色发展方式和生活方式，增强城市韧性和可持续发展的竞争力。

2）坚持区域联动、促进协调融合

推动落实国家区域协调发展战略以及新型城镇化、乡村振兴、可持续发展等战略在各级规划层面的协同实施。完善统筹协调机制，协调解决国土空间的矛盾与冲突。加强陆海统筹，推动区域融合，促进城乡融合。形成主体功能约束有效、国土开发有序的空间发展格局。

3）坚持因地制宜、塑造特色优势

坚持一切从实际出发，立足地方资源禀赋、任务禀赋、发展阶段、重点问题和治理需求，尊重客观规律，体现地方特色，发挥比较优势，明确规划目标、策略、任务和行动，走合理分工、优化发展的路子。因地制宜地开展规划编制工作，突出地域特点、文化特色、时代特征。

4）坚持数字赋能、厚植基础底座

国土空间规划要收集整合陆海全域、涵盖各类空间资源的基础数据，充分利用大数据等技术手段分析与研判，夯实规划基础。打造国土空间基础信息平台，实现互联互通，为国土空间规划"一张图"提供支撑。

5）坚持共建共治、推动品质发展

以人民对美好生活的向往为目标，从社会全面进步和人的全面发展出发，坚持增进人民福祉，改善人居环境，提升国土空间品质，不断提升人民群众的获得感、幸福感、安全感。加强社会协同和公众参与，充分听取公众意见，发挥专家作用，实现共商共治，让规划编制成为凝聚社会共识的平台。

5.2.2 国土空间规划编制的组织主体

1）总体规划编制主体

全国国土空间总体规划由国务院自然资源主管部门会同有关部门组织编制。省级国土空间总体规划由省、自治区、直辖市人民政府组织编制。市县级国土空间总体规划由市县人民政府组织编制。乡镇级国土空间总体规划由乡镇人民政府组织编制。市县人民政府可以根据需要以几个乡镇为单元编制乡镇级国土空间总体规划或者将乡镇级国土空间总体规划与市县级国土空间总体规划合并编制。

2）详细规划编制主体

本行政区域城镇开发边界内的详细规划的编制主体是市县自然资源主管部门和乡镇人民政府。同时，市县可结合本地实际划定详细规划单元，制定规划实施方案。实施城市更新、土地征收成片开发地区应当先行编制详细规划。

城镇开发边界外乡村地区的村庄规划编制主体是乡镇人民政府。村庄规划可结合实际需要以一个或几个行政村为单元组织编制。

城镇开发边界外的自然保护地、重要海域海岛、历史文化保护等特定功能、特定政策的区域，需要编制详细规划的，由市县人民政府自然资源主管部门会同相关主体共同编制。

3）专项规划编制主体

按照专项规划的类型以及编制组织管理，专项规划的编制主体可分为两类：一类是由自然资源主管部门会同其他部门组织编制，如都市圈规划、自然保护地规划、海岸带保护利用规划、历史文化名城名镇名村街区保护规划、矿产资源规划、自然资源保护利用规划、国土空间生态修复规划、城市综合交通规划、市政基础设施规划、地下空间规划、公共服务设施规划、城市绿地系统规划等。另一类是由其他部门会同自然资源主管部门组织编制，或上述部门单独成为专项规划的编制主体。两类编制主体编制的专项规划涉及空间的内容都需要被纳入国土空间规划"一张图"中，并做好与相关总体规划以及详细规划的衔接和落实(表5-2)。

表5-2 国土空间规划编制审批要求汇总

类别		编制主体	审批主体
总体规划	全国国土空间总体规划	国务院自然资源主管部门会同有关部门	中共中央、国务院
	省级国土空间总体规划	省级人民政府	同级人民代表大会常务委员会审议后报国务院
	国务院审批的市级国土空间总体规划（市、县、乡镇）	市级人民政府	同级人民代表大会常务委员会审议后，由省级人民政府报国务院
	其他市县级、乡镇级国土空间总体规划	本级人民政府	省级人民政府
专项规划	海岸带保护利用规划、自然保护地规划等专项规划以及跨行政区域或流域的国土空间规划	所在区域共同的上一级人民政府自然资源主管部门	所在区域共同的上一级人民政府
	以空间利用为主的某一领域专项规划	相关主管部门	国土空间规划"一张图"
详细规划	城镇开发边界内的集中建设地区	市县自然资源主管部门和乡镇人民政府	市县人民政府
	城镇开发边界外的乡村地区(村庄规划)	乡镇人民政府	市县人民政府

5.2.3 国土空间规划编制的工作流程

规划编制应坚持党委领导、政府组织、部门协同、专家领衔、公众参与的工作方式。国土空间规划应全面落实中共中央、国务院的重大决策部署，体现国家意志。各级人民政府及行业主管部门为各类国土空间规划的编制主体，由其组织相关单位开展具体的编制工作。在编制过程中，需要依靠专家力量开展基础研究、规划方案、实施监管等相关工作，并且由于国土空间规划"多规合一"的要求，其涉及多个部门，需要部门之间的合作与沟通，才能够完成相关规划的编制工作。

公众参与作为社会治理体制下的重要环节,在政府政策制定、体制机制改革等方面发挥了重要作用。在规划编制阶段,应当广泛调研社会各界的意见和需求,深入了解人民群众所需、所急、所盼,充分调动和整合各方力量,鼓励各类相关机构参与规划编制;健全专家咨询机制,组建包括各相关领域专家在内的综合性咨询团队;完善部门协作机制,共同推进规划编制工作。在方案论证阶段,要形成通俗易懂、可视化的中间成果,充分征求有关部门、社会各界的意见。在规划获批后,应当在符合国家保密管理和地图管理等有关规定的基础上,及时公开,并接受社会公众监督。

编制国土空间规划应遵循一定的组织编制程序,相应的编制主体要根据发展实际进行规划编制的动议,并上报规划编制的要求。启动规划编制后,要结合规划的内容确定规划编制的领导机构与工作小组,确定规划编制单位,开展基础工作、规划编制、规划设计方案论证、规划公示、成果报批、规划公告等。在规划编制的工作组织中,基础测绘、资源确权、信息平台建设等关联工作应提前开展,或与主体工作并行开展。

5.3 国土空间规划编制的主要内容

5.3.1 总体规划主要编制内容

国土空间总体规划应当包括:国土空间发展目标,总体格局,主体功能区定位要求,生态、农业城镇的功能空间布局,生态保护红线、永久基本农田、城镇开发边界等空间管控边界以及各类海域保护线、专项规划空间统筹,要素综合配置,约束性指标和刚性管控要求,规划实施传导机制和路径措施。

1) 全国国土空间总体规划的主要编制内容

全国国土空间总体规划的编制内容主要包括:国土空间开发保护目标;国土空间开发强度、建设用地规模,生态保护红线控制面积、自然岸线保有率,耕地保有量及永久基本农田保护面积,用水总量和强度控制等指标的分解与下达;主体功能区划分,城镇开发边界、生态保护红线、永久基本农田的协调与落实情况;城镇体系布局,城市群、都市圈等区域协调重点地区的空间结构;生态系统保护格局,重大基础设施网络布局,城乡公共服务设施配置要求;自然保护地体系和历史文化保护体系;乡村空间布局,促进乡村振兴的原则和要求;保障规划实施的政策措施;对省级规划、专项规划的指导和约束要求等。

2) 省级国土空间总体规划的主要编制内容

省级国土空间总体规划的编制内容主要包括:落实全国国土空间总体规划的主要目标、管控方向与重大任务,结合省域实际,明确省级国土空间发展的总体定位、国土空间开发的保护目标和空间战略;落实全国国土空间总体规划所确定的国家级主体功能区,结合地方实际细化省级主体功能区;统筹划定生态保护红线、永久基本农田、城镇开发边界三条控制线,确定省域生态空间、农业空间、城镇空间；自然资源要素、历史文化和自然景观资源要素等资源要素的保护与利用；基础设施、防灾减灾等基础支撑体系；生态修复和国土空间综合整治；区域协调与规划传导，包括省级协调、省域重点地区协调，以及市县规划的传导和对专项规划的指导约束。

3）市县级国土空间总体规划的主要编制内容

市县级国土空间总体规划的编制内容主要包括：落实主体功能定位，明确空间发展目标战略；优化空间总体格局，促进区域协调、城乡融合发展；强化资源环境底线约束，落实上位国土空间总体规划所确定的生态保护红线、永久基本农田、城镇开发边界等划定要求，统筹划定"三条控制线"；依据国土空间开发保护总体格局，注重城乡融合、产城融合，优化城市功能布局和空间结构，改善空间连通性和可达性；结合不同尺度的城乡生活圈，优化居住和公共服务设施用地布局，完善开敞空间和慢行网络，提高人居环境品质；加强自然和历史文化资源的保护，运用城市设计方法，保护自然与历史文化，优化空间形态，塑造具有地域特色的城乡风貌；统筹存量和增量、地上和地下、传统和新型基础设施系统布局，构建集约高效、智能绿色、安全可靠的现代化基础设施体系，提高城市综合承载能力，建设韧性城市；针对空间治理问题，分类开展整治、修复与更新，有序盘活存量，推进国土整治修复与城市更新，提升空间综合价值；保障规划有效实施，提出对下位规划和专项规划的指引；衔接国民经济和社会发展五年规划，制定近期行动计划；提出规划实施保障措施和机制。

在国土空间总体规划中，可探索制定规划编制指引（专栏5-4），对详细规划以及同级专项规划中涉及国土空间的内容进行指导。制定详细规划和专项规划应当依据规划编制指引，并在规划成果中对规划编制指引的落实情况进行说明。在规划审批中，应当对规划编制指引的科学合理性、落实规划编制指引的严肃性进行严格审查。专项规划中涉及国土空间统筹的法定性内容应当被纳入同级总体规划，其他内容可以通过索引的方式，作为下级专项规划、下级总体规划的参考。在制定详细规划和专项规划中，涉及改变规划编制指引内容的，按照规划修改的相关制度进行管理。

专栏5-4　上海市分区指引的方法创新

上海市城市总体规划探索形成了"1+3"的成果体系，"1"是指《上海市城市总体规划（2017—2035年）》的报告，这是在强化战略性层面指导城市空间发展的纲领性文件，更多的是面向中央事权和市级事权；"3"分别为分区指引、专项规划大纲和行动规划大纲，是在实施性层面从分区、系统、时序维度构建的管控体系。上海市的分区指引作为独立的规划成果，是向上承接城市总体规划、向下指引分区规划的独立法定技术文件。作为指导编制分区规划的"操作性技术手册"，分区指引明确了各分区的战略任务、必须落实和延续的内容、必须遵循的原则，以"任务书"的形式来强化对总体规划核心内容的约束与传导。

4）乡镇级国土空间总体规划的主要编制内容

乡镇级国土空间总体规划的编制内容主要包括：落实上位国土空间总体规划的要求，确定乡镇功能定位、发展目标和产业导向等；落实上位国土空间总体规划对本乡镇社会经济发展目标、国土开发保护目标和规划指标的要求；结合地方实际，提出国土空间开发保护的总体策略；在上位国土空间总体规划所确定的规划用途分区的基础上进行细化落实，划定二级用途分区；落实上位规划的三条基本控制线，以及重要基础设施和廊道控制线、重要历史文化资源保护控制线、重要公共服务设施控制线等其他控制线和重点蓝线、绿线、紫线；优化用地布局，研究各类用地增加、减少的相互关系和比例情况，制定规划期内乡镇主要用地地类结构调整方案，编制结构调整表；在通用管制规则的基础上，结合地方实际，制定有特色、细化和深化的管制规则；明确国土空间综合整治与修复的目标任务、主要内容、整治区域及其整治对策和措施，并进行空间落位；协调并落实各类专项规划重要设施的空间需求，落实交通、能源、给水、排水、环卫等主要设施的用地需求和空间布局；明确向下位规划传导的内容；确定规划实施与行动、规划实施保障措施。

5.3.2 详细规划主要编制内容

1）城镇开发边界内的详细规划主要编制内容

城镇开发边界内的详细规划的编制内容主要包括：深化与完善片区规划所确定的功能定位；在片区规划所确定的建设用地规模、耕地保有量和设施配建等要求的基础上，深化用地布局，精准落位在每块用地的图斑上；明确蓝线、绿线、黄线等具体控制线的范围；确定各地块的用途、开发强度、保护与利用模式、控制性指标等。

2）城镇开发边界外的详细规划（村庄规划）主要编制内容

城镇开发边界外的详细规划（村庄规划）的编制内容主要包括：严格落实上级规划要求，合理预测村庄人口规模，制定村庄发展、国土空间开发保护等目标；落实生态保护红线、耕地保有量、永久基本农田保护面积、村庄建设用地规模等约束性指标及相关预期性指标；优化调整村域用地布局，明确各类土地规划用途；加强建设用地的弹性和兼容性管理，合理确定用途分类的深度；确定农业空间、生态空间和建设空间相应的国土空间用途管控要求，引导各类土地的合理保护和开发利用；落实永久基本农田划定成果，落实耕地保护任务和补充任务，明确永久基本农田地块（图斑）范围、保护要求和管控措施；落实上级规划所确定的国土空间综合整治和生态修复目标与项目安排，进一步明确各类项目的具体任务、实施范围和时序；明确主导产业发展方向，因地制宜地发展优势特色产业；制定公共服务设施、道路交通、公用设施、防灾减灾的村庄配套设施规划，居民点规划，近期规划。

5.3.3 专项规划主要编制内容

专项规划的相关编制内容根据相关领域专项规划的技术标准制定,强调对特定区域、特定领域专项规划与国土空间开发保护利用发生相互关系、相互影响、相互作用的要素进行综合考虑。

5.4 国土空间规划审批管理

5.4.1 国土空间规划审查要点

按照"管什么就批什么"的原则,强调事权对应、责权对等,对各级国土空间规划进行审查,侧重控制性审查,重点审查目标定位、底线约束、控制性指标、相邻关系等,并对数据与图纸的真实性、一致性、准确性,方法的科学性与方案的合理性,成果及内容的完整性,规划程序和报批成果形式的合规性等进行审查。

1) 省级国土空间总体规划审查要点

省级国土空间总体规划的审查要点包括:国土空间开发保护目标;国土空间开发强度、建设用地规模,生态保护红线控制面积、自然岸线保有率,耕地保有量及永久基本农田保护面积,用水总量和强度控制等指标的分解与下达;主体功能区划分,城镇开发边界、生态保护红线、永久基本农田的协调与落实情况;城镇体系布局,城市群、都市圈等区域协调重点地区的空间结构;生态屏障、生态廊道和生态系统保护格局,重大基础设施网络布局,城乡公共服务设施配置要求;体现地方特色的自然保护地体系和历史文化保护体系;乡村空间布局,促进乡村振兴的原则和要求;保障规划实施的政策措施;对市县级规划的指导和约束要求等。

2) 市级国土空间总体规划审查要点

由省级自然资源主管部门对市级国土空间总体规划进行审查,规划内容应符合国家级、省级国土空间总体规划等上位规划的要求。市级国土空间总体规划的审查要点包括:上位规划传导性内容,落实国家级和省级国土空间总体规划下达的约束性指标和空间控制线等其他刚性管控要求;区域协调性内容,包括跨市和市域内国土空间开发保护各类矛盾的协调以及市域范围内国土空间各类要素和重大工程的统筹安排;规划自身的科学性与合理性,包括国土空间开发保护总体目标和格局;市域范围内重要生态、农业、城镇、海洋等功能空间的结构和布局;市域国土空间规划的分区和用途管制规则;重大交通枢纽、重要线性工程网络、城市安全与综合防灾体系、地下空间、邻避设施等设施布局,城镇政策性住房和教育、卫生、养老、文化体育等城乡公共服务设施的布局原则和标准;城镇开发边界内的城市结构性绿地、水体等开敞空间的控制范围和均衡分布要求,各类历史文化遗存的保护范围和要求,通风廊道的格局和控制要求;城镇开发强度分区及容积率、密度等控制指标,高度、风貌等空间形态控制要求;市域管制规则;中心城区范围;中心城区城市功能布局和用地结构等;中心城区蓝绿空间、历史文化遗存保护、重要公共服务设施等重要结构性管控内容;市级国土空间总体规划"一张图"实施监督系统和数据库。

3) 县级国土空间总体规划审查要点

县级国土空间总体规划的内容由市级和省级自然资源主管部门审查,需省级自然资源主管部门审查的内容应先经过市级自然资源主管部门初审。

(1) 市级自然资源主管部门审查要点:上位规划约束性指标的落实和分解;重要基础设施和廊道控制线、历史文化资源保护控制线、重要公共服务设施控制线等其他控制线;规划用途分区及管制规则;国土空间用地结构及调整情况;重大交通设施、基础设施、公共服务设施及安全防灾设施等;乡镇级国土空间总体规划编制片区划分以及指标和刚性管控内容的分解;县级中心城区范围;县级中心城区蓝绿空间、历史文化遗存保护、重要公共服务设施等重要结构性管控内容;县级重大项目和重大工程。

(2) 省级自然资源主管部门审查要点:上级国土空间总体规划下达的约束性指标和刚性管控要求;县域国土空间开发保护总体目标和格局;生态保护红线、永久基本农田、城镇开发边界;县级中心城区范围;县级国土空间总体规划"一张图"实施监督系统和数据库。

4) 乡镇级国土空间总体规划审查要点

中心城区范围内的乡镇级国土空间总体规划需逐级上报省人民政府审批,依次由县级、市级、省级自然资源主管部门对其内容进行审查;其他乡镇级国土空间总体规划由省人民政府授权市人民政府审批,依次由县级、市级自然资源主管部门对其内容进行审查。需省级自然资源主管部门审查的内容应先经过市级自然资源主管部门初审,需市级自然资源主管部门审查的内容应先经过县级自然资源主管部门初审。

(1) 县级自然资源主管部门审查要点:乡镇规划定位、主体功能;上级规划下达的各项约束性指标和管控要求落实;规划用途分区的划定与落实;国土空间用地结构与地块用途;公共服务与基础设施保障;各类保护开发利用修复工程和项目的落实;详细规划编制单元划分与村庄建设用地边界。

(2) 市级自然资源主管部门审查要点:"三条控制线"和其他空间控制边界、坐标的划定与落实;用途管制规则。

(3) 省级自然资源主管部门审查要点:中心城区范围内的乡镇级国土空间总体规划在中心城区的规划内容方面与县级国土空间总体规划的一致性与匹配性;规划数据库。

5.4.2 国土空间规划审查与报批程序

1) 申报准备工作

(1) 基数转换成果的审查与验收。以现状调查为基础形成规划的底图底数,规划基数由市级自然资源主管部门初审,报省级自然资源主管部门审定。

(2) 国土空间规划"一张图"实施监督系统验收。"一张图"实施监督系统建设与市县级国土空间总体规划编制同步开展,报省级自然资源主管部门验收,未完成验收不得开展规划申报与审批工作。

(3) 专家及部门论证。各级国土空间总体规划需要在成果申报前召集相关专家和有关部门对规划方案进行论证和协调,同时规划组织部门要就规划方案书面征求有关部门的意见。

(4) 规划听证与成果公示。规划成果需要在通过专家论证和部门协调后组织听证会,充分听取公民、法人和其他组织的意见,并按照规定进行公示,广泛征求公众意见。

(5) 人民代表大会审议。听证会通过后,按照公众意见进行修改与完善,并报同级人民代表大会常务委员会审议,经审议通过后方可启动申报程序。

(6) 数据库审查。乡镇级、县级国土空间总体规划数据库由市级自然资源主管部门初审之后,报省自然资源厅审查;市级国土空间总体规划数据库直接报省级自然资源主管部门审查。数据库可根据成果完成情况分阶段进行审查。

2) 申报与审批程序

各级规划经本级人民代表大会常务委员会审议通过后,由本级人民政府逐级申报。

(1) 全国国土空间总体规划,由国务院自然资源主管部门会同有关部门组织编制,由国家审定后印发。

(2) 省级国土空间总体规划,由省级人民政府组织编制,经省级人民代表大会常务委员会审议后报国务院审批。

(3) 市级国土空间总体规划,计划单列市,省、自治区级人民政府所在地的城市以及由国务院所确定的城市的国土空间总体规划,经同级人民代表大会常务委员会审议后,由省、自治区级人民政府审查同意后报国务院批准。其他市级国土空间总体规划,经同级人民代表大会常务委员会审议后,报省级人民政府批准。

(4) 县级国土空间总体规划。县级国土空间总体规划经本级人民代表大会常务委员会审议通过后,由本级人民政府上报设区市级人民政府,设区市级人民政府批转本级自然资源主管部门组织论证。经设区市级自然资源主管部门审核,已按论证意见修改补充完善、符合要求的,则提出审核意见,经设区市级人民政府审查同意后,上报省级人民政府批准,或由省级人民政府授权的设区市级人民政府批准。

（5）乡镇级国土空间市总体规划。乡镇级国土空间总体规划按照中心城区范围内、外实行不同的申报程序。中心城区范围内的乡镇级国土空间总体规划经本级人民代表大会常务委员会审议后，逐级上报省级人民政府审批，其他乡镇级国土空间总体规划由省级人民政府授权设区市级人民政府审批。

3）审查流程

国土空间总体规划的审查流程须符合全过程留痕制度的要求，所有审查环节均应在国土空间总体规划"一张图"实施监督系统中自动强制留痕，确保规划审查行为全程可回溯、可查询。

审查工作包括技术性审查和程序性审查。其中，技术性审查由自然资源主管部门委托第三方技术团队进行技术审查，包括规划数据库复核、主要指标与管控内容审查、组织专家评审等，由技术团队出具技术审查意见。程序性审查由自然资源主管部门牵头组织规划编制议事协调机构成员单位进行审查，书面征求各部门意见，并组织会审。

（1）省级国土空间总体规划审查流程

省级国土空间总体规划经省级人民代表大会常务委员会审议通过后，由省级人民政府上报国务院审查，国务院收到相关材料后，转批自然资源部组织审查，审查工作包括技术性审查和程序性审查。

（2）市级国土空间总体规划审查流程

市级国土空间总体规划经市级人民代表大会常务委员会审议通过后，由市级人民政府上报省级人民政府审查，省级人民政府收到相关材料后，转批省级自然资源主管部门组织审查，审查工作包括技术性审查和程序性审查（图5-4）。

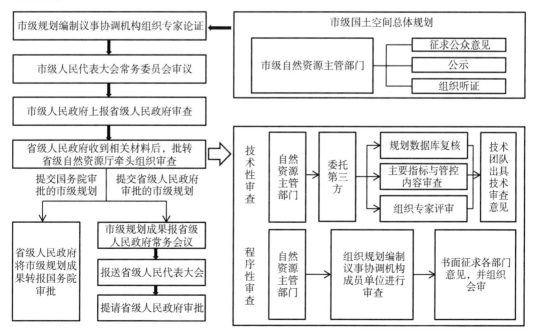

图 5-4 市级国土空间总体规划审查流程图

会审通过后，需报国务院审批的市级国土空间总体规划应由省级人民政府将市级规划成果转报国务院审批；其他市级国土空间总体规划将规划成果报省级人民政府常务会议，之后报送省级人民代表大会，最后提请省级人民政府审批。

（3）县级国土空间总体规划审查流程

县（市）级国土空间总体规划由县（市）级自然资源主管部门征求公众意见、公示并组织听证后，由县（市）级规划编制议事协调机构组织专家论证。经县（市）级人民代表大会常务委员会审议通过后，由县（市）级人民政府提请设区市级人民政府审查（图 5-5）。

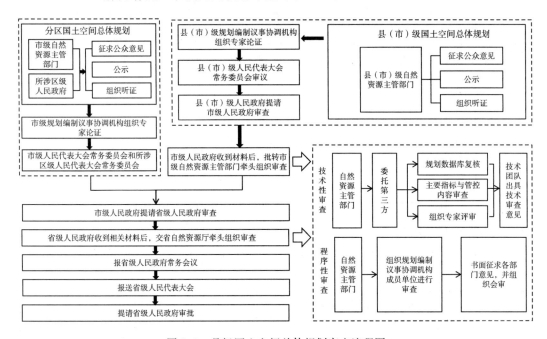

图 5-5　县级国土空间总体规划审查流程图

市级人民政府批转市级自然资源主管部门牵头组织审查，审查工作包括技术性审查和程序性审查。会审通过后，由市级人民政府将县级规划成果转报省级人民政府审批。

分区国土空间总体规划由市级自然资源主管部门会同所涉区级人民政府征求公众意见、公示并组织听证后，由市级规划编制议事协调机构组织专家论证。经市级人民代表大会常务委员会和所涉区级人民代表大会常务委会审议通过后，由市级人民政府提请省级人民政府审查。部分省份分区规划由设区市人民政府审批。

省级人民政府收到材料后，交省自然资源厅牵头组织审查，对县（市）级、分区国土空间总体规划进行技术性审查和程序性审查。审查通过后报省级人民政府常务会议，之后报送省级人民代表大会，最后提请省级人民政府审批。

(4) 乡镇级国土空间总体规划审查流程

中心城区范围内的乡镇级国土空间总体规划应与县级规划同步上报、同步审批。报市级人民政府审批的乡镇级国土空间总体规划由县级自然资源主管部门会同乡镇级人民政府征求公众意见、公示并组织听证；经乡镇级人民代表大会审议通过后，由乡镇级人民政府提请县级人民政府审查（图5-6）。

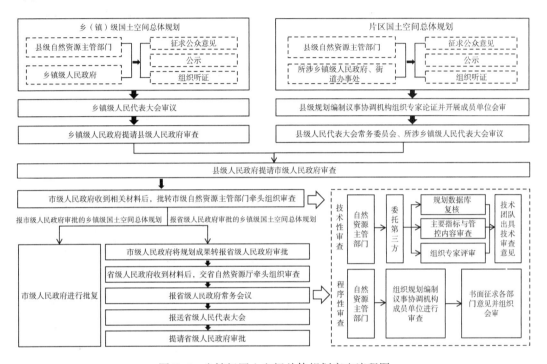

图 5-6 乡镇级国土空间总体规划审查流程图

报市级人民政府审批的片区国土空间总体规划由县级自然资源主管部门会同所涉乡镇级人民政府、街道办事处征求公众意见、公示并组织听证后，由县级规划编制议事协调机构组织专家论证并开展成员单位会审；经县级人民代表大会常务委员会、所涉乡镇级人民代表大会审议通过后，由县级人民政府提请市级人民政府审查。

市级人民政府收到材料后，转批市级自然资源主管部门牵头组织审查，审查工作包括技术性审查和程序性审查。

会审通过后，报市级人民政府审批的乡镇级国土空间总体规划由市级人民政府批复同意乡镇、片区规划成果，需报省级人民政府审批的乡镇级国土空间总体规划，由市级人民政府将规划成果转报省级人民政府审批。

省级人民政府收到材料后，交省自然资源厅牵头组织审查，对乡镇级国土空间总体规划进行技术性审查和程序性审查。审查通过后报省级人民政府常务会议，之后报送省级人民代表大会，最后提请省级人民政府审批。

5.4.3 国土空间规划的修改

国土空间规划具有很强的权威性,规划一经批复,任何部门和个人不得随意修改、违规变更,防止出现换一届党委和政府改一次规划。同时,国土空间规划实施的时间、空间跨度很大,规划目标具有一定的可变性,而过程也具有一定的动态性。为适应国家或者地方重大战略实施、重大政策调整、经济社会发展条件的重大变化,国土空间规划需要依法对相关内容开展调整与修改,而规划修改制度设计的关键是,如何更好地维护规划的严肃性,同时让必要的调整更加便捷高效。国土空间规划内容的修改条件和程序同样有赖于对强制性内容的合理划分,并据此调控规划的刚性和弹性,规划内容的刚性越强,制定和修改的条件和程序就越严格。因此,国土空间规划修改的制度建设、运行机制及实际效果,应当被纳入规划实施监测机制,作为上级人民政府监督检查的重要内容。

1) 三类国土空间规划修改

(1) 总体规划的修改

因国家重大战略发生调整、重大项目建设、行政区划调整或经评估后确需修改国土空间总体规划时,涉及规划审批内容修改的,应当报原审批机关批准。涉及调整生态保护红线、永久基本农田的由省级人民政府报国务院审批。涉及调整城镇开发边界的由原审批机关批准。

经国务院批准的大型能源、交通、水利等基础设施建设用地,需要改变国土空间总体规划的,根据国务院的批准文件修改国土空间总体规划。

经省、自治区、直辖市人民政府批准的能源、交通、水利等基础设施建设用地,需要改变国土空间总体规划的,属于省级人民政府国土空间总体规划批准权限的根据省级人民政府的批准文件修改国土空间总体规划。

(2) 详细规划的修改

未经法定程序,不得修改详细规划。因需涉及详细规划修改的,修改后的详细规划不得突破国土空间总体规划的强制性内容。修改详细规划的组织编制机关应当对详细规划修改的必要性进行论证,可以采取论证会、听证会或者其他方式征求规划区域的利害关系人的意见。

(3) 专项规划的修改

因需涉及专项规划修改的,修改后的专项规划不得突破国土空间总体规划的强制性内容,并按照原审批程序批准。

2) 国土空间规划修改的要求

(1) 申请主体与对象

为了规范管理,有必要对国土空间规划修改的申请主体和对象进行界定。从相关城市的经验来看,申请的主体主要包括区县人民政府、政府的融资平台、土地权利人三类,申请的对象包括市人民政府、市自然资源主管部门等。相关城市通过规范申请的主体与对象,可以有效地将国土空间规划修改的提出纳入有序管理的轨道,进而提高了行政效率。

(2) 设定申请门槛

除规范申请的主体和对象之外,在规划管理实践中通过规范"申请国土空间规划修改的要件"可以达到合理设定申请门槛的目的。例如,在申请人提出国土空间规划修改申请的同时,根据不同类型项目适度选择,将土地权属证明、主管部门意见、计划或项目批准文件、专题论证报告等文件作为申请的要件(专栏5-5)。

专栏5-5　美国"区划变更"的必要性论证制度

美国的"区划变更"(Zoning Variance)在规划修改的必要性论证上,为我国国土空间规划的修改提供了四个值得借鉴的思路(衣霄翔等,2017):第一,通过立法将必要性作为允许区划变更的关键条件之一。第二,通过"困难"来界定必要性,以"困难检验"(Hardship Test)实现必要性审查,即要想获得变更的必要性,区划变更的申请者必须证明当前的区划对其在合理使用土地上造成了"实践困难"(Practical Difficulties)或"无法克服的困难"(Unnecessary Hardships),如果不进行区划变更,该土地便无法获得合理的使用。第三,通过限定变更的程度来降低变更的风险,申请者需证明其申请的变更内容是为实现其合理利用土地而进行的最低程度的变更。第四,以司法解释的形式界定这两种困难的判断原则和标准,并常常借助"判例技术"实现审查。

---

(3) 区分修改级别和类型

国土空间规划修改涉及的情形多样,在管理实践中要对其实现有序管理、科学合理是非常重要的。例如,可以探索将国土空间规划的修改分为重大修改、一般修改、局部调整三种情形。其中,重大修改是对依法批准的国土空间规划中的强制性内容进行重大的改变,按照原审批程序办理。一般修改是对依法批准的国土空间规划中的强制性内容进行的较小改变,以及非强制性内容的较大改变,由规划编制主体予以批准。局部调整是对依法批准的国土空间规划中的非强制性内容进行的较小改变,由各级自然资源主管部门负责。这样才能更好地做到既维护规划的权威性,又保证行政工作的高效性。

3) 规划修改的制度优化探索

(1) 开展规划分级修改

为兼顾规划修改的严肃性及规划实施的效率,我国一些城市已经开展了规划分级修改制度的探索。例如,《东莞市控制性详细规划调整管理办法》(2020年)将控制性详细规划的内容划分为一类管控内容、二类管控内容和指导性内容进行分类管理。将控制性详细规划的修改划分为重大调整、一般调整和微调三类,并对三类规划调整在审批程序的烦琐程度上做出了区分:一类管控内容的调整对应"重大调整",二类管控内容的调整对应"一般调整或微调",指导性内容的调整按"规划执行"处理。再如杭州市明确的四种控制性详细规划的修改类型中,由已批准的专项规划和市政工程规划引起的控制性详细规划修改,可直接委托规划设计单位编制控制性详细规划调整方案,不再组织论证。同时,杭州市将控制性详细规划局部修改的审批权下放至原市规划局,由原市规划局就批准后的文件加盖"杭州市人民政府控制性详细规划局部调整审批专用章"后,抄报政府分管领导和相关部门。重庆市明确一般技术性修改由原规划分局向原市规划局负责处的业务办公会报告,业务办公会做出是否同意的决定,对有必要的重大问题组织专家论证。重庆市、成都市在执行的过程中,对于技术性调整由市人民政府委托市规划主管部门审定,一般性调整报市人民政府批准。此外,南京市将规划修改划分为重大修改、一般修改、动态调整的做法取得了较好的实效。

(2) 明确合法维权权利

尽管规划权的行使是以维护公共利益为前提,但落实在具体国土空间范围时,会对相关权利人的(空间)权利构成限制。所以在国土空间规划修改的过程中,应明确赋予行政相对人以下四种权利:规划存续请求权、规划执行请求权、过渡措施和补救措施请求权、补偿及赔偿请求权。

《中共中央关于全面推进依法治国若干重大问题的决定》指出,法律的权威源自人民的内心拥护和真诚信仰。实际上,《城乡规划法》已经根据信赖保护原则进行了制度设计,如第五十七条关于"因撤销行政许可给当事人合法权益造成损失的,应当依法给予赔偿"的规定,以及第五十条关于"因依法修改城乡规划给被许可人合法权益造成损失的,应当依法给予补偿"的规定。从保障公民权的角度来看,这确实是立法的进步。然而,《城乡规划法》中所体现的救济制度并没有得到明确的规定(涂云新等,2014),即对补偿的启动方式、补偿标准、补偿范围、补偿争议解决机制等问题并未做出详细的可行性规定,因此在实践中很难得到制度化的执行,也导致信赖损失补偿制度在现实情形中缺乏可操作性和可预见性。

在国土空间规划的法律制度建设中,应当积极引导地方建立规划修改补偿制度(专栏5-6)的具体规则,例如,省级行政区可以根据地区经济发展特点及空间规划修改中出现的典型案例,结合国家相关法律法规对规划修改的补偿范围、标准、方式等事项做出原则性规定,并公布实施。明确补偿的标准和计算方法可以实现公正补偿,一方面保证利益相关者的正当利益,另一方面也会因补偿成本的增加而抑制国土空间规划的随意变更。

专栏5-6 荷兰规划补偿制度

对于土地利用规划变更引发的财产损失,荷兰《空间规划法》规定了规划补偿制度(专栏表5-6-1)。荷兰的规划补偿制度以"公共负担平等"为原则,规定除"正常的社会风险"范围内的以及"风险承受"等情形之外的规划损失,应当予以补偿。荷兰《空间规划法》规定,对于因通过或者修改土地利用规划而引发的财产和收入损失,除了依法应当由申请人承担的以及通过其他形式获得补偿的部分之外的损失,应当予以补偿。补偿的范围限于财产损失,包括收入减少的损失和财产价值贬值的损失(如房地产价格)两个部分。补偿包括直接损失和间接损失:直接损失是指受规划直接约束的财产因规划变化而被施加了新的限制,因而遭受的损失(如更改土地性质导致土地及地上建筑物贬值);间接损失是指与规划区域相邻的其他地方的财产因规划变更而遭受的损失(如铁路规划的实施带来的噪声所引发的房地产贬值的损失)。在荷兰,85%的补偿案件属于间接损失补偿争议(赵力,2014)。

荷兰规划补偿制度中的"公共负担平等"蕴含了"信赖保护原则",即其中的"正常社会风险"和"风险承受"等环节的判断包含了信赖保护的构成要件,如信赖基础、信赖表现、正当的信赖、信赖利益与公益的衡量等,可为我国规划修改所造成的补偿制度建设提供借鉴。

专栏表 5-6-1　规划补偿范围的确定程序

对象	终局性规划
时限	在规划确定后的五年时间内提起
程序	申请人先向市政机关提起,若对补偿决定不服,有权向法院提起行政诉讼
步骤	1. 判断新规划与原规划相比,是否加重了对于申请人的财产权利的限制 2. 判断申请人所遭受的损失与规划之间是否存在(空间效果上的)因果关系 3. 判断申请人所遭受的损失是否属于"正常社会风险" 4. 判断申请人是否存在"风险承受" 5. 补偿范围的确定

(3) 考虑特殊应急事项

《关于学习和贯彻〈中华人民共和国突发事件应对法〉的意见》指出,"各地要结合城乡规划法的贯彻实施工作,加强城乡规划与突发事件应对工作的衔接与协调。在城乡规划的制定、实施和修改中,要符合突发事件预防、处置的需要"。在国土空间规划的修改中,因战争、重大自然灾害、疫情等特殊原因必须进行规划修改的应急事项,可考虑在修改后根据修改权限进行事后报备,修改事项及理由等材料应及时公布并接受事后监督。

实际上,在过去 20 年我国发生的若干重大事件中,对特殊应急事项的考虑已在现实中得到了充分体现。例如,2020 年新型冠状病毒肺炎疫情在全球蔓延,深圳市针对疫情对城乡规划用地审批及规划修改做出了类似规定:"疫情防控相关的医疗卫生设施和药品、医疗器械生产等急需使用土地的,可以先行使用土地。优先保障疫情防控、能源供应、交通物流、医疗资源、生态环境等在建和新建项目所需用地计划指标。科学合理安排应急疫情防控项目选址,尽量使用存量建设用地,少占或不占耕地。对符合规定要求的疫情防控急需医疗卫生设施项目,可视作对选址有特殊要求的建设项目,在疫情结束后 6 个月内完善土地利用总体规划和城乡规划修改手续。"类似的,重庆市在疫情期间支持企业将存量工业用地转为疫情防控所需项目用地,可暂不办理规划修改、土地出让合同修订等手续。对于抢险救灾、防疫应急保障类建设项目,允许"边建边报""先建后报"。

(4)提高公众实质参与

与规划制定相比,规划修改阶段的公开范围和公众参与程度还有待进一步提升。未来的制度建设应该扩大规划变更的公开范围,使规划变更的公开范围与规划制定时的公开范围保持一致。可以从以下四个方面提高公众实质参与规划修改的程度:

第一,界定利害关系人。以规划变更的内容及其可能影响的地域空间范围确定直接和间接利害关系人。地域空间范围的选择可以根据不同情景考虑"社区""15 min生活圈""规划编制单元"等。例如,《广州市城乡规划条例》在控制性详细规划论证环节中所规定的最小论证单元可以作为界定利害关系人的一种方式。

第二,完善公众参与形式。公众参与普遍采取的公示、座谈和听证三种方式存在一定的缺陷,不利于公众真实意愿的表达和有效采纳,因此需完善公众信息渠道和公众参与的形式。

第三,明确"座谈""听证"等公众参与形式的具体使用情景。此举不仅可以提高国土空间规划修改的效率,而且能使得公众在真正需要参与的议题上发挥作用。

第四,考虑建立"公益规划师"制度。因为公众缺乏一定的空间规划专业知识,同时也存在自利性。"公益规划师"类似于"公益律师"的角色,为公众提供专业的规划建议,指导公众参与并影响规划修改的过程和结果。

6 国土空间规划实施的全域全要素管理

2018年国家机构改革后,由新组建的自然资源部履行"两统一"职责,即统一行使全民所有自然资源资产所有者职责,统一行使所有国土空间用途管制和生态保护修复职责。国家要求建立统一的国土空间规划体系并监督实施,将主体功能区规划、土地利用规划、城乡规划等空间规划融合为统一的国土空间规划,实现"多规合一"。自此,我国空间规划的研究对象实现了由单要素向全要素、由区域向全域的转变。国土空间规划统筹了城镇空间、生态空间、农业空间和海洋空间,统筹了自然资源要素、社会物质要素和人文资源要素,通过"边界约束+分区管制+指标控制+名录管理"的方式,强化了对各专项规划、详细规划的指导与约束作用。

6.1 国土空间规划实施的全域管理

6.1.1 既有空间规划的管理范围

在自然资源部组建之前,国土、规划、环保、林业等部门均主导制定了相关用地分类标准,而主体功能区规划、土地利用总体规划、城乡规划、生态环境规划、海洋功能区划等既有空间规划也是《中共中央 国务院关于建立国土空间规划体系并监督实施的若干意见》发布前我国最主要的空间规划类型,这些规划构建了不同的分区分类体系。然而,既有的分区分类体系和规划范围多从部门管理职能出发,各有侧重,并没有达到相同精度与深度,也没有实现可供同精度和同尺度实施管理的全域覆盖。

1)主体功能区规划

主体功能区规划是根据不同区域的资源环境承载能力、现有开发强度和发展潜力,统筹谋划未来人口分布、经济布局、国土利用和城镇化格局,将国土空间划分为优化开发、重点开发、限制开发和禁止开发四类。机构改革后,将主体功能分区调整为城市化发展区、农产品主产区和重点生态功能区。

主体功能区规划是从区域角度,统筹考虑特定区域的国土空间要素禀赋及经济社会情况,确定其核心功能,据此指导特定区域发展。主体功能区规划具有宏观性的特征,以县域为基本空间单元。主体功能区规划虽然涵盖了整个县域，但在一定程度上忽视了县域内部的差异性，仅将整个县域定位为某一类主体功能区，只是对整个县域发展的政策引导，缺乏更具体的空间管控手段，难以成为对具体保护、开发、建设行为的空间管理依据，没有真正做到完全意义上的全域规划。

2) 土地利用总体规划

土地利用总体规划是在一定区域内，根据国家社会经济可持续发展的要求和当地自然、经济、社会条件，对土地的开发、利用、治理、保护在空间和时间上所做的总体安排和布局。为引导土地利用方向、管制城乡用地建设活动，土地利用总体规划将全域土地划分为允许建设区、有条件建设区、限制建设区和禁止建设区四种类型。

土地利用总体规划按行政区划可分为五个层次，即全国、省、市、县(市)和乡(镇)。土地利用总体规划以土地利用现状调查数据为底图底数，而土地利用现状调查是对各类用地的数量、分布和利用状况的调查，是具体到地块的。因此，土地利用总体规划的范围是本级行政区全部陆域，是对本级行政区范围内的全部土地做出的总体安排与部署。它采用的用地分类侧重于广大农村地区，规划以耕地保护为基本前提，关注农用地的用途与流转，对城镇内部及乡村的全面发展考虑较少，且多将村庄作为流量指标的来源。

3) 城乡规划

城乡规划是对一定时期内城乡社会和经济发展、土地利用、空间布局和各项建设的综合部署、具体安排和实施管理，包括城镇体系规划、城市规划、镇规划、乡规划和村庄规划。城乡规划的规划区是城市、镇和村庄的建成区以及因自身建设和发展需要必须实行规划控制的区域。规划区的具体范围由有关人民政府在组织编制的过程中，根据城乡经济社会发展水平和统筹城乡发展的需要划定。

2007年《城乡规划法》通过后，将"城市规划"改为"城乡规划"，其规划范围实现了由城市向城乡的转变。但城乡规划的焦点仍然是城镇及村庄建设用地范围，重点关注城镇集中建设用地与基础设施配套。建设用地内部分类较细，对城镇开发边界外的非建设用地以及城镇、村庄规划区范围外的农业与生态空间关注较少。

4) 生态环境规划

生态环境规划是对某特定区域一定时期内的生态环境保护目标和措施所做出的具体规定，在规划中，要提出协调社会经济与生态环境相互关系可行性措施的环境保护方案。

生态环境规划可以分为自然保护规划(保护、增值和合理利用自然资源)和生态建设规划(对人为活动干扰和破坏的生态系统进行恢复和重建)。生态环境规划按性质分类包括自然保护区规划、土地整理与复垦规划、生态农业工程规划、草地保护与建设规划、林业生态工程规划、水资源利用规划、水土保持工程规划、防沙治沙规划等。可见，生态环境规划主要是针对特定范围内某一类或某几类要素展开的保护修复安排,多关注生态空间的内容,对城镇空间、农业空间和海洋空间的关注很少,且其规划范围往往也不是全域的。

5) 海洋功能区划

海洋功能区划是根据海域的地理位置、自然资源状况、自然环境条件和社会需求等因素划分的不同海洋功能类型区,用来指导、约束海洋开发利用实践活动,保证海上开发的经济、环境和社会效益。海洋功能区划的本质是确定海域和海岸段资源适宜性方向和优先开发利用的对象,以及可能的开发兼容组合。

我国海洋功能区划的范围包括我国管辖的内水、领海、毗邻区、专属经济区、大陆架以及其他海域(香港、澳门特别行政区和台湾地区毗邻海域除外)。海洋功能区划所考虑的核心问题是,依据资源及其可能发挥的功能,对其性质及可开发的方向进行分区划片。海洋功能区划是海域范围内的空间规划,因而对海洋空间和沿海区域关注较多,对内陆缺乏动态的统筹安排;而且因主管部门、技术方法的不统一,海域范围与陆域范围往往还有一定程度的交叉重叠。海洋"区划"没有时间坐标,依据的是现状,划出的功能区是海洋功能在空间上最理想的静态配置,缺乏对某一区域功能上可能发生的动态变化的空间预留。

6.1.2 全域管理的基本内涵

在自然资源部"两统一"职责中,"所有国土空间"强调新时期要把土地用途管制与整治修复扩展到所有国土空间,落实全域管理的要求。通常意义上的国土空间是指国家主权与主权权利管辖下的地域空间,它是国民生存的场所和环境,包括陆地、陆上水域、内水、领海、领空等。作为自然资源的空间载体和生态文明建设的物质基础,国土空间在现代化建设中拥有全局性、战略性和不可动摇的地位(黄征学等,2019)。而全域管理指的是规划范围的全覆盖,它包括城镇区域、乡村地区以及大量非建设用地;从地表到地上、地下(专栏6-1);从陆域空间到海洋空间。综上,国土空间全域规划管理即规划地域范围覆盖陆地、水域和领空,涵盖生态空间、农业空间、城镇空间与海洋空间,统筹地上、地下和地表立体国土空间,实现整体保护、系统修复和综合治理,落实对国土空间的全域管控。

专栏6-1 地下空间的规划管理

关于地下空间的规划管理,可以参照日本的模式,按照深度、建造方式、结构形式、项目规模、区位、功能和使用用途等的不同,将地下空间划分成几个类别。例如,基于深度的不同,一般可以将地下空间分为深层、浅层两种空间形式(钱七虎等,2007)。

> 2008年4月,国土资源部、国家工商行政管理总局发布的《国有建设用地使用权出让合同》示范文本(GF-2008-2601)中明确提出,出让宗地空间范围是以平面界址点所构成的垂直面和上、下界限高程平面封闭形成的空间范围,并要求出让宗地的平面界限按宗地的界址点坐标填写;出让宗地的竖向界限,可按照1985年国家高程系统为起算基点填写,也可以按照各地高程系统为起算基点填写。高差是垂直方向从起算面到终止面的距离,如出让宗地的竖向界限以标高＋60 m(1985年国家高程系统)为上界限,以标高－10 m(1985年国家高程系统)为下界限,高差为70 m。国土资源部同期出台的《关于印发〈国有建设用地划拨决定书〉的通知》中也有类似规定。

6.1.3 全域管理的核心理念

国土空间规划真正实现了规划范围的全域覆盖,在规划编制和实施中要贯穿全域统筹的理念,坚持陆海统筹、区域协调、城乡融合,优化国土空间结构和布局,统筹地上、地下空间综合利用,努力提高规划的科学性。

1) 城乡统筹

中国共产党第十六届中央委员会第三次全体会议提出了"统筹城乡发展、统筹区域发展、统筹经济社会发展、统筹人与自然和谐发展、统筹国内发展和对外开放"的"五个统筹"的要求。城乡统筹的内涵是要坚持以人为本,使农村居民和城市居民同步过上全面小康的幸福生活,最终目标是要使农村居民、进城务工人员及其家属与城市居民一样,享有平等的权利、均等化的公共服务、同质化的生活条件。要把挖掘农业自身潜力与工业反哺农业结合起来,把扩大农村就业与引导农村富余劳动力有序转移结合起来,把建设社会主义新农村与稳步推进城镇化结合起来,加快建立健全以工促农、以城带乡的政策体系和体制机制,形成城乡良性互动的发展格局。

城市与乡村在区域经济体系中的关系不可分割、相互依存、相互制约。城乡关系是社会经济生活中影响全局的关键环节,从城乡对立走向城乡融合是城乡关系发展的必然结果。我国在统筹城乡发展、推进新型城镇化方面取得了显著进展,但是城乡要素流动不顺畅、公共资源配置不合理等问题依然突出。城乡发展不是此消彼长的零和博弈,而是融合发展、共享成果的共生过程,党的十九大提出的建立健全"城乡融合发展"体制机制和政策体系,就是旨在解决现实问题,重塑新型城乡关系,走城乡融合发展的道路,走城市和农村携手并进、互利共赢的道路。

2) 陆海统筹

陆地和海洋是有机联系的统一体,这种统一要求陆海空间能够相互交融,陆海产业可以高度关联,陆海生态能形成动态平衡的完整体系。生态文明新时代的国土空间规划包括陆地国土空间和海洋国土空间,因此需要打破传统重陆轻海的习惯思维,根据陆海空间的统一性,构建基于陆海统筹的法律法规体系,探索海洋生态服务系统和陆域空间环境等相关规划"多规合一"的准则(胡民锋等,2019)。

国土空间规划要坚持陆海统筹、底线管控、弹性优化的原则,统筹考虑全域空间利用和功能用途划定,实现海岸带陆海两侧的功能用途相协调。首先,在底线管控上,陆海两个层面的底线控制要求在空间上进行陆海用途兼容性管制的拟合;在海域层面,分别从海洋生态资源、海洋生态环境和海洋生态空间三个维度提出对海洋生态安全状态的刚性保护要求;在陆域层面,从海岸带土地利用主导功能类型、海岸带陆域开发强度和海岸带空间建设压迫情况等维度提出开发建设的底线控制要求。其次,在弹性规划指引方面,主要从滨海景观视廊、滨海建筑界面形态和滨海公共空间布局优化等方面提出要求。最后,通过调整海岸带两侧功能的冲突区,提升复合功能价值和景观环境特色价值,使得陆海空间有机交融,陆海产业高度关联,陆海生态形成动态平衡的耦合体系,形成陆海统筹和谐发展的"一张图"。

3) 区域统筹

区域统筹,就是要注重不同区域之间的协调,以均衡发展理论和新经济增长理论为基础,深入实施区域发展总体战略,发挥比较优势,促进区域错位协同发展。重点考虑城镇体系、生态治理、交通管制、经济发展、跨界一体化等方面的协同,注重人文特色,注重统筹协调,注重社会总福利最大化,注重解决基础性问题(汪飚,2012)。

在城镇体系方面,要重点解决资源和能源、生态环境、公共服务设施和基础设施、产业空间和邻避设施布局等区域协同问题。城镇密集地区的城市要提出跨行政区域的都市圈、城镇圈协调发展的规划内容,促进多中心、多层次、多节点、组团式、网络化发展。在培育区域中心城市时,要注重发挥县城等城镇的节点作用,形成多节点、网络化的协同发展格局。

在生态治理方面,推进生态环境协同治理,拓展生态空间、扩大环境容量,从而推动区域经济一体化发展。通过完善跨地区联防联控治理模式、构建区域生态补偿机制、设立区域生态环境合作发展基金、强化区域生态环境治理机构建设、鼓励社会公众参与区域生态环境治理,突破单一的地区治理模式,构建区域生态环境共建共享机制。

在交通管制方面,推动交通一体化发展,加快建设现代综合交通运输体系,深化综合交通规划的有机衔接,共同加快综合交通基础设施的互联互通,共同促进综合交通科技创新的示范引领,共同推进综合交通生态环境的保护治理,共同推动综合交通管理服务的高效协同。

在经济发展方面,加强跨区合作,推动毗邻区域协同发展,通过省际毗邻区域之间的合作与分工,对区域发展进行合理的统筹规划,降低生产成本,促进规模经济的发展。这样一来,一是能够促进资源在更大范围内流动和配置,获得更高的利用率;二是能够发挥各地区的比较优势,实现共同发展;三是能够推动区域间不同发展水平地区的协调发展;四是能够破除国内外不确定因素的影响,增强市场竞争力。

在协同管理方面,加强区域空间规划协同,把握都市圈发展关键窗口期,指导开展跨界一体化示范区的空间规划协同研究,加强产业创新走廊及合作区一体化的规划协调衔接,推进城际轨道交通项目,为区域一体化发展提供空间引领。

6.1.4 全域管理的空间类型

2017年1月,中共中央办公厅、国务院办公厅印发《省级空间规划试点方案》,首次提出了"三区三线"的概念,即科学划定城镇、农业、生态空间及生态保护红线、永久基本农田和城镇开发边界。在新时代国土空间规划体系重构的背景下,2020年1月自然资源部颁发了《省级国土空间规划编制指南(试行)》,提出要构建以生态空间、农业空间和城镇空间为主要内容的国土空间开发保护格局,并要求加强"三类空间"(生态空间、农业空间、城镇空间)的有机互动,促进形成国土空间网络化。

1)"三类空间"的概念

生态空间,是指具有自然属性、以提供生态服务或生态产品为主导功能的国土空间,涵盖需要保护和合理利用的森林、草原、湿地、河流、湖泊、滩涂、岸线、海洋、荒地、荒漠、戈壁、冰川、高山冻原、无居民海岛等。生态空间主要是为人类之外的生物提供栖息地、繁育地、迁徙通道等功能的区域,对生态空间的管理以"正面清单"管理方式为主,严格控制绝大多数的人类活动,根据生态保护红线和生态保护红线以外的一般生态空间进行差异化管控。在生态保护红线内原则上禁止建设,仅允许国家重大战略项目以及对生态功能不造成破坏的有限的人为活动,除相关法律法规规定外,禁止新增建设占用;对于未纳入生态保护红线的一般生态空间,原则上按限制建设区管理,根据《土地管理法》等法律法规的要求严格进行项目准入的审批。

农业空间,是指以提供农产品为主体功能的空间,包括农业生产空间和农村生活空间。农业生产空间主要是耕地,也包括园地、林地、牧草地和其他农用地等。农村生活空间为农村居民点和农村其他建设空间,包括农村公共设施和公共服务用地。为保护永久基本农田与耕地,确保农产品的质量和产量,合理引导农村居民点建设,对农业空间应按照永久基本农田及一般农业空间分别进行管控。在永久基本农田划定区域,严格限制非农建设活动,除符合法律法规及相关文件规定之外,仅允许国家重大战略项目以及在避让基本农田的前提下,对农业生产功能不造成破坏的人为活动,其余不符合保护和管理要求的用地类型禁止准入。一般农业空间可以允许农村基础设施、休闲旅游业,以及农村新产业、新业态等活动进入,为推动乡村振兴留有弹性。

城镇空间,是指以提供工业品和服务产品为主体功能的空间,包括城市建设空间和工矿建设空间。城镇空间以完善城镇功能、提升公共服务水平和环境品质为主。对于城镇空间应探索建立"正负面清单"相结合的空间准入制度,严格落实禁止、限制用地项目目录要求,制定产业准入负面清单,细化环境保护要求,引导城镇内部结构优化,实现高质量发展。地方结合城市定位与发展目标,因地制宜地制定城镇空间管制措施,在城镇开发边界内的建设,实行"详细规划＋规划许可"的管制方式;在城镇开发边界外的建设,按照主导用途分区,实行"详细规划＋规划许可"与"约束指标＋分区准入"的管制方式(图6-1)。

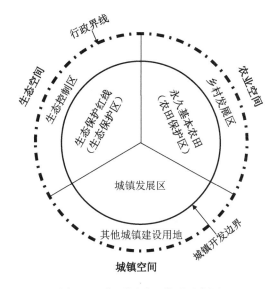

图6-1 "三类空间"关系示意图

此外,特殊的海洋空间是进行资源开发和经济社会发展的重要载体,是沿海国家和地区实现可持续发展的重要战略空间,是海岸、海上、海中和海底的地理区域的总和。从陆海统筹的角度来说,海上开发活动是陆域社会经济发展的延伸。海洋"三区三线"中的围填海控制线,在围填后最终是作为土地来供给,而海洋的属性要求其必须具有流动性,并以水体作为主体,所以应将围填海控制线内的区域放到陆域国土空间规划中进行考虑。另外,从国家对海洋的整体定位来说,海洋主要是作为生态空间,应以保护为主,突显海洋生态服务和生态产品;从空间上来看,近岸开发需求大,而外海则更侧重保护。

2)"三类空间"的关系

"三类空间"是总体上优化国土空间功能、提升土地利用效率、协调人地关系的基础。各类空间功能互补、协同作用,从而使国土空间系统更为有序,使国土空间功能结构更加清晰,使国土空间更加便于统筹管理。

在空间关系上,城镇、农业和生态三类空间在空间划分上不重叠,在功能上则相互渗透。"三类空间"作为空间规划的主体要素,也是部门行使职责的事权空间和界限。一方面,按照生态文明体制改革总体方案的要求,"三类空间"不能交叉重叠。另一方面,空间要素的复杂性决定了空间功能的复合性和包容性,"三类空间"突出的任务是空间主体功能的划分,但除主体功能外,"三类空间"范围内依然存在其他功能。城镇空间是城镇化和工业化的主要场所,同时也有小范围的生态用地;农业空间主要提供农产品,是实施乡村振兴的主要地域,但同时也有生态功能和生活功能;生态空间主要提供生态产品,同时也有农业生产、生活功能(黄征学等,2018)。

在作用机理上,"三类空间"具有此消彼长、相互制衡的关系。过度垦殖、过度放牧等农业开发行为,会挤压生态空间。人类活动不断向城镇空间集聚,空间开发行为的拓展导致城镇空间持续扩张,也会挤压、侵占生态空间、农业空间和海洋空间。生态保护红线和永久基本农田共同成为城镇生态屏障,形成城镇开发的实体边界,可以约束城镇无序蔓延的态势,促使在城镇空间内节约集约用地。城镇空间衰败、退化,生态空间凭着自然恢复功能,辅以复垦活动,可将城镇空间转化为生态空间或农业空间(刘冬荣等,2019)。

6.2 国土空间规划实施的全要素管理

6.2.1 机构改革前的要素管理

要素是指构成一个客观事物的存在并维持其运动的必要的最小单位,是构成事物必不可少的内容。我国对于自然资源要素的管理始于土地用途管制,其主要目的是为了遏制在社会经济发展过程中城市快速扩张所导致的对耕地的侵占,起到保护耕地、调控建设用地的作用。作为我国最早开始的用途管制制度,其发展体系较为完善,执行效果较为理想。但在机构改革前,我国自然资源要素一直呈现多头管理的局面(表6-1),在规划实施中存在着以下问题:

1)管制内容整体性不强

这种管理方式割裂了山水林田湖草等各个要素与生态系统之间的联系,对生态系统的整体性、系统性考虑不足。

2)管制区域尚未覆盖所有国土空间

尽管我国已经建立了耕地、林地、水域等自然资源的用途管制制度,但还没有建立完善的湿地等生态空间的用途管制制度。

3)管制手段对变化需求适应不足

现行的各类空间用途管制制度主要依据的是相关规划所确定的指标控制、分区管制和名录管理三种方式,管制手段难以适应统一实施国土空间用途管制的要求。

表 6-1 机构改革前的要素管理

要素类型	管理模式	主管部门	管理目标	管理依据	管理手段	特征
土地	土地用途管制	原国土部门	保护耕地，调控建设用地	《土地管理法》，土地利用总体规划、用地审批政策文件和各类用地标准	土地用途分类；土地利用年度计划；用地预审及征地、农用地转用审批；不动产登记；耕地占补平衡等	体系完善，执行有效
林地	林地用途管制	林业部门	保护、培育和合理利用森林资源	《中华人民共和国森林法》，林地保护利用规划	林地分类；征占用林地定额管理；建设项目占用征收林地审核审批；林权登记；森林监督检查和执法制度等	较完善，占用征收林地行政许可程序上与土地管理衔接
草地	草原用途管制	林业部门	保护、建设和合理利用草原	《中华人民共和国草原法》，草原保护建设利用总体规划	草地分类；草原征占用审核审批；草原确权承包登记	待完善，草原征占行政许可程序上与土地管理衔接
水域	水域及水岸线用途管制	水利部门	对河道和岸线内的各类建设活动进行管控，确保水域功能不遭破坏	《中华人民共和国水法》《中华人民共和国防洪法》，水功能区划、长江岸线保护和开发利用总体规划	水域纳污能力核定；涉河建设项目审批；制定湖泊保护名录，划定保护范围；河湖日常巡查责任制监控等手段	初步形成河湖监管制度，行政审批与环保管理部门衔接
湿地	湿地用途管制	林业部门	全面保护、科学修复、合理利用、持续发展	《湿地保护管理规定》，全国湿地保护"十三五"规划	划分湿地等级；总量控制；禁止不符合要求的活动；湿地恢复	目前处于探索阶段，尚不完善
海域	海域用途管制	原海洋部门	促进海域合理开发和可持续利用	《中华人民共和国海域使用管理法》，海洋功能区划	海域使用许可；海域使用权登记；海域使用监督检查	与土地使用权管理类似
自然保护地	自然保护地用途管制、生态保护红线	林业部门	保护重点生态功能区和生态环境敏感脆弱区	《中华人民共和国环境保护法》《中华人民共和国自然保护区条例》《风景名胜区条例》等	保护名录；生态补偿机制；禁止不符合要求的活动；开展生态修复	体系较完善，初步形成自然保护地监管制度

续表 6-1

要素类型	管理模式	主管部门	管理目标	管理依据	管理手段	特征
综合交通	分级分类管理：市政交通、区域交通	住房和城乡建设部门、交通部门	加强交通的建设和管理，促进交通事业的发展	《中华人民共和国公路法》《中华人民共和国铁路法》《中华人民共和国民用航空法》《城市公共交通条例》等法律法规，交通规划等专项规划	选址意见书、建设用地规划许可证、建设工程规划许可证；重点建设项目名录	体系完善，用地规模大
城镇	已建区、适建区、限建区、禁建区管理	住房和城乡建设部门	加强城乡规划管理，协调城乡空间布局，改善人居环境	《城乡规划法》《中华人民共和国城市房地产管理法》等法律法规，城市总体规划、分区规划、控制性详细规划等	选址意见书、建设用地规划许可证、建设工程规划许可证	体系完善，发展导向
乡村	基本农田保护区、一般农地区、村镇建设用地区	原国土部门、住房和城乡建设部门、农业部门等	加强乡村地区管理，落实乡村振兴战略实施和推进城乡融合发展	《城乡规划法》《村庄和集镇规划建设管理条例》等法律法规，乡规划、镇村布局规划、村庄规划等	乡村建设规划许可证	待完善，涉及面广
历史文化遗产	整体格局和风貌、历史地段、古镇古村、文物古迹	住房和城乡建设部门	加强历史文化名城名镇名村的保护与管理，有效保护和合理利用风景名胜资源	《中华人民共和国文物保护法》《历史文化名城名镇名村保护条例》《风景名胜区条例》等法律法规，历史文化名城保护规划、历史风貌区规划等规划	保护名录；分级管控；分地段保护	体系较完整

6.2.2 全要素管理的基本内涵

随着国务院机构改革的完成以及国土空间规划体系的建立，我国正式迈向全域全要素统一管理的新阶段，大多数用途管制的手段、工具和政策都集中到新组建的自然资源主管部门，用途管制政策协调的重点从横向的部门之间转向纵向的不同层级人民政府之间，从以往自然资源的、具体的、物质的要素角度转向地域性的、自然与人工的、有形与无形的要素角度来认知和管理国土空间(吴次芳,2019)。

国土空间规划要素是反映国土空间中客体存在的各类规划内容。此时,国土空间被视为各类资源要素与环境的载体,可以依其所承载的不同自然资源与人类活动范畴,划分为有形的自然与物质资源类要素和无形的社会经济等人文要素,重点关注要素的具体用途或管理限制性,体现资源分类管理的思路。其中,有形的自然与物质资源类要素可以确定明确的界址、用途和权属,是实施不动产确权登记、自然资源确权登记并落实权利、责任主体的基础;无形的社会经济等人文要素可以和具体区域或地类使用管制挂钩,如历史风貌与历史文化名城名镇名村等。

6.2.3 全要素管理的核心理念

"两统一"职责实现了对自然资源从"以单要素管理为主"向"以综合管理为主"的转型和升级。从原先多部门分头管理下形成的涉及空间管理的方式,转向构建面向山水林田湖草等系统治理的全域全要素管理模式。新时期的自然资源全要素管理必须坚持生态文明体制改革的基本理念,用理念指导改革行动。

坚持人地和谐的发展观,树立"尊重自然、顺应自然、保护自然"的理念,实现中华民族的永续发展。人类文明存在与发展的核心是以人为本,建设生态文明不仅要以人为本,而且要通过优化人地关系,达到人地协调,实现可持续的以人为本。因此,国土空间规划的根本目标仍是更好地满足"人"的需求,更好地为"人"服务,而实现这一目标的手段就是管理和协调人地关系。同时,正确处理人与自然的关系,形成人与自然和谐发展,关系着人的生产、生活空间和生存质量,只有形成尊重自然、顺应自然、保护自然的价值观,有度有序利用自然,才能真正实现生态文明。

坚持系统发展观,树立"山水林田湖草是一个生命共同体"的理念,实现生态系统的综合治理。山水林田湖草都是自然生态系统的构成要素,共同形成相互联系、相互作用的一个体系,改革建立的自然资源管理制度也应是一个体系,需要从改革系统性、整体性、协同性来认识和落实自然资源管理制度。在国土空间规划体系构建背景下,构建山水林田湖草生命共同体,对于优化新时代自然资源和生态系统管理模式、促进生态文明体制改革、推动建成美丽中国具有重要且深远的意义。

坚持以分类管理为基础、综合管理为方向,树立资源分类管理的理念。一方面,依据自然资源基本属性,加强分类分级管理,以单门类的自然资源为分类管理对象,研究单要素自然资源的利用和管理规律,建立分类、分级的资源管理政策、制度和措施。另一方面,加强社会人文资源要素管理,强化对人文资源的综合调查和评价,以实现全域全要素综合管理(陈常松,2019)。

6.2.4 国土空间规划实施的全要素管理体系

履行"两统一"职责、实施国土空间全要素管理体系,就是要在国土空间范围内,统筹以山水林田湖草、矿产资源、海洋海岛与岸线资源为主的自然资源要素,以综合交通系统、市政基础设施、防灾减灾系统为主的社会物质要素,以及以人口、经济社会、文化风貌为主的人文资源要素,构建陆海一体、城乡融合的国土空间全要素管理体系(图6-2)。

图6-2 国土空间全要素管理体系

1) 自然资源要素

根据联合国环境规划署(United Nations Environment Programme,UNEP)对自然资源的定义,自然资源要素是指自然环境中与人类社会发展有关的、能被用来产生使用价值并影响劳动生产率的自然诸要素,是在一定的时间和技术条件下,能够产生经济价值,提高人类当前和未来福利的自然环境因素的总称。自然资源要素具有可用性、整体性、变化性、空间分布不均匀性和区域性等特点,主要包括山水林田湖草要素、矿产资源要素、岸线资源要素、海洋海岛资源要素等。

(1) 山水林田湖草要素。"山水林田湖草生命共同体"是由山水林田湖草等多种要素构成的有机整体,是具有复杂结构和多重功能的自然资源生态系统,是各种自然要素相互依存而实现循环的自然链条。统筹山水林田湖草系统治理,分类梳理各类生态要素,要求以山体自然地貌形态为基础,作为生态网络基本骨架;统筹河湖岸线及周边土地的保护与利用,优化河湖水系格局;严格划定天然林、生态公益林等基本林地集中保护区,强化水土保持、生物保护多样性的能力;确定永久基本农田保护目标和布局,提高耕地质量,拟定耕地占补平衡与基本农田保护的实施措施,强化耕地保护效果;同时,严格划定基本草原边界,落实封禁土地沙化保护区管理要求,加强生态系统的整体保护。按照自然生态的整体性、系统性及其内在规律,统筹考虑自然生态各要素,对其进行整体保护、系统修复和综合治理,围绕解决我国自然资源开发利用保护中生态系统保护与改善的重点难点,推动自然资源生态系统治理体系和治理能力现代化,不断满足人们日益增长的对优美生态环境的需求(李达净等,2018)。

(2) 矿产资源要素。矿产资源是指经过地质成矿作用而形成的,天然赋存于地壳内部或地表,埋藏于地下或出露于地表,呈固态、液态或气态,并具有开发利用价值的矿物或有用元素的集合体,属于非可再生资源,矿产资源要素的储量是有限的。为贯彻落实党的十八大以来中央关于全面深化改革、生态文明建设、"放管服"改革等系列部署要求,自然资源部亦在矿产资源领域推进了一系列改革,主要包括矿业权出让制度改革、油气勘查开采体制改革、矿产资源权益金制度改革、矿产资源储量改革及地质勘查资质管理改革等。根据生态文明建设要求,结合生态功能区划,统筹部署矿产资源调查评价,勘查开发和矿山地质环境保护与治理工作,实现资源开发、环境保护和民生改善的共赢局面。在坚持生态保护、绿色发展原则的基础上,统筹矿产资源开发利用,优化资源开采布局,同时科学确定矿产资源开发利用分区,优化分区管理与空间管控,部署治理恢复重大工程和重点项目,加强矿山地质环境治理,消除地质灾害隐患,恢复矿山生态环境。

(3) 岸线资源要素。岸线资源是指占用一定范围水域和陆域空间的水土结合的国土资源(段学军等,2020),是不可再生的战略性资源,分为自然岸线和人工岸线。作为流域生态环境的重要组成部分和核心环节,岸线资源发挥着无可替代的生产、生活和生态环境功能。国家对海岸线实施分类保护与利用,岸线保护与利用管理应遵循保护优先、节约利用、陆海统筹、科学整治、绿色共享、军民融合原则,严格保护自然岸线,整治修复受损岸线,拓展公众亲海空间,与近岸海域、沿海陆域环境管理相衔接,实现海岸线保护与利用的经济效益、社会效益、生态效益相统一。根据海岸线自然资源条件和开发程度,可将岸线分为严格保护、限制开发和优化利用三个类别:严格保护岸线按生态保护红线有关要求划定,明确保护边界,设立保护标志;限制开发岸线严格控制改变海岸自然形态和影响海岸生态功能的开发利用活动,预留未来发展空间,严格海域使用审批;优化利用岸线应集中布局确需占用海岸线的建设项目,严格控制占用岸线长度,提高投资强度和利用效率,优化海岸线开发利用格局。

(4) 海洋海岛资源要素。海洋资源是指在一定条件下能产生经济价值的一切赋存于海洋中的物质和能量以及与海洋开发利用有关的海洋空间,按其自然本质属性可分为海洋生物资源、海洋矿产资源、海洋空间资源、海洋旅游资源等(张耀光,2015)。海岛资源包括滩涂资源、陆地资源、水域资源、生态系统等,依据海岛分布的紧密性、生态功能相关性、属地管理便捷性,结合国家及地方发展的区划与规划,立足海岛保护工作的需要,按照区内统一和区间差异对海岛进行分区保护。海洋资源和海岛资源应统筹保护,划定海洋保护区是保护海洋生物多样性、防止海洋资源过度开发和栖息地退化的有效方法与实现海洋可持续发展的重要工具,各类海洋保护利用分区应制定差异化的规则;此外,对海岛进行分类管理,合理保护利用海岛自然资源,优化利用有居民海岛,保护性利用无居民海岛,严格保护特殊居民海岛。

2) 社会物质要素

社会物质要素是指能保障一个地区高速、正常地进行生产、生活等各项社会活动,为物质生产和人民生活提供一般条件的公共设施等,它是保障城市以及村镇生存、持续发展的支撑体系。社会物质要素主要包括综合交通系统、市政基础设施(给水排水工程系统、能源工程系统、通信工程系统、环境卫生工程系统)、防灾减灾系统等。

(1) 综合交通系统。综合交通系统承担着保障城乡日常的内外客运交通、货物运输、居民出行等活动的职能,分为城乡内部交通和对外交通两个部分。前者主要指城市、村镇内部的交通,主要通过道路系统来组织;后者则是以城市和村镇为基点与外部空间联系的交通,如铁路、水路、公路、航空以及管道运输等。城市内部道路交通规划在合理的用地功能布局基础上,根据交通性质区分不同功能的道路,按照绿色交通优先原则,组织道路系统;村镇道路交通规划则是根据村镇之间的联系和各项用地的功能,结合自然条件和现状特点,确定道路交通系统。

对外交通设施与布局需综合考虑各种对外交通运输方式的特点。例如,在城市铁路布局中,站场位置起着主导作用,依据城市的性质、铁路运输的流量、自然地形的特点等确定站场的位置及数量;在水路运输中,依据港口活动的特点,配套港口设施与城市建设;在城市公路布局中,结合总体布局合理选定公路线路的走向;对于航空运输,要合理确定航空港与城市的距离,做好航空港与城市联系的交通组织。而村镇对外交通主要包括铁路、公路和水运三类,根据村镇对外联系的需要,建立合理的对外交通运输体系。

(2) 市政基础设施。市政基础设施包括给水排水工程系统、能源工程系统(供电、燃气以及供热系统等)、通信工程系统、环境卫生工程系统;给水排水工程系统承担供给城乡各类用水、排涝除渍、治污环保的职能;能源工程系统承担供给城乡高能、高效、卫生、可靠的电力、燃气、集中供热等清洁能源的职能;通信工程系统担负着城乡之间与内部各种信息交流、物品传递等职能;环境卫生工程系统担负着处理污废物、洁净城乡环境的职能。根据区域城乡基础设施共建共享的原则,推进资源节约和循环利用,倡导简约适度、绿色低碳的生活方式。在中心城区内,确定各类基础设施的建设目标,预测供水、排水、供电、燃气、供热、垃圾处理、通信需求总量,确定各类设施的建设标准、规模和重大设施布局;明确重大邻避设施控制要求。合理布局全域供水干线、大型污水处理设施、电力干线、燃气干管等重大市政基础设施,实现城乡基础设施的共建共享。

(3) 防灾减灾系统。防灾包括对灾害的监测、预报、防护、抗御、救援和灾后恢复重建等多方面的工作,通过对气候变化的影响及灾害风险的评估,按照提升城市安全和韧性的理念,系统分析评估影响本地长远发展的重大灾害风险类型,提出减缓和适应未来灾害的措施,提高抗灾应急能力。防灾减灾系统主要由防洪(潮、汛)、抗震、消防、人防工程等系统及生命线系统等组成。城市防洪(潮、汛)工程主要由堤防、排洪沟渠、防洪闸和排涝设施组成;城市抗震设施主要指避震和震时疏散通道及避震疏散场地;城市消防设施有消防指挥调度中心、消防站、消火栓、消防水池以及消防瞭望塔等;城市人防工程主要分为指挥通信工事、医疗救护工事、专业队工事、后勤保障工事、人员掩护工事、人防疏散干道;城市生命线系统包括交通、能源、通信、给排水等城市基础设施,是城市的"血液循环系统"和"免疫系统",通过设施的高标准设防、设施的地下化、设施节点的防灾处理、提高设施的备用率等措施来提高生命线系统的防灾能力(吴志强,2000)。

3) 人文资源要素

人文资源要素是指在社会经济运行过程中形成的,以人的知识、精神和行为为内容,本身不直接表现为实物形态,但能为社会经济的发展提供不可或缺的对象、能源的要素组合,包括人口、经济社会、文化风貌等。人文资源的塑造,必须面对全尺度空间,即从大尺度的宏观区域空间到小尺度的街道空间等,通过人文价值的赋值过程,使得整个空间体系获得系统性的增值。

(1) 人口要素。人口是居住在一定地域内或一个集体内的人的总数。人口是一个内容复杂的社会实体,具有性别和年龄及自然构成、多种社会构成和社会关系、经济构成和经济关系。人口是社会物质的必要条件和全部社会生产行为的基础和主体。新中国成立以后,我国已经开展了七次人口普查。人口普查就是在特定时间和区域内按照统一的方法、要求、内容,对所有人口普遍地、逐户逐人地进行的一次性调查登记,它是进行有关人口的社会、经济和人口学的数据收集、编辑和公布的过程(顾朝林等,2012)。通过人口普查、人口统计等方法,确定人口规模,对人口的年龄、职业、家庭、空间等结构进行分析,运用综合增长率法、时间序列法、增长曲线法、劳动平衡法等方法来预测未来人口,以支撑未来国土空间规划的各类需求测定。

(2) 经济社会要素。经济社会要素包括区域经济水平、经济结构、产业布局、未来经济走势以及社会组织、社会文化环境等,能够描述居民群体特征,是刻画一定区域内复杂人类活动及其影响的主要抓手。区域发展离不开经济的增长,把握区域发展就要认识经济活动。因此要基于区位论的角度,从产业类型、规模经济、集聚经济、地租理论等方面理解经济活动对区域发展的影响,运用经济基础分析、投入产出分析、趋势外推等方法,把握区域经济发展动态,从而更好地制定区域发展战略。而社会要素对于规划的本质影响在于区域发展中多方利益的互动与协调。从规划角度来看，社会要素包括各种社会问题、社会结构、生活方式、社会组织、社会发展规律等，选取社会公平、行政效率与城市政策等社会组织系统指标，社区投资水平、社会安全与治安控制、社会整合等社会文化环境指标，城市环境评价、政治和社会氛围评价等主观评价指标，综合运用社会经济影响评价法、社会指标分析法等，对区域社会要素进行评价，以保障社会公平，推动社会整体生活品质的提高。

(3) 文化风貌要素。文化是人类优秀物质生活和精神生活的历史积淀，是人们对伦理、道德和秩序的概括和认定，也是人们生活方式的基本准则，一般包括物质文化、制度文化以及精神文化三个层次（顾朝林等，2012）。在规划中，文化通过塑造规划决策者、规划师、公众的意识形态来影响规划方案的编制。在规划以及建设中主要涉及文化风貌的部分，包括物质环境、制度环境和人文环境三种类型：一是物质环境，包括空间布局、自然景观、建筑风格、街道肌理、区域标志等，这些物质元素都可直接观察与触摸到，是文化的物质载体，作为一种物化手段，既为人类的行为活动提供了物质支撑，又影响和制约着人在空间中的行为活动。二是制度环境，指各种法律法规，如《土地管理法》《中华人民共和国文物保护法》等各种规划建设法律法规，地方性的管理规章制度以及规划中制定的相关实施政策等。制度环境是在人文环境下指导建立的，用来约束人类行为的保障体系，目的是促进物质环境和人文环境有序和稳定的发展，是文化的一种隐性手段。三是人文环境，主要围绕着人展开，包括个人自身的基本活动、社会关系、精神活动等；基本活动包括衣食住行的各个方面；社会关系包括各种社群活动、家庭关系等；精神活动包括道德观念、思想意识、宗教信仰等。人文环境是文化的主体，同时也是物质环境与制度环境建设的直接目的（吴志强等，2010）。

6.3 国土空间规划实施的分区与控制线管控

6.3.1 国土空间规划分区

1）国土空间规划分区的概念与目的

国土空间规划分区即国土空间规划的区域划分，是指基于不同区域的国土空间开发利用保护功能特征与差异，将所规划的空间区域划分出不同空间单元的过程（吴次芳等，2019b）。规划分区既是国土空间规划的重要工作，也是规划实施管理的基本依据。

国土空间规划分区的目的主要有以下四个方面（吴次芳等，2019b）：

(1) 明确不同地域的空间结构和功能。国土空间的构成要素多样，包括自然、经济、生态、文化等，存在明显的地域差异，不进行分区就难以分辨不同地域的国土空间结构和功能，难以进行有效的空间组织。

(2) 建立国土空间合理格局。国土空间规划的重要任务是正确处理好地区经济专门化与综合发展之间的关系,科学地进行经济地域组织建设和生产地域综合体建设。通过分区,可以更好地形成社会专业化分工与地域生产分工合理的区域合作和经济网络,从而建立起生产力引导和区域组织的合理格局。

(3) 确定空间管控的区域边界。国土空间规划既要引导,也要控制。要规范和约束国土空间开发利用行为,就必须明确控制区域的范围和边界。要通过明确禁止建设区的边界来保护国土空间生态;通过明确不同时期内城镇开发的边界来推进城市建设用地的集约高效;通过明确永久基本农田分布的边界来保证国家粮食安全。国土空间用途管制是国土空间规划实施管理的最重要制度之一,要实现这一制度就必须明确各类用途的范围边界。

(4) 为工程项目布局提供依据。从微观上看,国土空间规划是通过各类开发、利用、整治和保护项目来落实实施的。这些项目的布局必须以分区为依据。例如,不能将城镇开发型项目布局在永久基本农田内,不能将耕地开垦项目布局在生态保护红线内等。

在不同级别的国土空间规划中,规划分区有不同的表现和应用形式。其中,全国国土空间规划纲要和省级国土空间总体规划采用地域分区的方式,市级、县级和乡镇级国土空间总体规划则采用功能分区的方式。

2) 国土空间规划的地域分区

地域分区,也称自然地域分区或自然综合分区,与地理区划含义基本相同,是国家级、省级、流域、跨行政区等较高层次和大尺度的国土空间规划中最常见的分区类型。它是把一个国家的全部国土空间区域,按照光、热、水、土、气等要素相互作用形成的地域综合体,划分为若干个区域内特征相似、区域间差异显著的空间共轭区域,为空间规划、自然资源利用、生态环境保护以及经济和行政管理提供科学依据(吴次芳等,2019b)。地域分区通常采用定性和定量相结合的方法进行。定性的方法主要依据专家的经验和判断;定量的方法主要通过建模,采用遥感与地理信息系统等技术手段综合开展。

地域划分的内涵随着社会经济的需求不断发展变化。例如,通常将全国国土空间按区位划分为七大地域:华东区、华北区、华南区、华中区、西南区、西北区、东北区。根据经济社会发展,将全国国土空间划分为四大经济地域,即东部地区、东北地区、中部地区和西部地区,各区域经济社会发展的主要内容为东部率先发展、东北振兴、中部崛起和西部开发。此外,为了服务于生态保护和建设,又将国土空间划分为生态管控区域、生态优先区域、优化开发区域和重点开发区域等。

就国土空间规划而言,地域分区的作用在于(吴次芳等,2019b):有助于进一步认识自然地域系统要素特征及其相互作用过程的地域分异规律,为制定差别化的国土空间战略和管制政策提供科学依据。有助于国土空间规划更好地遵循自然规律和自组织过程,因为国土空间也是一个地域空间,其规划必须遵循地域的空间分异规律。不同的自然地域环境具有不同的自然资源禀赋,国土空间规划的生产力布局、城乡居民点布局、为保护和整治环境所采取的区域性工程措施布局等,都需要考虑不同地域环境的自然资源禀赋和地域条件差异。

3) 国土空间规划的功能分区

功能分区是指基于不同区域的国土空间开发利用保护功能特征与差异,划分出不同空间单元的过程。国土空间规划中的功能是指国土空间能够满足人类某种需求的一种属性,如生态功能、生产功能、生活功能、文化功能等(吴次芳等,2019b)。为充分发挥国土空间的整体功能,需要对区域国土空间的重要功能进行统筹安排,即采用国土空间功能分区的方法统筹配置国土空间的开发利用方向,凸显不同区域国土空间开发利用功能,明确产业主导区位和空间布局,提高区域的协调发展和可持续发展水平。

在国土空间规划中,功能分区是极其关键的环节,也是进行区域调控的一种手段。功能分区方案在纵向上和横向上的不衔接,是导致空间开发无序和低效的重要原因(吴次芳等,2019b)。功能分区方案必须充分把握功能空间分异的客观规律,建立起与规划对接的机制,与规划用地分类体系相衔接,才能更好地发挥功能分区在空间治理中的有效作用。国土空间规划的功能分区不同于地域分区,它有独特的技术路线和方法体系,其程序包括:调查分析和信息提取,建立功能分区的数据库;地域功能综合评价,选取各类指标综合评价地域功能的适宜性和未来发展潜力及趋势,揭示空间分异规律;功能分区方案制定,明确各个区域的功能和边界,有利于衔接上位规划、形成空间用途管制分区、对接不同部门的空间发展需求等;规划功能分区制图。

需要指出的是,国土空间规划功能分区是指区域内具有一个统一的功能。这种功能分区,不同于单元内部质量、密度等各种属性都基本相似的均质区,也不同于密度从中心到边缘存在规律性变化的结节区,如城市群、都市圈等。城镇发展区、农产品主产区、生态功能区、禁止开发区是一种功能分区;基本农田集中区、一般农业发展区、城镇村发展区、独立工矿区、风景旅游区、生态安全控制区、自然与文化遗产保护区、林业发展区等是另一种功能分区。各种功能区还可以进一步细分,例如,按照生态系统提供的服务不同可以将生态功能区进一步细分为基本生态功能区、自然生产功能区、环境调节功能区和生态附加功能区等(吴次芳等,2019b)。

功能分区是市、县国土空间规划中主要的区域划分形式。《市级国土空间总体规划编制指南(试行)》从协调国土空间开发与保护的角度,将市、县国土空间划分为以下功能分区(表6-2):

(1)生态保护区。生态保护区是指具有特殊重要生态功能或生态敏感脆弱、必须强制性严格保护的陆地和海洋自然区域,包括陆域生态保护红线、海洋生态保护红线集中划定的区域。生态保护区应严格保护,按照禁止开发区域进行管理,实行最严格的准入制度,严禁任何不符合主体功能定位的开发活动,任何单位和个人不得擅自占用或改变国土用途,严禁围填海行为。生态保护区内原有的村庄、工矿等用途,应严格控制建设行为的扩展并根据实际发展需要逐步引导退出。

(2)生态控制区。生态控制区是指生态保护红线外,需要予以保留原貌、强化生态保育和生态建设、限制开发建设的陆地和海洋自然区域。生态控制区应以保护为主,并应开展必要的生态修复。应按照限制开发的要求进行管理,允许在不降低生态功能、不破坏生态系统的前提下,依据国土空间规划和相关法定程序、管制规则适度开发利用。

(3)农田保护区。农田保护区是为贯彻落实严守耕地红线、严保永久基本农田的战略要求,实施永久特殊保护的耕地集中区域,即永久基本农田相对集中、需要严格保护的区域。农田保护区应从严管控非农建设占用永久基本农田,鼓励开展高标准农田建设和土地整治,提高永久基本农田质量。

(4)城镇发展区。城镇发展区是指城镇开发边界围合的范围,是城镇开发建设集中发展并可满足城镇生产、生活需要的区域。城镇发展区可进一步细分为城镇集中建设区、城镇弹性发展区和特别用途区,其中城镇集中建设区又可再细分为居住生活区、综合服务区、商业商务区、工业发展区、物流仓储区、绿地休闲区、交通枢纽区、战略预留区等。城镇发展区应明确在一定时期内可以进行城镇开发和集中建设的地域,对区内的城镇集中建设区、城镇弹性发展区提出总体指标控制要求,对各类城镇建设土地用途和城镇建设行为提出准入要求。该分区内的所有建设行为应按照详细规划进行精细化管理。

(5)农业农村发展区。农业农村发展区是指永久基本农田集中保护区外,为满足农林牧渔等农业发展,以及为满足农民集中生活及生活配套为主的区域。农业农村发展区包括永久基本农田集中区以外的耕地、园地、林地、草地等农用地,农业和乡村特色产业发展所需的各类配套设施用地,以及现状和规划的村庄建设用地,它可进一步细分为村庄建设区、一般农业区、林业发展区、牧业发展区等。乡村发展区应以促进农业和乡村特色产业发展、改善农民生产和生活条件为导向,根据具体土地用途类型进行管理。对于村庄建设用地和各类配套设施用地,应按照人均村庄建设用地指标进行管控。在乡村发展区内,允许农业和乡村特色产业发展及其配套设施建设,以及为改善农村人居环境而进行的村庄建设与整治,严禁集中连片的城镇开发建设。在充分进行可行性、必要性研究的基础上,在不影响安全、不破坏功能的前提下,该分区允许建设区域性基础设施廊道,并应做好相应的补偿措施。

(6)海洋发展区。海洋发展区是允许集中开展开发利用活动的海域,以及允许适度开展开发利用活动的无居民海岛。海洋发展区可细分为渔业用海区、交通运输用海区、工矿通信用海区、游憩用海区、特殊用海区、海洋预留区六类主要的用海功能区。海洋发展区内应注重"刚性和弹性并重"的管控模式。合理配置海洋资源，优化海洋空间开发格局，严禁国家产业政策淘汰类、限制类项目在海上布局，对不同发展功能区应制定相应的负面清单管控。

（7）矿产与能源发展区。矿产与能源发展区是指陆域油气区、采矿区、盐田区及风能、太阳能采集区等保障国家资源安全供应的区域。应根据不用区域的自然条件，采用合理的开发利用方式，同时注重区域的可持续发展，做好修复和恢复工作。

表 6-2 市、县国土空间规划的功能分区

一级规划分区	二级规划分区		含义
生态保护区	—		有特殊重要生态功能或敏感脆弱、必须强制性严格保护的陆地和海洋自然区域，包括陆域生态保护红线、海洋生态保护红线集中划定的区域
生态控制区	—		生态保护红线外，需要予以保留原貌、强化生态保育和生态建设、限制开发建设的陆地和海洋自然区域
农田保护区	—		永久基本农田相对集中，需要严格保护的区域
城镇发展区	城镇集中建设区	—	城镇开发边界围合的范围，是城镇开发建设集中发展并可满足城镇生产、生活需要的区域
		居住生活区	以住宅建筑和居住配套设施为主要功能导向的区域
		综合服务区	以提供行政办公、文化及商业等服务为主要功能导向的区域
		商业商务区	以提供商业、商务办公等就业岗位为主要功能导向的区域
		工业发展区	以工业及其配套产业为主要功能导向的区域
		物流仓储区	以物流仓储及其配套产业为主要功能导向的区域
		绿地休闲区	以公园绿地、广场用地、滨水开敞空间、防护绿地等为主要功能导向的区域
		交通枢纽区	以机场、港口、铁路客货运站等大型交通设施为主要功能导向的区域
		战略预留区	城镇集中建设区中，为城镇重大战略性功能控制的留白区域
	城镇弹性发展区		为应对城镇发展的不确定性，在满足特定条件下可进行城镇开发和集中建设的区域
	特别用途区		为完善城镇功能，提升人居环境品质，保持城镇开发边界的完整性，需划入开发边界内的重点地区，包括与城镇关联密切的生态涵养、防护隔离、历史文化保护等区域

续表 6-2

一级规划分区	二级规划分区	含义
农业农村发展区	—	永久基本农田集中保护区外,为满足农林牧渔等农业发展,以及为满足农民集中生活及生活配套为主的区域
	村庄建设区	城镇开发边界外,规划重点发展的村庄用地区域
	一般农业区	以农业生产发展为主要利用功能导向划定的区域
	林业发展区	以规模化林业生产为主要利用功能导向划定的区域
	牧业发展区	以草原畜牧业发展为主要利用功能导向划定的区域
海洋发展区	—	允许集中开展开发利用活动的海域,以及允许适度开展开发利用活动的无居民海岛
	渔业用海区	以渔业基础设施建设、养殖和捕捞生产等渔业利用为主要功能导向的海域和无居民海岛
	交通运输用海区	以港口建设、路桥建设、航运等为主要功能导向的海域和无居民海岛
	工矿通信用海区	以临海工业利用、矿产能源开发和海底工程建设为主要功能导向的海域和无居民海岛
	游憩用海区	以开发利用旅游资源为主要功能导向的海域和无居民海岛
	特殊用海区	以污水达标排放、倾倒、军事等特殊利用为主要功能导向的海域和无居民海岛
	海洋预留区	规划期内为重大项目用海用岛预留的控制性后备发展区域
矿产与能源发展区	—	陆域油气区、采矿区、盐田区及风能、太阳能采集区等保障国家资源安全供应的区域

6.3.2 控制线管控

控制线是在规划分区的基础上所衍生出来的管控手段,既是国土空间规划的重要内容,也是国土空间规划成果实施和监管的关键依据。

1) 三条控制线

生态保护红线、永久基本农田和城镇开发边界构成国土空间规划的"三条控制线"。三条控制线的划定与管控对形成生产空间集约高效、生活空间宜居适度、生态空间山清水秀、可持续发展的高品质国土空间格局具有重要意义(岳文泽等,2020)。2019年,中共中央办公厅、国务院办公厅发布了《关于在国土空间规划中统筹划定落实三条控制线的指导意见》(以下简称《三条控制线的指导意见》），明确了三条控制线的定义、划定原则、管控要求和矛盾冲突协调机制是三条控制线划定工作的重要指南。

（1）生态保护红线

环境问题一直是全世界共同关注的话题，随着经济的快速发展，我国对环境问题的关注越来越突出。2011年起，我国明确提出要划定生态保护红线，建立生态红线保护制度。2013年11月，《中共中央关于全面深化改革若干重大问题的决定》明确提出划定生态红线、建立生态红线制度的要求。2014年1月，环境保护部提出《国家生态保护红线——生态功能红线划定技术指南（试行）》，该指南成为我国首个生态保护红线划定的纲领性技术指导文件。2017年1月，《关于划定并严守生态保护红线的若干意见》提出，以改善生态环境质量为核心，以保障和维护生态功能为主线，按照山水林田湖系统保护的要求，划定并严守生态保护红线，实现一条红线管控重要生态空间。随后又陆续出台了一系列的政策措施来加强生态保护红线的地位。生态保护红线对维护国家生态安全、增强国家可持续发展能力具有重大的现实意义，是我国推进生态文明建设的重要举措。

① 概念

生态保护红线是指在生态空间范围内具有特殊重要生态功能、必须强制性严格保护的区域。优先将具有重要水源涵养、生物多样性维护、水土保持、防风固沙、海岸防护等生态功能极重要区域，以及生态极敏感脆弱的水土流失、沙漠化、石漠化、海岸侵蚀等区域划入生态保护红线。其他经评估目前虽然不能确定但具有潜在重要生态价值的区域也应被划入生态保护红线。

② 管控要求：分级分类管理

分级管理。《三条控制线的指导意见》将生态保护红线内分为核心区和其他区域。生态保护红线内的自然保护地核心保护区原则上禁止人为活动；其他区域（包括自然保护地一般控制区及生态保护红线内、自然保护地外的其他区域）严格禁止开发性、生产性建设活动，在符合相关法律法规的前提下，除国家重大战略项目外，仅允许对生态功能不造成破坏的有限人为活动，主要包括：零星的原住民在不扩大现有建设用地和耕地规模的前提下，修缮生产、生活设施，保留生活所必需的少量种植、放牧、捕捞、养殖；因国家重大能源资源安全需要开展的战略性能源资源勘查、公益性自然资源调查和地质勘查；自然资源、生态环境监测和执法，包括水文水资源监测及涉水违法事件的查处等，灾害防治和应急抢险活动；经依法批准进行的非破坏性科学研究观测、标本采集；经依法批准的考古调查发掘和文物保护活动；不破坏生态功能的适度参观旅游和相关的必要公共设施建设；必须且无法避让、符合县级以上国土空间规划的线性基础设施建设、防洪和供水设施建设与运行维护；重要生态修复工程。

分类管理。生态保护红线的具体类型包括国家公园、自然保护区、森林自然公园、地质自然公园、世界自然遗产、湿地自然公园，以及饮用水水源地、水产种质资源保护区和其他类型禁止开发区。生态保护红线按不同类型实施分类管理,每一类管理都按照相关法律法规执行,若同一生态红线区域兼具两种以上类别,则按最严格的要求执行监管措施。

生态保护红线的管理,重在制定并执行配套政策,使生态保护红线的保护能够落地实施。如2013年8月《江苏省生态红线区域保护规划》发布;2013年12月《江苏省生态补偿转移支付暂行办法》发布,明确了生态红线区域补偿细则;2014年3月《江苏省生态红线区域保护监督管理考核暂行办法》发布,强化了生态红线区域保护的监督、管理与考核;2014年8月《江苏省生态红线区域保护监督管理评估考核细则(暂行)》发布,进一步明确了生态红线区域的考核办法和要求(专栏6-2)。

专栏6-2 江苏省生态红线保护政策

2013年12月,《江苏省生态补偿转移支付暂行办法》发布,明确了生态红线区域补偿细则。江苏省生态补偿转移支付为一般性转移支付,将生态红线区域的生态补偿分为补助和奖励两个部分。补助部分为生态补偿转移支付的主体部分,主要根据生态红线区域的级别、类型、面积以及地区财政保障能力等因素,综合计算生态红线区域补偿标准,并据此计算各地生态补偿转移支付补助资金。

综合考虑各类生态红线区域的生态服务功能价值、保护级别、面积、当地经济发展水平等因素,以县(市、区)为测算单元,确定了江苏省生态红线区域的补偿标准,测算方法如下:生态补偿资金=∑(生态红线区域面积×生态红线区域权重系数×单位面积补助金额×保护级别系数×经济发展水平调整系数)。其中,生态红线区域面积是指各县(市、区)各类生态红线区域面积;生态红线区域权重系数是指根据不同生态系统服务功能价值,结合德尔菲法和层次分析法计算得到的权重系数;单位面积补助金额根据江苏省财政支持力度确定;保护级别系数是指生态红线区域的管控级别;经济发展水平调整系数是指各地区经济差异水平的调整系数。奖励部分为生态补偿转移支付的激励性部分,根据上一年度对各地生态红线区域考核评估结果进行分配。如发生重大污染事件,导致本地区的生态环境受到严重影响或考核不合格的,取消该地区年度考核奖励资格。同时规定,将生态补偿转移支付资金全部用于生态红线区域内的环境保护、生态修复和生态补偿,不得挪作他用。

2014年8月,《江苏省生态红线区域保护监督管理评估考核细则(暂行)》发布,制定了"生态红线区域监督管理评估考核评分、年度生态红线工作自评、生态红线保护工作相关台账"等具体内容,对生态红线区域考核评估做出了详细的规定,有力地促进了生态红线区域的保护与管理。

---

(2) 永久基本农田

基本农田和永久基本农田是一组独具中国特色的概念,是我国在对耕地实行严格保护的政策发展过程中,对同一对象在不同时期提出的两种称谓。1998年,我国全面修订了《土地管理法》,同年颁布的《基本农田保护条例》规定,国家实行土地用途管制制度,对耕地实行特殊保护,确立基本农田保护制度。2008年,在中国共产党第十七届中央委员会第三次全体会议上,永久基本农田的概念被第一次提出,体现了中共中央、国务院对耕地特别是基本农田的高度重视,体现出更加严格保护的态度。

永久基本农田是保障国家粮食安全的重要基础,是事关国计民生的大事。然而近年来我国城市化进程发展迅速,城镇建设用地不断侵占耕地,在保护与发展的博弈中,永久基本农田不断让步于经济,出现了"上山下河、划远不划近"等一系列问题。现阶段,我国经济转向高质量发展,新型工业化、城镇化建设深入推进,农业供给侧结构性改革逐步深入,对守住耕地和永久基本农田红线提出了更高要求。

① 概念

永久基本农田是为保障国家粮食安全和重要农产品供给,需要实施特殊保护并经相关程序划定的耕地,一般包括:经国务院有关部门或者县级以上地方人民政府批准确定的粮、棉、油生产基地内的耕地;有良好的水利与水土保持设施的耕地,正在实施改造计划以及可以改造的中、低产田;蔬菜生产基地;农业科研、教学试验田;国务院规定应划入基本农田保护区的其他耕地。

② 管控要求:全面规划,合理利用,用养结合,严格保护

《基本农田保护条例》明确了"全面规划、合理利用、用养结合、严格保护"的基本农田保护方针。全面规划,就是各级人民政府为实现基本农田保护目标,把应当划入基本农田保护区的耕地划入基本农田保护区严格有效地保护起来。合理利用,就是要按照国家政策和法律规定,根据气候、土壤、水资源、环境等自然条件,合理调整土地利用结构,充分发挥土地的使用效能,提高土地的使用率。用养结合,就是在使用基本农田的同时,要注意对基本农田的养护,加大投入,培肥地力,提高耕地的生产能力。严格保护,就是要严把占用基本农田的审批关,严格执行占用基本农田补偿制度,严格划定基本农田保护区,严格征收新增建设用地的土地有偿使用费。地方各级人民政府要采取措施,确保本行政区域内基本农田的数量不减少。《三条控制线的指导意见》进一步提出了确保永久基本农田"面积不减、质量提升、布局稳定"的划定要求。

另外,在《土地管理法》《基本农田保护条例》和有关规章中,都对基本农田保护制度做了详细规定,这些制度概括起来主要有以下几个方面:基本农田保护规划制度;基本农田保护区制度;占用基本农田审批制度;基本农田占补平衡制度;禁止破坏和闲置、荒芜基本农田制度;基本农田保护责任制度;基本农田监督检查制度;基本农田地力建设和环境保护制度等。

(3) 城镇开发边界

《三条控制线的指导意见》指出,城镇开发边界是指在一定时期内因城镇发展需要可以集中进行城镇开发建设、以城镇功能为主的区域边界,涉及城市、建制镇以及各类开发区等。城镇开发边界的本质是为控制城市空间蔓延、提高土地集约利用水平、保护资源生态环境、引导城市合理有序发展所划定的城市集中建设地区的重要控制界线,并制定相应的管理规定。

在政策层面,我国对城镇开发边界的研究始于 2006 年建设部颁布的《城市规划编制办法》,该办法首次提出"研究中心城区空间增长边界"。自此之后,国内很多文件都开始重视城镇开发边界的研究工作。2008 年《全国土地利用总体规划纲要(2006—2020 年)》提出"实施城乡建设用地扩展边界控制";2013 年中央城镇化工作会议中指出"尽快把每个城市特别是特大城市开发边界划定";2014 年由中共中央、国务院印发的《国家新型城镇化规划(2014—2020 年)》提出"合理确定城市规模、开发边界",随后在国土部、住房和城乡建设部下发的《城市开发边界划定工作方案》中,三大城市群中有 14 个常住人口在 500 万人以上的重点城市被确定为城市开发边界首批试点城市;2015 年 5 月国土部在关于解读《中共中央 国务院关于加快推进生态文明建设的意见》中表示将争取把边界划定工作从 14 个城市逐渐扩展到全国 600 个城市;之后 14 个试点之外的城市也已经陆续展开城市开发边界的研究工作。

在学术层面,我国对城镇开发边界的研究主要集中于划定方法和管理方式两个方面。学者林坚认为,可以将中国特色的城镇开发边界理解为城市(中心城区)、镇总体规划控制范围内各类城乡居民点建设用地开发边界。它具有两个方面的属性,既要保证生态安全和自然环境的良好,控制城市的发展规模,也要满足一定时期内城市建设的发展要求,为城市发展预留出"拟发展区"。学者桑劲认为城镇开发边界实施制度的核心是明晰两级人民政府在不同空间开发边界内外针对不同用途(城镇、设施、乡村)的不同事权。学者许景权从我国国情出发,借鉴国外城市开发边界的相关实践经验,提出我国城镇开发边界划定与管控的方向和路径。

① 概念

城市开发边界的概念由美国正式提出,其中以波特兰城市开发边界的划定及管理最具代表性。波特兰对城市增长边界的定义为:"区分城市与乡村的法定界限。该界限控制城市向农场、森林及自然资源用地的扩张,与此同时,土地、道路、公共服务设施以及其他城市服务应在城市边界内高效供给。"

2020 年 9 月,自然资源部发布了《市级国土空间总体规划编制指南(试行)》,其中提到:"城镇开发边界是在国土空间规划中划定的,一定时期内因城镇发展需要,可以集中进行城镇开发建设、完善城镇功能、提升空间品质的区域边界,涉及城市、建制镇以及各类开发区等。城镇开发边界内可分为城镇集中建设区、城镇弹性发展区和特别用途区。"城镇集中建设区,是根据规划城镇建设用地规模,为满足城镇居民生产、生活需要,划定的一定时期内允许开展城镇开发和集中建设的地域空间。城镇弹性发展区,是为应对城镇发展的不确定性,在城镇集中建设区外划定的,在满足特定条件下方可进行城镇开发和集中建设的地域空间。特别用途区,是为完善城镇功能、提升人居环境品质、保持城镇开发边界的完整性,需划入开发边界并加强规划管理的重点地区,主要包括与城镇关联密切的生态涵养、休闲游憩、防护隔离、自然和历史文化保护等地域空间。此外,在相关规定中还指出,城市、建制镇应划定城镇开发边界(图6-3)。

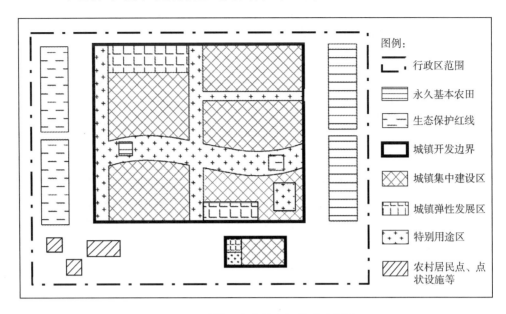

图6-3　城镇开发边界空间关系示意图

② 管控要求:城镇开发边界内、外执行不同的管控要求

边界内管理:在城镇开发边界内建设,实行"详细规划＋规划许可"的管制方式,并要求加强与水体保护线、绿地系统线、基础设施建设控制线、历史文化保护线等控制线的协同管控。在不突破规划城镇建设用地规模的前提下,城镇建设用地布局可在城镇弹性发展区范围内进行调整,同时相应核减城镇集中建设区用地规模。调整方案经国土空间规划审批机关的同级自然资源主管部门同意后,应及时将其纳入自然资源部国土空间规划监测评估预警管理系统实施动态监管,调整原则上一年不超过一次。特别用途区原则上禁止任何城镇集中建设行为,实施建设用地总量控制,不得新增城镇建设用地。根据实际功能分区,在市县国土空间规划中明确用途管制方式。

边界外管理:城镇开发边界外的空间主导用途为农业和生态,是开展农业生产、实施乡村振兴和加强生态保护的主要区域,实行"详细规划＋规划许可"和"约束指标＋分区准入"的管制方式。在城镇开发边界外不得进行城镇集中建设,不得设立各类开发区,允许交通、基础设施以及其他线性工程,军事及安全保密、宗教、殡葬、综合防灾减灾、战略储备等特殊建设项目,郊野公园、风景游览设施的配套服务设施,直接为乡村振兴战略服务的建设项目,以及其他必要的服务设施和城镇民生保障项目。城镇开发边界外的村庄建设、独立选址的点状和线性工程项目,应符合有关国土空间规划和用途管制要求。

2) 其他控制线

除了三条"底线"外,国土空间规划还需划定绿线、蓝线、紫线、黄线、产业区块线、生态公益林保护线、矿产开采控制线等,并执行相关控制要求。

（1）绿线，又称城市绿线，是指在城市内划定的各类绿地范围的控制线，包括公共绿地、公园绿地、环城绿地，以及对空间结构有重要影响的绿地等。绿线的管理应执行《城市绿线管理办法》。绿线分为现状绿线和规划绿线，在现状绿线范围内不得进行非绿化设施建设，在规划绿线范围内不得改作他用，必须按照规划进行绿化建设。

（2）蓝线，又称河道蓝线，是指河道工程的保护范围控制线，包括江、河、湖、水系、渠、湿地等地表水体，以及堤防、岸线和因河道拓宽、整治、景观绿化而规划预留的控制范围。蓝线的管理应执行《城市蓝线管理办法》。在蓝线范围内主要用于河道建设和管理，控制水面积不被违法填堵、确保防汛安全。

（3）紫线，主要指城市紫线，是指国家、省、自治区、直辖市人民政府公布的历史文化街区的保护范围界线，以及历史文化街区范围以外经县级以上人民政府公布的历史建筑的保护范围界线。紫线的管理应执行《城市紫线管理办法》。在历史文化街区内的各项建设必须坚持保护真实的历史文化遗存、维护街区传统格局和风貌、改善基础设施、提高环境质量的原则；历史建筑的维修和整治必须保持原有风貌，在保护范围内的各项建设不得影响历史建筑风貌的展示；禁止对历史文化街区和历史建筑的保护构成破坏性影响的活动。

（4）黄线，又称城市黄线，是指对城市发展全局有影响的、规划确定的、必须控制的基础设施用地的控制界线，包括公共交通设施、供水设施、环境卫生设施、供燃气设施、供热设施、供电设施、通信设施、消防设施、防洪设施、抗震防灾设施等。黄线的管理应执行《城市黄线管理办法》。在黄线范围内禁止损坏城市基础设施或影响城市基础设施安全正常运转的行为。

（5）产业区块线，是指产业用地相对集中区域的范围控制线，包括工业园区和连片的城镇工业用地。产业区块线范围主要用于落实产业功能，应引导产业项目向线内集聚发展。

（6）生态公益林保护线，是指以保护和改善环境、保持生态平衡、保存物种资源、开展科学实验、森林旅游等需要为主要目的的森林和灌木林的保护范围界线，包括国家级、省级、市县级等生态公益林。在生态公益林范围内，严格控制对公益林的采伐与更新，对公益林的利用以及在公益林范围内开展的工程建设，必须在进行可行性研究的同时进行环境影响评价。

（7）矿产开采控制线，是指在矿产开采过程中根据不同矿种开发时序的安排，分类协调采矿空间与其他空间而划定的矿产开采范围控制界线。矿产开采应促进矿产资源与经济社会发展、生态环境保护相协调，避免环境破坏和资源枯竭等问题。

6.4 指标与名录管理

面向新时代的国土空间规划应立足生态文明建设的根本大计、长远大计,承担起基础性、指导性、约束性功能,在规划管理中除了前文所述的分区和划线的管控手段外,还应通过量化的指标和具体的名录清单等手段来提升规划在实施管理过程中的精准度和适应性。

6.4.1 国土空间规划指标管理

1) 国土空间规划指标体系

基于全域全要素管理的原则,国土空间规划需紧密结合资源禀赋、环境条件、发展目标和治理要求进行综合权衡,构建不同层级、不同类型的指标体系,以支撑国土空间格局优化。国土空间规划指标体系与"五级三类"国土空间规划体系是相对应的,不同层级的总体规划、详细规划和专项规划的指标各有侧重、相互补充形成国土空间规划指标体系(图6-4)。国土空间规划指标体系为国土空间规划的实施与监督提供了可量化、可比较、可监测的变量。

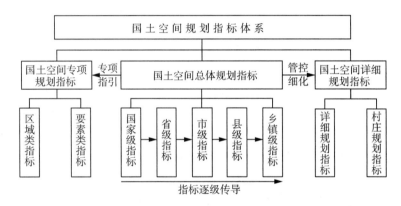

图6-4 国土空间规划不同层级指标体系

根据指标的性质通常可以划分为预期性指标和约束性指标。预期性指标是指国家和地方期望的发展目标,主要依靠市场和社会主体的自主行为来实现,政府主要为预期指标的实现创造良好的宏观环境、制度环境和市场环境,体现规划的价值导向和弹性管控。约束性指标是指为了实现规划目标,政府在规划期内必须履行的职责,是政府必须实现或不得突破的指标。约束性指标体现了规划的刚性和指令性,主要依靠政策调控、行政命令等手段分配公共资源。

(1) 总体规划指标体系

总体规划是对行政全域范围所涉及的国土空间保护、开发、利用、修复做出的全局性安排,其指标具有明显的综合性和层级性特征。其中,综合性体现在对全域全要素的保护与开发活动进行系统性量化。层级性体现在上级规划对下级规划提出规划指引、下达调控指标,确保总体规划所确定的约束性指标有效落实。省级和市级总体规划是五级规划中的重要环节,本节以这两级规划为例分析总体规划指标的特征。

① 省级国土空间总体规划指标。省级国土空间总体规划既要贯彻国家战略意识，又要结合区域特色，更要强调区域国土空间资源的供需平衡和合理配置，为下级国土空间规划确立规划目标，提供规划依据。因此，省级指标需要统筹省域范围内的国土空间开发、利用与保护政策性、战略性、协调性和综合性。根据保护与开发目标的差异，将省级国土空间总体规划指标划分为生态保护类、农业发展类和区域建设类（表6-3）：生态保护类主要围绕生态安全目标，通过自然资源要素的刚性管控实现，包括生态保护红线面积、用水总量、林地保有量、湿地面积、自然海岸线保有率等。农业发展类主要围绕粮食安全目标，包括耕地保有量、规模化畜禽养殖用地等指标。区域建设类指标主要围绕高质量发展的目标，引导或约束国土开发与建设活动，主要的指标有国土开发强度、城乡建设用地规模、公路与铁路网密度等。

表6-3 省级国土空间总体规划指标体系

序号	类型	名称	单位	属性
1	生态保护类	生态保护红线面积	km²	约束性
2		用水总量	亿 m³	约束性
3		林地保有量	km² 或万亩	约束性
4		基本草原面积	km² 或万亩	约束性
5		湿地面积	km² 或万亩	约束性
6		新增生态修复面积	km²	预期性
7		自然海岸线保有率（大陆自然海岸线保有率、重要河湖自然岸线保有率）	%	约束性
8	农业发展类	耕地保有量（永久基本农田保护面积）	km² 或万亩	约束性
9		规模化畜禽养殖用地	km² 或万亩	预期性
10		海水养殖用海区面积	万亩	预期性
11	区域建设类	国土开发强度	%	预期性
12		城乡建设用地规模	km²	约束性
13		"1 h/2 h/3 h"交通圈人口覆盖率	%	预期性
14		公路与铁路网密度	km/km²	预期性
15		单位国内生产总值(GDP)使用建设用地（用水）下降率	%	约束性

② 市级国土空间总体规划指标。市级国土空间总体规划的定位是贯彻落实主体功能区战略和制度，合理确定全域保护与发展的目标和措施，推进自然资源集约高效利用、城镇化健康有序发展。市级规划指标体系可以落实上级规划的管控要求和指标，同时按照生态优先、高质量发展、高品质生活、高水平治理的要求，明确本级规划管控要求和指标，

并将主要要求和指标分解到下级行政区(苏世亮等,2019)。将市级国土空间总体规划指标划分为空间底线、空间结构与效率和空间品质三种类型(表6-4):空间底线类指标包括生态保护红线面积、用水总量、永久基本农田保护面积等,多为约束性指标。空间结构与效率类指标包括常住人口规模、人均城镇建设用地面积、道路网密度等指标。空间品质类指标包括城镇人均住房面积等指标,体现城市人居环境品质,多为预期性指标(陈明星等,2020)。

表6-4 市级国土空间总体规划指标体系

编号	指标项	指标属性	指标层级
一、空间底线			
1	生态保护红线面积(km^2)	约束性	市域
2	用水总量(亿 m^3)	约束性	市域
3	永久基本农田保护面积(km^2)	约束性	市域
4	耕地保有量(km^2)	约束性	市域
5	建设用地总面积(km^2)	约束性	市域
6	城乡建设用地面积(km^2)	约束性	市域
7	林地保有量(km^2)	约束性	市域
8	基本草原面积(km^2)	约束性	市域
9	湿地面积(km^2)	约束性	市域
10	大陆自然海岸线保有率(%)	约束性	市域
11	自然和文化遗产(处)	预期性	市域
12	地下水水位(m)	建议性	市域
13	新能源和可再生能源比例(%)	建议性	市域
14	本地指示性物种种类	建议性	市域
二、空间结构与效率			
15	常住人口规模(万人)	预期性	市域、中心城区
16	常住人口城镇化率(%)	预期性	市域
17	人均城镇建设用地面积(m^2)	约束性	市域、中心城区
18	人均应急避难场所面积(m^2)	预期性	中心城区
19	道路网密度(km/km^2)	约束性	中心城区
20	轨道交通站点 800 m 半径服务覆盖率(%)	建议性	中心城区
21	都市圈 1 h 人口覆盖率(%)	建议性	市域
22	每万元 GDP 水耗(m^3)	预期性	市域
23	每万元 GDP 地耗(m^2)	预期性	市域

续表 6-4

编号	指标项	指标属性	指标层级
三、空间品质			
24	公园绿地、广场步行 5 min 覆盖率(%)	约束性	中心城区
25	卫生、养老、教育、文化、体育等社区公共服务设施步行 15 min 覆盖率(%)	预期性	中心城区
26	城镇人均住房面积(m^2)	预期性	市域
27	每千名老年人养老床位数(张)	预期性	市域
28	每千人医疗卫生机构床位数(张)	预期性	市域
29	人均体育用地面积(m^2)	预期性	中心城区
30	人均公园绿地面积(m^2)	预期性	中心城区
31	绿色交通出行比例(%)	预期性	中心城区
32	工作日平均通勤时间(min)	建议性	中心城区
33	降雨就地消纳率(%)	预期性	中心城区
34	城镇生活垃圾回收利用率(%)	预期性	中心城区
35	农村生活垃圾处理率(%)	预期性	市域

(2) 详细规划指标体系

详细规划是对具体地块用途和开发强度等做出的实施性安排。详细规划包括两种类型：在城镇开发边界内以城镇为单元开展详细规划；在城镇开发边界外以乡村为单元开展村庄规划。详细规划是开展国土空间开发保护活动，包括实施国土空间用途管制、核发城乡建设项目规划许可，进行各项建设的法定依据。因此，详细规划指标更加强调实施性和建设性。

① 详细规划指标。详细规划的理念是在确保公共利益底线的同时，满足市场多元主体的不同诉求。一方面可分解落实总体规划所确定的全局性、系统性要求；另一方面发挥着承上启下的关键作用。详细规划针对不同的功能地域(如工业区、商务区、居住区)、不同的特性地域(如新城区、老城区、历史街区)及发展的不同阶段(如确定性开发、不确定性开发)，采用差别化的策略——控制要素的选择及"严格"与"宽松"不一概而论。详细规划指标主要可分为以下六个类别：土地使用、环境容量、建筑建造、城市设计引导、设施配套以及行为活动(王云等，2014；李晓晖等，2014；雷轩，2019)。根据指标要求的不同，又可将详细规划指标分为强制性指标和指导性指标(表6-5)。

表 6-5　详细规划指标体系

一级指标	二级指标	规划控制要素	
		强制性指标	指导性指标
土地使用		地块编号；用地面积；用地边界；用地性质	土地使用兼容性
环境容量		最大/最小容积率；最大/最小绿地率；空地率	—
建筑建造		建筑高度；最小建筑退线	—
城市设计引导	景观环境	—	建筑体量；建筑色彩；建筑形式；建筑外饰材料；小品设置
设施配套	市政设施配套	给水设施；排水设施；供电设施；交通设施	—
	公共设施配套	商业服务设施；行政办公设施	—
行为活动	交通活动	最少停车泊位；出入口方位；机动车出入口位置	—
	环境保护要求	—	水污染物允许排放量；水污染物允许排放浓度；废气污染物允许排放浓度标准值；固体废弃物控制；噪声震动等允许标准值；其他

② 村庄规划指标。村庄规划指标由市县自然资源主管部门技术指导和相关指标分解下达，结合指标要求制定村庄发展、国土空间开发保护等任务。村庄规划指标也可分为两类：预期性指标，如人口数量、集体经营性建设用地规划、规划流量、建设用地机动指标等；约束性指标，如生态保护红线、耕地保有量、永久基本农田保护面积、村庄建设用地规模等。

(3) 专项规划指标体系

专项规划强调的是专门性，一般是由自然资源主管部门或者相关部门来组织编制，可在国家级、省级和市县级层面进行编制。专项规划可分为两种类型：一种是针对特定区域的，如流域、湾区、协作区、城市群、都市圈等的专项规划；另一种是针对特定要素的规划，如林地、矿产、生态修复、交通、水利等，为体现特定功能对空间开发保护利用做出的专门性安排。由于专项规划具有专门性的特征，专项规划指标比总体规划指标更具有针对性和更为具体化。这里以林业专项规划和区域综合交通专项规划为例说明。

① 林业专项规划。在国土生态安全战略框架下，林业专项规划要综合考虑林业发展条件、需求空间等的布局，按照山水林田湖草生命共同体的要求，优化森林生产力布局，以森林为主体，系统配置森林、湿地、野生动

植物栖息地等生态空间,统筹推进森林、草地、农田、城市等生态体系建设。林业专项规划指标的设置要为推进国土绿化、推动森林城市建设、提升森林质量、强化资源保护、培育绿色富民产业、深化林业改革创新提供方向指引(廖成章等,2020)。林业专项规划指标体系可分为国土生态安全、绿色惠民富民和科技支撑保障等(表6-6)。

表6-6 林业专项规划指标体系

一级指标	二级指标	指标要素	
		强制性指标	建议性指标
国土生态安全	国土绿化	山区生态林面积;平原防风固沙林面积;国家储备林面积	生态廊道面积;"山水林田湖草"综合治理率
	森林资源保护	天然林、野生动植物保护;自然保护地建设;古树名木保护	生态公益林管护;林木种质资源保护
	森林质量提升	森林抚育;退耕还林修复	森林景观质量提升;森林生态效益补偿;森林良种培育
绿色惠民富民	森林城市建设	—	国家、省级森林城市建设;森林特色小镇建设;森林城市群构建;义务植树基地建设
	优质林果基地建设	—	木本油料基地;特色经济林基地;林下种养基地
	乡村绿化美化	—	乡村绿化美化;森林生态村建设
	林业产业融合发展	—	苗木花卉产业;森林旅游产业;森林康养产业;经济林产品加工业;林业产业化集群培育
科技支撑保障	林业科技支撑	—	林业智慧云服务平台建设;关键技术攻关、应用与示范平台建设;定位生态站等科研平台建设;林业资源调查、监测与评估平台;科技推广与培训
	林业基础保障	森林防火建设;林业有害生物防治建设;森林公安、林业执法支撑建设;基层站所基础设施建设	人才队伍和职业教育建设

② 区域综合交通专项规划。区域综合交通专项规划对推动区域城镇一体化发展、落实国家战略、辐射带动地区社会经济发展具有重要的意义,是专项规划的重要组成部分。区域综合交通专项规划旨在通过规划手段来科学配置交通通道资源,充分发挥各种运输方式的优势,使其协调发展,统筹区域内部和对外的交通网络、运输场站布局,注重战略性、科学性、协调性和可操作性,形成规划指导区域综合交通体系发展,以满足区域政治、

经济、社会发展等对交通的多元目标需求(马林,2019;马小毅等,2020)。区域综合交通专项规划指标主要包括铁路、公路、内河航运、民用机场、现代物流、绿色交通等方面(表6-7)。

表6-7 区域综合交通专项规划指标体系

分类	指标	单位
公路	公路网总里程	km
	高速公路总里程	km
	普通国道公路网总里程	km
	普通省道公路网总里程	km
	二级以上公路总里程	km
铁路	铁路网里程	km
内河航运	通航里程	km
	高等级航道里程	km
	内河港口吞吐量	万t/年
民用机场	机场旅客吞吐能力	万人次/年
	通用机场	个
客运枢纽	综合客运枢纽	个
	公路等级客运站	个
现代物流	物流产业集聚区	个
	物流信息平台	个
	物流园区	个
运输服务	地铁总里程	km
	城市公共交通出行分担率	%
	建成区公交站点300 m半径覆盖率	%
智慧交通	客车电子不停车收费系统(ETC)使用率	—
	物流服务信息化水平	—
绿色交通	公路营运车辆单位运输周转量能耗下降率	%
	公路营运车辆单位运输周转量二氧化碳排放下降率	%
	水路营运船舶单位运输周转量能耗下降率	%
	水路营运船舶单位运输周转量二氧化碳排放下降率	%
安全应急	一般灾害情况下公路应急抢通时间	h
	一般自然灾害和事故灾害下航道修复抢通时间	h

2) 国土空间规划中的指标管理

(1) 规划编制中的指标传导

指标传导是落实上位规划所确定的目标要求，以总量、人均、地均、限额等量化形式在本级规划中予以明确并分配至下级规划的传导方式。指标传导是衔接不同层级规划的重要方式。指标具有一定的预期性和调配性，与其他传导方式相配合，与相关专项规划、下位规划充分衔接，可有效落实上位规划各类约束性和预期性指标的相关要求。

规划指标的传导包括以下三个方面的机制：

① 自上而下的纵向传导机制。"五级"总体规划体系实现自上而下编制各级国土空间规划，使中央和上级人民政府的理念要求、战略意图、管控要求得以逐级贯彻落实。

② 专项规划的横向传导机制。"三类"规划体系强化了国土空间总体规划的基础性作用，总体规划要统筹和综合平衡各相关专项领域的空间需求。

③ 重点内容的部门分权传导机制。要分清上下级人民政府和同级人民政府部门的事权，重点明确规划约束性指标和刚性管控要求向下级和同级部门间的传导，加强规划传导的强制性，重点内容通过传导机制在不同部门之间进一步分解和强化。

不同层级规划指标的传导内容广泛，主要可以归纳为保护、开发和安全三个方面。保护类指标主要依据上位规划要求和自身资源环境容量，传导耕地、永久基本农田、林地、建设用地以及水资源、能源资源消耗总量等控制指标。开发类指标主要依据开发保护格局和发展策略，落实市域用途结构、中心城区用地结构等具体指标，确定公共服务设施用地总量与比例、人均居住用地面积，以及绿地与开敞空间总量、人均、覆盖率等指标。安全类指标主要依据自然灾害情况，确立上下级规划的防灾减灾目标和设防标准、各类重大防灾设施建设标准等。

(2) 规划实施中的指标落实

规划指标的确定需要与规划实施管理紧密结合，是规划实施定量化管理的重要依据。规划实施过程中规划指标的管理包括年度计划、体检评估、指标动态维护等方面的内容。

国土空间规划的年度计划是国土空间规划实施的重要手段，是指国家对计划年度内不同功能、层级规划指标的具体安排。年度计划管理主要依据规划目标、经济社会发展状况和宏观政策对计划年度的农用地转用计划指标、新增建设用地计划指标、新增建设占用农用地及耕地指标、保有量计划指标和土地开发整理计划指标等做出指令性安排，为指标的空间落地提供保障。年度计划一经批准下达，必须严格执行。县级以上地方自然资源主管部门应当加强国土空间规划年度计划的执行监管，严格执行国土空间规划年度计划指标的使用在线报备制度，对国土空间规划年度计划指标的使用情况及时进行登记，并按月在线上报。上级自然资源主管部门应当对下级自然资源主管部门的国土空间规划年度计划的执行情况进行年度评估考核。

规划指标的体检评估是促进城市高质量发展、提高国土空间规划实施有效性的重要工具。以"一年一体检、五年一评估"的方式，对照国土空间规划确定的总体目标和阶段目标，对城市发展阶段特征及规划实施效果定期进行分析和评价，重点监测规划约束性指标和强制性内容的执行情况。指标体检评估的基本原则为：① 坚持目标导向，体现坚守生态安全、水安全、粮食安全等底线要求。② 科学评估规划实施现状与规划约束性指标的关系，做到全面监测、重点评估和特殊预警，防范化解重大风险挑战。③ 客观反映国土空间开发保护结构、效率和宜居水平，为实施自然资源管理和用途管制政策、规划的动态调整与完善提供参考。

指标动态维护是指在规划实施中，涉及规划修改的，要对指标安排是否合理、可行，与上级规划是否衔接，涉及增加规划指标的，要对增加的途径是否落实等，开展论证、审查和公示等程序。以规划指标为基础，对国土空间规划实施监测和动态维护，是规划实施评估的重要内容。

6.4.2 国土空间规划名录管理

名录是指国土空间规划中采用列表方式表达并需要下层级规划、详细规划和专项规划加以深化落实的内容，如国家历史文化名城名镇名村、重大项目建设计划、准入清单和负面清单等。

1) 既有名录类型

（1）按既有空间规划划分

我国既有的空间规划类型众多，但各类规划的管控方式大同小异，都强调指标控制、分区管制与名录管理，这正适应了指标、边界、名录的规划实施管理思路（林坚等，2018）。其中名录管理是规划实施管理的重要途径，是指标控制与分区管制的补充方式，包括城市总体规划的近期建设项目名录、历史文化名城保护名录，土地利用总体规划的重点建设项目名录、土地整治项目名录，主体功能区规划的重点生态功能区、农产品主产区、城市化发展区名录等。按照现行的各类规划体系划分名录的类型见表 6-8。

表 6-8 部分既有规划名录类型

规划名称	名录类型
土地利用总体规划	重点建设项目名录、土地整治项目名录
城市总体规划	近期建设项目名录、历史文化名城保护名录
主体功能区规划	重点生态功能区、农产品主产区、城市化发展区名录
环境保护规划	环境准入负面清单、建设项目环境影响评价分类管理名录

续表 6-8

规划名称	名录类型
水功能区划	饮用水源保护区、工业用水区、农业用水区、渔业用水区、景观娱乐用水区、过渡区和排污控制区名录
林地保护利用规划	林业重点工程名录
海洋功能区划	海洋保护区名录
草原保护建设利用规划	草原景区名录
湿地保护规划	国家重要湿地名录、湿地重点工程名录

（2）按既有功能形式划分

名录管理作为规划实施管理的重要途径，能够强化对各类重要自然与历史文化资源、重点建设项目的管控。根据国土空间开发利用与保护的方向，可将名录类型划分为建设单元类、保护单元类与修复单元类名录（表6-9）。

表6-9 建设、保护与修复单元名录类型

单元类型		名录类型
建设类	基础设施	交通、给排水、电力电信、燃气和环境卫生设施等
	公共服务设施	科研、教育、文化、体育、医疗、养老设施及城市公园绿地等
	公共安全设施	防洪、抗震、人防、消防、地质灾害防护及紧急避难设施等
保护类	自然资源	森林、水域、耕地、湿地、海洋、草原及矿产资源等
	历史文化资源	历史文化名城名镇名村、历史街区、历史建筑、重要地下文物埋藏区等
修复类	综合整治	需进行综合整治的乡镇、村庄、流域等
	生态修复	土壤污染、河流湖泊、森林植被、水土保持、海岸湿地、工矿废弃地、景观水体生态修复等

① 建设单元类名录是对基础设施、公共服务设施与公共安全设施采取名录管理的形式，明确建设项目的管控范围及要求，确定建设项目的建设完成期限，并建立相关监督问责机制。例如，城乡规划与土地利用规划中的重点建设项目，包括但不限于交通、给排水、燃气和环境卫生设施等的基础设施项目，科研、教育、文化、医疗等的公共服务设施项目，防洪、抗震等的公共安全设施项目。

② 保护单元类名录是对森林、耕地、湿地、水域和海洋等重要自然资源，历史文化名城名镇名村、历史街区、历史建筑、重要地下文物埋藏区等历史文化资源采取名录管理的形式，明确各类资源的保护级别与保护范围，并确定资源的空间管制要求及保护与管控措施，定期对保护情况进行评估考核（张洪巧等，2019）。

③ 修复单元类名录是对土地综合整治与生态修复项目采取名录管理的形式，综合整治以乡镇为基本实施单元，整治区域可以是乡镇全部或部

分村庄,以科学合理规划为前提,整体推进农用地整理、建设用地整理和乡村生态保护修复,优化生产、生活、生态空间格局;生态修复则以不同空间尺度范围内结构紊乱的、功能受损甚至遭到破坏的区域性生态单元为对象,通过国土要素的空间结构调整与优化以及生态功能修整以减轻人类活动对生态系统的负面干扰。整治修复的相关信息应及时被纳入国土空间基础信息平台进行监督管理。

2) 国土空间规划中的名录

在自然资源部履行好"两统一"职责的背景下,从规范各类开发建设活动以及落实各类空间资源的保护角度出发,建立国土空间规划名录体系是规划实施管理以及国土空间用途管制的重要内容。

(1) 国土空间规划名录体系

名录采用列表方式,清晰、明确地要求并监督各类所有者、使用者必须严格按照空间规划所确定的用途和条件来利用国土空间活动。名录传导具有透明度高、操作性强、管理模式灵活的特点,可分为以下四类(表6-10):

表6-10 名录管控重点及主要类型

名录分类	管控重点	主要类型
重点区域名录	侧重落实自然、人文资源保护的刚性约束	重点生态功能区、国家公园、自然保护区、森林自然公园、湿地自然公园、地质自然公园、世界自然遗产、风景名胜区、水源保护地、战略性矿产保障区等各类自然资源保护区,特别振兴区、历史文化名城名镇名村等各类人文资源保护区
重点项目名录	侧重应对发展的不确定性、增强规划弹性管理	各类基础设施、独立选址、特殊选址、农村产业融合发展项目,以及国土空间整治和生态修复项目
空间准入清单	侧重国土空间准入与管控规则	生态空间准入"正面清单",农业空间准入"正面清单","正负面清单"相结合的城镇空间准入制度等
其他名录	侧重规划操作性和引导性	城镇村体系名录、各类功能区名录等

一是重点区域名录,侧重落实自然、人文资源保护的刚性约束,包括自然保护区、战略性矿产保障区、特别振兴区、历史文化名城名镇名村等。二是重点项目名录,侧重应对发展的不确定性、增强规划弹性管理,包括各类基础设施、独立选址、特殊选址、农村产业融合发展项目,以及国土空间整治和生态修复项目,即所谓的"列清单",凡列入重点项目名录的基础设施建设项目均可被视为符合国土空间总体规划。三是空间准入清单,以国土空间用途管制分区为导向,针对不同区域的管制规则,细化出规范与鼓励市场准入产业与项目的正面清单以及限制、禁止产业和项目的负面准入清单,针对生态、农业和城镇三类空间的不同特点,依据国土空间分区管控要求,制定实施"刚性"与"弹性"相结合的空间准入正负面清单。四是其他名

录,包括城镇村体系名录、各类功能区名录等,侧重规划操作性和引导性。如国家级和省级规划提出全国城镇空间格局和省域城镇体系,市县级规划落实国家级和省级规划要求,提出市县城镇村体系。

在整体性空间治理的思维下,国土空间规划融合了主体功能区规划、城市总体规划与土地利用规划等既有空间类规划,对国土空间资源保护与利用进行了综合部署和安排。名录管理作为规划传导的重要载体之一,采用列表方式清晰地表达了需要下层级国土空间总体规划、详细规划和专项规划加以深化与落实的内容。按照事权明晰、管控有效、上下协调、面向实施的原则,在纵向上明确了各级总体规划间需协调与落实的各类要素,在横向上针对总体规划与专项规划、详细规划间的约束与协调,进行各类名录的分解与落实。例如,应明确工程项目的管控范围及要求,确定项目的建设完成期限,同时亦要明确各类自然及文化资源的保护级别与保护范围,并确定资源的空间管制要求及保护与管控措施,以保障国土空间各类资源的合理利用与保护,促进经济、社会和生态环境的可持续发展。

(2)国土空间规划名录管理

① 重点区域名录。面对资源约束趋紧、环境污染严重、生态系统退化的严峻形势,必须树立尊重自然、顺应自然、保护自然的生态文明理念,走可持续发展道路。基于绿色发展理念,在国家级和省级空间规划中,提出省级以上重点区域名录,明确名录中各要素的所在位置、主要保护面积、管控要求等,市县级规划提出市县级重点区域名录,并在空间布局中逐级落实,明确准入类型和管控手段,对规划实施方案进行审核与监督检查,对自然资源与文化资源进行严格的全面保护(表6-11)。

表6-11 重点区域名录(示例)

类别	名称	保护地类型	范围所在地	面积	级别
自然保护区	三江源国家公园	国家公园	青海省	略	国家级
	江苏南京长江江豚自然保护区	自然保护区	江苏省南京市	略	省级
	江苏南京老山国家森林公园	森林自然公园	江苏省南京市	略	国家级
	……	……	……	……	……
历史文化名城名镇名村	南京市	历史文化名城	江苏省南京市	略	国家级
	南京市高淳区淳溪镇	历史文化名镇	江苏省南京市	略	省级
	南京市高淳区漆桥村	历史文化名村	江苏省南京市	略	省级
	……	……	……	……	……

针对包括自然保护区、战略发展区、特别振兴区、历史文化名城名镇名村等重要区域在内的重点区域名录,省级人民政府及相关主管部门负责省级名录内容的定期监测核查,负责省级重要自然保护地等依法占用的审

批，明确各类重点区域可持续发展和解决发展中存在的障碍与问题；市、县（区）级人民政府在国土空间规划实施管理过程中在必要情况下进行重点区域名录调整更新的，经过省级综合考量判定，及时通过各级人民政府网站以及本行政区范围内的主流媒体刊载公示。

② 重点项目名录。特别是一些暂时无法定点定位、难以准确确定用地规模，但明确需要在规划中预留的项目可以列出名录清单。重点项目名录涵盖了各类基础设施、公共服务设施、公共安全设施等建设项目，为增强规划的弹性管理、促进城乡统筹发展提供了更为明晰的规划依据支撑（表6-12）。上级规划重点项目名录应包含下级规划的编制内容，以作为下级规划的编制要求和审查依据；已纳入重点项目名录清单但不符合乡镇规划的项目，在不涉及生态保护红线等管控要素的前提下，可简化规划调整程序。

表6-12 重点项目名录（示例）

项目类型	项目名称	建设性质	建设年限	用地规模	新增建设面积	所在地区
交通	北沿江高速铁路（江苏段）	新建	近期	略	略	南通、泰州、扬州、南京
水利	××	新建/改扩建	远期/近期	××	××	××
电力	××	新建/改扩建	远期/近期	××	××	××
能源	××	新建/改扩建	远期/近期	××	××	××
环保	××	新建/改扩建	远期/近期	××	××	××
旅游	××	新建/改扩建	远期/近期	××	××	××
……	……	……	……	……	……	……

③ 空间准入清单。针对覆盖全域的"三类空间"制定分条列项式的准入规则，实行严格的国土空间用途管制制度。结合不同空间类别及实际主导功能，通过拟定正负面清单的形式对空间准入制度进行落实，空间准入的正负面清单分别指政府及规划职能部门允许或限制、禁止的准入主体、范围、领域等，它们均以清单方式列明。

制定生态空间准入正面清单，使绝大多数的人类活动受到严格控制。生态保护区是维系生态安全的屏障，仅允许国家重大战略项目以及对生态功能不造成破坏的"少量种植、地质勘查、灾害防治、科学研究、文物保护、适度旅游、线性基础设施、生态修复"八类有限的人为活动。一般生态空间在生态保护区允许的活动基础上，应当允许"乡村服务设施、景观公园、市政公用设施"等对生态功能影响较小的人为活动进入。

制定农业空间准入正面清单，严格限制非农建设活动。永久基本农田保护区是落实国家粮食安全的重要载体，仅允许国家重大战略项目以及在避让永久基本农田的前提下，对农业生产功能不造成破坏的、一定级别以上的线性基础设施、公益性服务设施以及综合整治与生态修复等人为活动进入。农业农村发展区是落实乡村振兴战略的重要载体，应当允许农村基础设施、休闲农业以及农村新产业、新业态等活动进入，为推动乡村振兴留有弹性。

制定城镇空间准入负面清单，引导城镇内部结构优化，实现高质量发展。鼓励地方结合城市发展目标与定位，因地制宜地制定城镇空间准入的管制措施。依据国土空间规划，建立全域覆盖、层级清晰、单元统一的功能分区引导体系，提出功能引导的鼓励措施，推动城镇功能和品质提升。

针对各类空间准入的正负面清单管理，按照清单类型，不同层级人民政府及规划职能部门可成立差异化考核领导小组，严格制定空间准入清单的管理措施并组织实施，地方可在结合当地实际情况的基础上，相应地对上述准入清单进行增补深化，并严格按程序进行审批，成立空间准入正负面清单考核办公室，负责跟踪纪实管理，计入季度和年度实绩考核得分。

④ 其他名录。其他名录如侧重规划操作性和引导性的城镇村体系名录、各类功能区名录等，在规划编制与实施层面均提供了重要参考意义。国家级和省级国土空间总体规划提出全国城镇空间格局和省域城镇体系，市县级国土空间总体规划落实国家级和省级规划要求，提出市县城镇村体系，自上而下地对不同层级的国土空间规划进行传导与落实，制定符合地方实际的管理措施。

7 国土空间规划实施的全过程管理

国土空间规划实施的全过程管理可以从宏观和微观两个层面予以把握。在宏观层面上,国土空间规划实施包含多个实施环节,各环节间互为条件、相互影响,将各环节按照国土空间规划实施的内在逻辑排序,并按照相应的管理制度和管理要求实施管理,即国土空间规划实施的全过程管理。在微观层面上,国土空间规划实施直接体现在国土空间保护、开发、利用、修复具体项目的实施上,按照项目实施流程开展事前、事中和事后监管,即具体项目实施的全流程管理。宏观层面规划的实施管理与微观层面的具体项目管理紧密联系、不可分割,规划实施管理是具体项目管理的依据和基础,具体项目管理是规划实施管理的载体和延伸。无论宏观层面还是微观层面,只有实施全过程、全流程管理,才能保障国土空间规划得到完整的贯彻落实。

7.1 国土空间规划实施的全过程管理体系

国土空间规划实施的全过程主要包括现状调查、确权登记、规划编制、用途管制、开发利用、保护修复、执法监督七个环节。按照各环节实施流程进行管理所形成的管理体系,即国土空间规划实施的全过程管理体系。

7.1.1 全过程管理的基本内涵

全过程管理是指把各项管理环节串联起来,使各部门协同管理,保障各项信息在空间和时间上的完整性和延续性,实现各环节的一体化管理。全过程管理是一个涉及管理流程、管理规则、管理方法以及管理质量等,涵盖全部规划管理活动的全面管理体系,其对每个环节中编制单位、规划主管部门、相关参与者的具体职责分工、工作要求和时限进行了明确规定,公开透明、责任明确,具有较强的规范性和严肃性,使大家能各司其职,以实现有力监管。

全过程管理可以分为规划前明底数、规划中控用途、规划后重监督三个部分。规划前的现状调查和确权登记部分(即规划前明底数)旨在查清当前国土空间的类型、面积(数量)大小、分布情况、权属和利用状况并做好登记,为编制国土空间规划打好基础。规划编制、用途管制、开发利用和保护修复(即规划中控用途)则旨在对现状资源情况进行评估的基础上,综合考虑社会、经济、资源利用、环境保护等因素,对区域内国土空间的保护、开发、利用、修复提出管控要求与保护措施。规划实施后的执法监督(即规划后重监督)则是指对依法实施国土空间规划的监督,以及对违反国土空间规划行为的执法查处。

7.1.2 全过程管理的主要管理环节

1) 现状调查

现状调查是指为查清当前自然资源及其依附的国土空间类型、面积(数量)大小、分布情况、权属和利用状况等开展的调查活动。现状调查形成的数据成果是编制国土空间规划的基础,只有掌握山水林田湖草等自然资源的利用现状,才能进行深入分析,从而发现当前自然资源与国土空间利用存在的问题,并做出符合实际需求的科学规划。由于国土空间利用状况是不断改变的,因此现状调查应根据需要动态开展。2020年1月,自然资源部印发《自然资源调查监测体系构建总体方案》,目的是构建自然资源调查监测体系,统一自然资源分类标准,依法组织开展自然资源调查监测评价,查清我国各类自然资源家底和变化情况。其中,自然资源调查分为基础调查和专项调查:基础调查是对自然资源共性特征开展的调查;专项调查是指为自然资源的特性或特定需要开展的专业性调查。自然资源监测则包括常规监测、专题监测和应急监测,年度国土变更调查属于常规监测,地理国情监测属于专题监测。

(1) 基础调查

全国土地调查作为一项重大的国情国力调查,目的是全面查清全国土地利用状况,满足经济社会发展及土地管理的需要。该项工作每10年左右开展一次。第一次全国土地调查(一调)于1984年5月开始,一直到1996年底才结束。第二次全国土地调查(二调)于2007年7月启动,并以2009年12月31日为标准时点汇总调查数据。第三次全国国土调查(三调)于2017年10月启动,并以2019年12月31日为标准时点更新汇总调查数据。每次全国土地调查都会制定技术规程进行统一指导。自然资源部组建后,将原有的土地调查和水资源调查、森林调查、草原调查、湿地调查等相关调查的管理职责进行整合,通过调查明晰各类自然资源在国土空间上的分布及利用状况,由此"全国土地调查"正式更名为"全国国土调查"。

(2) 专项调查

自然资源专项调查是在统一的自然资源调查框架下,针对土地、矿产、森林、草原、水、湿地、海域海岛等自然资源的特性、专业管理和宏观决策需求组织开展的专业性调查,目的是查清各类自然资源的数量、质量、结构、生态功能及相关人文地理等多维度信息。自然资源专项调查包括耕地资源调查、森林资源调查、草原资源调查、湿地资源调查、水资源调查、海洋资源调查、地下资源调查、地表基质调查等。除以上专项调查外,《土地利用现状调查技术规程》《全国土地变更调查工作规则(试行)》还明确指出,可结合国土空间规划和自然资源管理需要,有针对性地组织开展城乡建设用地和城镇设施用地、野生动物、生物多样性、水土流失、海岸带侵蚀以及荒漠化和沙化石漠化等方面的专项调查。

(3) 常规监测与年度国土变更调查

常规监测是围绕自然资源管理目标,对我国范围内的自然资源定期开展的全覆盖动态遥感监测,及时掌握自然资源年度变化等信息,支撑基础调查成果年度更新,也服务于年度自然资源督察执法以及各类考核工作等。常规监测以每年的12月31日为时点,重点监测包括土地利用在内的各类自然资源的年度变化情况。

年度国土变更调查属于最典型的常规监测,是在每10年左右开展一次的全国国土调查的基础上,对自然年度内的全国土地利用现状、权属变化,以及各类用地管理信息,进行调查、监测、核查、汇总、统计和分析等活动。开展全国年度国土变更调查工作的目的是掌握全国年度土地利用现状变化情况,保持全国土地调查数据和自然资源综合监管平台基础信息的准确性和现势性,以满足自然资源管理和经济社会发展的需要。

(4) 专题监测与地理国情监测

专题监测是对地表覆盖和某一区域、某一类型自然资源的特征指标进行动态跟踪,掌握地表覆盖及自然资源的数量、质量等变化情况。专题监测包括地理国情监测、重点区域监测、地下水监测、海洋资源监测、生态状况监测等。其中,地理国情监测(也称"全国地理国情普查")也是一项重大的国情国力调查,是全面掌握地表自然、生态以及人类活动基本情况的基础性工作。与土地调查侧重于管理属性相比,地理国情监测侧重于从自然属性对地面的覆盖状况进行如实反映。利用地理国情监测的成果,能够更加丰富资源环境承载能力评价、国土空间生态环境评价、国土空间开发适宜性评价、空间规划开发强度测算评价等基础性评价工作的数据信息。

2) 确权登记

确权登记是指对依法取得的国土空间及其自然资源的类型、权属、面积等予以确认,并登记在册。确权登记依相关权利人申请做出,能够及时记录、更新国土空间利用变化情况,明确国土空间权利归属,为国土空间规划实施的日常管理提供基础数据信息。确权登记不同于现状调查:确权登记依申请做出且须合法取得,侧重于对权利归属的确认;而现状调查由国家统一组织实施,不以合法取得为前提,侧重于对利用现状的如实记录。

3) 规划编制

规划编制(即国土空间规划编制)是指在资源环境承载能力和国土空间开发适宜性评价的基础上,综合考虑人口分布、经济布局、自然资源利用、生态环境保护等因素,对一定区域国土空间的开发利用和保护修复做出的计划安排。通过编制国土空间规划将主体功能区规划、土地利用规划、城乡规划等空间规划融为一体，通过划定生态保护红线、永久基本农田、城镇开发边界等空间管控边界及各类海域保护线，统筹布局生态、农业、城镇等功能空间，分区、分类实施国土空间用途管制。

4）用途管制

国土空间用途管制是为实现国土空间的科学开发、合理利用、持续保护与优化配置，对国土空间利用的具体用途加以管控与限制，通过空间规划及空间政策所实施的一系列制度及其运行机制的总和。与传统的土地用途管制制度相比，国土空间用途管制制度在工作对象、技术方法和价值导向上均有所突破。从工作对象上看，国土空间的用途管制覆盖全空间全要素，具有整体性和全域性的特点；就技术方法而言，国土空间不仅指地下、地表和地上的立体空间，而且指人文要素所构成的地域功能空间，采用了更丰富的管控手段，具有更顺畅的管理逻辑和更全面的管控功能；在价值导向方面，以可持续发展为价值取向，注重科学和民主的决策，实现政府—市场—社会三者联动，建构底线约束与激励引导相结合的新机制，使空间开发利用更有序、更有效、品质更高，具有更好的空间治理功能（周琳等，2021）。

以土地用途管制为例，土地用途可分为农用地、建设用地和未利用地三大类。国家限制农用地转为建设用地，严格控制建设用地总量，鼓励宜农未利用地的开发并优先将其开发为耕地。三大类土地均可进一步细分土地用途，并依法予以用途管制。国家对农用地中的耕地特别是基本农田实行特殊保护，农业生产不得破坏基本农田耕作条件。建设用地的开发利用应遵照批准的具体规划用途，不得擅自改变。建设项目用地的用途管制主要分为建设项目用地预审与选址、农用地转用与集体土地征收、建设用地规划许可与土地供应、建设工程规划许可、土地核验与规划核实五个阶段。

5）开发利用

开发利用是指对国土空间进行开发利用的活动，包括对未利用国土空间的开发，如将未利用地开发为农用地或建设用地；还包括对已利用国土空间的再开发，如对闲置、低效用地进行再开发，进而提高土地利用效率。国土空间开发利用应严格遵循国土空间规划，落实分区用途管制要求，严禁突破已划定的管控边界。应将国土空间开发控制在合理的强度范围内，应深入挖掘存量资源的开发利用空间，减少国土空间的新增占用，防止因过度开发而造成资源枯竭与环境恶化；国土空间利用应采取节约集约的利用方式，优化利用结构与布局，提高利用效率与产出效益。

6）保护修复

保护修复是指采取管控、激励、建设等措施，对国土空间予以保护和修复的活动。以土地保护修复为例，管控性措施包括土地用途管制、土地开发利用强度限制等；激励性措施包括发放耕地保护补贴、给予新增建设用地指标奖励等;建设性措施包括实施土地复垦整理、废弃矿山环境修复等。国土空间保护修复同样应遵循国土空间规划,不得在规划建设用地范围内安排土地复垦整理等保护修复项目。与开发利用相比较,保护修复侧重于自然资源涵养与生态环境改善,提高自然资源的生态承载能力;开发利用侧重于"物尽其用",充分发挥资源的可利用价值。

7) 执法监督

执法监督泛指监督主体对执法机关的执法行为进行监督检查。这里所称的执法监督有所不同,特指自然资源主管部门对国土空间规划实施进行监督检查,对违反国土空间规划的行为依法进行执法查处。因此,这里所称的执法监督的对象更加广泛,包括自然人、法人、社会团体以及其他组织,政府及其部门作为机关法人同样属于执法监督的对象;这里所称的执法监督的内容也更加广泛,不仅包括监督,而且包括行政执法。执法监督以国家强制力为基础,对违反国土空间规划的行为实施惩戒,是国土空间规划得以顺利实施的保障。对于政府及其部门所实施的违反国土空间规划的行为,执法监督部门无权处理的,应依法移送有权机关处理;构成犯罪的,应依法追究刑事责任。

7.1.3 全过程管理闭环体系

现状调查查清国土空间的自然状况与权属状况,是开展其他六个环节管理工作的基础,脱离现状调查将导致管理对象情况不明,相关行政管理也就无从谈起。国土空间权属状况调查清楚后,经过确权登记,权利归属得以明确。只有在权属明确的情况下,权利主体才能够依法行使占有、使用、收益、处分等各项权能,对国土空间进行开发利用和保护修复,执法监督、用途管制等行政管理的管理对象方才明确,方可依法确定相关管理对象的权利义务和法律责任。

规划编制是在现状调查和确权登记工作的基础上编制规划,对国土空间的开发利用和保护修复起到了引领作用,成为用途管制和执法监督工作的依据。因此,国土空间规划在全过程管理体系中起到了承前启后、承上启下的作用。用途管制是各类管控措施的核心,本质是对国土空间开发利用的规制(吴次芳等,2021),国土空间的规划编制、开发利用、保护修复、执法监督都必须贯彻落实用途管制的要求。

开发利用与保护修复是实施国土空间规划的两条主线,一方面要提高自然资源的利用效率,另一方面要兼顾资源保护与生态环境改善,在对自然资源进行开发利用与保护修复的同时,也将导致国土空间的现状情况发生变化,需要再次开展现状调查与确权登记。执法监督通过国家强制力保障国土空间规划的实施和用途管制制度的落实,对国土空间的开发利用与保护修复行为实施监督检查,对违法行为予以依法查处。规划实施过程中发生的用地类型与权属变化,通过年度国土变更调查及时掌握年度变化信息、更新基础调查成果,开展不动产与自然资源变更登记,保持登记资料的现势性,从而作为国土空间规划修改或修编的基础。以上七个环节相互联系,形成一个闭环的国土空间规划实施全过程管理体系(图7-1)。

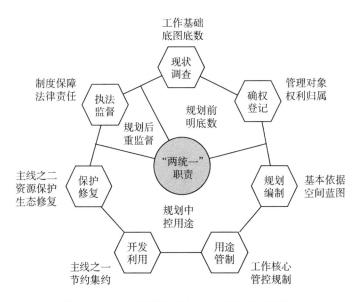

图 7-1　国土空间规划实施全过程管理闭环体系

7.1.4　管理机构设置

围绕现状调查、确权登记、规划编制、用途管制、开发利用、保护修复、执法监督七个主要管理环节,自然资源主管部门设置了相应的管理机构。以自然资源部为例,相关机构及职能设置情况如下:

(1) 现状调查——自然资源调查监测司。拟订自然资源调查监测评价的指标体系和统计标准,建立自然资源定期调查监测评价制度。定期组织实施全国性自然资源基础调查、变更调查、动态监测和分析评价。开展水、森林、草原、湿地资源和地理国情等专项调查监测评价工作。承担自然资源调查监测评价成果的汇交、管理、维护、发布、共享和利用监督。

(2) 确权登记——自然资源确权登记局。拟订各类自然资源和不动产统一确权登记、权籍调查、不动产测绘、争议调处、成果应用的制度、标准、规范。承担指导监督全国自然资源和不动产确权登记工作。建立健全全国自然资源和不动产登记信息管理基础平台,管理登记资料。负责国务院确定的重点国有林区、国务院批准项目用海用岛、中央和国家机关不动产确权登记发证等专项登记工作。

(3) 规划编制——国土空间规划局。拟订国土空间规划相关政策,承担建立空间规划体系工作并监督实施。组织编制全国国土空间规划和相关专项规划并监督实施。承担报国务院审批的地方国土空间规划的审核、报批工作,指导和审核涉及国土空间开发利用的国家重大专项规划。开展国土空间开发适宜性评价,建立国土空间规划实施监测、评估和预警体系。

(4) 用途管制——国土空间用途管制司。拟订国土空间用途管制制度规范和技术标准。提出土地、海洋年度利用计划并组织实施。组织拟订耕地、林地、草地、湿地、海域海岛等国土空间用途转用政策,指导建设项目用地预审工作。承担报国务院审批的各类土地用途转用的审核、报批工作。拟订开展城乡规划管理等用途管制政策并监督实施。

(5) 开发利用——自然资源开发利用司。拟订自然资源资产有偿使用制度并监督实施,建立自然资源市场交易规则和交易平台,组织开展自然资源市场调控。负责自然资源市场监督管理和动态监测,建立自然资源市场信用体系。建立政府公示自然资源价格体系,组织开展自然资源分等定级价格评估。拟订自然资源开发利用标准,开展评价考核,指导节约集约利用。

(6) 保护修复。① 耕地保护监督司。拟订并实施耕地保护政策,组织实施耕地保护责任目标考核和永久基本农田特殊保护,负责永久基本农田划定、占用和补划的监督管理。承担耕地占补平衡管理工作。承担土地征收征用管理工作。负责耕地保护政策与林地、草地、湿地等土地资源保护政策的衔接。② 国土空间生态修复司。承担国土空间生态修复政策研究工作,拟订国土空间生态修复规划。承担国土空间综合整治,土地整理复垦,矿山地质环境恢复治理,海洋生态、海域海岸带和海岛修复等工作。承担生态保护补偿相关工作。指导地方国土空间生态修复工作。

(7) 执法监督。① 执法局。拟订自然资源违法案件查处的法规草案、规章和规范性文件并指导实施。查处重大国土空间规划和自然资源违法案件,指导协调全国违法案件调查处理工作,协调解决跨区域违法案件查处工作。指导地方自然资源执法机构和队伍建设,组织自然资源执法系统人员的业务培训。② 国家自然资源总督察办公室及派驻地方的督察局。完善国家自然资源督察制度,拟订自然资源督察相关政策和工作规则等。根据授权,承担对自然资源和国土空间规划等法律法规执行情况的监督检查工作。

7.2 具体项目实施的全流程管理

国土空间规划的实施主要以具体项目为载体,为了保障各类项目能够落实国土空间规划要求,需要从可行性研究论证到项目实施完毕,予以全流程、全生命周期管理。根据项目实施目的的不同,项目类型可分为建设项目、设施农业项目、国土空间综合整治项目、生态修复项目、矿产开发项目、海域使用项目等。

7.2.1 建设项目实施的全流程管理

1) 建设项目的概念与管理要求

建设项目是指需要办理建设用地审批手续,对土地进行开发利用的项目。建设项目不以发展农业生产为目的,土地用途为建设用地,土地利用形态以固化地面为主。建设项目用地必须符合国土空间规划,布局在允许建设区域范围内。建设项目用地应办理供地审批手续,占用的土地为农用地或未利用地的,应先行办理新增建设用地审批手续;占用的农用地为耕地的,应落实耕地占补平衡任务;建设项目用地一般不得占用永久基本农田,符合规定的重大建设项目占用基本农田的,应补划永久基本农田;占用集体土地依法需转为国有土地的,应先行办理集体土地征收审批手续,并落实征地补偿安置工作。集体建设项目可以使用集体建设土地,集体建设用地也可依法直接出让使用。

2) 建设项目的管理流程

建设项目是实施国土空间规划最为常见的项目类型。建设项目一般使用国有土地(含征收为国有的土地),乡镇企业、乡(镇)村公共设施或公益事业、农村村民住宅等乡(镇)村建设,可以使用集体土地,工业、商业等经依法登记的集体经营性用地,可以向集体经济组织以外的单位或个人流转使用。当前,集体土地使用及流转管理制度尚未成熟,此处重点介绍建设项目使用国有土地(含征收为国有的土地)的管理流程。

建设项目使用国有土地(含征收为国有的土地),根据政府供地方式的不同,可分为划拨用地类建设项目和有偿用地类建设项目,两类建设项目用地在行政管理流程上有较大不同。符合划拨用地目录的国家机关用地、军事用地、基础设施用地和公益事业用地等,可以通过无偿划拨的方式供应,但需要支付土地取得成本。不符合划拨用地目录的建设项目,需要通过出让、租赁、作价出资或入股等方式有偿使用土地。

为提高办事效率、优化营商环境,国家大力推进审批制度改革,通过减少审批、并联审批、合并审批、将审批事项流程后置等方式,加快项目的启动与实施。因此,实践中建设项目的审批流程经常调整和优化,各地实务操作也不完全一致,本节重点介绍实务操作的基本环节与流程。

(1) 划拨用地类建设项目的管理流程

划拨用地是我国特有的项目建设用地的取得方式之一,是有审批权限的各级人民政府根据我国《土地管理法》《中华人民共和国城市房地产管理法》《划拨用地目录》的有关规定,向符合划拨用地条件的建设项目(项目使用的单位)无偿供应土地,且该土地使用权拥有永久使用年限。划拨用地类建设项目的管理流程主要包括以下环节:

① 建设项目立项

划拨用地项目一般属于政府投资项目,由政府投资主管部门(发展和改革、建设等部门)牵头审核,将项目列入政府投资计划。项目单位申请立项须提交可行性研究成果,同步办理项目选址与用地预审等手续。立项主管部门(发展和改革、建设等部门)在综合自然资源主管部门意见后,对符合国家产业政策、发展建设规划和土地供应政策等要求的项目批复立项。

② 用地预审选址

建设项目用地预审与选址意见书合并办理,由自然资源主管部门审查并出具建设项目用地预审与选址意见书,作为批复立项的前置要件。重点审查建设项目是否符合国土空间规划,项目选址是否位于城镇开发边界及生态保护红线范围内,项目用地是否落实耕地及永久基本农田保护要求,是否符合节约集约用地标准,是否符合国家供地政策等。项目选址不符合现行规划且无法调整位置的,可按程序修改国土空间规划后办理后续相关手续。项目选址符合规划,但占用农用地、集体土地的,须办理农用地转用、集体土地征收审批手续。若单独选址项目的选址位于城镇开发边界范围外,但已被列入国土空间规划重点建设项目清单的,视同符合规划。

为保障建设项目能够顺利实施,在预审阶段往往还要审查是否具备相应的用地指标。建设项目新增建设用地首先不得突破本地区新增建设用地的空间指标总规模。其次,占用农用地的需要具备相应的新增建设用地计划指标(农用地转用指标);占用耕地的还需要具备相应的补充耕地指标。

③ 农用地转用与征收

建设项目占用农用地(含未利用地)的,须办理农用地(含未利用地)转为建设用地手续。征收集体农用地的,应先行办理农用地转用审批手续,农用地转用审批机关同时有权审批征收的,一并予以审批。建设项目选址在国土空间规划所确定的城市和村庄、集镇建设用地规模范围内,为实施该规划按批次报批农用地转用与征收的,属于批次用地,由地方人民政府按批次集中报批用地后再落实具体项目用地。因此,批次用地的预审与选址由自然资源主管部门内部审查,不对具体项目出具用地预审与选址意见,内部审查通过即可办理农用地转用与征收报批手续。建设项目选址在国土空间规划所确定的城市和村庄、集镇建设用地规模范围外的,属于单独选址项目,须在建设项目取得立项批复后,方可开展农用地转用与征收报批。农用地转用审批机关重点审查是否符合国土空间规划,是否突破规划控制指标,补充耕地的面积与质量是否符合要求等。集体土地征收审批机关重点审查是否符合公共利益需要,被征收土地有无权属争议,补偿标准是否符合法律规定,需要安置人员的安置途径是否切实可行,补偿安置协议是否已经达成,补偿安置资金是否落实到位等。

④ 征地补偿安置

征收土地由县级以上地方人民政府组织实施,征收土地应当依法及时足额支付土地补偿费、安置补助费以及农村村民住宅、其他地上附着物和青苗等补偿费用,并安排被征地农民的社会保障费用。征收土地的补偿应当公平、合理,保障被征地农民原有生活水平不降低、长远生计有保障。征收土地应在报批前与土地所有权人、使用权人签订征地补偿安置协议。对于个别确实难以达成征地补偿安置协议的,县级以上地方人民政府应当在申请征收土地时如实说明。

⑤ 出具规划条件

建设项目用地预审和选址审查通过后,自然资源主管部门依申请出具建设项目规划条件,依据详细规划确定用地具体范围、面积、用途、开发强度等规划条件,作为项目单位组织编制建设项目规划设计方案的主要依据。

⑥ 划拨供地

自然资源主管部门拟订划拨供地方案,并呈报政府审批后,向项目单位核发国有土地划拨决定书和建设用地规划许可证。项目单位可就土地使用权申请不动产登记。在划拨供地或项目施工前,项目用地位于地质灾害易发区的,应先行开展地质灾害危险性评估;位于地下文物保护范围内的,应先行开展考古调查、勘探;用地土壤有污染风险的,应先行开展土壤污染调查;可能造成环境影响的,应先行开展环境影响评价;使用存量国有土地且非净地的,应依法先行完成征收补偿。为提高土地利用效率,防止土地闲置,划拨土地决定书应载明建设项目开工和竣工日期,并据此开展建设用地批后管理工作。

⑦ 建设工程规划许可

项目单位依据规划条件组织编制建设工程设计方案,提交自然资源主管部门审查。自然资源主管部门征求并综合协调有关行政主管部门对建设工程设计方案的意见,审定建设工程初步设计方案,对符合详细规划和规划条件的,自然资源主管部门颁发建设工程规划许可证,核定建筑总平面图。

⑧ 建筑工程施工许可

项目单位依据建设工程规划许可等要求,组织编制施工图设计方案,由建设、人防、消防等部门联合审查施工图设计、消防设计、人防设计等。审查通过的,由建设部门颁发建筑工程施工许可证,核定各类房屋建筑及其附属设施的建造、装修装饰和与其配套的线路、管道、设备的安装,以及城镇市政基础设施工程施工的具体方案。

⑨ 建筑工程竣工验收

建筑工程竣工验收由项目建设单位组织实施,项目勘查、设计、施工、监理等单位联合检查,出具工程质量检查意见;建设、自然资源、消防、人防、档案等行政主管部门开展联合验收,核查项目建设是否按照许可内容实施并出具验收意见。在此基础上形成竣工验收报告,提交建设行政主管部门办理工程竣工验收备案。工程竣工验收通过后,方可交付使用。

⑩ 不动产登记

建设工程竣工验收后,项目单位可申请房地一体的不动产首次登记,取得房屋所有权与土地使用权。不动产登记机构可对房屋等建筑物、构筑物所有权的首次登记进行实地查看,发现存在违反法律、行政法规规定情形的,应当不予登记,并书面告知申请人。

⑪ 不动产使用与流转

建设工程竣工验收并投入使用后,不得擅自改建、扩建或改变许可用途。转让房地产的,应报有批准权的人民政府批准,由受让方办理土地使用权出让手续并缴纳土地使用权出让金,或由转让方按规定将转让房地产所获收益中的土地收益上缴国家或做其他处理。受让方继受转让方不动产相关权利和义务,不得擅自改建、扩建或改变许可用途。

上述11个环节基本涵盖了划拨用地类建设项目的全过程管理,保障国土空间规划在实施层面得到贯彻落实。划拨用地类建设项目管理流程的简要图示见图7-2。

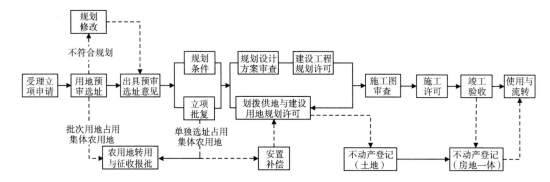

图7-2 划拨用地类建设项目的管理流程

(2) 有偿用地类建设项目的管理流程

自土地使用制度改革以来,我国已形成了较完善的国有建设用地有偿使用制度体系,对保障城镇化、工业化发展,促进社会主义市场经济体制的建立与完善,发挥了重大作用。有偿用地类建设项目的管理流程一般包括以下环节:

① 土地前期运作

政府有偿供应土地前,由政府组织(一般为土地储备中心)完成土地出让前期运作,具体包括用地预审与选址、出具规划条件、农用地转用与集体土地征收报批、征地补偿安置、存量国有土地上的房屋征收补偿、地质灾害危险性评估、考古调查勘探、土壤污染调查、环境影响评价等。经营性项目用地位于国土空间规划所确定的城镇开发边界内的集中建设区,需要征收集体土地的,应纳入成片开发范围,由县级人民政府组织编制成片开发方案,报经省级以上人民政府(或经授权的设区市人民政府)批准后,方可报批征地。

② 供地方案审批

土地前期运作完成后,在有偿供应土地前,自然资源主管部门应根据规划条件组织地价评估审查,拟订供地方案,列明土地基本情况、拟采取的供地方式、地价金额(底价)等,报有权审批的人民政府审批。

③ 有偿供应土地

政府有偿供应土地,一般采取招标、拍卖、挂牌等竞争性方式公开出让。政府批准土地出让方案后,自然资源主管部门应组织发布土地公开出让公告,开展土地招标、拍卖、挂牌工作,向国有土地使用权竞得人颁发成交确认书,并签订土地出让合同。依法采取协议出让、租赁、作价出资或入股等方式有偿供应土地的,不需通过招标、拍卖、挂牌等方式公开交易,直接与用地者签订用地协议。用地者按照出让合同或用地协议约定缴清土地价款、履行约定义务后,自然资源主管部门组织交付土地,用地者可就土地使用权申请不动产登记。规划条件应作为土地出让合同或用地协议的组成部分。为提高土地利用效率,防止土地闲置,土地出让合同或用地协议应载明建设项目开工和竣工日期,并据此开展建设用地批后管理工作。

④ 建设用地规划许可

项目单位履行出让合同(用地协议)取得土地后,向自然资源主管部门申请办理建设用地规划手续,领取建设用地规划许可证,作为项目单位组织编制建设工程设计方案的主要依据。

项目单位取得建设用地规划许可后,可参照划拨用地类建设项目办理后续建设工程规划许可、建筑工程施工许可、建筑工程竣工验收、不动产登记、不动产使用与流转等手续。有偿用地类建设项目管理流程的简要图示见图 7-3。国土空间规划管理机构统一为自然资源主管部门后,建设用地规划许可制度也将面临调整(专栏 7-1)。

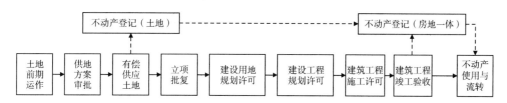

图 7-3　有偿用地类建设项目的管理流程

专栏 7-1　开发项目未办理农用地征收手续

某市人民政府设立的甲开发区招商引资,与乙企业签订用地协议,承诺将开发区规划用地范围内尚未办理征收、转用手续的若干农田提供给乙企业使用。之后甲开发区通过给予相关集体经济组织经济补偿取得了土地并提供给乙企业使用,乙企业建成厂房若干并投产使用。请分析该项目建设是否符合行政管理要求,对国土空间规划的实施有何影响?

分析:(1)该项目属于建设项目,项目实施不符合行政管理要求。按照建设项目全流程管理相关规定,应当依法办理建设项目立项、用地、建设等行政审批手续。开发区不是办理相关行政审批手续的法定机关,无权将集体所有土地供应给他人用于非农建设。

(2) 该建设项目严重违反了国土空间规划,对国土空间规划的实施造成了以下负面影响:① 该项目未经立项审批及用地预审选址。若该项目的选址位于城镇开发边界外或零星分散的,应调整选址,确保符合国土空间规划,形成集中集聚的产业用地;若该项目用地规模粗放,应减小用地规模,节约集约用地;若该项目属于高投入、高消耗、高污染、低水平、低效益项目,应限制或禁止使用土地。② 该项目未办理集体土地征收和农用地转用手续。该项目将耕地转为建设用地,未依法办理农用地转用手续,导致国土空间规划所遵循的土地用途管制制度未能得到落实,耕地未能得到有效保护。③ 该项目未取得规划条件。规划条件根据详细规划做出,是项目单位组织编制建设项目规划设计方案的主要依据。该项目未取得规划条件,项目用地及建设脱离详细规划管控。④ 该项目未办理供地手续。规划条件是土地出让合同或用地协议的组成部分,依法办理供地手续的,自然资源主管部门将按照土地出让合同或用地协议开展批后管理,防止违反规划条件建设或闲置土地。该项目未依法办理供地手续,也就脱离了建设用地的批后监管。⑤ 该项目未办理建设工程规划许可。建设工程规划许可是编制建设工程设计方案的依据,该项目未办理建设工程规划许可,项目用地及建设脱离详细规划管控。⑥ 该项目未办理建筑工程施工许可。建筑工程施工许可是编制施工图设计方案的依据,该项目未办理建筑工程施工许可,项目用地及建设脱离详细规划管控。⑦ 该项目未办理建筑工程竣工验收。建设项目完工后,各监管部门将依职权审核是否按照原审批内容建设。该项目未办理建筑工程竣工验收,项目用地及建设脱离详细规划管控。⑧ 该项目存在不动产的流转与使用,因项目建设严重违反国土空间规划,不动产流转与使用仍处于违反国土空间规划的状态,且无法办理不动产登记。

由此可见,必须把建设项目纳入全流程管理,确保每个环节都能够落实监管要求,才能保障国土空间规划得到有效贯彻实施。

7.2.2 设施农业项目的全流程管理

1) 设施农业项目的概念与管理要求

《自然资源部 农业农村部关于设施农业用地管理有关问题的通知》(自然资规〔2019〕4号)规定,设施农业项目是指以发展农业生产为目的,实施农业生产设施、附属设施及配套设施建设的项目。为保障农产品的有效供给、增强农业综合生产能力,2001年国土资源部印发《全国土地分类(试行)》,第一次在土地分类中新增畜禽饲养地、设施农业用地。随着农业现代化水平的不断提升,设施农业用地的类型日益丰富,总体上可分为农业生产中直接用于作物种植和畜禽水产养殖的生产设施用地、与农业生产直接关联的附属或配套设施用地两类。

(1) 生产设施用地

① 作物种植生产设施用地,包括工厂化作物栽培中有钢架结构的连栋温室、食用菌生产、育种育秧(苗)用地等,以及为生产服务的看护房用地等。农业生产简易大棚(棚架、温室)不纳入设施农业用地范围,按原地类管理。

② 畜禽养殖生产设施用地，包括养殖畜禽舍（含引种隔离舍、孵化厅、运动场、挤奶厅等）用地，绿化隔离带用地，进排水渠道用地，以及为生产服务的看护房用地等。

③ 水产养殖生产设施用地，包括水产养殖中的池塘、工厂化养殖池、工业化水槽用地，水产养殖尾水生态处理池用地，进排水渠道用地，设施养殖加温调温设备用地和生产服务的看护房用地等。

（2）直接关联的附属或配套设施用地

① 与作物种植类直接关联的附属或配套设施用地，包括作物种植生产所需要的农机具装备及设备、农资、原料临时存储设施用地，废弃物收集、存储、处理等环保设施用地，产品检验检疫监测设施用地，以及与作物种植生产直接关联的烘干晾晒、分拣包装、保鲜存储等农产品初加工设施用地。

② 与畜禽养殖类直接关联的附属或配套设施用地，包括畜禽养殖粪污、垫料、病死畜禽等养殖废弃物收集、存储、处理和利用设施用地，检验检疫监测、洗消、转运、动物疫病防控等设施用地，养殖场自用饲草饲料生产及饲料输送设施用地。

③ 与水产养殖类直接关联的附属或配套设施用地，包括水质检测监测、病害防治设施用地，渔业机械、捕捞工具、渔用饲料和渔药等渔需物资临时仓储设施用地，水产养殖进出水处理设施用地，水产品上市前暂养、临时保鲜设施用地。

需要注意的是，以下设施用地不属于设施农业用地，应纳入建设用地管理：屠宰和肉类加工场所用地，经营性的粮食储存、农资存放和农机经销与维修场所用地；以农业为依托的休闲度假场所、各类庄园、酒庄、农家乐等用地；各类农业园区和农业产业融合发展涉及建设永久性餐饮、住宿、娱乐、康养、会议、大型停车场、工厂化农产品加工、科研、展销等用地；病死动物专业集中无害化处理厂（中心）等用地。

考虑到设施农业用地直接用于或者服务于农业生产和农村生活，其性质属于农用地，土地利用变化属于农业内部结构调整，因此，设施农业用地不作为新增建设用地管理，不需要办理农用地转用审批手续、不需要落实占补平衡，但应当依法办理设施农业用地备案手续（而非"审批手续"）。但一些地方借设施农业用地之名、行非农建设之实的现象时有发生，如"大棚房""农家乐"和乡村旅游设施等。

设施农业项目中配套建设餐饮、住宿、游乐等设施使用土地的，不属于设施农业用地，应依法办理建设用地手续。设施农业用地的土地利用形态以固化地面为主，可以占用一般耕地，不需要落实耕地占补平衡。种植设施不破坏耕地耕作层的，可以使用永久基本农田，不需补划；破坏耕地耕作层，但由于位置关系难以避让永久基本农田的，允许使用永久基本农田但必须补划。养殖设施原则上不得使用永久基本农田，涉及少量永久基本农田但确实难以避让的，允许使用但必须补划。

2) 设施农业项目的管理流程

国家有关设施农业用地的管理制度经多次调整,已日趋完善。现行政策将设施农业用地管理的具体细则授权省级地方制定,国家提出总体原则性要求。一般情况下,设施农业项目的管理流程主要包括以下环节:

(1) 制定建设方案

设施农业经营者应就设施建设组织制定建设方案,明确设施类型和用途、数量、标准和用地规模等,出具设施平面布置图。设施建设必须控制在适当的规模范围内,不得超规模占用耕地,并尽量避开基本农田。

(2) 确定用地条件

依据农业发展规划、花卉苗木产业发展规划、国土空间规划,坚持保护耕地、集约节约用地的原则,结合各类保护区有关要求合理安排设施农业布局。设施农业经营者应与农村集体经济组织依法协商土地用途、使用年限、费用支付、复垦交还和违约责任等有关土地使用条件,上述用地条件构成双方后续签订用地协议的主体内容。

(3) 公告征求意见

设施农业经营者与农村集体经济组织就用地条件协商一致后,应将建设方案和土地使用条件向涉及的农民予以公告,征求相关利害关系人的意见。设施建设不得损害农民合法权益,否则不得办理用地备案手续。

(4) 签订用地协议

经公告无异议的,设施农业经营者应与农村集体经济组织正式签订用地协议。涉及土地承包经营权流转的,经营者应依法先行与承包农户签订流转合同。用地协议应包含经营者到期复垦交还土地的内容,乡镇人民政府可要求经营者交纳复垦保证金。

(5) 办理用地备案

设施农业经营者应持设施建设方案、用地协议、设施农业用地复耕证书等材料,向乡镇人民政府申请办理设施用地备案手续。乡镇人民政府应组织核实项目是否属于设施农业项目、项目选址是否合理、设施用地规模是否符合规定、土地复垦是否明确约定、项目设立是否符合当地农业发展规划布局、建设内容是否符合设施农业经营和规模化粮食生产要求、设施建设是否符合有关技术标准、土地承包经营权流转是否符合有关规定等问题。核实通过的,乡镇人民政府予以备案(专栏7-2)。

(6) 汇交备案结果

乡镇人民政府应将备案结果定期汇总后,汇交至县级自然资源主管部门及农业农村部门。县级自然资源主管部门根据乡镇人民政府汇交成果变更地类,相关用地按设施农业用地管理。

(7) 设施建设施工

设施农业经营者办理用地备案手续后,应按照建设方案施工建设,不得擅自改变设施用地区位,不得擅自扩大设施用地规模,不得擅自或变相将设施农业用地用于其他非农建设,否则将按照违法用地予以查处。农村集体经济组织可依据用地协议追究经营者的违约责任。

(8) 设施投入使用

生产设施、附属设施和配套设施用地直接用于或者服务于农业生产，其性质属于农用地，按农用地管理，不需办理农用地转用审批手续。设施农业经营者应按照政策规定和协议约定使用农业设施，不得擅自将农业设施用于非农用途。乡镇人民政府应对设施农业项目进行跟踪管理，设施农业用地不再使用的，必须恢复原用途。

专栏7-2 设施农业用地与建设项目的区别

村民甲发现养鱼收入较高，于是在其承包地（耕地，非基本农田）上挖塘养鱼，配套建设了渔用饲料、药品等仓储用房及鱼塘看护用房。经营一段时间后，他发现依托鱼塘及周边景区，可通过向游客提供垂钓、餐饮、住宿等服务来增加收入来源，于是在承包地上新建房屋若干，用于经营"农家乐"项目，并铺设水泥地坪，用于游客停车使用。请分析该项目建设是否符合行政管理要求，对国土空间规划的实施有何影响？

分析：(1) 村民甲挖塘养鱼，配套建设渔用饲料、药品等仓储用房及鱼塘看护用房，该项目属于设施农业项目，但项目实施不符合行政管理要求。村民甲的承包地非基本农田，可以根据市场经营状况进行农业内部的产业结构调整，将粮食作物生产调整为水产养殖。但村民甲需要办理设施农业用地备案手续，按照设施农业项目全过程管理相关规定，设施农业项目应当制定农业设施的建设方案，明确设施类型和用途、数量、标准和用地规模等，出具设施平面布置图，并与村集体经济组织签订协议，明确土地用途及复垦责任等，将相关材料提交乡镇人民政府审核。村民甲未办理设施农业用地备案手续，乡镇人民政府无法组织核实项目选址是否合理、设施用地规模是否符合规定、土地复垦责任是否明确、项目设立是否符合当地农业发展规划布局、建设内容是否符合设施农业经营要求、设施建设是否符合有关技术标准等问题。国土空间规划有关耕地保护和节约集约用地等要求难以得到落实。

(2) 村民甲新建房屋、铺设水泥地坪、经营"农家乐"项目属于建设项目，项目实施不符合行政管理要求。按照建设项目全流程管理相关规定，应当依法办理建设项目立项、用地、建设等行政审批手续。拟使用国有建设用地的，应先行办理集体农用地转为建设用地并征收为国有的手续；拟使用集体建设用地的，应先行办理农用地转为建设用地手续。该建设项目擅自实施，导致国土空间规划所遵循的土地用途管制制度和节约集约用地制度未能得到有效落实，耕地未能得到有效保护，项目用地及建设脱离详细规划管控。

7.2.3 国土空间综合整治项目的全流程管理

1) 国土空间综合整治项目的概念与管理要求

国土空间综合整治的名称经历了土地整理、土地开发整理、土地整治和国土空间综合整治的演进历程。2000年以前为初步发育阶段，标志概念为"土地整理",这一时期借鉴海外经验,在实践中探索土地整理实施途径,逐步实现了从自发、无序、无稳定投入到有组织、有规范、有比较稳定投入的转变;2000—2007 年为发展壮大阶段,标志概念为"土地开发整理",这一时期为土地整治全面推进时期,以实施国家投资土地开发整理项目为重点,以农地整治为主要内容,以增加耕地面积、提高耕地质量为主要目标,并开始探索农地整治与村庄土地整治相结合;2008—2017 年为综合发展阶段,标志概念为"土地整治",开始从单纯农地整治向农地整治与建设用地整治相结合的综合整治转变,成为建设社会主义新农村、统筹城乡发展的重要抓手,土地整治目标的多元化、内涵和效益的综合性特点越来越鲜明,社会认知度越来越高(贾文涛,2012);2018 年以来为全域全要素综合整治阶段,标志概念为"国土空间综合整治",适应自然资源主管部门"两统一"职责要求,整治对象不仅仅局限于土地资源,而是更加关注人地关系调整和山水林田湖草路村城全要素整治(吴次芳等,2019a)。

  国土空间综合整治是为整体改善国土空间要素和系统防治国土空间退化以及为满足新的功能需要,对国土空间进行开发、利用、整治、保护的全部活动。国土空间综合整治的类型包括土地整治、矿山复垦、海岸带整治、地质灾害整治、江河整治、流域整治等不同类型。本书重点介绍土地整治项目的管理要求与管理流程。

  土地整治是以提高土地利用率、保障土地资源可持续利用为目的,对未合理利用土地的整理,因生产建设破坏和自然灾害损毁土地的修复,以及未利用土地的开发等活动。土地整治的类型可以分为农用地整理、农村建设用地整理与工矿废弃地复垦利用、城镇工矿建设用地整理(也称城镇低效用地再开发、城市更新)、损毁土地复垦以及宜耕后备土地资源开发。一般情况下,将农用地整理、损毁土地复垦和宜耕后备土地资源开发这三类整治对象为非建设用地的类型称为耕地占补平衡项目,用于建设占用耕地的补偿。在实践中,土地整治活动往往突破某一单一类型,更多地表现为融合了多种整治类型的区域性综合整治,其目标更加多元化,呈现出区域综合性、多功能性、多效益性的特点。自然资源部于 2019 年启动的全域土地综合整治试点,就是以乡镇为基本实施单元(整治区域可以是乡镇全部或部分村庄),整体推进农用地整理、建设用地整理和乡村生态保护修复等多项整治内容,优化生产、生活、生态空间格局,从而有效促进耕地保护和土地集约节约利用,改善农村人居环境,助推乡村全面振兴。

  土地整治项目是指以增加农用地数量、提高耕地质量、改善生产与生活条件为目的,对土地实施开发、复垦、整理的项目。土地整治项目用地不需要办理建设用地审批手续。土地整治项目的土地利用形态以非固化地面为主,因实施农田沟渠配套等建设占用耕地的,不需要落实耕地占补平衡。土地整治以整个项目区为单位,通过将非耕地开发为耕地,保障耕地及永久基本农田面积不减少。为了充分发挥土地整治的综合效益,国家倡导实施山水林田湖草综合整治,综合整治用地需要根据整治工程的具体用途来确定是否办理建设用地审批手续,原则上固化地面、破坏耕地耕种条件的工程,均应办理建设用地审批手续。

2)土地整治项目的管理流程

土地整治项目包括自然资源主管部门管理的补充耕地项目、城乡建设用地增减挂钩项目、工矿废弃地复垦项目等,还包括农业农村等部门管理的高标准农田建设项目、高效节水灌溉项目等。土地整治各类项目的管理流程相似,主要包括以下环节:

(1)编制规划方案

项目选址及方案编制应遵循相关管理规定:除城镇工矿建设用地整理项目以外,土地整治项目不得在国土空间规划所确定的城镇开发边界范围内实施;项目区内土地权属明晰、界限清楚,涉及开发内陆滩涂、废弃河流的,需征求水务部门意见;涉及林业、生态保护的,需征求林业、生态环境部门意见;涉及有防护作用的水利堤防及护堤地的,不得纳入土地整治范围。规划方案应通过公示广泛征求意见,充分尊重当地集体经济组织和群众意愿。项目建设应相对集中连片,避免因零星分散难以管护而撂荒。项目区内新增耕地的田块坡度应控制在合理范围,避免因坡度太大难以灌溉而撂荒。土地整治以整个项目区为单位,通过将非耕地开发为耕地,保障项目区内耕地及永久基本农田的面积不减少、质量不降低。拟形成新增农用地(含耕地)的项目,在项目申报前,应根据上一年度土地利用现状变更调查成果,确定新增农用地及耕地的面积、区位,并落实到具体图斑上。

(2)进行立项审批

耕地占补平衡项目、城乡建设用地增减挂钩项目以及工矿废弃地复垦项目由自然资源主管部门立项管理,高标准农田建设项目由农业农村部门立项管理。申报材料齐全的,立项主管部门受理立项申请。

受理部门要进行踏勘并组织专家评审,确认规划方案编制及相关申报材料符合要求、土地现状与规划方案一致的,立项主管部门予以批复立项。

(3)建设施工

项目单位取得立项批复后,即可组织建设施工。项目建设应严格按照批准的规划方案实施,不得擅自调整。项目区内应做到沟、渠、路、桥、涵等基本设施配套到位。

(4)竣工验收

项目施工完毕后,经项目单位申请,项目主管部门应组织竣工验收。验收工作除审核申报材料是否符合相关要求外,还应组织外业核查,重点审查项目建设是否按照批准的规划方案实施,新增农用地及耕地是否属实。对验收中发现的问题,项目单位应按要求及时整改。经验收合格形成用地指标的项目,自然资源主管部门应及时进行地类变更。

（5）后期管护

为防止项目竣工验收后，相关设施因缺乏有效管护造成损坏，甚至出现耕地撂荒等情况，项目单位应落实工程管护措施，并可从项目费用中列支后期管护工作经费，保证项目长期发挥效益。目前土地整治项目以政府投资为主，项目单位一般为乡镇人民政府，对于整治后原农户不再耕种的土地，应引导农地流转，组织农业企业或种粮大户承租耕种，实现农业规模化经营。没有承租单位的，政府应成立国有农业开发企业托底经营，防止出现整治后耕地撂荒的情况发生（专栏7-3）。

专栏7-3　合法推进土地整治项目

甲县通过实施城乡建设用地增减挂钩项目，开展"集村并居"，将部分规模较小、基础设施落后的村庄拆除复耕，归并到规模较大的村庄，或重新选址建设。用地指标及建设资金通过增减挂钩项目筹集。相关乡镇的实施效果有所不同：有的乡镇农民生活、居住条件得到了明显改善，促进了农地流转与农业规模化经营；有的乡镇为了获取更多的用地指标，不顾农民居住习惯，强迫农民住高楼；有的乡镇未能及时提供迁居房屋，农户长期租房过渡，农地撂荒现象严重。请分析该项目建设是否符合行政管理要求，对国土空间规划的实施有何影响？

分析：城乡建设用地增减挂钩项目属于土地整治项目的一种，本案部分项目在规划编制、项目建设及后期管护方面不符合行政管理要求。按照土地整治项目全流程管理相关规定，在编制规划方案时，应公示广泛征求意见，充分尊重当地集体经济组织和群众意愿，并在项目实施过程中充分保障农民权益。城乡建设用地增减挂钩项目在实施过程中应遵循"先建后搬"的原则，即先建设完成迁居用房，后实施原房拆除复垦，防止片面追求用地指标，导致农户长期租房过渡、被迫住高楼等情况发生。在项目竣工验收后，应做好项目后期管护，对农户不再耕种的土地，应引导农地流转使用，推进农业规模化经营，防止出现耕地撂荒现象。本案部分项目违规实施，导致国土空间规划所遵循的耕地保护制度未能得到有效落实。

7.2.4　生态修复项目的全流程管理

1）生态修复项目的概念与管理要求

生态修复项目是指以修复、改善生态环境为目的，对遭到污染、破坏的土壤、水系、生物等自然生态系统进行恢复重建的项目。生态修复项目的土地利用形态以非固化地面为主，项目用地需要根据修复工程的具体用途确定是否办理建设用地审批手续。原则上，不以发展农业生产、提高农用地数量及耕地质量为目的，固化地面、破坏耕地耕种条件的工程，均应办理建设用地审批手续。为了充分发挥生态修复的综合效益，生态修复项目内容及功能呈现出综合化的趋势。

生态修复行政管理职能划入自然资源主管部门后，统一实施生态保护修复成为自然资源主管部门的重要职责之一。而当前很多地方依然以项目为导向,分部门、分项目开展矿山治理、海岸带修复、黑臭水体治理、地质灾害整治等生态修复工作。生态修复项目一般由某个主管部门组织,以解决具体的生态环境问题为目标,注重生态修复项目的工程设计,缺乏国土空间生态修复战略性目标,侧重可见的点状生态损毁要素的修复治理,而在生态功能系统、空间单元和部门协同方面缺乏统筹。急需全面、准确地识别生态受损空间,通过对生态系统的评估和诊断,发现隐性的生态修复空间。通过划分不同等级的生态修复空间单元,即重点修复、提升修复和一般修复单元,对不同单元提出不同的修复策略。将系统诊断与人工识别相结合,建立空间单元识别机制和方法,以完整的空间单元为基础,强化生态修复规划机制的构建,统筹开展生态修复工作(何子张等,2020)。

2)生态修复项目的管理流程

目前各类生态修复项目的管理规定及具体操作规程尚待制定或完善,本节重点介绍目前相对完善的矿山生态修复项目管理。一般情况下,矿山生态修复项目的管理流程主要包括以下环节:

(1)项目申报

在项目申报阶段,实施单位(也可委托第三方)要充分论证项目实施的必要性和技术可行性,将定性描述和定量描述方式相结合,提出总体目标及具体考核指标,列出项目绩效考核指标(包括产出目标、管理目标、工期目标、生态效益、经济效益和社会效益等),在此基础上编制项目申报材料。

(2)项目立项

自然资源主管部门根据申报项目的数量,组织专家对项目进行排序,确定列入补助范围的项目,并会同财政部门下达补助资金,批准项目立项。鼓励社会资本投入生态修复项目。

(3)项目设计

项目立项后,实施单位按有关规定选取有资质的单位编制设计方案,自然资源主管部门组织专家审查。设计方案涵盖项目区现状、工程设计、施工工艺及技术措施、质量检验与评定、工程部署、工程量汇总和工程预算、绩效分析等主要内容。

(4)项目实施

实施单位根据相关规定选取招投标代理机构,通过公开招投标等方式确定有资质的施工单位和监理单位,组织项目实施,并在项目实施过程中做好质量、安全、成本、进度等管理。自然资源主管部门在项目实施过程中做好指导和督促。

(5)项目验收

项目完工以及竣工资料、决算审计等编制完成后,自然资源主管部门组织专家验收。验收通过的项目,自然资源主管部门予以备案;未通过验收的项目,实施单位需进行整改后再申报验收(专栏7-4)。

> 专栏 7-4　生态修复项目的程序规范性
>
> 某市共收到 5 个申请省地质勘查基金支持项目的申报材料。市自然资源局自行排序后,联合市财政局将申报材料正式上报省自然资源厅、省财政厅。最终,该市有 1 个项目获得省地质勘查基金 200 万元支持,市自然资源局联合市财政局第一时间将资金拨付实施单位。实施单位按规定选取有资质的单位编制设计方案,并报省自然资源厅组织专家审查。随后按有关规定委托招投标代理机构,通过公开招投标的方式确定有资质的施工单位和监理单位,组织项目实施。在项目实施过程中,实施单位因资金不足减少工作量,并未上报或未被发现。项目完工以及竣工资料、决算审计等编制完成后,实施单位申请市自然资源局组织专家验收。最终,市自然资源局组织专家验收通过并上报省自然资源厅备案。请分析该项目的建设是否符合行政管理要求?
>
> 分析:该项目建设不符合行政管理要求,主要存在以下问题:一是市自然资源局未组织专家,而是自行排序;二是实施单位擅自减少工作量,且未上报;三是各级自然资源主管部门未尽到指导和督促职责;四是市自然资源局组织专家把关不严,导致存在问题的项目通过验收。

7.2.5　矿产开发项目的全流程管理

1) 矿产开发项目的概念与管理要求

矿产开发项目是指把地表或地下的矿产资源,通过开采、加工等工序获得一定形式矿产品的项目。矿产资源的开采主要分为露天开采和地下开采两种方式:露天开采主要是对地表及浅层的土地进行利用,其特点表现为占地面积大、分布广,采矿、用地周期相对较短。地下开采主要是对地表土地及其地下空间进行利用,其特点表现为一般单宗面积小,总体布局分散,对地表的利用位置由地下矿产资源蕴藏条件决定,且不可替代,对土地利用期限长。工矿用地属于建设用地,应办理建设用地审批手续。

矿产开发项目的实施是为了将自然界存在的矿产资源转化为经济社会发展所需要的原材料。矿产资源天然赋存于地壳内部或地表、埋藏于地下或出露于地表,与国土空间不可分割。矿产资源是经济社会发展的重要物质基础,在国土空间规划中,既要从功能维度考虑,也要从资源要素维度考虑,为矿产开发留出空间;同时矿产资源的有限性和不可再生性,对可持续发展构成了限制。矿产资源开发管理目标是保护和合理利用矿产资源,维护矿产资源所有者权益,保障矿产资源开发活动依法、有序进行。

2) 矿产开发项目的管理流程

(1) 采矿权出让前期准备

在有偿出让采矿权前,依据不同的管理权限由自然资源主管部门组织完成矿产资源采矿权出让前期准备,具体包括编制矿区地质勘查报告、开发利用方案、地质环境保护与土地复垦方案,进行出让收益评估等。拟出让的采矿权应符合国土空间规划、生态环境保护、矿产资源规划、国家产业政策等要求。

(2) 采矿权出让

自然资源主管部门依据法律法规规定,遵循依法行政、信息公开、竞争公平、程序公正的原则,采取招标、拍卖、挂牌等方式,向符合要求的申请人授予采矿权,主动接受社会监督。在出让合同中明确开采矿种、范围、开采期限,以及矿产资源综合利用、矿山地质环境保护与恢复治理、土地复垦、出让收益缴纳计划、法定义务等相关事宜。

(3) 采矿权审批登记

《矿产资源开采登记管理办法》中还明确,项目单位(采矿权人)签订出让合同后,向自然资源主管部门申请审批登记,办理采矿许可证,登记信息在自然资源主管部门门户网站公示。取得采矿许可证后,项目单位(采矿权人)须具备其他相关法定条件后方可实施开采作业(专栏7-5)。

专栏7-5 非法采矿应承担法律责任

某市自然资源执法人员在动态巡查时发现,张某等人未经批准擅自在某镇某村一座山上非法开采建筑用砂,遂当即下发通知责令其立即停止非法开采行为,听候处理。经查实,截至某月某日,张某等人共非法开采建筑用砂资源300 t,并以100元/t的价格全部销售,从中获利3万元。请分析该项目建设是否符合行政管理要求?

分析:该项目建设不符合行政管理要求,张某等人未经批准,擅自在某市某镇某村非法开采建筑用砂资源,属于典型的未取得采矿许可证擅自采矿行为。根据《中华人民共和国矿产资源法》第三十九条第一款:"违反本法规定,未取得采矿许可证擅自采矿的……责令停止开采、赔偿损失,没收采出的矿产品和违法所得,可以并处罚款;拒不停止开采,造成矿产资源破坏的,依照刑法有关规定对直接责任人员追究刑事责任。"

---

(4) 矿山生产

项目单位(采矿权人)在完成矿山基础建设后,在具备其他相关法定条件下,进入矿产资源开采和矿产加工生产阶段,这是矿产开发取得效益的阶段。该阶段实行开采信息公示制度,按年度对项目单位(采矿权人)履行法定义务和出让合同的情况进行公示,通过信息公开、社会监督、随机抽查、重点检查等措施,规范项目单位(采矿权人)行为。

(5) 矿山关闭注销登记

项目单位(采矿权人)停办、关闭矿山的,应当向原发证机关申请办理采矿许可证注销登记手续。

(6) 生态修复责任

关闭退出矿山的生态修复责任主体情况应向社会公告。矿业权注销后,明确生态修复责任仍由原企业履行的,地方人民政府(或有关部门)应限定责任主体在一定期限内完成修复任务;对于明确由地方人民政府负责修复的,应纳入当地相关规划统筹解决。

7.2.6　海域使用项目的全流程管理

1) 海域使用项目的概念与管理要求

海域使用项目是指通过办理海域使用审批手续,对海洋生物资源、海底矿产资源、海水资源、海洋能与海洋空间资源等多种资源进行开发利用的项目。海域使用项目主要包括围填海、海洋捕捞、海水养殖、海洋运输、海盐及盐化工、海洋油气开采、滨海旅游、滨海砂矿开采以及海水综合利用等开发利用项目。国家严格管理填海、围海等改变海域自然属性的用海活动,各项海域使用项目必须符合国土空间规划。除需报国务院审批的特殊情况外,单位和个人如需使用海域可以向县级以上人民政府自然资源主管部门提交申请,县级以上人民政府自然资源主管部门依据国土空间规划,对海域使用申请进行审核,并依照规定报有批准权的人民政府批准。确需改变经批准的海域用途,应当在不违背国土空间规划的前提下,报原批准用海的人民政府批准。

随着海域使用管理逐步规范化、科学化,加强海域使用全过程控制成为海域使用管理的重要内容,也是科学用海和科学管海的体现。因此,利用先进的科学检测手段和技术,以国土空间规划动态监测为目标,将海域使用全过程纳入海域使用监督管理的范围内,对建设期的用海范围、用海方式、施工技术、填海材料和来源、运行期和海域功能监测、环境风险监管、海域使用结束后的海洋原状恢复和功能恢复进行控制,从而能有效变被动管理为主动管控。特别是针对具有脆弱性和敏感性的海域,能够杜绝破坏海洋功能、对海洋功能造成不可逆转的海域使用活动发生。

2) 海域使用项目的管理流程

海域作为人类重要的生存发展空间和资源宝库,其开发利用也受到了高度重视。为规范海域各项资源的开发利用,我国建立了一系列调整海域使用的管理制度。一般情况下,海域使用项目的管理流程主要包括海域使用可行性研究等准备工作、分级分类受理海域使用申请项目、海域使用工程项目初审及审查、海域使用论证及海洋环境评价审查、批复立项并发放海域使用权证书、组织项目施工、项目竣工验收、动态运行监管、后期变更及管护九个环节(图 7-4),每个环节的基本内涵及管理要求概述如下:

(1) 海域使用可行性研究等准备工作

《中华人民共和国海域使用管理法》中定义的海域使用是指,在中华人民共和国内水、领海持续使用特定海域三个月以上的排他性用海活动。海域使用具有四个主要特征:一是海域使用的类型特定性,即利用海域的任何一部分均构成海域使用,如电缆管道等的铺设,虽只占用底土,但也属于

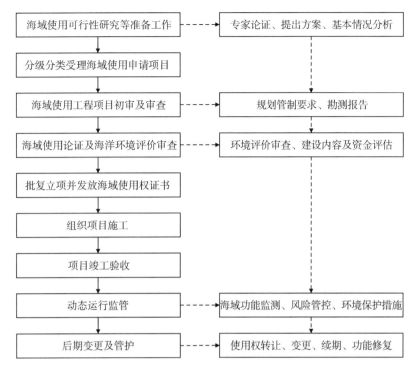

图 7-4 海域使用项目的管理流程

海域使用的一种类型；二是海域使用的空间确定性；三是海域使用的时间持续性；四是海域使用主体的排他性，即某开发活动开始后，其他单位和个人不得在该海域中从事与其相排斥的开发利用活动。所以，在海域被批准使用前需进行严格的可行性论证、基础情况分析等严格的准备工作。

海域使用权除可以通过用海单位或个人申请获得外，也可以通过招标或者拍卖的方式取得。招标或者拍卖方案由自然资源主管部门制订，报有审批权的人民政府批准后组织实施。自然资源主管部门制订招标或者拍卖方案，应当征求同级有关部门的意见。用海单位提出用海理由，并组织专家进行可行性论证，提出工程项目建设方案和预算。请示内容应包括：项目业主、是否属于国家和省重点、预计投资收益、拉动区域经济产值、增加就业人口数量等项目基本情况；项目位置、用海面积、用海方式、占用岸线等用海情况；项目用海的必要性和规模的合理性、国土空间规划的符合性、权属设置情况等。

(2) 分级分类受理海域使用申请项目

凡是属于分级审批的海域使用类型，其海域使用申请实行"属地受理，逐级上报"的原则，由县级自然资源主管部门受理。没有相关职能部门的地区，由上一级自然资源主管部门受理。跨区域的海域使用申请，由共同的上一级自然资源主管部门受理。自然资源主管部门受理用海请示（材料需载明用海目的、用途、坐标、面积等），请示文中应附政府计划和备案部门的批复文件、营业执照复印件、法定代表人身份证复印件、用海项目设计规划图等。

下列项目用海，应当报国务院审批和立项管理：① 填海 50 hm² 以上的项目用海；② 围海 100 hm² 以上的项目用海；③ 不改变海域自然属性的 700 hm² 以上的项目用海；④ 国家重大建设项目用海；⑤ 国务院规定的其他项目用海。

除此之外的项目用海审批权限，由国务院授权省、自治区、直辖市人民政府审批和立项管理。

如何更好地维护海域利用项目受理和立项的严肃性，同时使其流程更加便捷高效，这有赖于对审批内容及管控要求合理的分级分类，并据此制定审批流程，确定审批部门。海域使用项目的影响范围越大，审批的条件和程序越严格。因此，分级分类受理海域使用申请项目落实了"放管服"改革的有关要求，其既优化了审查程序，也促进了项目用海审批效率的提高。

（3）海域使用工程项目初审及审查

自然资源主管部门对海域使用工程项目的基础资料进行初审，实地勘界测量并绘制海域使用界至图。根据用海性质和面积逐级转报有批准权限的政府行政主管部门审核。踏勘重点审查项目选址及项目区内海域现状是否符合立项相关规定，与国土空间规划的海域利用规划管制要求及勘测报告是否一致。

海域使用工程项目审查作为申请受理后的第一个审查环节，主要审查与规定及规划管制要求的一致性，是全过程管理中的先导审查步骤，为后续各项审查的顺利进行打好基础。

（4）海域使用论证及海洋环境评价审查

有批准权限的政府自然资源主管部门审核后，向社会公示，组织招标，确定海域论证和环境评价单位，并组织专家对报告书进行评审。专家评审重点审查项目申请和海洋环境评价是否符合海域使用要求，项目建设内容及资金投入是否科学、合理。综合专家评审结果和部门意见，进行海域使用申请通过与否的会议审议。

海域使用论证是审批海域使用申请和市场化出让海域使用权的科学依据，应当遵循公正、科学、诚信的原则，严格按照海域使用论证相关的法律法规、技术标准和规范进行。海域使用论证及海洋环境评价审查工作应当在详细了解和勘查项目所在区域海洋资源生态、开发利用现状和权属状况的基础上，依据生态优先、节约集约的原则，科学、客观地分析、论证项目用海的必要性、选址与规模的合理性、对海洋资源和生态的影响范围与程度、规划符合性和利益相关者的协调性等，提出项目生态用海对策，并给出明确的用海论证结论。通过严格的论证及审查，有利于保证用海的科学性及避免海域使用空间权属纠纷的发生。

（5）批复立项并发放海域使用权证书

评价审查通过后，行政主管部门经审核报政府批准。政府批准其用海项目后，委托中介公司对用海项目海域的使用权价值进行评估，下达海域使用权批准通知书。用海单位需在限定时间内向税务部门上缴海域使用金,根据不同的用海性质或情形,海域使用金可以按照规定一次性缴纳或按年度逐年缴纳。有批准权限的政府自然资源主管部门代表政府发放海域使用权证书并向社会公告。

海域使用权证书是合法使用海域的法律凭证,旨在维护海域国家所有权和海域使用权人的合法权益,规范海域使用。海域使用权人依法使用海域并获得收益的权利受法律保护,任何单位和个人不得侵犯。

(6) 组织项目施工

获得海域使用权证书后,用海单位依法办理其他涉海施工手续后组织施工。项目建设应严格按照批准的规划方案实施,不得擅自调整。

在项目施工过程中,擅自调整海域使用功能可能会给海域自然资源和生态环境带来一系列不利影响,一般反映在对海域自然属性的改变、对生态系统平衡的破坏、对海洋生物栖息地的占用等。影响程度会因开发利用类型或方式的不同而带来差异,而且海域使用活动影响还具有累积效应,海域使用活动也可能带来海洋灾害风险,如海洋石油开采、海洋交通运输带来的溢油事故,养殖用海带来的赤潮灾害,这种灾害一旦发生,对于海域使用功能就会产生直接影响。所以,在组织项目施工时需严格规范施工行为,不得对审批后的实施方案擅自进行调整,以免对海域造成其他超出预期的负面影响。

(7) 项目竣工验收

用海项目竣工验收是落实海洋环境管理的一项重要工作,竣工验收文件的出具代表用海项目的顺利完成。经验收合格形成用海指标的项目,自然资源主管部门应及时对用海项目进行统一配号、登记,并在网上发布海域使用公告。如属于围填海的项目,项目完工后,业主单位需向自然资源主管部门提交竣工验收申请,并编制项目测量报告。自然资源主管部门进而开展竣工验收,通过后出具竣工验收文件。

(8) 动态运行监管

在海域使用权人对海域进行开发利用期间,自然资源主管部门应对项目所对应的海域进行功能监测、风险监管,并提出环境保护措施,从而降低开发利用对海域环境破坏的风险。

海域动态监管业务化是实施海域管理精细化、科学化的重要手段。由于海域使用的详细情况不易被及时掌握,所以极易造成海域使用现状不清、动态不明的局面。而完善的海域使用管理技术,精确的动态监视监测信息,可以实现海域使用由指标静态管理到过程动态监管的转变,提高政府部门的海域使用管理决策水平。

(9) 后期变更及管护

海域使用权取得后可以依法继承,亦可根据需要进行使用权人的变更登记。海域使用权人不得擅自改变经批准的海域用途;确需改变的,应在符合国土空间规划的前提下,报原批准用海的人民政府批准。海域使用权期满,未申请续期的,海域使用权终止,终止后,原海域使用权人应拆除可能造成海洋环境污染或影响其他用海项目的用海设施和构筑物,将海域恢复原状并进行海洋生态功能修复。因公共利益或国家安全需要,原批准用海的人民政府可以依法收回海域使用权,并给予海域使用权人合理的补偿。填海项目的海域使用权人应当自填海项目竣工之日三个月内,凭海域使用权证书,向县级以上人民政府自然资源主管部门提出不动产登记申请,县级以上人民政府登记造册,换发不动产权证书,确认土地使用权。

海域使用权变更程序使得在使用海域时有更多选择的可能,若当前用途已无法适应开发利用需求,则可以对海域使用权进行变更,体现了灵活的开发理念。海域使用权期满后对海域功能进行修复,有利于保障海洋生态环境质量,促进高效、协调的可持续发展。

7.3 具体项目实施的重要管理制度

对具体项目实施进行管理时,既要遵循国土空间用途管制、耕地占补平衡等基础性、一般性的管理制度,也要遵循规划条件、土地指标等相对具体的管理制度。在实践中,规划条件管理制度和土地指标管理制度较为重要,本节予以重点介绍。

7.3.1 规划条件管理制度

1) 规划条件的概念

规划条件是自然资源主管部门对建设项目提出的规划建设要求,是项目建设审批的重要依据。规划条件一般包括规定性(限制性)条件和指导性条件:规定性条件如地块位置、用地性质、开发强度(建筑密度、建筑控制高度、容积率、绿地率等)、主要交通出入口方位、停车场泊位以及其他需要配置的基础设施和公共设施控制指标等;指导性条件如人口容量、建筑形式与风格、历史文化保护和环境保护要求等。

2) 规划条件的作用

规划条件是确定国土空间保护和开发利用中权利和义务的法定依据,也是建设用地规划许可、建设工程规划许可、施工许可、自然资源与不动产相关权属登记的法定依据。未经法定程序,任何单位和个人不得随意变更,违者将依法追究责任。"规划条件"被写入2021年正式实施的《中华人民共和国民法典》(以下简称《民法典》)中,作为确定建设用地使用权的一项基本条件,其作用和地位得到进一步明确和提升。总体而言,在各种形式的"国土空间"开发利用之前,或者因保护国土空间的需要,行政主管部门可通过预先设定规划条件的方式,作为前置条件予以管控。例如,城镇空间的建设用地、农业空间的设施农业用地、生态空间和矿产资源开发项目等等。

3）相关法律规定

在《城乡规划法》中，规划条件贯穿了建设用地规划许可、建设工程规划许可、项目竣工验收等全过程。这些过程均将规划条件作为前置条件，并依据控制性详细规划提出。规划条件的内容包括出让地块的位置、使用性质、开发强度等。

在《民法典》中，明确规划条件是土地出让合同中的必要条件，在出让合同履行的整个过程中，无论是出让人、受让人还是规划行政主管部门，均不得改变法定规划条件。擅自改变规划条件的行为，既是违法行为，也是合同违约行为（张舰，2012）。因此，写入出让合同中的规划条件，不仅约束受让方，而且是对出让方和政府规划行政主管部门的约束。

在《土地管理法》中，明确集体经营性建设用地在进行出让出租时，须签订载明规划条件的书面合同。在《国务院关于促进节约集约用地的通知》中，进一步明确了建设用地出让或划拨都需确定规划条件，且规划条件的内容均需载入土地出让合同或土地划拨决定书。因此，规划条件对于国有建设用地和集体建设用地而言，无论是出让还是划拨均具有约束性。

4）存在的主要问题

（1）规划条件的出具缺乏指导

国家层面的相关指导性文件不足，缺乏统一的规范指导，造成地方规划管理部门在实际工作中比较被动。目前，各地出具"规划条件"主要依据《城乡规划法》及原建设部颁布的《城市国有土地使用权出让转让规划管理办法》（1992年）、《关于加强国有土地使用权出让规划管理工作的通知》（2002年）等法律法规及规范性文件。但这些法律法规都未对规划条件的内容、制定程序等做出具体规定。

（2）规划条件的修改不尽统一

因缺乏上位指导，对地块出让后规划条件的修改与调整制度，各地做法也不尽统一和规范，有的城市只对规划条件中涉及容积率调整的内容进行公示，涉及其他强制性指标（建筑高度或建筑密度等）或指导性指标修改时则不予公示；公示表达形式也比较多样，反映的内容也不尽翔实，在一定程度上影响了规划工作的科学性和权威性（扈万泰等，2014）。

（3）规划条件与建设用地规划许可证的功能重复

2008年实施的《城乡规划法》明确了建设用地出让前的规划条件程序，使用权人按照法定程序取得国有建设用地出让合同后，就可以到规划部门直接领取建设用地规划许可证。可见在规划实施中，具有法律效力的是依据详细规划出具的规划条件，而非详细规划。因此，取消出让用地的建设用地规划许可证不会给城市规划管理带来大的影响（专栏7-6），因为建设用地规划许可证实际上是重复了规划条件的控制要求，事实上它既不涉及物权关系，也不具备管理过程，只是一个形式上的行政许可（朱锦章，2014）。

> **专栏 7-6　北京取消建设用地规划许可证的探索**
>
> 　　北京在 2019 年修订的《北京市城乡规划条例》中,一大核心亮点即明确取消建设用地规划许可证。针对本次条例修订取消建设用地规划许可证的原因,可归结为以下三个方面:
> 　　一是机构改革。2016 年北京市规划和国土行政主管部门机构合并,原来由两个部门分别办理的审批手续,现由一个部门统一办理,外部信息转为内部资料,外部程序转为内部环节,不再需要互为前置条件。
> 　　二是建设用地规划许可证不再是一个需要单独存在的环节。为了固化工程建设项目审批制度改革成果,本次审批制度改革对审批流程进行了再造,精简环节,合并事项,明确建设工程项目办理国有土地使用权出让合同时可一并办理规划条件、用地预审意见、设计方案审查意见、建设用地规划许可证、建设用地批准书。
> 　　三是规划综合实施方案包括建设用地许可证核发的全部内容,取消建设用地规划许可证具有技术可行性。在北京市最新修订的城乡规划条例中,不仅删去了建设用地规划许可证的相关内容,而且删去了规划条件的提法,取而代之的是综合实施方案。按照城市总体规划、分区规划、控制性详细规划及专项规划的刚性要求,北京市的规划综合实施方案包括规划指标、城市设计要求、土地权属、建设工程设计要求、市政交通条件、供地方式、建设时序等内容,完全可以覆盖、取代修建性详细规划和各类规划条件的内容。
> 　　实质上,北京的规划综合实施方案可以说是更加完善与健全的规划条件,核发建设工程规划许可证的前置条件,已不是建设用地规划许可,也不是国土空间详细规划,而是规划综合实施方案。符合规划综合实施方案要求的,即可核发。因此,在取消建设用地规划许可证后,可通过完善的规划条件制度进行代替(陈少琼等,2019)。

5) 规划条件制度的完善

(1) 规划条件的出具

依据《城乡规划法》的规定,即"城市、县人民政府城乡规划主管部门应当依据控制性详细规划,提出出让地块的位置、使用性质、开发强度等规划条件,作为国有土地使用权出让合同的组成部分",控制性详细规划为多数省市出具规划条件的依据。部分省市进一步细化,提出还应根据村庄规划、专项规划、城市设计等条件,出具规划条件(专栏 7-7)。

> **专栏 7-7　南京市"全要素"规划条件改革**
>
> 　　南京市原规划局实施了"全要素"规划条件改革工作,将建筑与市政规划条件一次性告知,执行同等内容深度、统一形式表达,并在两者条款、内容等方面做好衔接,实现同步出具。在审批系统中,预设 115 项新要素的表述以及法律法规、政策标准的规范表达条款,供审批人员勾选,实现规划条件规范化出具。为指导规划条件的出具,制定了《建设工程规划条件制定工作导则》(2017 年版)。该导则明确:规划条

件的制定,是对控制性详细规划和相关城市设计、专项规划的深化,是对后续规划方案设计、项目建设管理的指导。应结合地块及周边具体情况对控制性详细规划指标等内容进行校核和细化,以确保规划指标及相关规划要求的科学性和可行性。规划条件采用图文结合的方式,以图文对应为原则,形成以规划条件文本和规划条件图合并装订成册的形式提供"一文四图",包含控制性、引导性、说明性、关联性、提示性等内容,其中规划图件包括建筑、现状与规划管线、城市设计图则。

其中,大连已于2021年1月1日起实施《大连市国土空间规划条例》,其规划条件出具的依据也由"控制性详细规划"(原《大连市城乡规划条例》)改为"国土空间规划"。《宁波国土空间规划条例(草案)》和《重庆市城乡规划条例》(2019年修订版)也取消了控制性详细规划的提法,与国土空间规划衔接,直接采用"详细规划"的表述。

(2) 规划条件的修改

针对规划条件内容的修改,部分地市提出要先修改详细规划。如重庆市最新修订的《重庆市城乡规划条例》中提出,因公共利益确需变更规划条件的,应当按照法定程序修改控制性详细规划。《郑州市国土空间规划管理条例(征求意见稿)》也明确指出自然资源和规划主管部门不得在建设用地规划许可证和国有土地使用权出让合同中擅自变更已经确定的规划条件。确需变更的,要依照法定程序先修改控制性详细规划。

但规划条件并不是详细规划中各项控制指标的简单转移,而是对详细规划所规定的具体地块的控制指标和土地使用要求的深化和具体化(张舰,2012)。对于规划条件可能需要突破现有详细规划的情况,从提高行政效率出发,可考虑采取分级分类修改的方法进行。例如,南京市坚持建设项目应严格遵循规划条件进行建设的原则,确需对规划条件进行变更的,按照2010年的《南京市国有土地使用权出让后规划条件变更管理规定》(专栏7-8)局内操作规程,以及2011年的《关于国有土地使用权出让后规划条件变更管理的补充通知》文件相关要求执行。南京市的规划条件根据变更内容的不同,分为核心内容变更和一般内容变更:核心内容变更是指对城市规划实施或公共利益产生重大影响、涉及土地市场公平性、公正性等的变更;一般内容变更是指核心内容变更以外的变更。在补充规定中还特别强调严控经营性用地的变更。

专栏7-8 《南京市国有土地使用权出让后规划条件变更管理规定》部分条款

第五条 规划条件的变更应当以经批准的控制性详细规划或者其他规划为依据,并符合法律法规以及相关规范的要求,不得影响国家利益和公众合法权益。

第七条 核心内容变更主要包括:(一)规划用地性质的调整,包括不同性质用地比例的调整;(二)建设用地规模和用地红线的调整;(三)规划外部条件(六线)的调整;(四)风景区和规划特色意图区范围内的建筑高度调整;(五)经营性用地和生产研发用地容积率的调整(同一个出让合同中,用地性质相同地块之间容积率的转移除外);(六)公共设施配建或市政设施配建内容和规模的调整;(七)其他相关规定认定属于核心内容变更的。

第八条 一般内容变更主要包括:(一)地块建筑密度、绿地率、集中绿地、停车泊位、交通组织、空间形态、间距退让、用地适建性等的调整;(二)风景区和规划特色意图区范围外的建筑高度调整;(三)非生产研发类工业用地的容积率调整。

7.3.2 土地指标管理制度

1) 土地指标的概念和种类

土地指标是国家为调控土地开发利用与保护修复设置的计划性指标。根据《全国土地利用总体规划纲要(2006—2020年)》,土地指标共计15项。土地指标按其性质可分为约束性指标和预期性指标。

约束性指标是为保护资源和推进节约集约用地,规划期内不得突破或必须实现的指标,主要包括耕地保有量、基本农田保护面积、城乡建设用地规模、新增建设占用耕地规模、土地整理复垦开发补充耕地规模、人均城镇工矿用地,共6项。

预期性指标是按照经济社会发展预测,规划期内应该实现的指标主要包括园地面积、林地面积、牧草地面积、建设用地总规模、城镇工矿用地规模、农村居民点用地规模、交通水利及其他用地规模、新增建设用地总量、新增建设用地占用农用地规模,共9项。

国土空间规划建立了包括土地指标在内的全新的规划指标体系,分不同行政层级予以设置。以市级国土空间规划为例,按照"空间底线""空间结构与效率""空间品质"分类,共设置了35项规划指标,按指标性质分为约束性指标、预期性指标和建议性指标。

2) 建设用地指标

(1) 建设用地指标的分类

建设项目用地不得突破规划设定的约束性指标,同时要遵循农用地转用、耕地占补平衡等管理制度,形成了用地报批中可量化交易的三类用地指标:规划建设用地规模(空间指标)、年度新增建设用地计划(农用地转用指标)和补充耕地指标(占补平衡指标)。空间指标以一个规划周期为单位(一般为15年)一次性下达,对某个行政区域的建设用地总量予以限制,规划期满前建设用地已达控制规模的,可通过异地购买空间指标或本地农村建设用地复垦等方式,保障新增建设用地的需求;农用地转用指标分年度下达,建设项目占用农用地的,不得突破当年度上级所下达的控制规模;占补平衡指标根据建设项目占用耕地及补充耕地情况确定,用地单位建设占用耕地的,可自行组织开垦补充耕地,也可以购买耕地占补平衡指标,实现耕地"占一补一""占优补优"。

(2) 建设用地指标的取得与功能

空间指标、农用地转用指标首先可通过上级下达的方式获取。空间指标、农用地转用指标、占补平衡指标均可通过实施土地整治获取,也可以通过市场交易的方式获取。

根据工作内容不同,土地整治项目可分为耕地占补平衡项目、城乡建设用地增减挂钩项目、工矿废弃地复垦项目、高标准农田建设项目以及各类土地综合整治项目,相应形成的用地指标及其功能也不尽相同。

耕地占补平衡项目的主要工作内容是将未利用地、其他的农用地开发为耕地,形成耕地占补平衡指标,可用于非农建设项目落实耕地占补平衡任务。

城乡建设用地增减挂钩项目的主要工作内容是将农村建设用地复垦为耕地,形成城乡建设用地增减挂钩指标(以下简称挂钩指标)。由于该项目的实施新增了耕地,因此挂钩指标具有补充耕地指标的功能;又由于该项目的实施减少了建设用地,因此挂钩指标同时还具有空间指标和农用地转用指标的功能。

工矿废弃地复垦项目的主要工作内容是将废弃的建设用地(工矿用地属于建设用地)复垦为农用地,形成空间指标和农用地转用指标,工矿废弃地有条件开发为耕地的,形成的指标功能与挂钩指标相同。

高标准农田建设项目的主要工作内容是提高耕地质量,项目实施往往能够通过将田埂、坑塘水面等其他的农用地开发为耕地,新增部分耕地,形成补充耕地指标,可用于非农建设项目落实耕地占补平衡任务。

耕地占补平衡制度要求补充耕地的数量与质量均不得低于被占用耕地,因此土地整治新增耕地质量越高,在耕地占补平衡时的适用范围越广。

(3)建设用地指标的价值与交易

在耕地后备资源丰富的地区,通过土地整治项目的实施可以增加项目区的农用地数量,提高项目区的耕地质量,不但有利于改善农业生产条件,而且能够形成相应的土地指标,并通过市场化配置土地指标获取收益。而在建设发展较快的地区,土地指标相对紧缺,可通过本地实施土地整治或向其他地区异地购买土地整治形成的土地指标,满足本地区的建设发展用地需求。

政府实施指标管控或设定限额从而创造了交易需求,同时土地整治形成土地指标需要付出一定的整治成本,因此土地指标具备一定的价值,不同地区土地指标的稀缺性决定了该地区土地指标的市场价格。对于耕地占补平衡项目形成的补充耕地指标,国家一般允许在省内交易;对于通过实施城乡建设用地增减挂钩项目或工矿废弃地复垦项目形成的土地指标统称为挂钩指标,国家一般只允许在县级范围内交易,不得跨县(区)交易。但对于贫困地区整治形成的土地指标,允许跨市甚至跨省交易。挂钩指标在交易时同时具备新增建设用地空间、农用地转用和补充耕地三项功能的,被称为"三合一"指标,交易价格相对较高;卖出地保留新增建设用地空间,仅交易具备农用地转用和补充耕地两项功能的指标,被称为"二合一"指标,交易价格相对较低。

8 国土空间规划实施的动态监测与实施评估

国土空间规划的实施是一个多部门作用、多因素交互且在不同尺度的空间中产生影响的长期过程。为避免规划失效以及由此带来的资源配置不均衡、产业布局不合理等负面影响，从国土空间规划实施管理角度来看，需要建立健全"监测预警—体检评估—督察问责"的实施监督体系，依托国土空间规划"一张图"和国土空间基础信息平台，建立健全国土空间规划监测预警评估和实施监管机制（图8-1），以实现对国土空间规划实施全过程、全链条的精细化监督与管理，推动形成规划"实施—调整—实施"的良性循环。

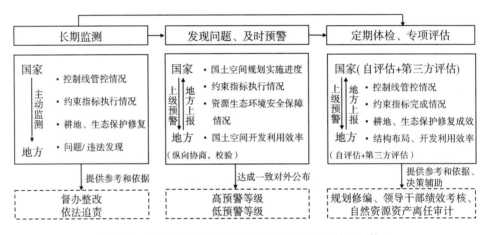

图8-1 国土空间规划监测预警评估和实施监管机制体系

我国正在建立和完善"多规合一"的规划编制审批体系、实施监督体系、法规政策体系和技术标准体系。按照国土空间规划体系建立的初衷，编制、审批、实施和监督是一个完整的过程。在国土空间规划体系建立的过程中，规划编制阶段的"多规"博弈逐渐延伸至规划实施与监督阶段，特别是作为后端的实施和监督，不仅包括中央与地方人民政府的博弈、政府各职能部门间的博弈，而且包括政府与市场、市场中主体与利害关系人之间的各种博弈，甚至包括建成区开发利用与生态环境保护的博弈。要充分体现规划意图，完成"一张蓝图"的绘制，就必须依靠监督体系的有效运行和不断完善。

国土空间规划实施监督包含了规划实施过程和实施结果的监督，应当从系统论的角度出发,围绕现状调查、确权登记、规划编制、用途管制、开发利用、保护修复、执法监督等国土空间规划实施的全过程。通过规划实施的监测预警评估和督察问责,加强各类外部效益与内部效益信息的加载、分析和反馈,主体、客体在多重均衡博弈中不断调整行动,达到帕累托最优均衡,从而明确规划实施的监督主体、客体及两者的双向传导关系,形成一个完整的闭环系统,实现国土空间规划事前、事中、事后全链条管理的改革目标,是从"编规划"到"用规划"的重要保障,也是国家宏观战略与规划具体目标落实的重要工具。还可结合经济社会发展的实际情况,为国土空间规划的编制及动态调整提供支撑,促进国土空间治理体系和治理能力的现代化(黄枚等,2019)。

8.1 国土空间规划实施监测预警

系统、科学地构建规划"目标—监测预警"指标体系有助于提高监测预警水平,可以最大限度地避免规划失效、朝令夕改、实施脱节等问题,能更好地应对现实发展过程中的情况变化与具体需求,以保障规划的科学性、权威性。

8.1.1 规划监测预警的概念

国土空间规划实施监测是指通过采集多源数据,对某一时点国土空间规划各类管控边界(生态保护红线、永久基本农田、城镇开发边界)、约束性指标(耕地保有量、建设用地总面积、湿地面积等)的实时观察与重点监测,及时掌握各类指标及空间边界的变化情况,具有现势性、连续性与公开性的特点。国土空间规划实施预警则是根据监测分析成果,依据指标预警等级和阈值获取相关数据,对国土空间规划实施中违反开发保护边界及保护要求的情况,或有突破约束性指标风险的情况及时预警,判断警情等级,并辅助生成预警报告。

国土空间规划实施监测是对当前规划实施实际情况的客观描述,预警是对规划实施过程中未来可能的发展趋势,特别是相对于规划目标而言的负向趋势的科学判断和提前示警。监测是预警的前提条件,而预警则是监测的目标与应用出口。二者在规划实施监督体系中发挥着过程性监测和预警调控的作用,是落实生态文明思想、空间治理现代化及国土可持续利用的要求,是及时掌握规划实施进展、保持规划实施一致性的重要手段,也是规划实施过程中不可或缺的重要环节。监测预警是政府和居民及时识别政策影响、逐步实现规划目标的重要方式,也是完善规划政策的重要支撑。

国土空间规划实施监测和预警分析,按周期可分为实时、定期和不定期等类型,按内容可分为常规监测预警、体征监测预警和专项监测预警等类型。目前,规划监测预警体系包括合理的监测指标、完善的基础信息平台、统一的数据统计口径、合理的指标基线标准和详尽的监测计划,以便于将监测到的经济、社会、环境、土地、人口、基础设施等各项指标的变化,置于宏观发展背景下审视、分析和响应,并及时提出预警,为规划的评估、调整及实施管理提供依据。

8.1.2 国内外规划监测预警的发展历程

1) 国外监测预警的发展

北美与欧洲等国家的城市长期以来一直高度重视空间规划的监测预警工作,有些地方还将其纳入了规划法律的条文中。监测预警由城市政府(市长)牵头组织,各级政府全力配合,作为年度常规的必要工作,是编制、审批、指导城市近期建设计划以及相关规划建设的工作基础(专栏8-1)。

专栏8-1　英国规划监测报告制度

监测报告制度是英国规划体系中的一项法定的基本制度,规划部门通过每年发布的监测报告来系统回顾其规划政策的实施成效(周姝天等,2018)。该报告不仅是规划政策编制的重要依据,而且是向社区传递规划内容、构建公众参与的有效途径。

2004年颁布的《城乡规划(区域规划)(英格兰)条例》明确了监测报告制度在英国规划体系中的法定地位,要求各区域和地方规划机构每年评估其规划目标的实现情况和规划政策的实施进度,并向副首相办公室提交"年度监测报告"。英国政府2011年后陆续颁布的《地方化法案》(2011年)、《国家规划政策框架》(2012年)和《城乡规划(地方)(英格兰)条例》(2012年),推动了以"结构简化"和"权力地方化"为特征的规划体系改革。区域空间战略被关注地区综合发展的地方规划和关注微观优化提升的邻里规划所取代。地方规划机构对其地方空间规划的实施仍有监测和报告的义务——每年对规划政策的实施情况进行跟踪监测,并以"权威监测报告"(Authority Monitoring Report)的形式向基层社区反馈。

同时,自2004年以来,大伦敦市政府以及各个郡的区政府针对大伦敦规划及地方发展规划开始编制年度监测报告,严格对应规划目标反映政策实施的绩效,在次年第一季度发布前一年的数据。在伦敦规划实施体系中,年度检测报告不仅要反映大伦敦规划、战略规划、地方发展规划中较长远的目标,而且要对实施规划、补充规划导则等行动计划发挥指导作用。

---

2) 国内监测预警的发展

随着经济社会的快速发展,特别是新型城镇化进程的深入推进,我国城乡建设进入了前所未有的快速发展期,在取得一系列成就的同时,也产生了诸如农地"非农化"、耕地"非粮化"、建设用地无序蔓延和低效利用、城乡要素流动受阻等问题,严重影响了经济社会可持续和高质量的发展。遥感、地理信息系统、空间大数据等现代技术的成熟应用,为快速、有效地掌握城乡动态提供了可能,也为开展规划动态监测、及时预警创造了条件。

当前，城乡规划动态监测与土地利用动态监测既有相似之处，又各有侧重，同时也都面临着一系列的问题。传统规划实施监测较少围绕规划目标建立指标体系，空间基础信息平台和数据库的技术不成熟，大数据、遥感等新技术的应用推广不深入，造成规划与现状利用在数量、空间等方面的数据积累不够，无法通过多源大数据进行多维度叠加综合校验，造成规划实施监测的定量分析不足，不利于规划实施的预警评估。如"三调"成果数据与实际利用管理的数据存在使用目标的差距，需要转换后才可作为规划编制基数使用。

同时，在我国现阶段的各级各类规划文件中，定性指标相对较多，指标体系与统计口径差异较大，既不利于统一衡量和系统评估，也不利于灵活调整。规划政策、行动计划、项目指引等内容缺乏统筹，既影响政策的落实，也阻碍监测预警工作的开展（专栏8-2）。

专栏8-2　我国规划监测预警实践

（1）建设系统监测预警实践。2003年，建设部出台了《关于开展城市规划动态监测工作的通知》，首批在南京、贵阳、保定、邯郸、包头等10个城市先行开展城市规划动态监测工作，建立全国城市规划监督管理信息系统，重点对国务院审批的城市总体规划、国家历史文化名城保护规划等专项规划的实施情况进行监测。

重点监测内容包括：① 对总体规划中的强制性内容，特别是规划中所确定的用地性质和用途的变更，包括可能影响城市重大布局与发展形态的开发建设，以及影响城市重大功能组织的用地性质和用途的变更，监测出的其他违反规划的建设活动将在监测报告中作为参考因素。② 对历史文化名城的监测重点是历史文化保护区中的各类建设活动，特别是要监测损毁、拆毁历史文化建筑的行为。③ 对城乡接合部以及城市规划区外的重大建设活动进行一般性监测。

2006年，在总结上一批城市规划动态监测试点经验的基础上，开展了基于2005年度数据的城市规划动态监测，并将监测试点范围扩大至20个城市，初步总结了基于空间地理信息的规划实施保障机制构建的重要经验。

（2）国土系统监测预警实践。1999年以来，国土资源部先后启动并施行"数字国土""第二次全国土地调查""金土工程""第三次全国国土调查"等重大工程，利用"3S"（即遥感、全球定位系统、地理信息系统）技术，结合地面调查和计算机网络通信等技术手段，开展城市以及其他重点地区耕地、建设用地、工矿用地等各类土地利用变化情况的监测，建立起全国土地利用动态遥感监测体系，实现对重点地区、特定目标土地利用状况的快速监测，为土地利用总体规划的执行情况、执法检查、耕地保护、土地综合整治等提供较为完整的解决方案。

8.1.3　规划监测预警的主要内容

在国土空间规划体系建立之初，探索符合我国国情的国土空间规划监测预警指标体系，可以基于全覆盖、可量化、可定制的思路，以自然资源调查监测与确权登记数据为基础,采用国家统一的测绘基准和测绘系统,整合各类空间关联数据,建立统一的国土空间基础信息平台,进而在落实上位规划的基础上,结合地方特色与发展战略导向,确定国土空间规划实施监测评估预警关键指标,形成纵向传递、横向传导、类型多样的指标构架和监测预警体系。

1) 构建"目标—指标体系"

根据规划类型的不同,规划实施监测预警的主要内容也有所侧重,相应决定了监测预警的具体指标和内容(专栏8-3)。针对规划目标及实施政策,确定与之直接相关的、能反映特定目标政策在社会、经济和环境等方面的投入、产出和影响的各项指标,并根据规划目标和政策的分类构建多级指标体系。在筛选和确定指标时,总体上应按照可获取性、可量化性、可对比性、可操作性与相关性的原则确定,须首先确保指标的内容是可信、可量化且易于解释的,其次选择便于收集、更新,具有横向、纵向可比较性的指标,从而降低数据连续收集和分析的难度,提高监测预警工作的可操作性。

专栏 8-3 "上海 2035"总体规划实施监测预警体系

上海市从总体规划是否适应新的发展环境、总体规划实施效果好不好以及如何优化和保障总体规划更加有效实施等角度考虑,围绕"上海 2035"的 97 项监测指标数据进行层层递进式的分析(专栏表 8-3-1),并从指标数据变动情况获取空间规模、布局和变化趋势等基本信息,通过交叉关联分析等进一步发现问题并剖析原因,进而提出具有针对性的优化建议,对总体规划进行动态维护。总体规划实施年度监测报告包括城市综合运行概况、城市具体运行情况、重点问题与原因剖析、相关建议等主要内容(金忠民等,2019)。

(1) 城市综合运行概况是通过对上海在全球城市中的排名情况和 97 项监测指标的分析评价来全面反映的。

(2) 城市具体运行情况是对标国务院批复要点,聚焦"创新之城、人文之城、生态之城"三个分目标以及空间体系支撑和规划实施保障,分析并总结"上海 2035"总体规划获批以后的实施情况和所取得的主要成效。

(3) 重点问题与原因剖析是针对城市年度运行和总体规划实施中所存在的重点问题进行深入剖析,对部分指标开展交叉叠加和关联性分析,挖掘并寻找问题成因。

(4) 相关建议是针对所存在的问题和原因分析,对总体规划实施提出建议,与国土空间近期规划形成互动。

专栏表 8-3-1 "上海 2035"实时监测核心指标一览表

序号	指标名称	单位	2020 年目标	2035 年目标
1	常住人口规模	万人	≤2 500	2 500 左右
2	建设用地总规模	km²	3 185	3 200

续专栏表 8-3-1

序号	指标名称	单位	2020年目标	2035年目标
3	单位地区生产总值建设用地面积	hm²/亿元	≤9.1	≤4.2
4	全社会研究与试验发展经费支出占全市地区生产总值的比例	%	4	5.5左右
5	金融业增加值占全市生产总值的比例	%	≥15	18左右
6	文化类从业人员占就业总人口的比例	%	8	10左右
7	产业基地内用于先进制造业发展的工业用地面积	km²	150	150
8	年入境境外旅客总量	万人	920	1 400左右
9	航空旅客中转率	%	≥15	19左右
10	职住平衡指数	—	≥80（主城片区）；≥70（整合提升型城镇圈）；≥100（综合发展型城镇圈）	≥95（主城片区）；≥73（整合提升型城镇圈）；≥115（综合发展型城镇圈）
11	新增住房中政府、机构和企业持有的租赁性住房比例	%	≥20	≥20
12	卫生、养老、教育、文化、体育等社区公共服务设施15 min步行可达覆盖率	%	80	99左右
13	公共开放空间（400 m²以上绿地广场等）5 min步行可达覆盖率	%	≥70	90左右
14	骨干绿道总长度	km	1 000	2 000左右
15	全路网密度	km/km²	10(中央活动区)；8(中心城)	10(中央活动区)；8(主城区新城)
16	每10万人拥有的博物馆、图书馆、演出场馆、美术馆或画廊	处	0.625(博物馆)；2.0(图书馆)；1.0(演出场馆)；3.0(美术馆或画廊)	1.5(博物馆)；4.0(图书馆)；2.5(演出场馆)；6.0(美术馆或画廊)

续专栏表 8-3-1

序号	指标名称	单位	2020 年目标	2035 年目标
17	历史文化风貌区面积	km²	对建筑形态、空间格局和街区景观能完整地体现上海某一历史时期地域文化特点的地区,定期评估、应保尽保,并扩大保护规模	
18	河湖水面率	%	≥10.1	10.5 左右
19	人均公园绿地面积	m²	≥8.5	≥13.0
20	森林覆盖率	%	≥18	23 左右
21	细颗粒物(PM 2.5)年均浓度	μg/m³	42 左右	25 左右
22	原生垃圾填埋率	%	基本为 0	0
23	水(环境)功能区达标率	%	78	100
24	碳排放总量较峰值降低率	%	—	5
25	应急避难场所人均避难面积	m²	≥0.5	≥2.0
26	平均每个消防站的服务人口	万人	14	<10
27	对 10 万人以上新市镇轨道交通站点的覆盖率	%	70	95 左右
28	公共交通占全方式出行的比例	%	30	40 左右
29	永久基本农田保护任务	万亩	249	150
30	耕地保有量	万亩	282	180

2) 规划实施运行监测

规划文件必须明确指出每项指标在规划期内分时间节点的目标值,而监测指标可以理解为体征性指标,对国土空间规划的指标现状、实施情况、趋势与分布变化,包含三区三线、人口社会、产业经济、生态环境等多方面进行全面监测。因此,在进行规划监测工作时,监测主体需从国土空间规划基础数据共享平台等不同渠道获取"目标—指标体系"中各项指标的最新数据。通过对比指标目标值来明确相应政策在实施过程中所出现的影响和偏差;通过对比各项指标的历史数据,分析对应政策在空间上的影响趋势和潜在变化。

3) 开展预警分析

构建预警指标巡查、预警分级判别、预警信息发布、响应决策支持的动态预警闭环系统,明确预警指标巡查的主要内容,建立分级别的指标预警判别规则,制定详细的预警信息发布机制,并通过全面、系统的监测,与规划目标、指标、战略导向以及经济社会发展形势的对比，对规划实施的方向、进度、程度，尤其是未按照规划实施的违法用地、突破指标约束等行为做出预警，及时调整规划实施策略，纠正规划实施偏差，促进规划实施。预警指标是对规划实施过程和实施结果需要重点管控的指标突破底线、出现异常等情况进行预警，重点针对国土空间资源过度开发、资源粗放利用和突破红线控制范围的行为进行预警，通过系统推送等多途径进行预警告知，实现国土空间规划编制、实施、监测及预警的全程、全面、实时掌控。

4）基于监测预警的辅助决策

国土空间规划实施的监测预警管理，本质上是要充分利用信息化手段，在形成统一的"底图、底数、底线"的基础上，基于规划监测预警提供决策支持的响应建议，有效提升数据整合、空间规划传导及规划编制与实施互动的水平，进而助力规划编制更智能、实施更精准、管控更科学，并开展跨部门业务协同、国土空间治理、自然资源监管等多方面的智慧应用，推动国土空间规划实施过程中的决策精准化，为政府决策智能化与空间治理能力现代化提供支撑。目前，监测预警管理的主要应用领域包括以下三类：

（1）变化数量分析。基于遥感影像数据具有客观性、多期性的特点，支持土地利用的长期动态监测，借助深度学习等智能算法解译遥感影像土地利用数据，对国土空间进行用地类型的划分和精准识别，对同一区域开展动态变化研究，为国土空间目标指标管控提供决策依据。

（2）变化时空分析。通过对土地利用类型的时空格局变化进行长期监测和历史追踪，明确不同类型用地之间的数量转化和空间分布，分析一定时期内各用地面积的变化趋势，展示不同用地转化的空间分布。

（3）变化模拟预测。与空间规划目标、指标对比，通过地图标识用地边界和违法用地位置，根据预测值对违反规划边界的用地情况做出预警，并通过构建智能预测模型，预测一段时间后的空间格局，以便及时提出辅助决策建议和调整规划实施策略，科学引导规划实施（专栏8-4）。

专栏8-4 "上海2035"总体规划实施监测预警成果与特点

上海市对97项总体规划实施监测指标进行实时监测和分析评价，形成"1份研究总报告（包括年度监测样本）、1张表（监测指标表）、1张图（城市综合运行体征示意图）、1份公众满意度调查报告、若干专项监测报告"，并对全球城市规划实施年度监测与指标对标、全球城市排行、上海市城乡战略发展数据平台（SDD）支撑，以及成果表达形式与创新等开展专题研究，全面反映年度城市运行综合体征，深入、客观地剖析总体规划实施中的问题与成因，提出政策建议，力求评价客观、准确，问题和原因剖析突出重点，对策建议具有针对性，以期对总体规划实施进行及时的反馈预警和动态维护，保障总体规划的全面有效实施。"上海2035"总体规划实施监测预警的特点可以概况为：

(1) 持续跟踪进行国际对标。通过收集和持续跟踪全球六大知名机构所发布的全球城市指数评价,根据城市排行变化,研判上海所处的国际地位和发展水平,认清存在的差距和短板。

(2) 精准监测与复合诊断相结合研判问题和原因。对于一般性指标,根据历史趋势变化的纵向分析以及与国内外其他城市对比的横向分析,可以相对直观地发现在总体规划目标框架下城市发展所存在的主要短板和问题;对于重要指标,还要增加结构性变化和空间布局两个分析维度;对于关键性指标,再增加供地可能性和品质化程度的分析等,力争从多个维度对规划实施情况进行"复合诊断",由表及里找准总体规划实施中存在的问题,并深入分析产生问题的原因,从而提出具有针对性的对策建议。

(3) 专家咨询全程把脉。侧重于选择富有规划实施与管理经验的相关部门专家,建立专家咨询机制,不仅可以发挥各领域专家技术指导和智库决策咨询作用,重大问题充分听取专家和专业机构的意见和建议,而且可以有效加强各专业的互补性,及时把握城市发展的状况,准确研判城市发展重点和方向,得出更加综合的判断(金忠民等,2019)。

8.1.4 规划监测预警展望

在国家全面推进和部署"建立国土空间规划体系并监督实施"的背景下,国土空间规划实施监测预警需重点关注和深化以下三个方面的内容:

(1) 完善监测预警机制,既要加强各级部门和各地人民政府的相互衔接,形成上下联动的协同工作机制,也要通过加强数据汇交机制,建立各部门共享的城市数据库,并及时维护、更新城市数据,推动建立完善的规划实施任务分解机制以及监督考核机制等。

(2) 创新技术方法,开展智慧监测,建立完善、多源、开放的信息平台,采用更多的大数据和遥感影像等技术分析手段,并研究制定相关的技术标准,特别是结合国土空间规划"一张图"和国土空间基础信息平台建设,整合运用遥感、地理信息系统、大数据等技术方法,搭建感知城市体征、监测城市活动的国土空间综合治理平台,为国土空间规划实施的监测预警提供快速、准确的支撑。

(3) 拓展、深化核心内容,针对高质量发展、高品质生活的热点难点问题,如社区生活圈、城市核心功能建设等开展专项监测,针对重点发展地区开展分级监测等。

8.2 国土空间规划实施评估

国土空间规划实施评估需要注重与规划监测预警工作的协同,加强与国土空间规划"一张图"及国土空间基础信息平台的衔接。强化国土空间规划实施特别是突出指标的"监测",深入开展预警分析与评估,并突出判识分析规划实施的趋势性问题和战略性议题,以更好地开展规划的动态维护和修改修编。

8.2.1 规划实施评估的概念

规划实施评估是对规划目标实现情况以及规划期内生态环境保护、经济社会发展、自然资源保护利用情况的系统分析和主要问题识别,是确保规划从静态的蓝图规划向动态的政策规划转变,也是确保规划有效实施的重要环节。评估有助于加强规划实施过程中的管理和督导,提高规划的指导性,强化规划的约束性,也有助于及时发现规划实施过程中所出现的问题,找出产生问题的原因,提出解决问题的方法,及时进行宏观调控。

在统一的国土空间规划体系构建之前,土地利用总体规划评估的核心是对规划实施效果进行评估,侧重于对规划指标的比较分析、全域土地利用结构与布局调整的评价。在城乡规划方面,《城乡规划法》中明确规定省域城镇体系规划、城市总体规划、镇总体规划的组织编制机关,应当组织有关部门和专家定期对规划实施情况进行评估。住房和城乡建设部在2009年出台了《城市总体规划实施评估办法(试行)》,要求开展总体规划实施情况评估,原则上应当每两年进行一次,包括七个方面的评估内容:(1)城市发展方向和空间布局是否与规划一致;(2)规划阶段性目标的落实情况;(3)各项强制性内容的执行情况;(4)规划委员会制度、信息公开制度、公众参与制度等决策机制的建立和运行情况;(5)土地、交通、产业、环保、人口、财政、投资等相关政策对规划实施的影响;(6)依据城市总体规划的要求,制定各项专业规划、近期建设规划及控制性详细规划的情况;(7)相关的建议。

8.2.2 国内外规划实施评估的发展历程

规划与评估两者关系紧密、良性互动,拥有科学的评估是规划成功的必要前提。20世纪60年代,西方城乡规划开始从"蓝图规划"向"公共政策"转变,涵盖对空间政策实施的评估,成为规划实施的重要工作。20世纪70年代,规划领域的学者提出"理性规划"并形成系统性的观点,认为存在科学的规划评估规则,对规划方案提出最优的安排和空间决策安排,且存在对规划实施效果做出准确评价的方法。城乡规划涵盖的专业范畴和空间要素的增加,给规划研究和评价系统带来更多的复杂性和不确定性。20世纪80年代,出现质疑"理性规划"的声音,认为基于绝对理性的规划思想和方案决策判断,虽然可以反映空间规划中人与自然的行为特征,但是无法准确地反映城乡规划的本质特征,从追求"最优方案"转变到追求"相对优化方案"作为规划的决策方向,建立科学的绩效尺度对空间质量进行评估。20世纪80年代后期,"交互规划"评估理论开始兴起,认为规划评估结果的指导性较评估过程的效率性更有意义,强调规划目标和过程的互动关系。经济、社会和环境等不同空间要素的引入,不断地改变着规划评估的内涵,西方的规划评估理论和方法经历了从"理性"向过程动态性和交互性演化的历程(专栏8-5)。

专栏8-5 荷兰空间规划评估

荷兰国土空间规划体系主要分为由国家和省主导编制的结构远景规划这一非法定规划和由市政府编制的有法律效力的土地利用规划。2008年,荷兰政府通过对国家现行规划实施情况的评估,认为规划存在评估制度过于滞后、法律定位不到位等问题,因此颁布了新的《空间规划法》。其中,明确提出空间规划的编制机构和评估机构须相互独立,空间规划和环境部负责编制空间规划,环境评估署专门负责规划的监测评估,环境评估委员会负责评估环境影响,最后由环境评估署做出年度评估报告,并向议会汇报规划年度实施情况,同时提出下一阶段的行动计划。

以荷兰国家层面编制的《基础设施与空间规划愿景》为例,其重点关注提升国土空间竞争力、完善交通基础设施和营造适宜的生活环境三大战略目标。评估体系贯穿规划编制和实施的全过程,主要环节包括编制规划前的基础阶段开展的预评估、战略环境影响评价规划实施过程中的动态监测以及规划实施后的结果评估。其中,预评估和战略环境影响评估为规划方案可行性评估和环境影响评估,实施过程中的动态监测和结果评估主要是动态地掌握空间政策实施的效用和结果,并及时反馈给政府,以做出相应的调整和安排。荷兰规划监测评估体系的核心原则是树立面向社会、经济、空间、环境的可持续发展目标,侧重空间规划政策对区域和城市的综合影响,评估流程注重事前和事中评估,与规划的编制紧密结合(张吉康等,2019)。

我国长期以来条块分割的行政管理体制,造成空间规划种类繁多、体系庞杂,区域之间、部门之间以及政府、市场和社会各主体之间缺乏纵向与横向的统筹协调机制,各类空间规划与政府政策、实施体制机制结合不充分,缺少相应的政策支撑和激励约束机制,造成规划实施传导机制不健全、偏向实施结果评估、监督考核机制不到位、系统性评估技术条件不充分等问题。其中,规划评估工作主要有三个问题亟待完善:(1)主要是针对规划实施效果的评估,较少涉及实施过程评估,缺少规划方案的评估,评估主体较为单一;(2)评估工作往往局限于总体规划类的蓝图规划,缺少对各层级、各专项规划的指标评估,城市发展的评估目标与指标体系可监测性较差;(3)数据支撑平台作用较弱,数据共享水平有待提升。

在2019年国土空间规划体系的建立过程中,国家明确要求建立国土空间规划定期评估制度,而实施评估的目的也应围绕规划目标定位,把是否能够满足人民的美好生活、有利于生态环境的改善、促进文化的传承与发展作为实施评估的准绳,更加注重国土空间治理,依据国土空间规划评估指标,获取相关数据,定期或不定期地系统开展重点城市以及区域尺度的国土空间规划实施综合评估,为国土空间规划编制、动态调整完善、底线管控和政策供给等提供依据。因此,规划实施评估应从优化空间治理方面来寻找切实问题,提出规划建议,主要包括:(1)建立多层级、多部门联动的评估方式;(2)采用年度体检指标+重点项目监测的方式推动年度评估成果的完善;(3)依托信息化数据平台获取数据,通过空间数据来分析与完善规划实施评估。

8.2.3 规划实施评估的主要内容

随着国土空间规划改革的深入,自然资源部也在不断建立健全国土空间规划评估工作。2019年7月,《自然资源部办公厅关于开展国土空间规划"一张图"建设和现状评估工作的通知》印发,同步部署开展了国土空间规划"一张图"建设和国土空间开发保护现状评估工作。2020年10月,自然资源部印发《关于开展现行国审城市国土空间规划城市体检评估工作的通知》,《国土空间规划城市体检评估规程(试行)》和《城区范围确定规范(试行)》也相继出台。2021年7月,自然资源部发布行业标准《国土空间规划城市体检评估规程》(TD/T 1063-2021),国土空间开发保护现状评估正式演变为国土空间规划城市体检评估。相关文件规程要求依托国土空间基础信息平台和国土空间规划"一张图",以国土空间规划城市体检评估指标体系为核心,在安全、创新、协调、绿色、开放、共享等方面,找准问题,提出对策,形成评估报告,并将体检评估结果作为规划编制的前置基础、规划动态调整的判断依据、自然资源执法督察的重要内容,实现国土空间规划的全周期闭环管理。

1) 国土空间开发保护现状评估

国土空间开发保护现状评估是科学编制国土空间规划和有效实施监督的重要前提,基本涵盖了监测、诊断、预警、维护的闭环工作体系。通过实时运行的体检数据收集和监测平台及时反映规划实施情况;考察是否存在偏离城市功能定位、突破发展底线、违背指标目标方向等问题;对年度规划实施情况进行综合总结、趋势判断和问题预警;形成对策建议并反馈以指导下一年实施工作,促进滚动实施。

评估工作以指标体系为核心,通过基础调查、专题研究、实地勘察、社会调查等方法摸清现状,在底线管控、结构效率、生活品质等方面找准问题,提出对策。总体上,现状评估重点关注以下三个方面内容(表8-1):

表8-1 市县国土空间开发保护现状评估——基本指标

编号	指标项		
一、底线管控			
A-01	生态保护红线范围内建设用地面积(km^2)	A-07	河湖水面率(%)
A-02	永久基本农田保护面积(km^2)	A-08	水资源开发利用率(%)
A-03	耕地保有量(km^2)	A-09	自然岸线保有率(%)

续表 8-1

编号	指标项		
A-04	城乡建设用地面积(km²)	A-10	重要江河湖泊水功能区水质达标率(%)
A-05	森林覆盖率(%)	A-11	近岸海域水质优良(一类、二类)比例(%)
A-06	湿地面积(km²)	—	—
二、结构效率			
A-12	人均应急避难场所面积(m²)	A-15	人均农村居民点用地(m²)
A-13	道路网密度(km/km²)	A-16	存量土地供应比例(%)
A-14	人均城镇建设用地(m²)	A-17	每万元GDP地耗(m²)
三、生活品质			
A-18	森林步行15 min覆盖率(%)	A-24	历史文化风貌保护面积(km²)
A-19	公园绿地、广场步行5 min覆盖率(%)	A-25	消防救援5 min可达覆盖率(%)
A-20	社区卫生医疗设施步行15 min覆盖率(%)	A-26	每千名老年人拥有养老床位数(张)
A-21	社区中小学步行15 min覆盖率(%)	A-27	生活垃圾回收利用率(%)
A-22	社区体育设施步行15 min覆盖率(%)	A-28	农村生活垃圾处理率(%)
A-23	城镇人均住房建筑面积(m²)	—	—

（1）体现坚守生态安全、水安全、粮食安全等底线要求，反映地方在生态文明方面的贡献；科学评估规划实施现状与规划约束性目标的关系，做到全面监测、重点评估和特殊预警，防范并化解重大风险挑战；客观反映国土空间保护与开发利用结构、效率和宜居水平，为实施自然资源管理和国土空间用途管制，以及规划动态调整与完善提供参考。

（2）着力发现规划实施中所存在的空间维度"重量轻质"、时间维度"重静轻动"、政策维度"重地轻人"等突出矛盾和问题，以人为本，从规模、结构、质量、效率、时序等多角度充分挖掘存量空间和流量空间的价值，提出针对性解决措施，促进规划更好地编制与实施。

（3）统筹兼顾，构建科学有效、便于操作、符合当地实际的评估指标体系。采用客观真实的数据及可靠的分析方法，确保评估过程科学严谨，评估结论真实可信。同时，落实国家大数据战略要求，在充分利用现状基础数据、规划成果数据等基础上，鼓励采用经济社会与人口流动大数据，提高空间治理问题的动态精准识别能力，着力构建可感知、能学习、善治理、自适应的智慧规划评估体系。

2）国土空间规划城市体检评估

国土空间规划城市体检评估是依据国土空间规划，按照"一年一体检、五年一评估"的方式，对城市发展体征及规划实施效果定期进行的分析和评价，是促进城市高质量发展、保障国土空间规划得到有效实施的重要工具。

规划体检评估主要是围绕战略定位、底线管控、规模结构、空间布局、支撑体系、实施保障六个方面的评估内容，对各项指标现状年与基期年、目标年或未来预期进行比照，分析规划实施率等进展情况。同时结合重点工作实施情况、自然资源保护和开发利用、相关政策执行和实施效果、外部发展环境以及对规划实施的影响等，开展成效、问题、原因及对策分析。年度体检是指聚焦当年度规划实施的关键变量和核心任务，对国土空间总体规划实施情况进行监督监测和评价，并从年度实施计划、规划应对措施、配套政策机制等方面有针对性地提出建议。五年评估是指对照总体规划所确定的总体目标、阶段目标和任务措施等，系统分析城市发展趋势，对国土空间总体规划实施情况进行阶段性综合评估，并结合所面临的新形势和新要求，对未来发展趋势做出判断，对规划的动态维护及下个五年规划实施措施、政策机制等提出建议。

（1）体检评估类型

按照规划管理过程划分。① 规划实施效果评估。重点在于评估规划实施结果与规划目标之间的相互关系，从目标完成、空间落实、利用效率、用途管制、空间治理、实施管理以及规划适应性等方面，评价现行规划所产生的绩效，系统总结主要成效和所存在的突出问题。② 规划实施过程评估。对与国土空间规划内容相关的重大规划、相关的配套政策，以及政策实施效果与影响进行评估，特别是对是否完善下层次规划编制，是否发挥规划的传导作用，是否建立完善的规划动态实施评估、监测预警考核等机制，是否制定相应的规划配套政策及其实施效果等进行评估。

按照规划具体对象划分。① 现状评估。对自然资源保护利用、生态环境、经济社会发展、国土空间格局和现行的各类空间规划等进行评估。② 战略目标评估。对发展定位、发展战略、目标指标等进行评估。③ 城镇建设发展格局评估。对行政区域发展格局（城镇体系发展格局、各类建设用地布局等）、中心城区规划布局、产业园区规划布局、重点区域规划布局等进行评估。④ 耕地与基本农田保护评估。分析耕地与基本农田的数量变化与质量情况，分析耕地与基本农田保护空间布局情况，分析耕地后备资源潜力和基本农田储备能力，评估耕地与基本农田保护、利用、补偿等政策成效。⑤ 空间管控评估。分析评估城镇开发边界、生态保护红线和各类自然保护地管控情况，分析建设用地空间管制、土地用途分区管控和绿线、蓝线、紫线、黄线等空间管控情况。⑥ 要素配置评估。分析产业发展、综合交通、公共设施、住房建设、综合防灾减灾等各类各业的用地需求和供给情况，评估土地等资源配置效率。⑦ 各类空间规划方案合理性评估。

结合资源环境承载能力与国土空间开发适宜性评价结果,分析各类空间规划布局的合理性,为布局的优化和规划的完善提供方向性建议。⑧ 其他专项类评估。对历史文化名城保护、风景名胜区保护等进行评估。

按照规划评估结果划分。① 强制性内容执行情况。总结规划强制性内容的实施情况,并进行合理评价。② 规划实施的主要成效。分析并总结规划在保障经济社会发展、引导城乡建设有序布局、加强自然资源保护利用、严格国土空间用途管制等方面的绩效。③ 判断规划合理性。总结规划实施及应对形势变化中所存在的主要问题,并对影响规划实施的原因进行分析。④ 主要建议。针对规划实施过程中所存在的问题与影响因素,从战略定位、规划目标、国土空间格局、功能分区、耕地与基本农田保护、生态安全建设、三线划定、中心城区功能布局等方面提出建议,指明国土空间规划修编的方向。

(2) 体检评估框架

各地可以参照《国土空间规划城市体检评估规程》要求,结合相关法律法规、标准规范和国土空间规划"一张图"建设的要求,以及常态化体检评估工作聚焦的重点,着重从战略定位、底线管控、规模结构、空间布局、支撑体系及相应的实施保障等方面构建体检评估框架。体检评估框架应稳定延续,每年可结合年度体检或五年评估工作方案的要求进行适当地更新与调整。特别是考虑国土空间规划城市体检评估工作对统一城区范围划定标准的要求较高,自然资源部还出台了《城区范围确定规程》(TD/T 1064—2021),要求在识别城区实体地域的基础上划定城区范围(图 8-2),将其作为国土空间规划城市体检评估工作的基础,更好地服务于国土空间规划的编制与实施。

目前,各地已结合城市发展定位,按照国家和地方事权,突出重点并体现地方特色,构建规划体检评估体系,分级分类开展体检评估。如广州市从目标类、底线类、发展类和其他评估内容四个层面开展体检评估工作。其中,目标类包括核心指标、城市性质和战略目标、城市结构等内容;底线类包括"三线"、自然资源保护与利用、生态修复和国土综合整治;发展类包括产业、交通和公共服务设施等内容;其他评估内容包括规划决策机制评估、规划编制体系评估和重点建设项目评估。又如西安市构建包括"保护系统"和"管理系统"在内的体检评估框架,将模式研究与定量分析相结合,从资源和价值、要素和视野、内容和类型、实施和保障四个方面建立评估体系,实现对西安历史文化名城的精准评估。

(3) 体检评估指标体系

区别于传统城市总体规划或者土地利用总体规划的评估指标体系,要适应国土空间规划重构的新理念、新要求,需按照全域、全要素、全流程的原则,建立健全评估指标体系。基于《国土空间规划城市体检评估规程》(TD/T 1063—2021)所确定的体检评估基本指标和国务院审批城市推荐指标,从安全、创新、协调、绿色、开放和共享 6 个维度,进一步划分为 18 个二级指标和 104 个三级指标。6 个维度的评估内容具体包括:① 安全方

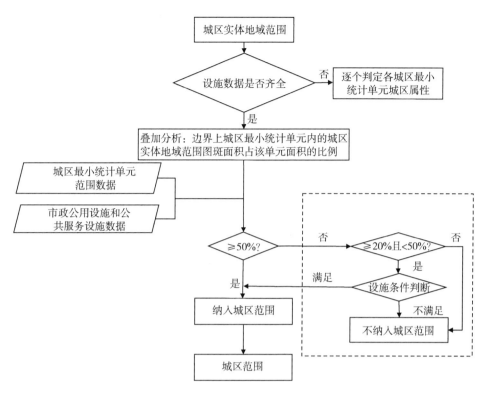

图 8-2　城区范围确定技术流程

面。从底线管控、粮食安全、水安全、防灾减灾与城市韧性等方面监测安全与底线的坚守力度,对指标的实施进展进行分类说明,如符合目标方向、与目标差距较大、需要调整规划目标等类型,符合目标方向可细分为进展较快、完成较好,进展缓慢需重点推进等。② 创新方面。从创新投入产出、创新环境等方面监测指标实施进展。③ 协调方面。从城乡融合、陆海统筹、地上地下统筹等方面监测协调发展实施进展。④ 绿色方面。从生态保护、绿色生产、绿色生活等方面监测绿色发展实施进展。⑤ 开放方面。从网络联通、对外交往和对外贸易等方面监测对外开放的实施进展。⑥ 共享方面。从宜居、宜业、宜养等方面监测设施共享及居民幸福感、获得感的指标实施进展。

基于本地资源禀赋特色与生态环境问题,各地可结合经济社会发展需求,另行增设城市发展中与时空紧密关联、与地方实际紧密结合,体现质量、效率和结构的指标,形成"评估基本指标＋特色监测指标"的体检评估指标体系。如浙江德清作为实践数字赋能绿色发展的试验田,在规划体检评估中融入了生态系统生产总值(GEP)指标、联合国可持续发展目标(SDGs)等来满足生态文明建设要求的评价指标,形成从生态、经济、社会三个方面实践"两山理论"转化评价的"德清样本"。宁夏石嘴山将传统工矿城市转型分析贯穿于体检评估指标监测、问题剖析、对策建议的全过程,并基于产业发展、生态治理、产城融合三个方面探索资源型城市的转型发展策略。浙江义乌围绕"商贸城市的转型升级"这一主题，重点以对外开放、商贸动力、空间品质的转型升级为切入点开展规划体检评估。

（4）体检评估方法体系

为全面监测国土空间利用动态、深入刻画国土空间开发保护特征，在传统体检评估手段的基础上，一方面形成多来源、多尺度、多时相、多规合一，能够全面反映规划实施和城市管理运行现状的数据资源体系，为定量、客观、科学开展体检评估奠定基础。另一方面，采用定量与定性结合、主观评价与客观评价结合、问题与机理并重、全要素交叉分析、纵向历史比较与横向城市比较结合的技术，形成多种技术手段综合运用、多维度多层次分析体检评估方法体系。典型的技术方法包括：① 利用遥感技术及时反映国土空间用途变化情况，作为国土空间利用客观评价和监测的重要数据。② 深化大数据应用，将信息点（POI）、手机信令、人口流动等社会大数据与空间数据进行系统整合，并结合人工智能分析提升精准识别国土空间问题的能力。③ 对涉及生态宜居、多元包容、城市活力等方面的评估内容，开展社会满意度调查，推动社会参与评估，了解人民对美好生活的需要。

例如，深圳市探索利用城市 POI、灯光遥感、交通刷卡等数据，构建模型算法监测生态空间内的人类活动强度，探索人类活动与自然环境之间的互动关系。监测显示，生态空间 POI 密度热点区、灯光指数变化区具有边缘分布效应，且与人口分布密集区有显著的空间相关性；利用 POI 数据计算生态社区的人类活动强度，发现白芒等社区的强度指数排名前列，需要加强管控和引导。

（5）体检评估工作体系

《国土空间规划城市体检评估规程》要求建立"制订方案—搭建框架—收集资料—分析评价—编制报告—汇交成果"的工作流程。当前，各地在规划体检评估工作中，主要以体检评估监测数据为基础，明确各地区、各部门报送数据信息制度，强化行业内外成果共享，建立多源数据实时更新和动态监测机制，完善国土空间基础信息平台。同时，开设公众参与平台，建立信息反馈和业务协同机制。此外，将规划体检评估纳入国土空间规划"一张图"系统和国土空间基础信息平台，及时预警规划实施过程中突破底线、指标执行不力等情况。如北京市在 2017 年就建立了"一年一体检，五年一评估"的常态化机制，确立了"一张表、一张图、一清单、一调查、一平台"的体检工作体系，实现指标体系全面量化观测、各空间圈层发展全面检视、实施任务清单全面梳理、居民满意度全面调查、多源数据全面校核。

（6）体检评估成果应用

国土空间规划体检评估主要包括"总体评估＋专项评估＋分区评估＋政策建议＋公众参与"等方面的成果体系，上级人民政府和自然资源主管部门应有效结合体检评估结论开展实施监督，并与国土空间规划执法督察和城市人民政府年度绩效考核挂钩。省、自治区和各城市根据体检评估结果，对国土空间规划实施工作进行反馈和修正，支撑国土空间规划、近期规划、年度实施计划、国民经济和社会发展规划的编制、调整和优化,为空间政策及城市治理的优化与完善提供参考。体检评估结论应在每年的政府工作报告中体现。

目前,体检评估成果需要结合自然资源管理"两统一"的职责定位,探索与完善以下三个方面的工作机制:① 国土空间规划实施机制。探索以国土空间规划体检评估为手段的规划实施体系,建立体检评估与国土空间用途管制、生态修复,以及自然资源保护开发利用、确权登记工作的衔接机制,并逐步与城市建设、城市管理等工作形成更为完整的现代化城市治理体系,与生态环境保护等工作更为系统地落实生态文明建设要求。② 国土空间规划反馈调整机制。探索以年度体检和五年评估结果为依据,国土空间规划实施监督考核、近期建设规划与年度计划安排、国土空间规划动态调整与完善双向互动的实施路径;探索将年度体检作为国土空间规划行动计划的依据,将五年评估作为对生态保护红线、城镇开发边界、绿线、蓝线的位置进行局部优化的依据。③ 国土空间规划监督考核机制。将实施评估工作和实施成效作为监督考核的重要依据。依托国土空间规划监测评估预警管理系统,定期生成体征监测指标、实时监控约束性指标、自动比对空间管控要素,定期开展体检评估工作,并结合各级各部门自评估、第三方评估和公众满意度评价,形成最终体检评估结果,应用于分级考核问责制度(专栏8-6)。

专栏8-6 成都市国土空间规划体检评估成果应用

成都市坚持以问题为导向,围绕国土空间开发保护所存在的短板和不足,坚持纵横向对比、与规划目标对比和相关规范对比,从能级、资源、结构、效率和品质五个方面识别出所存在的问题,提出对标能级提升、发展转型、对外开放、空间格局调整和城乡融合发展的战略预判,并从五个方面推动提升,以深化成果应用。

(1)与规划编制结合,提升规划编制的科学性。充分响应体检评估所发现的五大发展短板、五大关键阶段,成都市国土空间总体规划从国土空间开发保护格局、控制线划定、自然资源保护等方面提出了系统解决方案。

(2)与城市治理结合,提升行动计划制定的针对性。针对体检评估所发现的问题,成都市制定了问题整治提升行动计划,围绕9个突出问题,梳理了58项主要治理任务。如针对民生公共服务设施短板,深入实施"三年攻坚"行动,增强人民群众的幸福感、获得感。

(3)与年度计划结合,提升资源配置的合理性。在对监测指标进行趋势判断和问题预警的基础上,成都市将体检评估结果与下一年度的实施计划和指标挂钩。如实行"增存挂钩"用地机制,坚持盘活利用指标与新增计划指标相挂钩,推动盘活存量、用好增量,提高用地产出效益和节约集约用地水平。

(4)与绩效考核结合,提升战略目标传导的有效性。将体检评估指标体系纳入信息系统,定期评估规划目标执行情况,及时预警规划实施过程中的底线突破风险和指标执行不力等情况,为领导干部绩效考核、实施相关用途管制政策提供参考。

(5) 与政策调控结合,提升规划的动态适应性。将体检评估与政策调控相结合,促进规划向公共政策转化,由静态蓝图式规划向动态实施式规划转变,促进规划由固化的文本、图纸向公共政策转型,同步制定了《中共成都市委　成都市人民政府关于推进以产出为导向的土地资源配置制度改革的指导意见》《成都市生态保护红线管理办法》等。

8.2.4　规划实施评估展望

在全面推进"建立国土空间规划体系并监督实施"的背景下,北京、上海两个超大城市的总体规划率先获得批复并进入实施阶段,均将建立监测(体检)评估机制作为推进总体规划有效实施的重要手段。北京市通过2年的体检评估工作实践,建立起常态化的制度保障、合理的监测指标体系、完善的基础信息平台、科学的分析评估方法、多元的评估视角和主体、畅通的应用和反馈渠道,以及广泛的社会影响和社会监督,特别是设置了总体规划体检必选专项与可选专项。其中,必选专项主要聚焦总体规划改革创新和重大变化要素,将北京新的总体规划所提出的长期改革创新方向,包括强化底线约束、减量发展转型、功能疏解重组、加强城市治理等,作为每年体检重点关注、持续跟踪的主题。同时,聚焦对城市发展产生重大影响的规划管控要素,深入分析人口与就业、建设用地与建筑规模、两线三区等方面的变化动态。可选专项与年度政府工作重点紧密结合,汇总政府工作报告和相关政策文件,依据其中的重点行动、专项政策、大事件、投资建设取向等,梳理总体规划实施脉络。上海市以围绕"建立监测、评估和动态维护机制,实现总体规划实施全过程、常态化和制度化管理"为目标,深入开展总体规划实施年度监测技术研究,形成一套"可动态跟踪、可持续维护、可国际对标"的工作框架,构建了上海市城乡战略发展数据平台(SDD),积极地探索与实践国土空间规划实施评估机制和技术方法。

与此同时,广州、深圳、成都、西安、青岛、温州、义乌等城市也结合国土空间总体规划编制和城市体检评估工作,开展了总体规划体检评估探索。但是,由于国土空间总体规划尚处于编制阶段,规划实施评估方面的探索相对不足,因此还需要在以下方面不断地探索与创新：

(1) 适应国土空间治理体系和治理能力现代化建设要求,将体检评估对象从城市逐步转向全域,建立健全涵盖总体规划、详细规划、专项规划等各类、各层级的规划实施评估体系,并纳入国土空间治理数字化平台(如智慧城市)建设,深化评估指标实时监测,实现全生命周期的全域国土空间保护和开发利用的动态监测。特别是考虑到国家政策、社会经济、人口变化等不同专项要素的变化,会对空间资源的保护和利用产生重大影响,如生态环境保护、综合交通发展、历史文化名城保护、林地保护等专项类空间规划,可根据需要合理设置评估指标和内容,开展专项规划评估,聚焦规划实施的重大事项、重点领域或重点地区,进一步分析不同专项导向下的空间资源需求变化,实现空间资源的合理调整,增强空间规划适应变化的能力。

(2) 响应国土空间规划实施监督的要求,提升评估成果应用的深度和广度。一方面,将评估成果作为完善相关政策法规、建立规划动态维护和传导机制、健全监督考核的重要依据;另一方面,将评估报告作为政府工作报告的重要参考,将规划评估结果向各级人民代表大会常务委员会报告,并向社会公布,为社会发展、民生改善等各类决策提供建议。

(3) 探索与创新评估方法和数据的持续迭代升级,不断拓展评估指标体系的内涵与维度。如进一步强化山水林田湖草自然资源管控内容,加强线上监测预警和线下监管执法的同步性等,推动规划评估机制在规划编制和运行体系中发挥更大的作用。

8.3 国土空间规划督察问责

国土空间规划一经批复,就具有法律效力,必须严格执行。将规划实施情况纳入自然资源和国土空间规划督察内容,加大对规划实施的督导和考核,强化规划实施监管的权威性,可以保障规划的有效实施。规划督察作为一项重要的制度,实际上也属于行政监督的范畴,本书第9章还将进一步论述。鉴于规划督察制度在动态监测过程中的特殊意义,本节简要介绍规划督察问责的发展历程和主要内容,以及国土空间规划督察展望。

8.3.1 规划督察问责的发展历程

(1) 建设系统的城乡规划督察。2005年,在四川等地派驻城乡规划督察员制度的基础上《建设部关于建立派驻城乡规划督察员制度的指导意见》(建规〔2005〕81号),要求通过上级人民政府向下一级人民政府派出城乡规划督察员,依据国家有关城乡规划的法律法规、规章和相关政策,以及经过批准的规划、国家强制性标准,对城乡规划的编制、审批、实施管理工作进行事前和事中的监督,及时发现、制止和查处违法违规行为,保证城乡规划和有关法律法规的有效实施。随后,部派规划督察员的派驻范围扩大到国务院审批城市总体规划的所有城市,省派规划督察员的工作覆盖范围扩大到所有地级市和国家级历史文化名城,地级以上城市向所辖独立行使规划编制管理权的县城和历史文化名镇派出城乡规划督察员,逐步建立覆盖全国的城乡规划层级监督体系。

(2) 国土系统的土地督察。2004年,国务院要求完善土地执法监察体制,建立国家土地督察制度,设立国家土地总督察,向地方派驻土地督察专员,以监督土地执法行为。2006年,国务院正式批准设立国家土地督察机构,向地方派驻9个国家土地督察局,代表国家土地总督察履行监督检查职责,监督检查职责主要包括:监督检查耕地保护责任目标的落实情况;监督土地执法情况,核查土地利用和管理中的合法性和真实性,监督检查土地管理审批事项和土地管理法定职责履行情况(其中符合土地利用总体规划、取得土地利用计划指标是土地利用合法的首要督察内容);监督检查贯彻中央关于运用土地政策参与宏观调控要求情况;开展土地管理的调查研究,提出加强土地管理的政策建议等。

2018年,在原国家土地督察机构的基础上,拓展成立了国家自然资源督察机构,承担着督察地方人民政府实施国土空间规划情况,重点是落实生态保护红线、永久基本农田、城镇开发边界等重要控制线情况的职责。

无论是城乡规划督察,还是土地督察工作,都走过了十余年的历程,取得了一定的成绩,发挥了一定的作用。同时,由于督察制度是一项新制度,可以借鉴的实践经验不多,在实践过程中也暴露出一些疏漏和缺陷,包括职能与配置不协调、督察权力监督缺位、发现违法机制乏力、主动发现能力不足等问题。例如,土地督察制度主要由派驻地方的九大督察局负责,而城乡规划督察更多的是依赖督察员个体,督察能力和效果都受到影响。同时,从以往土地例行督察的实践来看,驻点、问题发现和整改主要针对被督察的市、县,对省级人民政府主体责任落实的督察不够,也影响了督察的权威性和效能。

8.3.2 规划督察问责的主要内容

国家要求"将国土空间规划执行情况纳入自然资源执法督察内容",自然资源部根据中央授权,对地方人民政府落实党中央、国务院关于自然资源和国土空间规划的重大方针政策、决策部署及法律法规执行情况进行督察。2019年新修订的《土地管理法》在总则中增加的第五条,对土地督察制度做出规定,标志着国家土地督察制度正式成为土地管理的法律制度。修订后的《中华人民共和国土地管理法实施条例》于2021年9月1日起施行,进一步为土地督察权的行使划定边界,将国土空间规划编制和实施情况作为土地督察的核心内容。

按照督察机构的职责,国土空间规划督察工作的关键在于落实地方人民政府的主体责任,从审核地方人民政府研究部署中央关于国土空间规划有关批示要求及党中央、国务院重大决策部署情况,查清政府的政治责任;按照中央决策部署和有关文件要求,核查有关工作实质性的推动,查清政府的直接责任;按照"谁审批、谁监管"的原则,对有关违法违规行为进行调查和处置,查清政府的领导责任;按照"谁组织编制,谁负责实施"的原则,强化规划实施的监管,防止出现"换一届党委和政府改一次规划"的问题。

国土空间规划督察要按照自然资源督察"督任务、督进度、督成效,察认识、察责任、察作风"的总体要求,明确督察方向和重点:(1)落实国家安全战略、区域协调发展战略和主体功能区战略,维护国家生态安全、粮食安全、经济社会安全,确保关于国土空间规划的重大方针政策、决策部署落实到位。(2)坚守法律法规底线,对破坏生态保护红线、永久基本农田红线、城镇开发边界的严肃督察问责,维护良好的管理秩序。(3)以落实最严格的生态环境保护制度、资源节约制度、耕地保护制度和用途管制制度为重点,通过督察推动国土空间规划体系落地实施。(4)以空间规划编制和实施重要环节为着力点,推动构建新时代国土空间开发保护格局。

国土空间规划督察主要是监督地方人民政府主体责任的落实情况,具体督察内容包括(郑伟元,2019):(1)对地方人民政府落实中央有关重大方针政策和决策部署的督察。(2)对三条控制线、国土空间管控、规划主要控制指标及有关法律法规等执行情况的督察。(3)对地方人民政府履职问题及地方有关重大典型问题的督察。(4)对地方人民政府主体责任落实情况的督察并及时反馈自然资源部门有关政策的问题。(5)督促地方做好问题整改并在做好调查研究的基础上提出意见和建议。

8.3.3 国土空间规划督察展望

国土空间规划督察是自然资源督察的新任务,在督察对象、督察内容、督察方法等方面都需要进一步探索实践,特别是在国土空间规划体系建立、规划监督实施体系还不完整的情况下,需要通过规划督察工作,推动从规划编制到实施监督的贯通与协同。

(1)落实国家要求,兼顾地方实际。机构改革后,整合各有关部门的规划职能,在各级自然资源主管部门内设国土空间规划管理机构,明确了日常监管职能,同时也明确了自然资源执法机构规划执法的职能,这有利于强化规划管理中的日常监管与规划执法。这与督察机构的规划督察职能不相冲突,日常监管、执法的对象主要是社会与自然资源系统内部,而督察对象则是地方人民政府,需要进一步以督察推动地方人民政府落实主体责任,特别是要推动落实省级人民政府的主体责任。因为省级人民政府除了组织编制实施省级国土空间规划外,还负责省域范围内市县级国土空间规划的组织领导、审查审批及监督实施。通过以省级人民政府为督察对象,聚焦省级人民政府的主体责任、领导责任和监管责任,厘清责任清单,逐条对照督促责任落实。在此基础上,实行全域督察,对有关问题进行全面抽查,对下层问题突出的地区延伸督察。

(2)统筹发展保护,聚焦督察重点。国土空间规划是全要素、全空间、全过程的规划,国土空间规划督察工作要从宏观层面和长远视角来督促地方人民政府处理好发展与保护的关系,处理好生态保护红线、永久基本农田与城镇开发边界三条控制线的关系,坚持节约优先、保护优先、生态优先,确保国家生态安全、粮食安全、资源安全和经济社会可持续发展。围绕规划实施的重点,对国土空间开发利用效率、国土空间结构和布局、依据规划实施用途管制、进行行政许可、规范国土空间开发保护行为的情况,以及规划实施对资源、生态、人居环境、安全的影响等进行专项督察。同时,当前的督察基本以反向督察为主,更多地在关注规划实施中的对错或者说是失误问题,主要针对违法违规的问题,而在正向促进方面相对不足,对工作质量的提高关注欠佳。此外,督察的内容也还有需要拓展的地方,如现在的督察重点主要集中在土地方面,对于不涉及土地违法的建设行为的违法事项关注不够。

(3)创新技术方式,提升督察质效。继承土地督察和城乡规划督察的经验,借鉴巡视巡察、审计及环保督察的好做法,完善和创新督察工作的方式和手段。探索综合运用卫片、智能摄像头、移动现场核查设备、无人机、第五代移动通信技术(5G技术)、云计算设备和人工智能等高新科技手段和大数据信息,加强对国土空间规划及土地利用重点地区、永久基本农田、自然保护地、海岸线等重要领域的日常预警监测和分析,着力发现区域内普遍性和重大典型问题,增强督察工作的实时性、靶向性,扩大督察影响,不断提升督察质量和效率。

8.4 国土空间规划"一张图"实施监督信息系统

《自然资源部办公厅关于开展国土空间规划"一张图"建设和现状评估工作的通知》(自然资办发〔2019〕38号)及《国土空间规划"一张图"实施监督信息系统技术规范》(GB/T 39972—2021)要求建设从国家级到市县级的国土空间规划"一张图"实施监督信息系统(也称国土空间规划监测评估预警系统),借助信息化系统,开展动态监测评估预警和实施监管,将规划实施监督提升到新的高度,助推形成数字化、网络化、智慧化的空间治理新模式。

8.4.1 "一张图"实施监督信息系统建设目标

空间规划实施监督作为政府了解空间政策工具影响力和实现战略目标的重要机制,是规划顺利实施的重要保障。新时代,高质量发展转型和空间治理能力的提升,需要空间规划在平衡经济社会发展、空间开发需求与资源环境消耗关系方面起到基础作用。从国外规划监督实施工作来看,已较好地结合了定量与定性的分析方法,这其中离不开信息化技术的支撑,如伦敦依托伦敦发展数据库(London Development Database,LDD)开展数据分析并做出综合判断,到2020年,伦敦市启动新的"规划伦敦数据中心"(Planning London Data Hub),全面替代LDD,数据中心从规划申请流程早期就开始收集数据,由地方规划机构和规划许可申请者提供,能够实时了解城市的变化以及规划政策如何影响这些变化(詹美旭等,2020)。

当前,在"数字中国、生态文明、空间治理、美好人居"等国家战略的引领下,为探索面向国土空间规划新型业务及信息化的需求,加强对多源时空大数据的定量分析与应用,基于国土空间基础信息平台,建设国家、省、市、县上下贯通的国土空间规划"一张图"实施监督信息系统,服务于国土空间规划编制、审批、实施、监测、预警、评估全过程。加强国土空间规划数据集成能力,利用传统调查统计数据,深度挖掘自然资源领域的行业数据,构建国土空间规划的数字生态;建立国土空间规划指标库和模型库,支撑开发利用状况的分析、监测预警评估和决策分析;建立业务推理库,逐步实现国土空间规划监管智能化,提升网络驱动能力,实现纵向国土空间规划垂直线上的信息汇交,以及横向与各行业主管部门之间的信息共享与业务协同,支撑国土空间管控,推动实现国土空间治理工作网络化,提升国土空间治理体系和治理能力现代化水平(崔海波等,2020),为建立健全国土空间规划动态监测评估预警和实施监管机制提供信息化支撑。

8.4.2 "一张图"实施监督信息系统架构内容

1) 系统总体框架

针对国土空间规划业务管理需求,基于国土空间基础信息平台建设"一张图"实施监督信息系统,可从平台调用和应用国土空间规划"一张图",开展国土空间规划动态监测评估预警,加强规划实施监管,并为逐步实现可感知、能学习、善治理、自适应的智慧规划提供重要基础。

系统总体框架包括四个层次,两大体系(图8-3)。

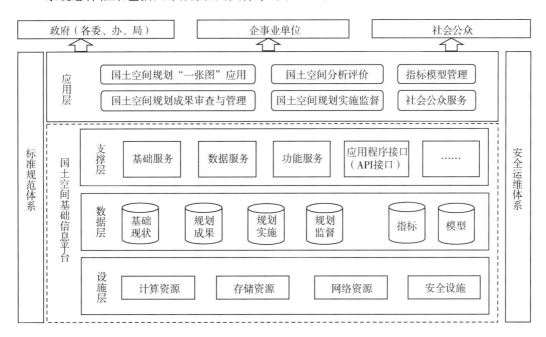

图8-3 国土空间规划"一张图"实施监督信息系统总体框架

(1)设施层:面向国土空间规划业务需求,对计算资源、存储资源、网络资源和安全设施等进行扩展与完善。

(2)数据层:建设包括基础现状数据、规划成果数据、规划实施数据和规划监督数据的国土空间规划数据体系,实现数据的汇交和管理,并建立与国土空间规划体系相适应的指标和模型。

(3)支撑层:以国土空间基础信息平台为支撑,提供基础服务、数据服务、功能服务等,供应用层使用和调用。

(4)应用层:面向国土空间规划的编制、审批、修改和实施监督全过程,提供包括国土空间规划"一张图"应用、国土空间分析评价、国土空间规划成果审查与管理、国土空间规划实施监督、指标模型管理和社会公众服务等功能;与各委、办、局业务系统连接,实现部门间的信息共享和业务协同,为企事业单位和社会公众提供服务。

(5)标准规范体系:按照国土空间规划标准体系,各地可根据实际情况细化和拓展系统建设的相关标准,指导系统建设和运行的全过程管理。

(6)安全运维体系:建立安全管理机制,落实国家相关安全等级保护要求,确保系统运行过程中的物理安全、网络安全、数据安全、应用安全、访问安全。建立运维管理机制,对系统的硬件、网络、数据、应用及服务的运行状况进行综合管理,保证系统稳定运行。

2)与其他相关系统的关系

系统与其他部门业务应用系统可进行信息共享和业务协同,可通过国土空间基础信息平台与其他自然资源业务系统相互衔接,获取项目审批、确权登记和违法处置信息等数据服务,提供合规性审查等功能服务。同时,系统向社会公众、企事业单位、科研院所等提供信息服务并接受社会的监督(图8-4)。

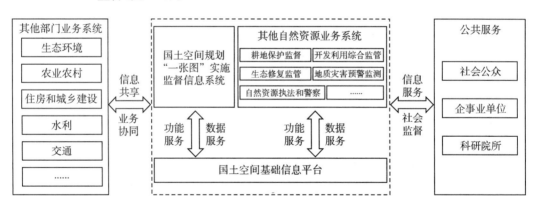

图8-4 系统与基础信息平台以及其他部门业务系统的关系

8.4.3 "一张图"实施监督信息系统主要功能

1)系统功能构成

国土空间规划"一张图"实施监督信息系统服务于辅助规划编制、辅助审查、实施监管、评估全过程,面向政府、自然资源主管部门及相关部门提供应用服务。系统包括国土空间规划"一张图"应用和指标模型管理等基础功能,支撑国土空间规划分析评价、国土空间规划成果审查与管理、国土空间规划实施监督、社会公众服务等业务应用(图8-5)。

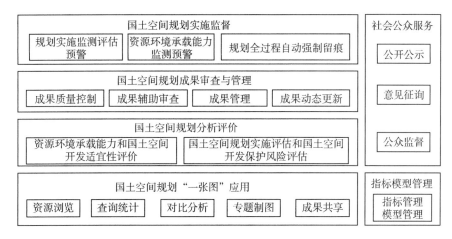

图8-5 国土空间规划"一张图"实施监督信息系统功能构成

(1)国土空间规划"一张图"应用:以数据、指标和模型为基础,国土空间规划"一张图"应用贯穿国土空间规划的编制、审批、实施和监测评估预警各环节(钟镇涛等,2020),为国土空间规划的编制和管理提供资源浏览、查询统计、对比分析、专题制图、成果共享等应用。(2)指标模型管理:为国土空间规划的编制和监测评估预警提供指标管理和模型管理。(3)国土空间规划分析评价:提供资源环境承载能力和国土空间开发适宜性评价、国土空间规划实施评估和国土空间开发保护风险评估等辅助规划编制。(4)国土空间规划成果审查与管理:提供规划成果质量控制、成果辅助审查、成果管理及成果动态更新辅助规划审批。(5)国土空间规划实施监督:提供规划实施监测评估预警、资源环境承载能力监测预警、规划全过程自动强制留痕等功能,支撑国土空间规划的实施监督。(6)社会公众服务:通过多终端、多渠道的公开公示、意见征询和公众监督,促进规划公众参与。

2)系统详细功能

(1)国土空间规划"一张图"应用

面向国土空间规划管理部门,为国土空间规划编制、管理提供以现状数据、国土空间规划数据和相关专项数据为核心的国土空间规划"一张图"及相关应用。核心包括资源浏览、查询统计、对比分析、专题制作、成果共享等功能,服务于国土空间规划管理工作。

① 资源浏览。系统具备地图缩放、测量、定位、数据加载、透明度设置等基本浏览工具;提供数据资源目录,并可根据不同的应用需求进行定制和扩充;提供多源数据的集成浏览与查询,支持文本、表格、图件的关联查看;提供数据名称、数据来源、更新时间等数据基本信息的查询浏览,支持不同数据版本的回溯对比。

② 查询统计。根据属性筛选、空间筛选、图查数、数查图等查询方式获得图数一体的查询结果，对查询结果可按维度进行分类统计并输出统计结果。

③ 对比分析。通过叠加对比、分屏对比等方式，分析不同类别、层级的国土空间规划及关联数据在空间位置、数量关系、内在联系等方面的情况。

④ 专题制作。以专题应用为导向，通过选取现状数据、规划成果数据，在线对不同要素进行渲染编辑，为规划管理部门、编制单位提供快速空间分析与可视化成果表达功能。

⑤ 成果共享。通过国土空间基础信息平台统一管理国土空间规划"一张图"的数据服务和功能服务，为其他相关部门提供规划成果数据共享。

（2）国土空间规划分析评价

以国土空间规划"一张图"为基础，利用相关算法、模型等进行分析评价，开展资源环境承载能力和国土空间开发适宜性评价、国土空间规划实施评估和空间开发保护风险评估等功能应用，支撑国土空间规划的编制。

① 资源环境承载能力和国土空间开发适宜性评价。在充分获取区域资源、生态、环境、灾害和海洋等数据的基础上，利用相关模型支撑，辅助分析自然资源禀赋和生态环境本底情况，辅助分析国土空间进行生态保护的重要程度以及农业生产、城镇建设的适宜程度。

② 国土空间规划实施评估和国土空间开发保护风险评估。以国土空间规划"一张图"为基础，通过利用相关算法和模型，辅助识别国土空间开发保护的主要问题，为国土空间规划实施评估及风险评估提供分析成果。具体包括可建立城镇化发展、人口分布、经济发展、科技进步、气候变化趋势等分析模型，综合研判国土空间开发保护现状与需求；支持开展情景模拟分析，识别生态保护、资源利用、自然灾害、国土安全等方面的短板及可能面临的风险；通过数量、质量、布局、结构、效率等指标分析，评估国土空间开发保护的现状问题和风险挑战。

（3）国土空间规划成果审查与管理

面向国土空间规划成果审查过程，建立国土空间规划成果审查与管理应用，提供规划成果质量控制、成果辅助审查、成果管理和成果动态更新功能，对审查各阶段的规划编制成果进行管理和利用。

① 成果质量控制。基于统一的质检要求及细则，对规划成果资料、数据文件、成果图层等进行完整性检查，对规划成果的组织、格式、命名、内容构成、拓扑一致性、属性结构等进行规范性检查，并自动生成规划成果标准化质量检查报告，从而规范并提升规划成果质量。

② 成果辅助审查。依托国土空间规划"一张图"，基于审查要点对国土空间规划编制成果进行辅助审查，包括对总体规划、详细规划、相关专项规划等进行符合性审查，对国土空间规划约束性指标和刚性管控要求进行审查，并支持审查要点查看、审查结果填写、审查报告生成等。

③ 成果管理。根据国土空间规划编制审查进程动态调整国土空间规

划成果的数据目录,关联管理空间数据、规划文本、附表、图件、说明、专题研究报告等规划成果。将通过审查和批复的总体规划、详细规划、相关专项规划成果纳入国土空间规划"一张图"进行统一管理。

④ 成果动态更新。对国土空间规划实施过程中所产生的国土空间总体规划、详细规划成果进行调整或更新,以数据更新包的形式逐级汇交,实现国家、省、市、县、乡镇国土空间规划成果的同步更新。

(4) 国土空间规划实施监督

① 规划实施监测评估预警

构建针对重要控制线和重点区域的监测评估预警模型,以及规划实施评估和专项评估模型,实现动态监测、及时预警和定期评估的功能,支撑责任部门监督落实主体责任,辅助管理者制定决策。

动态监测。实时采集接入多源数据,对国土空间规划实施过程中的国土空间开发保护建设活动进行动态监测,特别是对各类管控边界、约束性指标开展重点监测。动态监测具体包括系统接入国土空间开发保护建设活动的相关管理数据,开展日常监测;接入遥感监测成果、自然资源调查成果等数据,开展定期监测;接入互联网、物联网等多源大数据,开展动态监测等(图 8-6)。

图 8-6 约束性指标变化趋势监测

及时预警。依据指标预警等级和阈值获取相关数据,对突破或临近生态保护红线、永久基本农田、城镇开发边界等重要控制线的情况及时预警,对突破或临近国土空间规划约束性指标和刚性管控要求的情况及时预警,对其他自然资源过度开发和国土空间粗放利用的情况及时预警,并可通过多种途径进行预警信息告知(图 8-7)。

图 8-7 监测指标预警

定期评估。按照"一年一体检、五年一评估"的要求,对市县国土空间开发保护现状和规划实施情况进行体检评估,特别是对底线管控、结构效率、生活品质等基本指标的分析评估,辅助生成评估报告,为国土空间规划编制、动态调整完善、底线管控和政策供给等提供依据(图 8-8)。

图 8-8 定期评估

② 资源环境承载能力监测预警

整合集成或接入有关部门资源环境承载能力监测数据,实现信息的动态跟踪,提供对资源环境承载能力的综合监管、动态评估和决策支持功能,及时对突破资源承载力底线的区域做出行动响应,推动资源环境承载能力监测预警规范化、常态化、制度化。

综合监管。建立监管模型,利用自然资源调查、相关部门监测数据及评价结果,对资源环境承载能力预警等级进行划分并管控,展现监管指标变化趋势和空间分布态势,实现资源环境承载能力的综合监管。

动态评估。建立评估模型,针对不同区域资源环境承载能力的状况,动态获取相关部门全域或特定区域监测数据,加强对重点区域的动态评估,展现评估指标的变化趋势和空间分布态势,辅助生成评估报告,提高监测预警效率。

决策支持。对超载或临界超载地区超载因子进行解析,对各类管控措施的执行情况及效果进行综合评价并生成综合评价报告,辅助奖惩措施的调整。

③ 规划全过程自动强制留痕

形成国土空间规划编制、审批、修改和实施监督全过程日志记录,按照全过程留痕制度要求,系统应具备对规划内容修改,规划许可变更或撤销,公开征求意见情况,提出、论证、审查过程及参与人员意见等的自动强制记录归档功能,确保规划管理全过程可回溯、可查询。

(5) 指标模型管理

服务于系统运行维护工作,建设国土空间规划指标模型管理相关应用,实现指标管理和模型管理等功能,从而实现在国土空间规划监测评估预警过程中指标和模型的可视化管理和配置,满足业务调整需求。

① 指标管理。按照分级分类方法,提供可定制、可配置的指标管理。其中,在指标管理上,对指标计算公式、适用空间范围、指标属性、数据来源等元数据信息以及时间、空间等指标维度进行统一管理。在指标体系管理上,对指标体系、指标项、指标阈值、元数据等信息进行管理,便于指标的调整与扩展。在指标值管理上,对指标历史数据实现追踪和查询。

② 模型管理。模型管理的核心是通过算法注册、数据源管理及配套可视化工具进行模型构建,为国土空间规划的编制、实施、监测评估预警等提供规则模型、评价模型、评估模型的计算支撑,并实现模型的统一管理和应用。

(6) 社会公众服务

充分利用各种公开途径,提供面向公众的国土空间规划服务。系统具体提供有关国土空间规划公开公示信息的浏览和检索,构建基于地图的规划公示应用,实现公示信息的定期或实时更新;提供意见征询表格定制和公众意见整理与分析功能;提供社会公众留言、违规举报功能,接受群众监督等功能。

9 国土空间规划实施的监督检查和法律责任

国土空间规划的监督检查贯穿规划编制和实施的全过程,既是规划实施管理工作的重要组成部分,也是保障规划科学性与严肃性的重要手段。建立健全监督检查制度,强化行政监督、立法监督、司法监督、社会监督,从而更好地发挥规划的引导和调控作用。

在国土空间规划的编制和实施过程中,行政主体和行政相对人如果出现违法行为,必须依法承担相应的法律责任。法律责任包括民事责任、行政责任和刑事责任三种形式。行政责任是国土空间规划实施管理中最主要的法律责任形式,是指行政法律关系主体因违反行政法律规范规定而引起的,依法必须承担的法律责任。明确法律责任,既有利于促使行政主体依法行政,也有利于规范行政相对人的相关活动。

9.1 监督检查的主要形式

一般认为,监督检查主要是政府及其主管部门的职责。例如,《城乡规划法》第五十一条规定:"县级以上人民政府及其城乡规划主管部门应当加强对城乡规划编制、审批、实施、修改的监督检查。"监督检查是规划编制审批和实施管理全过程中的一项重要的政府职责,县级以上人民政府应当切实履行法律赋予的职责,加强监督检查,及时查处违法或者不当行为。对规划工作领导或监管不力造成重大损失的,要追究主要领导和有关责任人的责任。除了行政监督之外,立法监督、司法监督、社会监督也是国土空间规划监督检查的重要形式,在不同的领域和环节发挥着特殊作用。

9.1.1 行政监督

国土空间规划实施的行政监督是指地方人民政府或自然资源主管部门,根据国土空间规划的相关法律法规,依法定职权对国土空间规划的实施管理情况和相关建设活动进行检查与督导的行政行为。行政监督的主体一般为县级以上人民政府及其自然资源主管部门。例如,2021年通过的《中华人民共和国土地管理法实施条例》中规定,国家自然资源督察机构根据授权对省、自治区、直辖市人民政府以及国务院确定的城市人民政府的国土空间规划编制和实施情况进行督察。

行政监督的对象一般可分为两类：一是县级以上人民政府及其自然资源主管部门对下级人民政府及其自然资源主管部门执行国土空间规划编制、审批、实施、修改情况的监督检查，即通常所说的政府层级监督检查。例如，在国土空间规划体系的建立过程中，有关部门存在重视不够、敷衍塞责、拖延扯皮的情况，导致规划实施过程中出现重大典型问题和苗头性、倾向性问题，因此需要对此类问题进行监督检查，特别是对突破三条控制线、破坏生态环境以及历史文化遗产等重大问题进行监督检查。对履职不力、监管不严、失职渎职的，依纪依法追责问责。二是县级以上人民政府及其自然资源主管部门对国土空间规划实施情况进行的监督检查，也就是对行政相对人的监督检查。例如，建设单位违反规划许可中所确定的规定条件进行加层、超面积等违法建设行为（龚晓浩，2015）。

1) 行政监督的作用

行政监督是一种产生法律影响的行政行为，是保证国土空间规划实施的重要手段，在维护公共利益和保障国土空间规划的法律秩序上具有重要的作用（专栏9-1）。首先，通过行政监督可以提高国土空间规划的法治水平。行政监督不仅是查处国土空间规划管理和建设活动违法行为的手段，而且是检验国土空间规划编制、制度建设的有效方式。在监督检查的过程中不断完善国土空间规划的制度体系，健全相关法律法规，从而提升规划的法治水平。其次，行政监督能够保证国家行政管理中"依法行政"和"合理行政"原则的全面贯彻。通过行政监督最大限度地确保国土空间规划的合法性与合理性，及时对违法或违规的行为进行纠正，这是现代行政管理实现科学化、法制化和民主化的有力保障。最后，行政监督还能平衡权力结构与监督制度的关系。行政监督的对象以国土空间规划所涉及的行政机关为主，包括各地人民政府、自然资源主管部门及有关部门等，体现多元政治主体对行政机关权力的监督与控制（屈守华等，2010）。

专栏9-1 山西"5·18"特别重大透水事故

2006年5月18日，山西省大同市左云县张家场乡新井煤矿发生特别重大透水事故，造成56人死亡。事故发生后，出事煤矿矿主凭借其各种特殊的关系，对外界瞒报实际矿难工人人数，并联系有关行政人员组织转移矿难工人家属，销毁、藏匿各种图纸等资料，给事故调查设置了重重障碍，大大增加了事故调查的难度。

在这起事件中，除了新井煤矿自身违法在采空区附近组织生产、冒险作业外，相关行政主管部门在其中监督不力、管理不严等也是造成事故的主要原因之一，具体分析如下：(1)张家场乡人民政府：主要负责人玩忽职守，对新井煤矿停产后的复产验收流于形式，对其长期存在的问题听之任之，甚至提供"保护"。(2)大同市、左云县、张家场乡国土资源部门：对新井煤矿长期超层越界开采问题查处不力。(3)县、乡煤炭工业管理部门：不认真履行职责，对新井煤矿长期超能力超定员生产、超层越界开采、安全管理混乱等严重安全隐患监管不力,甚至有的工作人员玩忽职守,收受贿赂。(4)山西省煤矿安全监察局大同分局:对新井煤矿隐患监察不到位,对新井煤矿申办安全生产许可证的材料虚假问题失察。(5)左云县公安机关:违规审批火工品等。通过此次事件可以发现,行政监督对于国土空间规划实施管理具有十分重大的意义,行政监督不严可能会引发严重的后果。

2) 行政监督的内容

县级以上人民政府及其自然资源主管部门应当对国土空间规划的编制与实施进行监督检查,监督的具体内容包括对规划编制审批组织情况、国土空间利用情况、规划许可核发情况、用地性质变更情况、土地利用执行情况等的监督,以及对建设活动全过程的监督检查和违法用地、违法建设的查处等多个方面。

3) 行政监督的方式

行政监督的方式是指行政机关为了达到行政监督的目的而采取的手段和措施,监督方式的选择对于顺利实现行政监督具有重要的作用,具体包括以下几种方式(罗玉中等,1989;陈奇星等,2008):

(1) 检查。检查是行政监督所经常采用的一种方法,根据国土空间规划中规划内容侧重点的不同,检查的内容也不尽相同。例如,海洋行政主管部门依法对无居民海岛的保护情况进行监督检查,草原行政主管部门通过设立草原监督管理机构对草原法律法规执行情况进行监督检查,等等。实行检查的形式也多种多样,包括一般检查、特别检查、专题性检查、临时检查、定期检查。例如,2017—2018年,国家海洋督察组相继前往浙江、上海、山东、广东等地开展了围填海专项检查。检查是及时发现问题和处理问题、消除隐患的重要方式,行政机关应当用好这项方式,依法对监督对象进行监督。

(2) 报告。报告即下级行政机关定期或不定期地向上级行政机关呈送工作报告,工作报告一般包括工作简报、年度报告、专题报告等。例如,自然资源主管部门向上级部门定期报告区域内国土空间规划的实施情况,出具规划实施评估报告等。

(3) 考核。根据《中共中央 国务院关于建立国土空间规划体系并监督实施的若干意见》的安排,到2025年,我国要全面实施国土空间绩效考核机制。通过考核,有利于加强地方各级人民政府及相关主管部门对于国土空间规划的重视程度。考核的形式包括政绩考核、目标考核等。例如,《中华人民共和国水土保持法》规定:"国家在水土流失重点预防区和重点治理区,实行地方各级人民政府水土保持目标责任制和考核奖惩制度。"

(4) 清查和建立档案。清查和建立档案也是行政监督所经常使用的方法。例如,林业主管部门通过对森林资源的清查,建立森林资源档案,对森林资源的保护、利用和更新实行监督;矿产管理部门通过对矿产资源的清查,建立矿产资源档案,对矿产资源的开发、利用实行监督;各级国家文化行政主管部门通过对各级文物保护单位的清查,建立记录档案,对文物保护工作进行监督;等等。

(5) 统计。统计是行政主体通过统计数据了解相对方情况的一种监督方法,通过对统计资料的分析掌握情况、发现问题,以便及时采取补救措施。例如,在《中华人民共和国草原法》(以下简称《草原法》)中规定:"国家建立草原统计制度……依法对草原的面积、等级、产草量等进行统计。"

(6) 批评、处分。行政机关对监督对象的轻微违法行为,通常采用口头批评、批示或文件形式的书面批评等方法,责令其改正。对于情节较重但尚不够刑事处罚的,则通过行政处分的方式予以监督。例如,对未经允许擅自改变草原利用规划的,县级以上人民政府要对直接负责的主管人员和其他直接责任人员依法给予行政处分。

(7) 专项整治和违法建设查处。专项整治是行政机关对社会问题进行的行政检查、执法处罚行动。例如,住房和城乡建设部、监察部曾专门联合下发了《关于对房地产开发中违规变更规划、调整容积率问题开展专项治理的通知》,重点对各级人民政府及其部门违规变更规划、调整容积率等违法违纪行为进行监督查处(龚晓浩,2015)。

9.1.2 立法监督

立法监督是指国家立法机关对行政机关的监督。人民代表大会是国家权力机关和立法机关,是人民群众当家做主的集中体现。具体而言,立法监督就是各级人民代表大会及其常务委员会,依据《宪法》和《中华人民共和国立法法》(以下简称《立法法》)对行政机关及其工作人员的行政管理活动实施的监督。立法监督的主体是地方人民代表大会及其常务委员会,对象是地方人民政府及其工作部门。立法监督可以通过地方人民政府向本级人民代表大会及其常务委员会报告国土空间规划的制定和实施情况的形式,也可以由人民代表大会及其常务委员会根据需要组织针对国土空间规划领域的专项检查,从而实现监督目的。例如,全国人民代表大会常务委员会和地方人民代表大会常务委员会曾多次组织《草原法》及地方性草原法规实施情况的监督检查,包括对草原执法主体及其工作人员履行草原监督管理职责情况的监督检查。

立法监督的权力来源于《宪法》和《立法法》。2018年修订的《宪法》第一百零四条规定,县级以上的地方各级人民代表大会常务委员会可撤销本级人民政府的不适当的决定和命令;2015年修订的《立法法》第九十七条第五款明确,地方人民代表大会常务委员会有权撤销本级人民政府制定的不适当的规章。立法监督具有权威性的特点,也有事后监督、不具体纠正违法行为的特征。在国土空间规划立法监督中,地方人民代表大会常务委员会有权撤销或改变本级人民政府制定的与宪法、法律相冲突的行政规章、决定和命令。依据相关法律,人民代表大会可以在其内部设立专门委员会来对国土空间规划委员会的工作进行监督(何明俊,2016)。

1) 立法监督的作用

立法监督是人民代表大会的重要工作职能之一,也是中国特色社会主义法治监督的重要组成部分。立法监督的作用体现在三个方面:(1)保证其他国家机关能够严格依法行政,依法履行义务,防止和纠正权力滥用行为,维护广大人民群众的利益,有效保障人民的权利。(2)通过立法监督,发现问题并及时整改。(3)促进地方人民政府和自然资源主管部门更好地依法行政,维护公共利益,实现公平正义。例如,海南省人民代表大会常务委员会在海南城乡规划实施情况专题调研中发现,村庄规划的监管工作基本上处于空白状态,并据此向主管部门提出了整改要求。

2) 立法监督的内容

立法监督的核心内容是各种规范性法律文件的效力情况和国土空间规划的实施情况(隋卫东等,2009),包括国土空间规划的编制、规划许可、执法情况等方面。例如,《城乡规划法》第五十二条规定:"地方各级人民政府应当向本级人民代表大会常务委员会或者乡、镇人民代表大会报告城乡规划的实施情况,并接受监督。"《土地管理法》第二十四条规定:"省、自治区、直辖市人民政府应当将土地利用年度计划的执行情况列为国民经济和社会发展计划执行情况的内容,向同级人民代表大会报告。"据此,地方人民政府应当主动向本级人民代表大会及其常务委员会报告国土空间规划的实施情况,并接受监督。

3) 立法监督的方式

人民代表大会及其常务委员会对政府工作实施的监督,是宪法和法律赋予国家权力机关的重要职权。在我国的国土空间规划工作中,立法监督主要有以下几种方式:

(1)根据《宪法》和《立法法》的有关规定,可以改变或撤销政府制定的同宪法、法律相抵触的行政法规、规定和命令。(2)听取、审议和质询政府工作报告及国土空间规划实施情况报告,如地方各级人民政府向人民代表大会及其常务委员会报告国土空间规划的实施情况。(3)审查和批准政府的国土空间规划财政预决算以及它们的执行情况报告,如对环境保护计划、经费预算及其执行情况进行审查。(4)视察和检查政府工作,调查规划问题。人民代表大会常务委员会可以结合规划编制方案以及国土空间规划法律法规的要求,对地方国土空间规划工作进行视察,并就发现的问题向政府机关及其主要领导人提出质疑和询问。(5)受理社会公众对国土空间规划以及对国土空间规划相关行政机关及其工作人员的申诉、控告、检举和意见,并对反馈情况进行深入调查(边经卫,2015)。

9.1.3 司法监督

司法监督是指以司法机关为实施监督行为的主体,对司法机关以外的国家机关及其工作人员的执法情况予以监督。例如,《土地管理法》规定,在征收土地时应当给予公平、合理的补偿。在土地征用的过程中,当征用人对被征用人的权益造成损害时,被征用人可以提起行政诉讼。人民法院根据实际情况依法做出裁判,间接地监督征用土地的行为。

1) 司法监督的作用

国土空间规划司法监督的作用集中体现在保障监督的权威性、严肃性和救济性三个方面:(1)体现法律的权威性。司法监督的后果具有强制执行的效力,如果不接受司法裁判要承担法律责任。(2)反映程序的严肃性。不管是审判监督还是检察监督都有法定的程序性规则,必须依法启动、依法实行,这些规定较其他监督方式更加明确和细致。(3)保证法治实施的救济性。司法监督通过对破坏法治实施活动的惩治,来保护权利主体的正当利益,是对侵权行为的一种救济,也是广大人民群众维护自身合法权益的最后一道屏障。

2) 司法监督的内容

司法监督的内容既包括行政机关的责任和义务,又包括它所从事的各项活动,具体而言,可分为以下几个方面(罗玉中等,1989;傅国云,2014):

(1) 对行政机关的法定责任和义务进行监督。在国土空间规划的相关法律法规中,对不同行政主体在规划中的义务和责任进行了规定,司法机关要对行政机关是否存在行政不作为、行政越权等行为进行监督检查。

(2) 对行政机关行使行政处分权的监督。行政机关在行政管理活动中有权对各种行政事务做出处理决定,对违反行政法规的相对人有权予以行政处罚。例如,对未取得采矿许可证即擅自采矿的单位和个人,县级以上人民政府负责地质矿产管理工作的部门可以责令其停止开采、赔偿损失。司法机关应当按照法律的规定,对行政机关行使行政处分权的活动进行监督,促使其正确行使权力,避免损害相对人的合法权益。

(3) 监督行政机关参与的各项民事活动。根据《中华人民共和国民事诉讼法》的规定,行政机关同样可以作为民事法律关系的主体参与民事活动,例如,自然资源主管部门与规划编制单位签订合同,委托该单位编制国土空间详细规划。在民事活动中,行政机关与其他的民事法律关系主体一样,平等地享有权利,并履行义务。司法机关也要对行政机关参与的各种民事活动进行严格的监督。

(4) 查处行政机关及其工作人员的违法犯罪活动。行政机关及其工作人员的违法犯罪活动,严重破坏了社会主义法制,侵犯了公民的民主权利和其他各项合法权利,因而必然受到司法机关的追究。例如,某市海洋与渔业局公务人员利用在海上安全检查、审核的职务便利,多次非法收受他人财物,为他人谋取利益,最终被检察机关以受贿罪提起公诉。

(5) 监督纠正违法的非立法性行政规范性文件。非立法性行政规范性文件是行政机关在行政管理的过程中,依照法定权限、程序制定并公开发布的,具有普遍约束力的行为规范。规范性文件在国土空间规划实施管理中发挥着至关重要的作用,如果规范性文件违反上位法,司法机关可以督促行政主管部门修改或废止,行政机关未按照要求改正的,司法机关还可提请人民代表大会及其常务委员会撤销相关文件。

3) 司法监督的方式

司法监督是国家行政法制监督的一个重要方面,主要包括以下几种方式:

(1) 司法审查。司法审查是指司法机关通过司法程序对行政机关的行政行为是否违反法律法规的规定进行核实。例如,在国土空间详细规划的司法监督过程中,法定职权和规划编制的程序是司法审查的重点。在法定职权上,重点监督审查国土空间详细规划的编制组织单位、审批主体是否符合国土空间规划相关法律法规的要求。在制定程序上,重点监督审查规划编制前是否公开了规划编制标准,在形成规划草案的过程中是否依法进行了公示,是否征询了专家和公众意见,以及在地方人民政府批准后,国土空间详细规划是否进行了公布(何明俊,2020a),等等。

(2) 检察建议。司法机关可通过检察建议的方式,督促行政主管部门依法履行应尽的义务。例如,人民检察院针对区域内的水污染问题,向水行政主管部门提出检察建议,要求加强监管和治理。

(3) 行政公诉。行政公诉是指为了维护公共利益和保护行政相对人的合法权益,由司法机关对行政机关侵犯公共利益的违法行为提起诉讼的制度。当国土空间规划相关的行政主管部门在规划中出现了行政违法行为时,如自然资源主管部门在海洋生态保护区内颁发海域使用权证书,造成海洋生态环境受到严重污染,人民检察院可以对该行政机关提起公诉(专栏9-2)。

专栏 9-2　环境卫生管理局违法建设垃圾场事件

2013 年 8 月,某区环境卫生管理局与某村村民委员会就利用自然沟谷倾倒垃圾相关事宜签订了土地有偿使用协议。同年 10 月,该局在没有建设审批文件、环境影响评价报告等相关材料的情况下,对垃圾填埋场进行了启用。2016 年,区检察院在走访调查中发现了该垃圾填埋场,并向被告发出检察建议,要求被告立即停止使用垃圾填埋场,对涉案垃圾填埋场进行无害化处理,修复生态环境。

根据检察院的调查显示,该区环境卫生管理局目前已将占地 16.8 亩(1 亩≈666.7 m²)的沟谷填满。该垃圾填埋场距黄河的最短平面直线距离为 948.4 m,距离周边最近的耕地仅约 23.4 m,距离周边最近的林地约 108.1 m。填埋场的建设未按照相关技术规范和法律法规的要求进行,属于违法建设;场内垃圾随意堆放,恶臭明显,存在大气污染、水污染和土壤污染隐患,所产生的甲烷(CH_4)气体存在富集燃烧、爆炸的安全隐患。填埋场北侧约 11 250 m² 的填埋区域还位于城市集中式饮用水源保护区陆域范围内。

该区环境卫生管理局在接到检察建议后,尽管对涉案垃圾填埋场进行了封场、停止使用,对垃圾进行了药物消杀、压实、黄土覆盖,但是没有履行监督和管理职责,没有对该垃圾填埋场进行无害化处理,没有修复区域生态环境。其后,检察院将该环境卫生管理局诉上法庭。

> 环境卫生管理局作为环境卫生行政主管部门,对于垃圾有清扫、收集、运输和处置的监督管理职责,但该局却在未取得相关审批手续的情况下,设立、处置垃圾填埋场,对垃圾的处理也没有按照规范的要求,属于没有正确履行职责。因此,检察院依据法律法规的规定实施了监督,督促其严格履行职责(王灿发等,2019b)。

9.1.4 社会监督

社会监督是社会公众采用建议、批评、检举等方式,对国土空间规划的合法性与合理性进行监督,是国土空间规划监督的重要形式。社会监督能够充分激发公众的主体意识和参政热情,赋予公众知情权、参与权和监督规划的权利,同时制约政府在规划过程中的权力行使,维护公共利益。在我国,社会监督主要包括公民监督、社会团体监督和媒体监督。

公民监督是指公民通过揭发、申诉等方式对国家机关及其工作人员的权力行使有无违法犯罪行为进行监督。例如,在规划修改时,组织编制机关未按规定举办听证会听取利害关系人的意见,公民即可向有关部门进行举报。社会团体监督是有关社会组织和利益集团对国家机关及其工作人员有无违法犯罪行为的监督。例如,贵阳市乌当区定扒造纸厂违规排放造成环境污染,中华环保联合会和贵阳公众环境教育中心以原告身份将其告上法庭(环境保护部环境监察局,2012)。媒体监督是指通过报纸、广播、网络、电视等大众传媒,对违法犯罪行为进行揭露、报道或评论的监督方式。媒体监督具有广泛性和开放性的特点,随着网络技术的快速发展,媒体监督在国土空间规划中发挥着越来越大的作用(专栏9-3)。

> **专栏9-3 河北省辛集市等地矿棉小作坊污染系列报道**
>
> 2014年9月,《河北法制报》接到群众举报,在河北省辛集市等地有大量非法矿棉小作坊在私自生产,污染严重,周围群众苦不堪言。河北的污染形势一直十分严峻,当时又值北京亚太经济合作组织(APEC)会议前夕,于是,报社在接到举报后便派记者前往调查与采访。
>
> 在采访过程中,记者面临了调查难、取证难等一系列问题,在克服重重困难之后,推出了第一篇报道《土法生产矿棉 群众饱受其害——探访辛集、深泽矿棉生产小作坊》。报道发表一段时间后,当地情况没有多大改观,有关政府和环保职能部门也没有展开治理行动。于是,记者再到两地采访,"通宵夜查",获取小作坊生产的证据,并发出了第二篇报道《污染继续 群众无语——再访辛集、深泽矿棉生产小作坊》。在第二篇报道发表之后,当地有关政府部门有些动作,但仍没有认真、坚决查处,而小作坊的生产也仍在继续。于是,记者第三次赴当地访查,主要通过"暗访"的方式对小作坊的生产情况再取证,并撰写了第三篇报道《生产仍未止 污染还继续——三访辛集、深泽矿棉小作坊》,还配以评论《当地政府部门哪去了》。最终,连续三篇报道,催发了当地对非法矿棉的整治行动。在北京APEC会议前夕,矿棉小作坊全部得以铲除(张树永,2015)。

1) 社会监督的作用

在国土空间规划制定和实施中,通过规划公示、论证会、听证会等形式征求公众意见,充分发挥社会监督的作用(张衔春等,2014):(1) 提高国土空间规划的透明度,防止行政权力的滥用。通过社会监督,能在一定程度上规范国土空间规划相关行政主体的行政行为,促使其依法行政。(2) 充分满足社会公众参政议政的愿望。社会监督为社会公众维护自身利益、参与监督行政权力的行使提供了良好的平台,对公众权益的保护起到了重要的作用。通过社会监督,有助于公众了解权力机关以及行政机关权力运行的情况,从而及时决定是否对自身权利采取相关保护措施,寻求相应的司法救济(王国恩,2009)。(3) 提高公众对于规划的接受和认可度。社会监督加强了地方人民政府、自然资源主管部门与社会公众之间的联系,促进了社会对国土空间规划工作的理解与包容,提高了公众对国土空间规划的接受程度,从而有利于推动规划的实施。

2) 社会监督的内容

在2019年修订的《政府信息公开条例》中明确提出,对涉及公众利益调整、需要公众广泛知晓或者需要公众参与决策的政府信息,行政机关应当主动公开。行政机关应主动公开国民经济和社会发展规划、专项规划、区域规划及相关政策。国土空间规划社会监督的基础是行政公开,没有行政的公开,公众就无法参与到社会监督中去。国土空间规划的行政公开主体是地方人民政府和自然资源主管部门,公开的对象是社会公众,公开的渠道包括政府网站、报刊、电视、新媒体等。但是,国土空间规划公开的信息中不得涉及危害国家安全、公共安全、经济安全和社会稳定的内容,也不得公开涉及国家秘密、个人隐私等信息。可公开供社会监督的国土空间规划内容包括事前、事中和事后三个部分。

(1) 事前公开国土空间规划的职权依据。事前公开职权依据是向社会和行政相对方公开行使行政权力的法律依据和相关规范,它有利于社会和行政相对方了解国土空间规划行政权力的运行方向。国土空间规划体系所涉及的行政主体范围较广,因而要明确不同的行政主体在其中的职责。如自然资源主管部门,作为国土空间规划最主要的行政主体,要组织编制相关的国土空间规划、进行规划报批、开展规划实施评估等;生态环境、交通运输、文化旅游等相关行政主管部门,则应依据法律规定,会同自然资源主管部门组织编制国土空间专项规划等相关工作。在国土空间规划实施管理中,各有关行政部门还存在管理事权脱节、越位缺位现象突出以及实施事权混乱等问题,有待在制度建设中予以改进。

(2) 事中公开国土空间规划的行政过程。这是指事中公开国土空间规划行政规定或者决定的形成过程,其中不包括形成国土空间规划或做出行政许可的内部程序。事中公开可以更好地让公众监督自然资源主管部门依法行政的情况,以维护社会公众的合法权益。例如,在对规划进行报批前,组织编制机关按规定将规划草案予以公示;在对建设工程核发规划许可之前,自然资源主管部门要对建设工程许可进行提前公示;等等。

(3) 事后公开国土空间规划的行政规定与决定。事后公开是指向社会和行政相对方公开依法做出的行政规定和行政决定,它有利于维护社会的正常秩序和公共利益(何明俊,2016)。例如,对违反相关法律法规做出规划许可的政府工作人员进行行政处分,相关信息在网站、公示栏上予以公示。

3) 社会监督的方式

社会监督包括对国土空间规划提出建议和参加空间规划听证会等方式。社会公众可以就国土空间规划的编制、修改、实施、监督检查中所发现的问题,向地方人民政府和自然资源主管部门提出建议或意见。如果所发现的问题涉及违法行为,还可以向有关部门进行举报或控告。公众可以积极参与自然资源主管部门组织召开的国土空间规划听证会,直接向自然资源主管部门和国土空间规划编制单位提出建议,利害相对人还可以主动提出听证的诉求。当前,国土空间规划的听证制度还有待完善,参加听证会的"利害关系人"的界定还较为含糊,听证会的组织方式还没有明确的规定,应当听证的情形尚不够清晰。

今后,还应当不断完善社会监督在国土空间规划中的重要作用,以社会监督为规划监督的辅助,加强对社会公众和媒体有效参与的问责机制,完善公民问责的程序(专栏 9-4)。

专栏 9-4　厦门 PX 项目事件

2001 年初,腾龙芳烃(厦门)有限公司向厦门提出在海沧建设 80 万 t 对二甲苯化工项目(PX 项目)。该项目提出以后,于次年 12 月被列入全国总体规划布局,其后,通过了国家环境保护总局环境评价报告审查并获国家发展和改革委员会批准。2006 年 11 月,该项目正式开工。

项目自立项以来,就遭到了多方的质疑。2007 年 5 月 28 日,《厦门晚报》刊登了《海沧 PX 项目已按国家法定程序批准在建》的文章,记者专访了市环境保护局负责人。该负责人表示,PX 项目是经过反复论证和依法审批,手续合法、严谨、科学的在建项目,项目建设符合相关产业发展要求和城市规划的要求。其后,政府、投资商和公众之间进行了多次的激烈"交锋",2007 年 5 月 30 日,厦门市人民政府某领导宣布,缓建 PX 项目。2007 年 6 月 1 日至 2 日,为抵制 PX 项目落户海沧区,厦门部分市民以"散步"的形式,集体在厦门市人民政府门前表达反对意见。市民"散步",促使政府痛下决心,最终,该项目迁建,落户至漳州的古雷港开发区。

厦门 PX 项目事件,将社会监督对规划实施管理所产生的重大影响表现得淋漓尽致。公民通过意见表达,对行政决策和管理进行制约,实现了公民权对于行政权的平衡作用,从而维护了自身的权益(文超祥,2016)。

9.2　监督的内容、程序与要求

《中共中央　国务院关于建立国土空间规划体系并监督实施的若干意

见》明确提出,健全国土空间规划实施的监督机制,上级自然资源主管部门要会同有关部门组织对下级国土空间规划中各类管控边界、约束性指标等管控要求的落实情况进行监督检查,并将国土空间规划执行情况纳入自然资源执法督察内容。

9.2.1 监督的主要内容

国土空间规划监督的任务涵盖了多方面的内容,对其进行归纳后主要可以分为以下几项:对编制审批组织情况、国土空间利用情况、规划许可合法性情况、用地性质变更情况、土地利用执行情况等的监督,以及对建设活动全过程的监督检查、对违法用地和违法建设的查处。

1) 对编制审批组织情况进行监督

在国土空间规划的编制审批过程中,县级以上人民政府及其自然资源主管部门需对以下几种情况进行监督:

(1) 对组织规划编制和审批的主体进行监督检查,即对编制和审批法定规划的行政主体是否具有法律授权进行确认。如《中华人民共和国海域使用管理法》中规定,沿海县级以上地方人民政府海洋行政主管部门组织编制地方海洋功能区划,经同级人民政府审核同意后,报所在的省、自治区、直辖市人民政府批准,报国务院海洋行政主管部门备案。

(2) 对组织规划编制和审批的程序进行监督检查,即检查规划的编制和审批是否根据国土空间规划相关法律法规设定的程序进行。以国土空间总体规划的编制为例,其组织程序包括向审批机关提出规划编制申请,确定编制计划和编制单位,对城市发展的重大问题和专题进行研究,编制国土空间总体规划纲要,验收规划成果,公示论证,等等。

(3) 对相关主体是否及时编制国土空间规划进行监督检查。国土空间规划作为指导国土空间保护和开发利用的基本依据,对于引导国民活动、促进城市科学建设发展有着关键意义。因此,相关编制主体应当依据法律要求及时完成规划的编制。如《济南市历史文化名城保护条例》规定:"市、县(区)人民政府应当在历史文化名城、名镇、名村和历史文化街区、传统风貌区确定公布后一年内完成保护规划编制。"

(4) 对编制国土空间规划的单位进行监督检查,即检查组织编制主体是否委托了不具备相应资质等级的单位来进行法定国土空间规划的编制。当前,自然资源部正在对新时期国土空间规划资质审查标准予以研究制定。在地方规划编制工作中,有部分省份已经出台了对规划资质管理的先行规定。如云南省规定,国土空间总体规划编制可由具有土地规划乙级及以上等级证书、城乡规划乙级及以上资质的技术单位组成联合体来承担。

(5) 对国土空间规划的编制内容进行监督检查,即对规划内容是否遵守国家相关法律法规和强制性要求进行核实确认。强制性内容是上级人民政府监督下级人民政府规划编制的重要依据,同时也是规划审批的重点内容。不同层级的国土空间规划,其强制性内容的审查要点也不同,例如,在省级国土空间规划中,将目标与战略、开发保护格局、资源保护利用、基础支撑体系、生态修复和国土综合整治、区域协调以及规划传导等内容作为重点管控内容;在市县级国土空间规划中,将城乡建设用地规模、三区三线、历史文化保护、城乡公共服务设施、基础设施、城镇发展重点地区的空间形态和绿线、蓝线等作为强制性内容。

此外,在国土空间规划编制审批和组织过程中,自然资源督察机构应对地方人民政府落实中央有关重大方针政策和决策部署进行监督,主要是监督地方人民政府对中央有关国土空间规划的重大方针政策和决策部署思想认识是否到位、政治态度是否坚决;监督地方人民政府在国土空间规划有关部署落实方面是否彻底、责任分解是否明确,是否把党中央精神与地方实际相结合,是否严格按照有关要求及时准确落实,等等。对监督中所发现的问题要充分考虑该区域的实际及历史背景,具体情况具体分析。加强对有关新情况、新问题的调查研究,及时提出进一步完善国土空间规划制度体系及法制方面的政策建议。

2) 对国土空间利用情况进行监督

对国土空间利用情况的监督主要包括以下两个方面的内容:

(1) 对三条控制线、国土空间管控、规划主要控制指标进行监督检查。自然资源主管部门按照相关法律法规和规划管理的要求,对三条控制线的落实情况,城镇、农业、生态三类空间管控及国土空间用途管制制度的落实情况,耕地保有量、永久基本农田、建设用地规模、各类生态用地等总量、结构及国土开发强度等主要刚性控制指标的落实情况进行控制和监督检查。例如,对于在农业空间中所确定的永久基本农田,要实行最严格的管控,不得占用。对于生态空间中属于生态保护红线范围内的区域,要禁止开发;对于生态保护红线范围外的区域,原则上按限制开发区域的要求进行管理。

(2) 对建设工程使用土地的情况进行监督检查。国土空间规划是建设项目选址和建设的依据,自然资源主管部门应当对建设单位和个人使用土地的性质、位置、范围、面积等进行监督检查。若发现国土空间实际用地情况与规划不相符,应当责令其改正,并依法做出处理。

3) 对规划许可合法性情况进行监督

对规划许可合法性的监督包括以下几个方面内容:

(1) 对规划许可主体的监督检查。在国土空间开发利用之前,建设单位或个人应当向自然资源主管部门或相关行政主管部门申请核发建设工程规划许可证、采矿许可证、海域使用权证等各类规划许可,未经法律授权或行政委托的主体不得核发规划许可。规划许可是作为行政机关进行国土空间开发保护的一项重要工作,是保障规划有效实施的重要手段。如果超越职权或者对不符合法定条件的申请人核发规划许可,有可能造成对公共利益或公民合法权益的损害。自然资源主管部门或相关行政主管部门违反国土空间规划相关法律法规的要求,核发规划许可或者做出其他错误决定的,可以由上级主管部门责令其撤销或者直接予以撤销。

（2）对规划许可对象的监督检查。例如,在办理海域使用权证时,自然资源主管部门应当对用海单位的海域使用项目、投资规模、地点、面积等用海情况进行审核、实地测量。

（3）对规划许可依据的监督检查。在规划许可中,自然资源主管部门应当依据相关的法律法规、规划条件和设计标准等,对申请许可的项目进行核实,不得在违反相关依据的情况下核发许可。例如,在城市居住区建设时,自然资源主管部门不得对不符合日照间距的建设项目发放建设工程规划许可证;在生态保护红线范围内,不得对矿产资源开采进行许可;等等。

（4）对规划许可的不作为或不履职的情况进行监督检查。自然资源主管部门对规划许可的不作为实际上是一种行政失职行为,自然资源主管部门在收到申请人的许可申请时,应当及时做出回复。如《北京市城乡规划条例》规定:"符合规划综合实施方案要求的,规划自然资源主管部门应当在7日内核发建设工程规划许可证。"

（5）建设单位或者个人采取不正当的手段取得规划许可的,属于违法行为,同样应当予以纠正或撤销。被撤销的规划许可所批准的建设项目或所占用的资源,需依法进行处理。

4) 对用地性质变更情况进行监督

我国《城乡规划法》规定,对在规划中确定的铁路、公路、道路、绿地、通信设施、管道设施、污水处理厂和公共服务设施的用地以及其他需要依法保护的用地,禁止擅自改变用途。当前,随意改变国土空间规划用地性质的情况仍然较为普遍,有些用地性质的改变,会对周边的环境、交通、消防等多方面产生不良的后果,进而影响到国土空间规划的实施(专栏9-5)。

专栏9-5 N市违法更改绿地案

N市违反城市总体规划强制性内容修改控制性详细规划,擅自将1.6万 m^2 的现状公园绿地变更为商业、金融和旅馆用地,并对相关项目核发了建设工程规划许可证。这样做一方面使得城市环境遭到了破坏,另一方面又使得周边的公共服务设施和基础设施的承受压力增加,公共利益受损。因此,必须加强对国土空间规划用地性质变更的监督检查力度。

5) 对土地利用执行情况进行监督

在国土空间规划的监督过程中,一项重要的监督任务就是对土地利用行为的合法性进行监督检查,这其中包含但不限于建设用地审批、建设用地使用权的出让与转让、土地复垦、永久基本农田保护等。县级以上地方人民政府及自然资源主管部门还应当建立土地利用年度计划管理信息系统,实行土地利用年度计划台账管理,作为计划执行跟踪和监督的依据。各级自然资源主管部门应当加强对土地利用年度计划执行情况的跟踪监督,定期对计划执行的情况进行监督检查,并形成报告材料(王守智等,2011)。

6)对建设活动全过程的监督检查

自然资源主管部门通过向建设单位核发建设工程规划许可证的方式,明确了相关建设活动的合法性以及建设单位和个人的合法权益。因而,对各项建设活动的过程进行监督检查,也成了国土空间规划监督的重要任务之一。对建设活动全过程的监督检查,主要有以下几项任务:

(1)对用地红线边界的确定。用地红线边界是建设单位实际可以使用土地的边界。对于沿道路或者是建设区域内规划有城市道路的建设工程,自然资源主管部门应当严格管控,并为建设单位和个人提供相关道路红线划定资料。

(2)复验灰线。复验灰线是自然资源主管部门在建设工程开工放样后对建设工程的检查,检查内容包括施工现场是否悬挂建设工程规划许可证,总平面放样是否符合建设工程规划许可证核准的要求,建筑工程的外墙长、宽尺寸等。

(3)施工检查。施工检查是自然资源主管部门对建设工程建造过程中的检查,其内容包括施工现场的安全管理、施工顺序、施工进度、施工材料等。在检查中,建设单位应当真实地向检查人员提供相关情况,不得隐瞒。

(4)竣工验收。建设工程竣工后,建设单位或个人应向主管部门申请竣工验收,验收的内容主要是对规划条件的核实,包括建设用地的规划性质、范围,建筑物的风格、色彩,总平面图中配置的停车位和绿地,等等。

7)对违法用地和违法建设的查处

违法用地是指建设单位或个人未取得自然资源主管部门批准的规划许可,或者未按照规划许可和规划条件核准的用地范围和使用要求进行土地利用。自然资源主管部门应依法对此类情况进行监督,对于情节严重的违法用地行为,还应向县级以上人民政府报告,并由县级以上人民政府责令回收土地。

违法建设的查处包括两种情况:(1)建设单位或个人根据其需要,未向自然资源主管部门申请建设工程规划许可就擅自进行建设的无证建设行为。例如,未经过许可就私自在空地上修建房屋。(2)虽然已经取得了建设工程规划许可,但未按照许可规定的要求进行建设的越证建设行为。例如,建设单位在进行居住区建设时,擅自提高建设的容积率。违法建设对国土空间规划实施管理造成了较大的负面影响,影响了城市建成环境,因此,自然资源主管部门要不断完善监督管理的规定和程序,及时制止并依法处理各类违法用地和违法建设行为。

9.2.2 监督的有关程序

程序正义是规范监督工作、实现公共利益的必要条件。在国土空间规划实施管理中,有关部门和个人也需按照相关程序依法进行监督工作,具体包括组织与申请、监督与检查、决定与公布三个环节。

1) 组织与申请

组织监督程序是由地方人民政府或自然资源主管部门牵头组织,自上而下地对国土空间规划所涉及的相关单位开展监督检查工作,采用定期与不定期的方式进行。而监督申请程序则是由建设单位或个人自下而上地向自然资源主管部门提出申请,自然资源主管部门需根据申请赴现场进行监督检查工作。

2) 监督与检查

监督与检查程序是国土空间规划监督过程中的核心环节,在此环节中,检查主体要对被检查人的相关建设行为和违法行为进行充分地调查与了解。该环节中的程序主要包括身份的表明、监督的公开、证据的提取。

(1) 身份的表明。监督人员在实施监督时必须佩戴公务标志,主动出示有关证件,以表明执法身份。监督检查的有关证件是识别检查人员检查资格的重要证明,只有经过严格培训和考核的人员才能够被授予监督检查证件。在监督检查时,若监督检查人员不出示证件,相对方则有权予以拒绝。自然资源主管部门也要加强对于检查人员的监督和管理。

(2) 监督的公开。除了相关法律法规的特殊规定外,在实施国土空间规划监督检查时,监督检查人员应当提前通知开展监督检查工作,被监督人要根据检查的内容进行自查并完成自评报告。检查时,被监督人应当到场,如被监督人无正当理由拒不到场的,不影响监督检查工作的执行(邱跃等,2018)。除此之外,在公开进行监督检查时,必须按照规定的时间进行监督工作,不得拖延而超过正常检查所需的时间。

(3) 证据的提取。可采用踏勘,调阅国土空间规划相关文件、建设项目许可档案等进行监督检查证据的提取。例如,自然资源主管部门可以要求建设单位或个人提供有关监督检查的文件资料,翻阅相关档案,听取建设单位有关监督检查的情况汇报等。在检查过程中,监督检查人员要在法律规定的权力范围内采取措施,被检查人员应当予以配合。

3) 决定与公布

在完成监督检查的程序后,监督人员应当根据国土空间规划的相关法律法规对检查情况进行汇总,出具检查结果,做出行政决定。在做出不利于相对方的监督检查决定前,要说明得出该监督检查结果的理由(耿慧志,2015),并要允许相对方进行意见陈述和申辩,对调查取证材料进行再核实。在国土空间规划监督检查的决定正式做出后,应及时对社会公布,并告知相对方有关救济手段,督促被监督检查方进行相应整改(何明俊,2016)。

9.2.3 监督的基本要求

在国土空间规划监督的过程中,监督检查工作应当依法开展,这包括内容、程序和措施三个方面的合法性要求。

1）监督内容的合法性

监督检查的内容必须是国土空间规划法律法规中所规定的行政主体或相对人应当履行的责任和义务，包括国土空间规划的编制与审批、国土空间规划的修改、规划实施中的行政许可等规划全过程。若不属于违反国土空间规划相关法律法规的行为，则不是国土空间规划监督所需要关注的内容。

2）监督程序的合法性

国土空间规划监督人员必须熟悉监督的程序，忠于职守，秉公执法，依照相关法律法规的要求进行国土空间规划监督检查的工作。在履行监督检查的职责时，监督人员向被监督的对象出示国土空间规划监督检查证件，以表示监督程序符合法律规定。在符合法定程序的基础上，国土空间规划监督人员才有权提出处理建议。对于违反法定程序进行国土空间规划监督的，被监督单位或个人有权拒绝接受其监督，并可对其违法行为进行举报。

3）监督措施的合法性

在进行国土空间规划监督的具体方式上，只能采取国土空间规划相关法律法规允许和规定的合法措施，确保监督方式的合理运用。在国土空间规划监督人员进行监督时，若采取的措施超出了相关法律法规所允许的范围，并给被监督对象造成财产损失的，要依法进行赔偿；构成犯罪的，还要依法追究其刑事责任（邱跃等，2018）。

9.3 行政主体的法律责任

法律责任是法律有效实施的重要保障，主要包括民事责任、行政责任以及刑事责任三种形式。国土空间规划行政主体的法律责任是指行政主体由于违反空间规划所规定的法定义务而应承担的责任。

法律责任以空间规划法律义务的存在为前提，是一种因违反空间规划法上的义务关系而形成的责任关系。法律责任需要承担的不利后果包括补偿性方式和惩罚性方式两种类型。此外，法律责任是由国家强制力实施或者潜在保证的（王文革，2019）。国土空间法律责任追究制度有利于督促行政主体切实履行自身义务，妥善运用自身权力，维护好广大人民群众的利益。

在国土空间规划中，行政主体主要包括各级人民政府、自然资源主管部门以及其他行政主管部门三种类型。其中，各级人民政府的法律责任主要体现在国土空间规划的编制、审批和修改等环节；自然资源主管部门在国土空间规划中起主要作用，所承担的法律责任贯穿规划全过程；而其他行政主管部门在承担相应的国土空间规划职能，或者配合自然资源主管部门开展空间规划工作中，也存在一定的法律责任。

9.3.1 各级人民政府相关违法行为及法律责任

在国土空间规划相关法律法规中,对各级人民政府应当承担的责任和义务做出了明确的规定,政府违反相关规定,有以下行为之一的,则要承担法律责任:

1) 国土空间规划编制审批和修改中的违法

在国土空间总体规划中,各级人民政府是最主要的编制主体,应当依法组织编制规划。例如,市人民政府组织编制市国土空间总体规划,在对规划进行意见征求、专家论证以及公示后,才可报同级人民代表大会常务委员会审议,之后报省人民政府审批。规划批复后,除因国家重大战略调整、重大项目建设或行政区划调整等原因,不得对其随意修改、违规变更。确需修改规划的,要先经规划审批机关同意后,才可按法定程序进行修改。

各级人民政府在国土空间专项规划中也承担了一定的编制职责。例如,在《中华人民共和国防沙治沙法》中规定,市、县人民政府要编制防沙治沙规划;《中华人民共和国水污染防治法》要求县级以上地方人民政府要编制本行政区域内的水污染防治规划;《中华人民共和国海岛保护法》中提出沿海城市、县、镇人民政府编制海岛保护专项规划,沿海县人民政府组织编制县域海岛保护规划;等等。

依法批准的国土空间规划是建设和规划管理的重要依据,各级人民政府作为规划编制、审批、修改的主体,应当要严格遵守国土空间规划相关法律法规所规定的程序和职权开展编制、审批和修改工作。当政府未按法定程序编制、审批和修改规划时,应承担相应的法律责任,从而维护好规划的严肃性和权威性。

2) 委托不具有相应资质的单位编制国土空间规划

在国土空间规划编制中,各级人民政府通常会委托相关技术单位来承担规划的具体编制工作。为了保证规划编制的质量,要求承担编制工作的单位需要具有相应的资质等级。若政府委托不具有相应资质等级的单位来编制国土空间规划,要由上级人民政府责令改正,通报批评。违法的政府在接到责令改正通知后,应当立即改正违法行为,并对有关政府负责人和其他直接负责人员依法给予行政处分(王国恩,2009)。

行政处分是国家机关、企事业单位依照有关法律和规章,给隶属于它的具有轻微违法行为的人员的一种惩罚措施。行政处分的对象是在违法行为中承担直接责任的人员,如违法行为决策者、对违法行为予以支持的领导者。

3) 管理自然资源过程中的违法

在国土空间规划实施过程中,对自然资源的使用和管理是重点内容,各级人民政府应当严格履行管理职责,根据相关法律法规的规定,落实规划中对于各类自然资源的安排。各级人民政府在使用和管理自然资源中的违法行为主要包括以下情形：

(1) 批准占用、征收土地或其他自然资源过程中的违法

土地是人类最基本的生产资料，在我国，实行严格的土地批准和监督保护制度。《土地管理法》中对各类建设用地的审批进行了详细的规定，例如，经批准的建设项目需要使用国有建设用地的，向有批准权的县级以上自然资源主管部门提出建设用地申请并经过审查后，报本级人民政府批准。各级人民政府应严格按照法律法规的规定对土地的申请进行批准，对于超越批准权限非法批准占用土地，不按照土地利用总体规划所确定的用途批准用地，或者违反法律规定的程序批准占用、征收土地的，其批准文件被认定为无效，对非法批准征收、使用土地的直接负责的主管人员和其他直接责任人员，依法给予处分；构成犯罪的，还要依法追究刑事责任。

此外，对于国家所有的其他各类自然资源的征收，各级人民政府也承担着重要的审批职责。例如，《草原法》规定，依法确定给集体经济组织使用的国家所有的草原，由县级以上人民政府登记，核发使用权证，确认草原使用权。《无居民海岛开发利用审批办法》规定，除特殊要求由国务院审批的情形之外，无居民海岛的开发利用由省级人民政府批准。《中华人民共和国森林法实施条例》规定，使用国家所有的其他森林、林木和林地的单位和个人，应当向县级以上林业主管部门提出登记申请，由县级以上地方人民政府登记造册，核发证书，确认使用权，等等。对于自然资源的使用和开发，各级人民政府要进行严格的审批，防止对自然资源造成破坏。对于违法批准占用、征收自然资源的行为，政府要承担相应的法律责任（专栏9-6）。

专栏9-6　违规征地建设钢铁厂

某市人民政府征用了该市龙安开发区涵头村等乡村的大量土地，失去土地的农民的生产与生活成了问题，村民怨声载道。由于征地面积过大，该市在同一天分两个批文对同一块地进行申请报批，该省国土厅在同一天以两个批文批准征用同一块土地，从而规避了须经国家批准的程序。该市大面积征地是为了某钢铁项目。这个计划要建的钢铁厂规模巨大，目标规划年产钢500万t，占地8 000亩。最终，这个10亿元的项目由于该市人民政府违规行政而被叫停，相关人员受到了法律制裁（张璐，2010）。

---

(2) 使用自然资源过程中的违法

生态文明视角之下，更加强调严格管控自然资源的使用，而各级人民政府在使用自然资源过程中的违法行为却屡见不鲜。一些地方以生态建设为名占用耕地甚至基本农田，用来开挖人工湖泊等建造生态公园；或以促进乡村振兴为名占用耕地甚至基本农田，用于生态庄园、观光农业和休闲农业等非农建设。例如，南方某地利用丘陵山区所特有的条件建设高尔夫球场，占地480亩，但对外却一直宣称是农业综合开发项目。一些地方占用耕地建设高等级公路，对上称是"农村道路"，对下则说是"乡村公路"，

并以"民生工程""社会稳定"等为理由,试图逃避处罚。还有一些矿产资源丰富的地区,政府为了短期经济利益,放任非法采矿的违法行为,造成严重的环境污染。

9.3.2 自然资源主管部门相关违法行为及法律责任

自然资源主管部门是国土空间规划中最重要的行政主体,自然资源主管部门违反相关规定,有以下行为之一的,则应当承担相应的法律责任:

1) 未依法组织编制法律规定的国土空间规划

国土空间规划编制的类型包括总体规划、详细规划以及专项规划。其中,详细规划是开展国土空间开发保护活动、进行各项建设的法定依据。根据《中共中央 国务院关于建立国土空间规划体系并监督实施的若干意见》的要求,市县自然资源主管部门要组织编制城镇开发边界内的详细规划。当自然资源主管部门未依法编制相应的国土空间详细规划时,应当承担法律责任:一是由本级人民政府、上级自然资源主管部门或者监察机关依据职权责令改正,通报批评;二是对直接负责的主管人员和其他直接负责人员依法给予处分。

2) 未按照许可或审批的规定准予行政许可

(1) 超越职权或对不符合法定条件的申请人核发规划许可

规划许可的核发是自然资源主管部门进行建设管理的一项重要工作,是保障国土空间规划有效实施的重要机制。核发的内容包括选址意见书、建设用地规划许可、建设工程规划许可等。在《城乡规划法》中,对各类规划许可核发的程序和条件进行了规定。按照相关规定,在受理申请人的规划许可申请之后,自然资源主管部门应当认真进行审查,符合规定条件的,应当做出准予规划许可的决定;不符合规划条件的,应当做出不予许可的决定,说明不予许可的理由,并给予书面答复。自然资源主管部门必须在职权范围内核发规划许可,如果超越职权或者对不符合法定条件的申请人核发规划许可,则属于违法行为,应当承担相应的法律责任。例如,G市将城市总体规划中确定为公园绿地的用地违法变更为居住用地、商业用地等,并对申请在此建设的某房地产开发建设项目核发了建设工程规划许可证,严重违反了法律法规的规定,被住房和城乡建设部公开挂牌督办。

(2) 未在法定期限内核发规划许可

自然资源主管部门在收到申请人的规划许可申请时,应当在法律规定的期限内对符合法定条件的申请人核发规划许可。根据《行政许可法》的规定,除可以当场做出行政许可决定的外,行政机关应当自受理行政许可申请之日起20日内做出行政许可决定。20日内不能做出决定的,经本级行政机关负责人批准,可以延长10日,并应当将延长期限的理由告知申请人。行政许可采取统一办理或者联合办理、集中办理的,办理的时间不得超过45日;45日内不能办结的,经本级人民政府负责人批准,可以延长15

日,并应当将延长期限的理由告知申请人。行政机关做出准予行政许可的决定,应当自做出决定之日起 10 日内向申请人颁发、送达行政许可证件。因而,当自然资源主管部门对符合法定条件的申请人未在法定期限内核发规划许可时,应承担法律责任。

3) 对未取得建设用地规划许可证的建设单位划拨国有土地使用权

建设用地的划拨一般是基于公益事业的建设,如中小学、医院等,即便如此,也应当严格遵守相关的程序规定。建设单位要在取得建设用地规划许可证后向自然资源主管部门申请用地,自然资源主管部门对申请进行审批后再进行建设用地的划拨、建设用地使用权登记以及核发建设用地使用权证等程序。如果自然资源主管部门违反法律法规的规定,对未依法取得建设用地规划许可证的建设单位划拨国有土地使用权的,应当承担法律责任。法律责任的承担方式包括:由本级人民政府或者上级自然资源主管部门责令改正,通报批评;对直接负责的主管人员和其他直接责任人员依法给予处分。

4) 违反公示和听证等程序性规定的违法

自然资源主管部门通过规划公示和举办听证会等形式听取公众意见,可以有效地保障公众的知情权和监督权。依据相关法律法规的规定,自然资源主管部门未依法对经审定的国土空间规划、建设工程设计方案总平面图予以公布,或者同意国土空间规划、建设工程设计方案总平面图前未采取听证会等形式听取利害关系人意见的,应当承担相应的法律责任。

规划中的公众参与环节缺失问题仍然存在,在未来的制度建设中,自然资源主管部门应当不断完善公示制度和听证制度,如明确"座谈""听证"等公众参与形式的具体使用情景,防止公众参与成为规划中的一个形式(专栏 9-7)。

专栏 9-7　湖南凤凰山庄土地征收纠纷

凤凰山庄是位于湖南大学和湖南师范大学之间一条著名商业街内的两栋五层住宅。2004 年,《岳麓山风景名胜区总体规划(2003—2020 年)》要求景区内的常住居民外迁,拆除现有房屋,将其恢复为风景绿地。2006 年,长沙市人民政府启动了《天马山景区详细规划》编制工作,并于 2009 年 2 月 25 日进行了初步方案公示,后又对方案进行深化,形成《岳麓山风景名胜区天马山景区综合整治规划》,规划要求拆除凤凰山庄,在景区内设置"大学生文化展示服务区"。2010 年,整治规划公布之后,激起了凤凰山庄业主的强烈反应,并由此展开了两个回合的博弈(黄军林等,2020)。

(1) 第一回合博弈。业主们认为"不应是拆除重建以营利为目的的大学生生活服务设施",并对拟建项目的公共利益属性提出质疑。规划局认为"景区综合整治规划是按照上位规划的要求,拆除该小区从规划编制上是合法的""规划的大学生文化展示服务区的目的是为大学生提供必要的配套服务,与'核心景区内严禁建设与景区保护无关的任何工程'"并不相悖,维持原规划。

(2) 第二回合博弈。2009 年 2 月 2 日,长沙市人民政府发布《关于收回长沙市岳麓区湖南大学湖南师范大学等单位国有土地使用权的决定》(依总体规划实施征收),收回湖南大学等 43 家单位共计 36 560.41 m² 的国有土地使用权。2009 年 5 月 6 日取得拆迁许可证,并启动了拆迁工作。在拆迁过程中,业主们认为政府虽对"土地收回令"进行了公告,但是却未送达国有土地使用权人手中,并以此向长沙市中级人民法院提起了诉讼。长沙市人民政府认为,市人民政府发布了"土地收回令",并在《长沙晚报》进行了公告,已完成送达程序;再者,从政府的角度来看,该"土地收回令"的发布是依照总体规划的要求,更是为了改善与保护岳麓山生态环境、提升居住生活品质、实现"共同利益最大化",故认为"土地收回令"符合法律规定。长沙市中级人民法院在审理中认为,市人民政府未将"土地收回令"直接送达给业主,因此"土地收回令"对凤凰山庄业主不具有法律约束力,尽管被告长沙市人民政府称发起收回国有土地使用权的目的是为了实现"共同利益最大化",但这无法举证被告履行了"依法送达"程序。最终,凤凰山庄业主赢得了诉讼。

5) 履行保护监督管理职责不力

自然资源主管部门及其公务人员负有相关行政义务却不履行是一种行政不作为。例如,某地在 7 000 多宗违法用地中,农村宅基地违法用地占比高达八成多,其中一个重要原因就是,相关部门对这种面广量大的违法用地缺乏依法整治的决心与勇气。再如,中部某省长期以来对重点工程项目的违法用地查处不力,对"因公违法"网开一面,导致产生 377 宗重点工程建设项目违法用地,其面积达 1.21 万亩(顾龙友,2020)。行政不作为体现的是行政主体在履行义务中的消极和惰怠,具有相当的危害性。自然资源主管部门对违法建设的不作为有可能助长违法建设风气,增加规划实施管理的难度,同时也直接损害和影响党和政府的形象。

根据国土空间规划相关法律法规的规定,自然资源主管部门有权对区域内规划实施的情况进行监督检查并采取一定的行政措施。因此,自然资源主管部门要切实履行好这一职责,一旦在这个过程中有行政不作为的情况,则应当承担相应的法律责任。例如,若自然资源主管部门对应当给予行政处罚而不给予行政处罚的,上级主管部门有权责令其做出行政处罚决定或者直接给予行政处罚,并对有关负责人给予处分(专栏 9-8)。

专栏 9-8　自然资源局监管不力成被告

F 县有一个国家 3A 级景区,自然植被较好,然而在景区附近却有一家水泥厂(西部公司)长期进行配料用砂的开采,造成该景区整体环境遭到破坏。2018 年 4 月,F 县人民政府发出矿山整治通知,要求对存在地质灾害隐患的区域进行整治。但是,西部公司却长期未对受破坏的区域实施整治。县自然资源局亦未采取有效措施督促其履行生态修复义务,社会公共利益长期处于遭受侵害状态。2019 年 3 月 14 日,F 县检察院向 F 县自然资源局发出检察建议,要求县自然资源局履行职责,督促该公司落实矿山修复工作,并明确复绿亩数、株数。当年 4 月 26 日,F 县自然资源局向县检察院做出书面回复,称已要求西部公司按规定开展修复工作。然而,检察院在现场查看中发现,该局虽然履行了部分职责,但时隔一年多后,受破坏的区域并未得到恢复,国家和社会公共利益持续遭受侵害。于是,2020 年 12 月 29 日,F

县检察院提起行政公益诉讼,要求F县自然资源局履行矿山地质环境保护职责。

在上述事件中,自然资源主管部门没有切实履行好对于自然资源的保护监督管理职责,造成资源环境遭到破坏,公共利益受损,最终被诉至法院。

9.3.3 其他行政主管部门相关违法行为及法律责任

国土空间规划不仅仅是各级人民政府和自然资源主管部门的工作,它涉及多个行政主管部门的职能,只有各部门密切配合、积极协作,才能使国土空间规划得到有效落实。其他行政主管部门违反相关规定,有以下行为之一的,同样应当承担相应的法律责任:

1) 未依法组织编制法律规定的国土空间专项规划

国土空间专项规划是为体现特定功能,对国土空间开发保护利用所做出的专门安排,在国土空间规划体系中具有重要的支撑、协同和传导作用。目前,国土空间专项规划的编制主体多样,不仅涉及自然资源主管部门,而且包括交通、能源、水利、农业、教育、医疗、环保等多个部门。例如,《中华人民共和国公路法》规定,省道规划由省、自治区、直辖市交通主管部门组织编制;县道规划由县级交通主管部门组织编制。《中华人民共和国防震减灾法》规定,县级以上地震工作主管部门会同同级有关部门编制防灾减灾规划,等等。当其他行政主管部门违反国土空间规划法律法规的规定,未组织编制国土空间专项规划时,应当承担法律责任。

2) 对未依法取得选址意见书的建设项目核发建设项目批准文件

《城乡规划法》第三十六条规定:"按照国家规定需要有关部门批准或者核准的建设项目,以划拨方式提供国有土地使用权的,建设单位在报送有关部门批准或者核准前,应当向城乡规划主管部门申请核发选址意见书。"建设项目选址意见书是自然资源主管部门根据相关法律法规,结合城市发展需要,对城市交通运输设施以及公共服务设施等做出的初步选址意见安排,以保证规划区内的建设工程选址和布局符合国土空间规划的要求。建设项目批准文件主要是有关建设项目审批部门(如发展和改革主管部门)对建设项目的批复意见。当有关建设项目审批部门对未依法取得选址意见书的建设项目核发建设项目批准文件时属于违法行为,应承担法律责任。

根据《自然资源部关于以"多规合一"为基础推进规划用地"多审合一、多证合一"改革的通知》中的要求,对于需要由发展和改革部门批准、核准的建设项目,建设单位在报送有关部门批准或者核准前,应向自然资源主管部门提出规划许可申请,自然资源主管部门以详细规划为基本依据核定规划条件,核发载明规划条件的建设项目用地预审与选址意见书,从而促进"多审合一""简政放权"。

3) 未按照许可或审批的规定准予行政许可

在国土空间规划中,除自然资源主管部门核发规划许可之外,其他行政主管部门也根据职权分工,承担了一些国土空间规划相关的许可工作。

例如,由县级以上水行政主管部门核发水利建设工程施工许可证、取水许可证;由环境保护行政主管部门审查发放的排污许可证;由林业主管部门对占用、征用林地的审核、审批;等等。各行政主管部门违反行政许可相关规定的行为包括:不按照法定条件或违反法定程序审核、审批建设项目许可文件;对依法应当进行环境影响评价而未评价,或者环境影响评价文件未经批准,擅自批准该项目建设或为其办理许可证;不按照规定核发许可证;等等(环境保护部环境监察局,2012)。各行政主管部门在进行行政许可时,要按照相关法律法规所规定的职责和程序进行(专栏9-9),若违法颁发行政许可的,其许可文件应当被认定无效,并应当对其追究法律责任。例如,《环境保护法》规定,当县级以上人民政府环境保护主管部门对不符合行政许可条件做出行政许可的,对直接负责的主管人员和其他直接责任人员给予记过、记大过或者降级处分;造成严重后果的,给予撤职或者开除处分,其主要负责人应当引咎辞职。《中华人民共和国港口法》规定,交通主管部门、港口行政管理部门对不符合法定条件的申请人给予港口经营许可的,对直接负责的主管人员和其他直接责任人员依法给予行政处分;构成犯罪的,依法追究刑事责任。

> **专栏 9-9 环境影响听证制度**
>
> 浙江省海宁市环境保护局就位于硖石西山路850号开设金都阳光酒店是否造成环境污染举行环境保护行政许可听证会。参加听证会的除酒店业主外,位于酒店附近的海宁市幸福花园的9位代表、海洲街道办事处及梨园社区居民委员会有关负责人和环境评价单位负责人出席了会议,市人民代表大会办公室、市人民政府法制办公室等部门的有关领导列席了会议,另有16位公众代表参与了听证会全过程。
>
> 行政许可审查人员首先就受理金都阳光酒店设立的环境问题提出了审查意见、理由和依据;酒店业主就设立酒店所存在的油烟、噪声、污水等环境问题陈述了改进的措施和意见;参加听证会的9位利害关系人代表依次做出了陈述,并就酒店存在的环境问题相继提出了自己的意见;环境评价单位嘉兴市环境科学研究所负责人就该酒店的环境影响依据国家现行有关标准的评价做了介绍。
>
> 会后,共收到参加听证会代表填写的"公众调查表"29份。此次听证会对各方陈述的意见进一步汇总并形成听证报告,作为环保部门做出行政许可决定的重要评定依据(蒋亚娟,2006)。

4) 违反监督管理职责

在国土空间规划实施的过程中,其他行政主管部门也应当依据法律法规的规定,对责任范围内行政相对人的行为进行监督,对违法行为进行查处。例如,《中华人民共和国水土保持法》规定,水行政主管部门要对在崩塌、滑坡危险区或者泥石流易发区从事取土、挖砂、采石的活动予以查处;《中华人民共和国大气污染防治法》规定,生态环境主管部门要对超过排放标准的大气污染物排放行为进行罚款;《中华人民共和国公路法》规定,对于在公路建筑控制区内修建建筑物、地面构筑物的,交通主管部门应当予以处罚;等等。若其他行政主管部门发现违法行为或者接到对违法行为的举报后不予查处的,需承担相应的法律责任(专栏9-10)。以《中华人民共和国水土保持法》的规定为例,发现违法行为或者接到对违法行为的举报不予查处的,对直接负责的主管人员和其他直接责任人员依法给予处分。若其他行政主管部门对依法取得排污许可证、取水许可证等许可证件或批准文件的单位不履行监督管理职责,造成严重后果的,也应承担法律责任。

专栏9-10　选矿厂污染土壤,监管人员查处不力

2012年,廖某在未办理任何生产经营手续的情况下,在他人原有的选矿厂基础上重开了一个选矿厂,并进行了扩建。该选矿厂主要从事硫铁矿的选矿,生产流程是将原矿打碎、冲洗,将铁、硫分离,剩下的尾渣和废水排放到工厂里面的池子里。该厂每当在县环境保护局环境监察大队巡查时就停产几天,之后再继续开工。

2012年12月13日,县环境保护局环境监察大队对该选矿厂处以罚款6 000元。2013年6月,宁某在担任环境监察大队大队长期间发现该厂有生产痕迹;10月,环境监察大队打报告至县纪律检查委员会监察室,请求成立督查领导小组,但当时没有对该厂进行处罚。2015年,宁某等人对该选矿厂巡查了三次,发现有生产痕迹后口头要求其停止生产、拆除设备。2016年,宁某等人又带队三次对该厂进行巡查,发现该厂处于停产状态,但生产设备未拆除,均没有做出相应处理。

2017年2月,宁某等人对该选矿厂再次进行复查,发现有恢复生产迹象,环境监察大队对该厂进行了立案处罚,下达《行政处罚决定书》,做出罚款5万元、停止生产、拆除生产设备的处罚决定。2017年4月,环保部门配合政府统一组织用挖掘机对该厂实施了强制捣毁,但未完全拆除该厂设备。2017年5月,宁某到现场参与对该选矿厂的彻底拆除,后以该厂未办理相关环保手续、责令停产拒不执行为由移交公安部门处理。经环境保护部华南环境科学研究所出具的《环境损害鉴定评估报告》显示,该选矿厂厂区的土壤、地下水、地表水等均有不同程度的超标,造成环境损害,环境损害量化结果损失65.56万元以上,土壤及污水修复总费用估算为3 063万元。

在这起案件中,宁某等人构成了环境监管失职罪。作为负责查办环境污染的主要执法人员,宁某等人在对选矿厂进行日常巡查和行政执法的过程中,严重不负责任,没有严格按照相关规定的要求履行职责,没有依法对该厂的行政处罚进行追踪和落实,也没有在日常巡查中对该厂进行监管,导致选矿厂持续生产、大量排污,造成环境污染,对公共利益造成了严重的损害(王灿发等,2019b)。

9.4　行政相对人的法律责任

行政相对人是在行政法律关系中与行政主体相对应的另一方当事人,

其权益受到行政主体行为的影响。行政相对人作为行政主体管理的对象，必须服从相关行政主体的管理，遵守行政管理的秩序，履行相关法律法规中所规定的义务。在国土空间规划中，行政相对人包括规划编制单位以及建设单位和个人两大类。在规划的编制、实施过程中，行政相对人要严格按照国土空间规划的规定行事，否则，行政主体可以通过行政处罚、行政制裁等方式对行政相对人依法追究法律责任。

9.4.1 规划编制单位相关违法行为及法律责任

规划编制单位是在国土空间规划的编制过程中，受组织编制的行政主管部门委托，协助从事规划编制工作的相关单位。在规划编制单位的管理中，我国通过资质认定的方式对其编制范围进行约束，并要求编制单位依据国家的有关标准编制规划，保证国土空间规划的编制质量。如果规划编制单位违反国土空间规划法律法规的规定，有以下行为之一的，应当承担相应的法律责任：

1）未按照资质等级的许可承揽国土空间规划编制工作

根据国土空间规划编制资质管理的规定以及相关法律法规的要求，在我国从事国土空间规划编制的单位应当取得相应的资质等级证书，并在资质等级许可的范围内从事国土空间规划的编制工作。当规划编制单位未按照资质等级的许可承揽规划编制工作时，应承担法律责任，包括以下四种情形：（1）超越资质等级许可的范围承揽国土空间规划编制工作。例如，丙级城乡规划设计研究院承揽总体规划的编制事务。（2）在未依法取得国土空间规划资质证书的情况下，承揽国土空间规划编制工作。（3）以欺骗手段取得国土空间规划资质证书，承揽国土空间规划编制工作。例如，在申报资质认定时隐瞒有关情况或者提供虚假材料，或以欺骗、贿赂等手段取得资质等级许可。（4）规划编制单位取得资质证书后，经原发证机关检查不再符合法定的相应的资质条件，不能继续承揽国土空间规划编制工作，或者按原资质等级许可的范围承揽国土空间规划编制工作，应当按期改正而不改正的行为。对于规划编制单位的以上违法行为，由自然资源主管部门对其进行行政处罚，处罚方式包括责令限期改正或停业整顿、降低资质等级或者吊销资质等级、罚款、赔偿等。

2）违反国家有关标准编制国土空间规划

国土空间规划编制的技术标准是国土空间规划编制的重要依据之一，包括综合标准（如国土空间规划编制技术规程）、基础标准（如规划制图标准）、通用标准（如用地评定标准）以及专用标准（如城市环境规划规范）等。国土空间规划技术标准在规划编制工作中具有相当的权威性，按照相关法律法规的规定，若规划编制单位违反国家有关标准编制国土空间规划的，应当由规划编制单位所在地的城市、县自然资源主管部门责令限期改正，处合同约定的规划编制费 1 倍以上、2 倍以下的罚款；情节严重的，责令停业整顿,由原发证机关降低资质等级或者吊销资质证书;造成损失的,依法承担赔偿责任(专栏9-11)。

专栏9-11 "三调"弄虚作假

根据2019年自然资源部通报,在S省Y市的"三调"工作中,某综合勘察设计研究院在作业过程中工作不负责,未严格按照调查规程,未按照面积标准细化图斑调查。将W水库移民搬迁项目地块内部的123亩耕地,整体调查为农村宅基地;将F村780亩山沟两侧草地地块错误标注为耕地;对X村主观推测可能实施梯田改造的草地地块认定为耕地;对地理位置较远的D村地块未进行实地核查,调查为耕地。

9.4.2 建设单位和个人相关违法行为及法律责任

在国土空间规划实施管理中,建设单位和个人是最为常见的行政相对人,他们在规划实施管理中应履行相应的法定义务。建设单位和个人违反国土空间规划法律法规的规定,有以下行为之一的,应当承担法律责任:

1) 非法转让、出让土地或其他自然资源

我国土地所有权分为国家所有和农民集体所有两种形式。土地所有人可以在法律规定的范围内占有、使用和处分土地,并从土地上获得利益,任何单位和个人不得侵占、买卖或者以其他形式非法转让或出让土地。

(1) 非法转让国有土地使用权。国家作为土地的所有者,并不直接使用土地,而是将土地交由具体的建设单位和个人来使用。国有土地使用权的转让是指这些土地使用者通过出售、交换和赠予等方式将土地使用权再转移的行为。因此,若以非法方式转让国有土地使用权的,应承担法律责任。例如,甲某和乙某共有一处房地产,甲某未经乙某书面同意,将房地产出让给他人使用。再如,丙某将已被司法机关依法裁定、决定查封的房地产转让给他人使用的行为。这些都属于非法转让国有土地使用权的违法范畴。

(2) 非法转让或出让农民集体所有土地使用权。国家对集体所有的土地使用权进入土地市场流通有严格限制,农村集体土地使用权仅可以在集体成员内流转且不能用于非农业建设。如集体土地所有权人违反相关法律规定,通过出让、转让使用权或者出租等方式将农村集体土地转让给他人用于非农业建设的,应承担法律责任。对于买卖或以其他形式非法转让或出让土地的违法行为,由县级以上自然资源主管部门没收违法所得;对违反国土空间规划擅自将农用地改为建设用地的,限期拆除在非法转让的土地上新建的建筑物和其他设施,恢复土地原状;对符合国土空间规划的,没收在非法转让的土地上新建的建筑物和其他设施,可以并处罚款。

(3) 非法转让其他自然资源使用权。在其他自然资源的使用中,也涉及资源使用权的转让问题。自然资源使用权的转让是指资源所有权人通过协议转让等方式转让勘探、开采、使用自然资源权利的行为,如采矿权的转让、海域使用权的转让、草原资源使用权的转让等。根据相关法律法规的规定,自然资源使用权的转让须符合相应的转让条件,上报相关行政主管部门审批和公示。非法转让自然资源使用权的,应承担法律责任。例如,《中华人民共和国矿产资源法》规定,买卖、出租或者以其他形式转让矿产资源的,没收违法所得,处以罚款;将探矿权、采矿权倒卖牟利的,吊销勘查许可证、采矿许可证,没收违法所得,处以罚款(专栏9-12)。《草原法》规定,买卖或者以其他形式非法转让草原,构成犯罪的,依法追究刑事责任;尚不够刑事处罚的,由县级以上草原行政主管部门依据职权责令限期改正,没收违法所得,并处罚款。

> **专栏9-12　非法转让矿产资源勘查、开发权**
>
> 　　甲公司法定代表人林某与某县人民政府签订了一份矿产资源整合协议。双方约定,甲公司在该县建立一条探矿、开采、提炼、回收的生产线,但不得弄虚作假、圈而不探。县人民政府以收取50万元基础设施配套资金的方式向甲公司提供优惠政策。根据该协议,5年内,仅甲公司有权在该县范围内勘查开采铁、锰矿产资源,他人不得在该范围内开采。协议签订后,林某将协议范围内的矿区划为几小片,要求其他想在该县采矿的人与其签订合作勘查合同,并对每片矿区收取3万元保证金和5万元管理费。一年后,县人民政府发现林某未建成合金生产线,反而违规操作矿山买卖,遂对其发出限期整改通知,要求林某按实际履行合同,否则将终止合同。林某一方面向政府承诺履行合同,另一方面继续向外"兜售"他手中的矿权。为收取更多的开采保证金,林某还交叉、重复划分矿区,将同一矿区出售给不同的客户开采。又一年后,县公安局收到林某客户举报,称林某骗取开发保证金,遂立案调查。经查,林某先后与7家客户私下签订了矿产资源合作勘查协议,这7份协议中约定的勘查开采点实际上都是同一个地方。为了"一矿多卖",林某与不同客户签订协议时,有时用四至界线来标明矿区位置,有时又改用经纬度来标明矿区位置。在这起事件中,虽然林某直接收取的资金只有62万元,但7家客户投入的勘察资金达400多万元,损失严重。林某也因涉嫌合同诈骗罪,被依法逮捕。
> 　　在此案中,县人民政府实际并不具备授权甲公司在该地开采的权力,其出让行为不符合矿业权管理的规定,并且甲公司也不具备获得矿业权的资质条件。甲公司经地方人民政府违法行政取得不具有法律效力的垄断性矿产资源开发权,并以签订勘查协议的方式非法发包转让牟利,违反了相关法律法规。此外,受骗的7家"客户"表面上是甲公司合同欺诈行为的受害者,实际上也是非法转让矿业权行为的受让方和无证勘查开采者,对这几家共同行为人,也应根据其实施无证勘查及矿产资源的损失程度等因素给予处罚(中国土地矿产法律事务中心等,2013)。

2) 非法占用土地或其他自然资源

　　《土地管理法》规定,建设单位和个人进行建设,需要使用土地的,应当按照相关的手续进行申请。对未经批准或采取欺骗手段骗取批准，非法占用土地的，要处以相应的处罚。例如，周某在未经县国土资源局批准的情况下，与当地村民达成协议，将公司迁往陈堂村，非法占用农用地14亩用于建珍珠岩制品有限公司（王文革，2019）。又如，某镇公共设施建设采取欺骗手段骗取批准，占用农民集体所有的土地进行建设。对于这类违法行为，由县级以上自然资源主管部门责令退还非法占用的土地；对违反国土空间规划擅自将农用地改为建设用地的，限期拆除在非法占用的土地上新建的建筑物和其他设施，恢复土地原状；对符合国土空间规划的，没收在非法占用的土地上新建的建筑物和其他设施，可以并处罚款。此外，农村村民未经批准或者采取欺骗手段骗取批准，非法占用土地建住宅的，由县级以上农业农村主管部门责令退还非法占用的土地，限期拆除在非法占用土地上新建的房屋。

除了土地资源外，建设单位和个人也不得非法占用其他自然资源。依据我国《宪法》规定，除由法律规定属于集体所有的森林和山岭、草原、荒地、滩涂之外，矿藏、水流、森林、山岭、草原、荒地、滩涂等自然资源，都属于国家所有，即全民所有。国家保障自然资源的合理利用，保护珍贵的动物和植物。禁止任何组织或者个人用任何手段侵占或者破坏自然资源。建设单位和个人若要使用自然资源，应向相关行政主管部门进行申请，非法占用自然资源的，要承担相应的法律责任。例如，《中华人民共和国海域使用管理法》规定，未经批准或者骗取批准，非法占用海域的，责令退还非法占用的海域，恢复海域原状，没收违法所得，并处罚款。

3）未取得许可文件或未按许可的规定进行建设、开发利用活动

在国土空间规划实施管理的过程中，建设单位和个人最主要的义务是在建设或相关活动前取得相应的许可文件，并按照许可文件的要求进行建设。若未取得许可文件或者未按许可文件的规定进行建设，属于违法行为，应承担法律责任。

(1) 未取得建设工程规划许可证或未按建设工程规划许可证规定进行建设

按照相关法律法规的要求，在城市、镇规划区内进行建设的，建设单位应当取得建设工程规划许可证，并且要按照规划许可证所载的要求进行建设。对未取得许可证，或者未按许可文件要求进行建设的违法行为，自然资源主管部门要按照违法建设行为的不同阶段和影响程度等，采取不同的行政措施和处罚。

① 对于尚可采取改正措施消除对规划实施的影响的，要限期改正，并处建设工程造价5%以上、10%以下的罚款。在这里所指的"尚可采取改正措施消除对规划实施的影响"，包括两种情况：一是可以通过对建筑物进行一定修正，如拆除部分建筑等，使原本不符合规划的

建设活动符合规划(专栏9-13);二是建设项目虽然未取得规划许可,但符合相应的规划要求,可以补办规划许可手续。②对于无法采取改正措施消除影响的,要限期拆除,不能拆除的,没收实物或者违法收入,可以并处建设工程造价10％以下的罚款。这里所指的"无法采取改正措施消除影响"是指建设单位或个人的建设活动不仅违反了国土空间规划法律法规的要求,而且严重违反了国土空间规划管理的要求,从而无法对建筑物进行修正。对于此类违法行为,必须处以更加严格的处罚,从而维护规划的权威性。最后是对于拒不停止建设或者逾期不拆除的,县级以上人民政府可以责成有关部门采取查封施工现场、强制拆除等措施。

在实践中,违法建设情况十分复杂,而对于违法建设的查处也存在较大困难。在部分经济落后地区,除非行政相对方认为有补办手续的需求,且补办手续与规划没有重大矛盾,规划主管部门可以办理的情况下,罚款才得以顺利执行。而没收或责令改正等行政处罚则往往难以落实。因此,如何进行处罚还需综合考虑,既要严格执法,又要从实际情况出发,区分不同的情况。但应当明确的是,必须坚持让违法成本高,使违法者无利可图的原则,这样才能够有效地遏制违法建设,保障国土空间规划的顺利实施(王国恩,2009)。

(2) 未取得乡村建设规划许可证或未按乡村建设规划许可证规定进行建设

乡村建设规划许可证是在乡、村庄规划区内进行乡镇企业、乡村公共设施和公益事业建设的法定依据。按照相关法律法规的规定,对于未依法取得乡村建设规划许可证或未按乡村建设规划许可证的规定进行建设的行为,属于违法行为,由乡、镇人民政府责令停止建设、限期改正;对于逾期不改正的,可以拆除。

(3) 未依法取得其他相关许可或未按相关许可的规定进行活动

除以上建设活动须取得规划许可之外,其他国土空间开发利用活动也要在取得许可的前提下进行。例如,《中华人民共和国水法》规定,取用水的单位和个人要申领取水许可证,并按照许可证载明的取水地点、取水量等要求进行取水;《草原法》规定,在草原上进行采土、采砂、采石等活动的,要取得相应的批准并按规定的时间、区域和方式进行采挖活动;《中华人民共和国森林法》规定,林木采伐单位和个人采伐森林前,要先取得林木采伐许可证,采伐时按照许可证上规定的采伐地点、面积、树种和期限等进行采伐活动。因此,若建设单位和个人违反法律法规的规定,在未依法取得许可文件或未按许可文件的规定进行开发利用活动的,应承担法律责任。以《中华人民共和国水法》的规定为例,对于此类违法行为,由县级以上水行政主管部门或者流域管理机构责令停止违法行为,限期采取补救措施,处以罚款;情节严重的,吊销其取水许可证。

专栏 9-13　居住小区内的违法建设行为

2016年初,某市行政执法部门接到关于该市怡景君盛物业管理有限公司在怡景家园小区内违法建设一座两层钢结构建筑物的举报材料。经查,怡景家园小区地处该市新城中心地带,由怡景房地产开发有限公司于2009年开工建设,2011年建成并交付使用,总建筑面积为17.44万 m^2,共1 386户住宅,物业管理公司为怡景君盛物业管理有限公司。在小区开发建设时,将自行车、电动车等非机动车存车处设在距离小区地下车库出入口50 m处,随着小区内家庭轿车数量的逐年增多,在上下班高峰期机动车车库出入口比较拥挤且不安全,容易发生机动车与自行车、电动车剐蹭事故。

怡景君盛物业管理有限公司结合部分业主要求,发放了关于修建自行车棚及社区活动中心的调查问卷表,大多数业主出于安全及便利考虑,同意在小区内新建自行车棚及社区活动场所。2015年12月,怡景君盛物业管理有限公司在小区东端空地建设了一座两层钢结构建筑物,建筑面积为640 m^2,一层为自行车、电动车存车处,二层为理发店、干洗店、棋牌室等社区活动场所,工程已完工。怡景君盛物业管理有限公司建设自行车棚及社区活动中心的行为,尽管征得了大多数业主的同意,但未办理建设工程规划许可手续。因此,2016年3月1日,该市行政执法部门对怡景君盛物业管理有限公司下达了限期拆除决定书,责令其在4月底前拆除违法建筑物,恢复小区原状。

就本案例来讲,虽然物业管理公司存在对法律理解的偏差,但其初衷是好的。同时也提示我们,规划法规的内容是原则性的、共性的,难以顾及复杂的现实情况,对于类似案例,不应简单地"一刀切";而应根据实际情况做全面的论证,更好地维护公共利益、长远利益(杨建国,2016)。

4)违法进行临时建设或临时占用自然资源

根据国土空间规划相关法律法规的要求,在城市、镇规划区内进行临时建设的,应当要经过自然资源主管部门批准。临时建设的批准要按照国土空间规划的要求,对于影响近期建设或者详细规划的实施以及存在安全隐患的临时建设,不得予以批准。临时建设有规定的时间限制,建设单位和个人应当在规定期限内拆除临时建筑物、构筑物。若不履行上述义务的,自然资源主管部门应当责令限期拆除,对一些影响巨大的临时建筑还可以处以罚款。

此外,对于自然资源的临时占用也有相关规定。例如,在临时占用的草原上修建永久性建筑物、构筑物的,要责令拆除;临时占用草原期满后,用地单位要对草原植被进行恢复。在临时性利用的无居民海岛建造永久性建筑物或者设施的,由县级以上自然资源主管部门责令停止违法行为,处以罚款等。对于临时建设和资源占用的情况,各地也进行了一定的立法实践,如上海市出台的《上海市国有建设用地上临时建设和临时建设用地规划管理规定》,杭州市出台的《杭州市临时建设工程管理规定》等,建设单位和个人要按照相关法律法规的要求,规范临时建设和临时占用自然资源的行为。

5）违法建设或开发利用活动造成资源环境破坏

在国土空间规划实施管理过程中，应当以生态文明思想为指导，加强对于"山水林田湖草"的资源保护和生态修复体系，对违法建设或开发利用活动造成资源环境破坏的行为予以处罚。例如，根据《中华人民共和国海洋环境保护法》的规定，海岸工程建设项目未建成环境保护设施即投入生产使用的，由环境保护行政主管部门责令其停止生产或者使用；《中华人民共和国水土保持法》规定，开办生产建设项目或者从事其他生产建设活动造成水土流失，不进行治理或逾期不治理的，建设单位和个人应承担法律责任；《中华人民共和国森林法》规定，违反法律规定，进行开垦、采石、采砂、采土或者其他活动，造成林木毁坏的，要承担相应的法律责任；等等。国土空间保护格局、资源要素供给和生态保护修复是国土空间规划中最重要的内容，建设单位和个人应当严格按照相关法律法规的规定，规范自身的建设和开发利用行为，防止对资源环境造成不可挽回的破坏。例如，某矿业公司将大量尾砂直接排放至河道，造成河道污染、河道淤塞，还使得下游电力公司的水电站无法正常发电而造成较大损失，县自然资源局裁定该矿业公司消除影响、赔偿损失，并处行政罚款（王灿发等，2019a）。

6）未按规定报送竣工材料

建设工程竣工验收是建设施工活动的最后一个环节，也是对建设工程规划设计检验、施工质量检验的重要环节。为了确保竣工验收无误，建设单位应当在建设工程竣工验收后6个月内向自然资源主管部门报送完整、真实的竣工验收资料。竣工验收资料包括相关建筑工程项目表、总平面图、建筑施工图、绿化布置图和建筑分层面积表等。竣工资料是自然资源主管部门进行竣工验收的重要根据，它并非是建设单位的私有财产，可以随意报送和保存，而是涉及国土空间开发利用和关系民生安全的重要历史依据。若未按规定报送竣工材料的，则构成违法行为，需承担相应的法律责任。

7）未按规定接受监督检查

建设单位和个人在建设和开发利用国土空间的过程中，有责任和义务接受相关行政主管部门的监督检查。通过监督检查，能够纠正项目中所存在的各类问题，提高建设和管理的水平，保证国土空间规划的有效实施。如果建设单位和个人未按规定接受监督检查，属于违法行为，应承担法律责任。例如，《中华人民共和国水污染防治法》规定，以拖延、围堵、滞留执法人员等方式拒绝、阻挠环境保护主管部门的监督检查，或者在接受监督检查时弄虚作假的，由县级以上环境保护主管部门责令改正，并处罚款；《中华人民共和国海岛保护法》规定，拒绝海洋主管部门监督检查，在接受监督检查时弄虚作假，或者不提供有关文件和资料的，由县级以上海洋主管部门责令改正，可以处以罚款；等等。

参考文献

边经卫,2015.城乡规划管理:法规、实务和案例[M].北京:中国建筑工业出版社.

蔡玉梅,邓红蒂,谭启宇,2005. 德国国土规划:机构健全 体系完整 法律完善[J].国土资源(1):44-47.

曹漫之,王召棠,辛子牛,1989.唐律疏议译注[M].长春:吉林人民出版社.

陈常松,2019.关于自然资源统一管理基础性工作的思考[N].中国自然资源报,2019-04-18(003).

陈明星,周园,汤青,等,2020.新型城镇化、居民福祉与国土空间规划应对[J].自然资源学报,35(6):1273-1287.

陈奇星,等,2008.行政监督新论[M].北京:国家行政学院出版社.

陈少琼,李海琳,2019.《北京市城乡规划条例》修订对工程建设项目审批制度改革的立法保障[J].北京规划建设(6):92-94.

陈兴华,2015.东盟国家法律制度[M].北京:中国社会科学出版社.

崔海波,曾山山,陈光辉,等,2020."数据治理"的转型:长沙市"一张图"实施监督信息系统建设的实践探索[J].规划师,36(4):78-84.

邓伟骥,谢英挺,蔡莉丽,2018.面向规划实施的空间规划体系构建:厦门市"多规合一"的实践与思考[J].城市规划学刊(7):32-36.

董鉴泓,2004.中国城市建设史[M].3版.北京:中国建筑工业出版社.

董景山,2018.美国联邦的土地利用管制策略[J].云南行政学院学报,20(2):18-25.

董子卉,翟国方,2020.日本国土空间用途管制经验与启示[J].中国土地科学,34(5):33-42.

段学军,王晓龙,邹辉,等,2020.长江经济带岸线资源调查与评估[M].北京:科学出版社.

范华,2015.新加坡白地规划土地管理的经验借鉴与启发[J].上海国土资源,36(3):31-34,52.

弗雷德里克·温斯洛·泰勒,2017.科学管理原理[M].居励,胡苏云,译.成都:四川人民出版社.

傅国云,2014.行政检察监督的特性、原则与立法完善[J].人民检察(13):57-61.

高玉磊,汪坚强,2014.中美城市规划评估比较研究[J].现代城市研究,29(6):57-61.

葛丽霞,2009.新加坡法律渊源简介[J].法制与社会(16):352.

耿慧志,2015.城乡规划管理与法规[M].北京:中国建筑工业出版社.

龚晓浩,2015.关于城乡规划行政监督的实践与思考[C]//中国城市规划学会.新常态:传承与变革:2015中国城市规划年会论文集.北京:中国建筑工业出版社.

顾朝林,张敏,甄峰,等,2012.人文地理学导论[M].北京:科学出版社.

顾龙友,2020.自然资源领域里的管理博弈:从"三调"督察发现弄虚作假问题说起[J].中国土地(4):14-17.

郭俊华,2007.英国政府综合绩效评估的经验及其启示[J].当代财经(9):113-117.

郭璐,武廷海,2017.辨方正位 体国经野:《周礼》所见中国古代空间规划体系与技术方法[J].清华大学学报(哲学社会科学版),32(6):36-54,194.

郭图发,1987.国家计委颁布国土规划编制办法[J].地理学与国土研究,3(4):1-2.

郝庆,2010.国土规划由谁来编[J].中国土地(8):41-42.

何明俊,2016.城乡规划法学[M].南京:东南大学出版社.

何明俊,2020a.对控制性详细规划司法审查及影响的探讨[J].城市规划,44(11):38-44.

何明俊,2020b.国土空间用途管制的特征、模式与制度体系[J].规划师,36(11):5-10.

何勤华,方乐华,李秀清,等,1999.日本法律发达史[M].上海:上海人民出版社.

何子张,施艳琦,林云萍,等,2020.面向规划统筹的厦门国土空间生态修复规划探索[J].规划师,36(17):13-19.

贺业钜,1985.考工记营国制度研究[M].北京:中国建筑工业出版社.

胡鞍钢,2014.中国国家治理现代化的特征与方向[J].国家行政学院学报(3):4-10.

胡建淼,江利红,2018.行政法学[M].4版.北京:中国人民大学出版社.

胡民锋,杨昔,徐放,2019.构建全国国土空间规划纲要指标体系的思考[J].中国土地(12):20-23.

胡序威,2006.中国区域规划的演变与展望[J].地理学报,61(6):585-592.

扈万泰,王剑锋,易德琴,2014.提高城市用地规划条件管控科学性探索[J].城市规划,38(4):40-45.

环境保护部环境监察局,2012.环境典型案例分析与执法要点解析[M].北京:中国环境科学出版社.

黄经南,杜碧川,王国恩,2014.控制性详细规划灵活性策略研究:新加坡"白地"经验及启示[J].城市规划学刊(5):104-111.

黄军林,陈锦富,陈健,2020.因"制"而"治":城市规划实施中的"程序正义":基于凤凰山庄征收事件的讨论[J].规划师,36(4):35-40.

黄玫,吴唯佳,2019.基于规划权博弈的国土空间用途管制构建路径研究[C]//中国城市规划学会.活力城乡 美好人居:2019中国城市规划年会论文集.北京:中国建筑工业出版社:42-50.

黄征学,蒋仁开,吴九兴,2019.国土空间用途管制的演进历程、发展趋势与政策创新[J].中国土地科学,33(6):1-9.

黄征学,潘彪,2020.主体功能区规划实施进展、问题及建议[J].中国国土资源经济,33(4):4-9.

黄征学,宋建军,滕飞,2018.加快推进"三线"划定和管理的建议[J].宏观经济管理(4):48-53.

贾文涛,2012.统一概念为土地整治保驾护航[J].中国土地(8):46-47.

江一河,2002.法官告官:62位法官为采光权状告规划局[J].中国新闻周刊(12):18-24.

姜贵善,2000.日本的国土利用及土地征用法律精选[M].北京:地质出版社.

姜晓萍,2014.国家治理现代化进程中的社会治理体制创新[J].中国行政管理(2):24-28.

蒋亚娟,2006.环境法学案例教程[M].厦门:厦门大学出版社.

金忠民,陈琳,陶英胜,2019.超大城市国土空间总体规划实施监测技术方法研究:以上海为例[J].上海城市规划(4):9-16.

亢孟军,刘珮玥,巩玥,等,2019.国土空间规划辅助决策平台关键技术研究[J].地理信息世界,26(4):13-19.

邻艳丽,2017.城市规划管理制度研究[M].北京:中国建筑工业出版社.

邻艳丽,王璇,2019.横纵重构:国土空间规划管理框架逻辑思考[J].北京行政学院学报(5):44-52.

雷轩,2019.控制性详细规划指标体系的发展历程与演化趋势[J].中华建设(3):102-103.

李达净,张时煌,刘兵,等,2018."山水林田湖草—人"生命共同体的内涵、问题与创新[J].中国农业资源与区划,39(11):1-5,93.

李东泉,周一星,2005.从近代青岛城市规划的发展论中国现代城市规划思想形成的历史基础[J].城市规划学刊(4):45-52.

李浩,2018.1930年代苏联的"社会主义城市"规划建设:关于"苏联规划模式"源头的历史考察[J].城市规划,42(10):77-85.

李莉,左玉强,2021.省级国土空间规划传导体系构建及运行机制研究[J].上海城市规划,3(3):42-47.

李林林,靳相木,吴次芳,2019.国土空间规划立法的逻辑路径与基本问题[J].中国土地科学,33(1):1-8.

李晓晖,梁颢严,聂危萧,2014.低碳控规:再构从碳排放到建设管控的技术框架[C]//中国城市规划学会.城乡治理与规划改革:2014中国城市规划年会论文集.北京:中国建筑工业出版社:954-964.

李亚洲,刘松龄,2020.构建事权明晰的空间规划体系:日本的经验与启示[J].国际城市规划,35(4):81-88.

李志刚,姜海,陈海洋,2016.主体功能区下协作性土地利用规划管理机制研究[J].中国土地科学,30(12):10-17.

李志林,包存宽,沈百鑫,2018.德国空间规划体系战略环评的联动机制及对中国的启示[J].国际城市规划,33(5):132-137.

梁梦茵,汤怀志,范金梅,2015.新加坡"多规融合"的启示与借鉴[J].中国土地(2):37-39.

廖成章,侯盟,卓凌,等,2020.林业规划编制内容框架体系构建[J].中国科技信息(7):103-105,107.

列·弗·姆德罗夫,谢翰如,1989.苏联大城市总体规划的综合实施问题[J].国际城市规划,4(1):2-12.

林坚,吴宇翔,吴佳雨,等,2018.论空间规划体系的构建:兼析空间规划、国土空间用途管制与自然资源监管的关系[J].城市规划,42(5):9-17.

林三钦,2008."法令"变迁、信赖保护与"法令"溯及适用[M].台湾:新学林出版股份有限公司.

刘冬荣,麻战洪,2019."三区三线"关系及其空间管控[J].中国土地(7):22-24.

刘启,2013.试论新加坡法律治理中儒法思想的结合[D].长沙:湖南大学.

刘文昭,薛宁,2015.浅谈我国城乡规划制度设计方法[J].建筑工程技术与设计(22):1.

刘武君,刘强,1993.日本城市规划法的变迁:日本城市规划法研究(之一)[J].国外城市规划,8(2):51-56.

罗豪才,湛中乐,2012.行政法学[M].3版.北京:北京大学出版社.

罗玉中,罗建平,王元,1989.行政监督和监督行政[M].成都:四川人民出版社.

罗智敏,2016.论行政行为的"先予执行":从武汉拆迁案谈起[J].中国政法大学学报(6):84-94,83.

马怀德,2000.行政法与行政诉讼法学[M].北京:中国法制出版社.

马继武,2007.中国古城选址及布局思想和实践对当今城市规划的启示[J].上海城市规划(5):18-22.

马林,2019.新中国城市交通规划的探索与发展[J].国际城市规划,34(4):49-53.

马小毅,欧阳剑,江雪峰,等,2020.大城市国土空间规划交通指标体系构建思考[J].规划师,36(1):52-58.

内政部,1947.内政法规·营建类[Z].南京:内政部.

蒲坚,2011.中国历代土地资源法制研究[M].修订版.北京:北京大学出版社.

钱七虎,陈晓强,2007.国内外地下综合管线廊道发展的现状、问题及对策[J].地下空间与工程学报,3(2):191-194.

强海洋,周璞,蔡玉梅,2020.德国空间规划理论与实践的特点和启示[J].城市发展研究,27(7):49-54.

邱跃,苏海龙,2018.全国注册城乡规划师职业资格考试辅导教材(第十一版)第3分册:城乡规划管理与法规[M].北京:中国建筑工业出版社.

屈守华,张宇钟,2010.完善我国行政监督体系的几点思考[J].领导科学(14):25-26.

申明锐,陈洁,2020.中国规划的苏联印迹:兼谈对当前国土空间规划工作的启示[J].城市观察(3):106-114.

石楠,2021. 城乡规划学学科研究与规划知识体系[J]. 城市规划,45(2): 9-22.

宋光周,2015. 行政管理学[M]. 4版. 上海:东华大学出版社.

苏世亮,吕再扬,王伟,等,2019. 国土空间规划实施评估:概念框架与指标体系构建[J]. 地理信息世界,26(4):20-23.

隋卫东,王淑华,李军,2009. 城乡规划法[M]. 济南:山东大学出版社.

孙国华,1997. 中华法学大辞典:法理学卷[M]. 北京:中国检察出版社.

孙加凤,薛俊菲,2007. 国外都市圈的形成与发展研究以及对中国的借鉴[J]. 特区经济(1):78-79.

孙施文,2020. 从城乡规划到国土空间规划[J]. 城市规划学刊(4):11-17.

孙施文,2021. 我国城乡规划学科未来发展方向研究[J]. 城市规划,45(2): 23-35.

孙秀君,2000. 决策法学[M]. 北京:人民法院出版社.

孙永正,等,2007. 管理学[M]. 2版. 北京:清华大学出版社.

谭迎辉,吕迪,2019. 协同治理视角下国土空间规划实施机制构建研究[J]. 上海城市规划(4):63-69.

唐清霞,2009. 论韩国混合法文化的历史演进[D]. 湘潭:湘潭大学.

唐相龙,2016. 苏联规划在中国:兰州第一版总规编制史实研究(1949—1966)[M]. 南京:东南大学出版社.

唐子来,吴志强,1998. 若干发达国家和地区的城市规划体系评述[J]. 规划师,14(3):95-100.

田亦尧,王爱毅,2021. 国土空间规划立法的法体模式及其选择标准[J]. 国际城市规划,36(3):83-90,135.

涂云新,秦前红,2014. 城乡规划中的规划变更与权利救济通道:以控制性详细规划为重点的考察[J]. 行政法学研究(2):85-90,97.

万勇,顾书桂,胡映洁,2018. 基于城市更新的上海城市规划、建设、治理模式[M]. 上海:上海社会科学院出版社.

汪飚,2012. 城乡统筹与区域统筹的相容性:来自武汉城市圈的实践[J]. 城市发展研究,19(12):60-65.

王灿发,赵胜彪,2019a. 水污染与健康维权[M]. 武汉:华中科技大学出版社.

王灿发,赵胜彪,2019b. 土壤污染与健康维权[M]. 武汉:华中科技大学出版社.

王成栋,2006. 论行政法的效率原则[J]. 行政法学研究(2):24-28,126.

王国恩,2009. 城乡规划管理与法规[M]. 2版. 北京:中国建筑工业出版社.

王浦劬,2014. 国家治理、政府治理和社会治理的含义及其相互关系[J]. 国家行政学院学报(3):11-17.

王溥,1978. 五代会要:三十卷[M]. 上海:上海古籍出版社.

王守良,1997. 决策者素质论析[J]. 理论探讨(2):68-72.

王守智,吴春岐,2011. 土地法学[M]. 北京:中国人民大学出版社.

王淑杰,2017. 美国地方政府中期预算改革的经验和镜鉴[J]. 宏观经济研究

(12):175-181.

王万茂,1990.苏联土地利用规划的理论和方法[J].地域研究与开发,9(1):12-16,63.

王威,胡业翠,2020.改革开放以来我国国土整治历程回顾与新构想[J].自然资源学报,35(1):53-67.

王伟,姚洋涛,2020.国家空间规划体系的国际比较与启示[J].北京规划建设(1):66-70.

王文革,2019.空间规划法:理论·实务·案例[M].北京:中国政法大学出版社.

王文革,2020.国外空间规划法研究[M].北京:法律出版社.

王云,陈美玲,陈志端,2014.低碳生态城市控制性详细规划的指标体系构建与分析[J].城市发展研究,21(1):46-53.

文超祥,2016.规划之"衡":我国城乡规划实施的制度探索[M].北京:中国建筑工业出版社.

文超祥,刘健枭,2018.传统城乡规划制度中的法律精神特征及启示[J].城市规划,42(10):18-22,62.

文超祥,马武定,2007.我国城市总体规划的法理学思考[J].规划师,23(2):65-68.

翁岳生,2002.行政法:2000[M].北京:中国法制出版社.

吴次芳,2019.国土空间规划"破"与"立"[N].中国自然资源报,2019-08-07(005).

吴次芳,谭永忠,郑红玉,2020.国土空间用途管制[M].北京:地质出版社.

吴次芳,肖武,曹宇,等,2019a.国土空间生态修复[M].北京:地质出版社.

吴次芳,叶艳妹,吴宇哲,等,2019b.国土空间规划[M].北京:地质出版社.

吴志强,2000.城市规划核心法的国际比较研究[J].国外城市规划,15(1):1-6,43.

吴志强,李德华,2010.城市规划原理[M].4版.北京:中国建筑工业出版社.

徐愉凯,2012.控制性详细规划生态指标体系建构研究[C]//中国城市规划学会.多元与包容:2012中国城市规划年会论文集.昆明:云南科技出版社.

许皓,2018.苏联经验与中国现代城市规划形成研究(1949—1965)[D].南京:东南大学.

严金明,迪力沙提·亚库甫,张东昇,2019.国土空间规划法的立法逻辑与立法框架[J].资源科学,41(9):1600-1609.

严金明,张东昇,迪力沙提·亚库甫,2020.国土空间规划的现代法治:良法与善治[J].中国土地科学,34(4):1-9.

杨保军,陈鹏,董珂,等,2019.生态文明背景下的国土空间规划体系构建[J].城市规划学刊(4):16-23.

杨建国,2016.某市怡景家园小区内违法建设案例分析[J].城市规划,40(10):103-104.

叶孝信,2002.中国法制史[M].上海:复旦大学出版社.

衣霄翔,吴潇,肖飞宇,2017. 美国的"区划变更"及其对我国"控规调整"的启示[J]. 城市规划,41(1):70-76.

易鑫,2010. 德国的乡村规划及其法规建设[J]. 国际城市规划,25(2):11-16.

殷成志,杨东峰,2007. 德国城市规划法定图则的历史溯源与发展形成[J]. 城市问题(4):91-94.

元东日,林海,朱玉花,2012. 韩国统筹城乡规划管理模式及其对我国的启示[J]. 中外建筑(10):70-72.

袁婷,吕青,2021. 社区规划与社会治理体系融合建构的路径研究[J]. 上海城市规划(1):113-118.

岳文泽,王田雨,甄延临,2020. "三区三线"为核心的统一国土空间用途管制分区[J]. 中国土地科学,34(5):52-59,68.

郧文聚,2014. 地方土地整治规划探索[M]. 北京:地质出版社.

曾坚,2010. 信赖保护:以法律文化与制度构建为视角[M]. 北京:法律出版社.

翟国方,顾福妹,2019. 国土空间规划国际比较:体系·指标[M]. 北京:中国建筑工业出版社.

翟国方,何仲禹,顾福妹,2020. 日本国土空间规划[M]. 北京:中国大地出版社.

詹美旭,王龙,王建军,2020. 广州市国土空间规划监测评估预警研究[J]. 规划师,36(2):65-70.

张洪巧,何子张,朱查松,2019. 基于空间治理的国土空间规划强制性内容思考:从城市总体规划强制性内容实效谈起[J]. 规划师,35(13):21-27.

张吉康,罗罡辉,钱竞,2019. 深圳市国土空间规划实施监督思路和方法探讨[J]. 城乡规划(6):47-54.

张舰,2012. 土地使用权出让规划管理中"规划条件"问题研究[J]. 城市规划,36(3):65-70.

张京祥,夏天慈,2019. 治理现代化目标下国家空间规划体系的变迁与重构[J]. 自然资源学报,34(10):2040-2050.

张璐,2010. 环境与资源保护法:案例与图表[M]. 北京:法律出版社.

张树永,2015. 一篇环境污染监督报道和两个新闻一等奖[J]. 中国记者(8):73.

张衔春,边防,2014. 行政管理体制改革背景下规划审批制度优化对策[J]. 规划师,30(4):28-32.

张耀光,2015. 中国海洋经济地理学[M]. 南京:东南大学出版社.

张仲礼,1990. 近代上海城市研究[M]. 上海:上海人民出版社.

赵晨,申明锐,张京祥,2013. "苏联规划"在中国:历史回溯与启示[J]. 城市规划学刊(2):109-118.

赵力,2014. 荷兰规划的损失补偿认定[J]. 云南大学学报(法学版),27(3):7-13.

赵婷婷,2011. 论城乡规划变更[D]. 郑州:郑州大学.

郑伟元,2019. 国土空间规划督察若干问题思考[J]. 中国土地(9):19-21.

中国土地矿产法律事务中心,国土资源部土地争议调处事务中心,2013.土地矿产典型案例评析与法律实务操作指南(第六辑)[M].北京:中国法制出版社.

钟明洋,陈平,石义,2020.国土空间用途管制制度体系的完善[J].中国土地(5):13-16.

钟镇涛,张鸿辉,洪良,等,2020.生态文明视角下的国土空间底线管控:"双评价"与国土空间规划监测评估预警[J].自然资源学报,35(10):2415-2427.

周春山,谢文海,2015.市场经济下城乡规划制度创新思考[J].规划师,31(4):42-47.

周琳,孙琦,于连莉,等,2021.统一国土空间用途管制背景下的城市设计技术改革思考[J].城市规划学刊(3):90-97.

周姝天,翟国方,施益军,2018.英国空间规划的指标监测框架与启示[J].国际城市规划,33(5):126-131.

周艳妮,姜涛,宋晓杰,等,2016.英国年度规划实施评估的国际经验与启示[J].国际城市规划,31(3):98-104.

周宜笑,2021.德国空间秩序规划与城市规划、专项规划的空间要素管理与协调[J].国际城市规划,36(1):99-108.

周子航,张京祥,2020.管制并轨:国土空间规划强制性内容的整合与重构[J].规划师,36(14):24-32.

朱锦章,2014."两规合一"背景下的国土资源与城乡规划管理整合研究[D].天津:天津大学.

庄林德,张京祥,2002.中国城市发展与建设史[M].南京:东南大学出版社.

庄少勤,徐毅松,熊健,等,2017.上海2040:以规划组织编制方式转型探索提升城市治理水平[J].城市规划学刊(S1):11-19.

自然资源部国土空间规划局,2021.新时代国土空间规划:写给领导干部[M].北京:中国地图出版社.

左为,唐燕,陈冰晶,2019.新时期国土空间规划的基础逻辑关系思辨[J].规划师,35(13):5-13.

HARDIN G,1968. The tragedy of the commons[J]. Science,162(3859):1243-1248.

MECK S,2002. Growing smart legislative guidebook[Z]. Chicago:American Planning Association.

NASH J,1951. Non-cooperative games[J]. Annals of mathematics,54(2):286-295.

PAHL-WEBER E, HENCKEL D,2008. The planning system and planning terms in Germany:a glossary[M]. Hannover:Verlag der ARL-Akademie für Raumforschung und Landesplanung.

SIMON H A,1947. Administrative behavior:a study of decision-making processes in administrative organization[M]. New York:The Macmillan Company.

专栏来源

专栏1-1 源自：笔者根据 HARDIN G,1968. The tragedy of the commons[J]. Science,162(3859):1243-1248 整理.

专栏1-2 源自：笔者根据 SIMON H A,1947. Administrative behavior:a study of decision-making processes in administrative organization [M]. New York:The Macmillan Company 整理.

专栏1-3 源自：笔者根据工作经历整理.

专栏1-4 源自：笔者根据 NASH J,1951. Non-cooperative games[J]. Annals of mathematics,54(2):286-295 整理.

专栏1-5 源自：笔者根据工作经历整理.

专栏1-6 源自：笔者根据林三钦,2008."法令"变迁、信赖保护与"法令"溯及适用[M].台湾:新学林出版股份有限公司整理.

专栏1-7 源自：笔者根据罗智敏,2016.论行政行为的"先予执行":从武汉拆迁案谈起[J].中国政法大学学报(6):84-94,83 等相关资料整理.

专栏1-8 源自：笔者根据江一河,2002.法官告官:62 位法官为采光权状告规划局[J].中国新闻周刊(12):18-24 等相关资料整理.

专栏3-1 源自：笔者根据董景山,2018.美国联邦的土地利用管制策略[J].云南行政学院学报,20(2):18-25 整理.

专栏3-2 源自：笔者根据许皓,2018.苏联经验与中国现代城市规划形成研究(1949—1965)[D].南京:东南大学整理.

专栏4-1 源自：笔者根据曾坚,2010.信赖保护:以法律文化与制度构建为视角[M].北京:法律出版社整理.

专栏4-2 源自：笔者根据《异物志》《说文解字》整理.

专栏5-1 源自：笔者根据李亚洲,刘松龄,2020.构建事权明晰的空间规划体系:日本的经验与启示[J].国际城市规划,35(4):81-88 整理.

专栏5-2 源自：笔者根据《吉林省国土空间专项规划编制目录清单管理暂行办法》等相关资料整理.

专栏5-3 源自：笔者根据周宜笑,2021.德国空间秩序规划与城市规划、专项规划的空间要素管理与协调[J].国际城市规划,36(1):99-108 整理.

专栏5-4 源自：笔者根据《上海市城市总体规划(2017—2035 年)》等相关资料整理.

专栏5-5 源自：笔者根据衣霄翔,吴潇,肖飞宇,2017.美国的"区划变更"及其对我国"控规调整"的启示[J].城市规划,41(1):70-76 整理.

专栏5-6 源自：笔者根据赵力,2014.荷兰规划的损失补偿认定[J].云南大学学报(法学版),27(3):7-13 整理.

专栏 6-1 源自：笔者根据钱七虎，陈晓强，2007. 国内外地下综合管线廊道发展的现状、问题及对策[J]. 地下空间与工程学报，3(2)：191-194；《城市地下空间规划标准》(GB/T 51358—2019)等相关资料整理.

专栏 6-2 源自：笔者根据《江苏省生态补偿转移支付暂行办法》《江苏省生态红线区域保护监督管理考核暂行办法》《江苏省生态红线区域保护监督管理评估考核细则（暂行）》等行政法规整理.

专栏 7-1 至专栏 7-5 源自：笔者根据行政管理实践整理.

专栏 7-6 源自：笔者根据陈少琼，李海琳，2019.《北京市城乡规划条例》修订对工程建设项目审批制度改革的立法保障[J]. 北京规划建设(6)：92-94 整理.

专栏 7-7 源自：笔者根据《南京市建设工程规划条件制定工作导则》(2017 年版)整理.

专栏 7-8 源自：笔者根据《南京市国有土地使用权出让后规划条件变更管理规定》整理.

专栏 8-1 源自：笔者根据周姝天，翟国方，施益军，2018. 英国空间规划的指标监测框架与启示[J]. 国际城市规划，33(5)：126-131 整理.

专栏 8-2 源自：笔者根据国家有关文件资料整理.

专栏 8-3、专栏 8-4 源自：笔者根据金忠民，陈琳，陶英胜，2019. 超大城市国土空间总体规划实施监测技术方法研究：以上海为例[J]. 上海城市规划(4)：9-16 等相关资料整理.

专栏 8-5 源自：笔者根据张吉康，罗罡辉，钱竞，2019. 深圳市国土空间规划实施监督思路和方法探讨[J]. 城乡规划(6)：47-54 整理.

专栏 8-6 源自：笔者根据成都市规划和自然资源局 2020 年在中国国土空间规划公众号上刊载的《城市体检评估成果交流：成都篇》整理.

专栏 9-1 源自：笔者根据中国安全生产科学研究院，2007. 11 起特别重大事故查处结果[J]. 劳动保护(2)：14-22 整理.

专栏 9-2 源自：笔者根据王灿发，赵胜彪，2019. 土壤污染与健康维权[M]. 武汉：华中科技大学出版社整理.

专栏 9-3 源自：笔者根据张树永，2015. 一篇环境污染监督报道和两个新闻一等奖[J]. 中国记者(8)：73 整理.

专栏 9-4 源自：笔者根据文超祥，2016. 规划之"衡"：我国城乡规划实施的制度探索[M]. 北京：中国建筑工业出版社整理.

专栏 9-5 源自：笔者根据住房和城乡建设部通报"挂牌督办"相关案件改编整理.

专栏 9-6 源自：笔者根据张璐，2010. 环境与资源保护法：案例与图表[M]. 北京：法律出版社整理.

专栏9-7源自:笔者根据黄军林,陈锦富,陈健,2020.因"制"而"治":城市规划实施中的"程序正义":基于凤凰山庄征收事件的讨论[J].规划师,36(4):35-40整理.

专栏9-8源自:笔者根据相关案件改编整理.

专栏9-9源自:笔者根据蒋亚娟,2006.环境法学案例教程[M].厦门:厦门大学出版社整理.

专栏9-10源自:笔者根据王灿发,赵胜彪,2019.土壤污染与健康维权[M].武汉:华中科技大学出版社整理.

专栏9-11源自:笔者根据自然资源部通报的重大典型问题改编整理.

专栏9-12源自:笔者根据中国土地矿产法律事务中心,国土资源部土地争议调处事务中心,2013.土地矿产典型案例评析与法律实务操作指南(第六辑)[M].北京:中国法制出版社整理.

专栏9-13源自:笔者根据杨建国,2016.某市怡景家园小区内违法建设案例分析[J].城市规划,40(10):103-104整理.

图片来源

图 2-1、图 2-2 源自:笔者绘制.

图 4-1 源自:笔者根据王国恩,2009.城乡规划管理与法规[M].2 版.北京:中国建筑工业出版社绘制.

图 5-1 源自:笔者根据《中共中央 国务院关于建立国土空间规划体系并监督实施的若干意见》(2019 年)绘制.
图 5-2 源自:笔者绘制.
图 5-3 源自:笔者根据《南京市国土空间总体规划(2020—2035 年)》专题研究成果绘制.
图 5-4 至图 5-6 源自:笔者根据浙江等省的审查流程绘制.

图 6-1、图 6-2 源自:笔者绘制.
图 6-3 源自:笔者根据《市级国土空间总体规划编制指南(试行)》(2020 年)绘制.
图 6-4 源自:笔者绘制.

图 7-1 至图 7-4 源自:笔者绘制.

图 8-1 源自:笔者绘制.
图 8-2 源自:《城区范围确定规程》(TD/T 1064—2021).
图 8-3 至图 8-5 源自:《国土空间规划"一张图"实施监督信息系统技术规范》(GB/T 39972—2021).
图 8-6 至图 8-8 源自:笔者绘制.

表格来源

表 2-1 至表 2-4 源自:笔者根据文超祥,2016.规划之"衡":我国城乡规划实施的制度探索[M].北京:中国建筑工业出版社绘制.

表 2-5 至表 2-9 源自:笔者绘制.

表 4-1 源自:笔者根据李林林,靳相木,吴次芳,2019.国土空间规划立法的逻辑路径与基本问题[J].中国土地科学,33(1):1-8 绘制.

表 4-2、表 4-3 源自:笔者绘制.

表 5-1 源自:笔者根据相关规划编制要求绘制.

表 5-2 源自:笔者根据《中共中央 国务院关于建立国土空间规划体系并监督实施的若干意见》(2019 年)绘制.

表 6-1 源自:笔者根据钟明洋,陈平,石义,2020.国土空间用途管制制度体系的完善[J].中国土地(5):13-16 绘制.

表 6-2 源自:《市级国土空间总体规划编制指南(试行)》(2020 年).

表 6-3 源自:《省级国土空间规划编制指南(试行)》(2020 年).

表 6-4 源自:《市级国土空间总体规划编制指南(试行)》(2020 年).

表 6-5 源自:笔者根据王云,陈美玲,陈志端,2014.低碳生态城市控制性详细规划的指标体系构建与分析[J].城市发展研究,21(1):46-53;李晓晖,梁颢严,聂危萧,2014.低碳控规:再构从碳排放到建设管控的技术框架[C]//中国城市规划学会.城乡治理与规划改革:2014 中国城市规划年会论文集.北京:中国建筑工业出版社:954-964;雷轩,2019.控制性详细规划指标体系的发展历程与演化趋势[J].中华建设(3):102-103 绘制.

表 6-6 源自:笔者根据廖成章,侯盟,卓凌,等,2020.林业规划编制内容框架体系构建[J].中国科技信息(7):103-105,107 绘制.

表 6-7 源自:笔者根据马林,2019.新中国城市交通规划的探索与发展[J].国际城市规划,34(4):49-53;马小毅,欧阳剑,江雪峰,等,2020.大城市国土空间规划交通指标体系构建思考[J].规划师,36(1):52-58 绘制.

表 6-8、表 6-9 源自:笔者绘制.

表 6-10 源自:笔者根据徐晶,杨昔,2020.国土空间规划传导体系与实施机制探讨[J].中国土地(8):21-24 绘制.

表 6-11 源自:笔者绘制.

表 6-12 源自:《市级国土空间总体规划编制指南(试行)》(2020 年).

表 8-1 源自:《市县国土空间开发保护现状评估技术指南(试行)》(2019 年).

专栏表 5-6-1 源自:笔者根据赵力,2014.荷兰规划的损失补偿认定[J].云南大学学报(法学版),27(3):7-13 绘制.

专栏表 8-3-1 源自:《上海市城市总体规划(2017—2035 年)》(2018 年).

本书作者

文超祥,男,博士,注册城市规划师。现为厦门大学建筑与土木工程学院教授、博士生导师,中国城市规划学会理事、城乡治理与政策研究学术委员会副主任委员、小城镇规划学术委员会委员。曾担任广东省韶关市城乡规划局局长,厦门大学建筑与土木工程学院副院长。

何流,男,博士,教授级高级规划师,注册城市规划师。现为南京市河西集团总经理。曾担任南京市规划和自然资源局副局长,原南京市规划局总规划师,原淮安市规划局局长,南京市城市规划编制研究中心主任。